管子の研究

管子の研究

――中国古代思想史の一面――

金谷　治著

岩波書店

目　次

序章　『管子』と管仲

(一)

『管子』の書は、春秋時代の初期に斉《せい》の桓公《かんこう》を最初の覇者としておしあげた名宰相、管仲の著作とされてきた書物である。この研究は、『管子』八十六篇の全体をとりあげてその文献批判を行なうとともに、それによって『管子』の思想内容を正確に歴史的に把握し、中国古代思想史の隠れた一面を明らかにすることを、目的とする。

中国の古典のなかでも、とくに先秦の諸子の書物がおおむね一人一時の作でないことは、広く知られているとおりであって、いわゆる「某子」とある書物は、その某子個人の著作というよりは、その某子の学派の文献の総集とみるべきものである。『荘子』にしても『荀子』にしても、荘周や荀況個人の思想がそこに含まれていることは事実だとしても、その書物の内容のすべてを荘周・荀況に帰するわけにはいかない。彼らの死後に起こった後学の思想が、彼らの知らない形でそこにいっしょに雑集されているというのが、今日では全く不動の定論である。中国の古代思想史の研究において最もめんどうな問題は、この資料の吟味の問題であって、もしそれを誤ると、その研究は全く科学性を欠いた画餅にすぎないものとなってしまう。そして、ここでとりあげようとする『管子』の書は、実は未解決の問題を多く残した難解な書物の一つであって、しかもその内容が研究者をひきつけるだけの豊かな魅力をたたえているのである。

かつて、『管子』についての画期的な研究をなしとげた羅根沢《らこんたく》氏は、この書物のことを「宝蔵」だと言った。『老子』

『荘子』にも似た心術・白心篇の道体論、『韓非子』にも劣らない法法・明法篇の法理論、政治思想としての牧民・形勢・正世・治国の諸篇、経済の書としての軽重諸篇、そして陰陽については宙合・侈靡《しび》・四時・五行の諸篇、用兵については七法・兵法・制分の諸篇、土地については地員篇、さらに弟子職篇では礼を言い、水地篇では医を言い、その他の篇にもそれぞれの意味があると述べた羅氏は、「各家の学説、保存最も夥《おびただ》しく、詮発甚だ精、誠に戦国・秦・漢学術の宝蔵なり。」と断定し、かつ「宝蔵、前にありながら用うるを知らず、大いに惜しむべからざらんや。」と、文献的な研究が十分でないために資料として活用されない現状を慨嘆した。(1)それから五十年、羅氏の書物をも含めて研究は進展したが、羅氏の慨嘆は今なお解決されてはいない。

では、『管子』の書が文献的に問題が多いという、その研究上の困難の原因はどこにあるのであろうか。それは、この書物の全体がその形式面でも内容面でもともに種々雑多な混成的な様相を示していて、その成立についても多年にわたる時代の大きな幅がよみとれるようで、したがって一つの書物としてのその統一性がなかなか把捉しがたいということである。諸子の書物のなかでも、たとえば『孟子』などはその文章の体裁も思想内容も比較的純粋であって、それを孟軻《もうか》個人の手定ないし門人の手定とみて大過はないが、(2)『管子』の場合は、その著者とされる管仲とその後学といった形で単純に把握することなどは、とても許されない複雑さである。

まずその文章をみると、ふつうの議論文のほかに、管子と桓公との問答、管子の行事にその言葉や上奏文をまじえたもの、あるいは短い質問を並べたり、謎解きの形をとったり、特殊な時令のわく組みの中にはめこんだりといった、さまざまな形式があるうえに、その文章にも新旧の区別のあることが認められる。たとえば、押韻された古めかしい難解な文章と卑俗な説話的内容の平明なわかりやすい文章とがあって、おのずからに時代の隔たりを思わせるものがあるが、また「経」とされる文章に対して「解」とされるその解釈文もあって、これもひとまずは「解」の方を新しいと考えるのが自然である。時代の隔たりとともに著作者の違いがあるのは当然であろう。内容の思想傾向も、もしそれを一般の先秦諸子の九流のわくで考えるとすれば、とても一派のなかに収まるものではない。『管子』は『漢書』藝文志では道家に分類され、『隋書』経籍志以下では法家とされて、そのまま清の『四庫全書総目提要』にまで至っているが、道家あるいは法家の色彩が強いのは事実としても、そのどちらかにふりわけるだけで全体を蔽うことはできない。宋の陳振孫『直斎書録解題』がすでに「管子は法家に非ざるに似たり。」と疑問を表明しているように、法家思想とは矛盾するような儒家的な道義の強調があるほか、兵家言、陰陽家言、縦横家言、あるいは農家言に似たものもあって、むしろ、『呂氏春秋』や『淮南子』と同様に雑家として分類するのが適切であるようにも見える。内容の主題もまた、おおむねは政治と経済を中心とするが、こまかく見れば倫理的な教条や心性の論も含まれ、現実的実践的な議論とともに思弁的宇宙論的な自然解釈にも及ぶという広汎なありさまであって、羅根沢氏のいうような宝蔵である反面、一見整理しにくい雑然とした様相も強い。

さらに、その書名から考えられる管仲との関係が問題である。管仲は春秋時代の初期に斉の桓公を助けて覇者とならせた政治家であるから、もしこの書物のなかに管仲の自著と見られるものがあるのなら、それは孔子よりも百五十年以上も前の資料であって、他の諸子の書物とはとび離れた古い珍貴な資料となるわけである。しかし、この書物の内容が戦国時代に起こった諸子の思想と交錯するところの多いことは上に述べたとおりであって、そのまま全体を春秋初期の書物とすることについての疑問は早くから起こっていた。たとえば、宋の朱熹《しゅき》などは「管子の書は雑駁である。管仲は功業で有名になった人であって、書物を著わしたというのは確かでない。弟子職篇などは全く『礼記』曲礼篇に似ていて新しく、他の篇には老・荘に似たところもある。また説き方がきわめて卑俗で小心小智の所もあって、とても管仲がこんなに下劣だとは思えない。」と述べ、「管子は管仲の著作ではない。……恐らく戦国時代の人が管仲当時の行事や言葉の類を集めて著わしたもので、他書の記事をもそこに付け加えたものであろう。」と断定している（『朱子語類』巻百三十七）。

朱熹の説はおおよそ想像の論ではあるが、『管子』中に管仲以後の記事が少なくないことをふまえたものであって、人を首肯させるだけの力を具えている。(3) ただ、ここではなお、管仲当時の言行が戦国時代まで伝承されていて、それが今の『管子』のなかに含まれているということが考えられているが、それを証明する論証は見られない。恐らく、『管子』という書名からしてそれを当然のことと考えていたのであろう。朱熹以後の批判的な人々の考えも、その点についてはほぼ同様であった。『四庫全書総目提要』巻百一もまた「今、其の文章を考えると、たいていは後人の付会《つけたし》であって管仲の本書よりも多い。」と言っていて、管仲の自著がいくらかは残っているような書き方をしているが、もちろんそのことの証明はない。そして、後人の付会が大部分だということばは、やはり重い。

そこで、書名に縛られないで、管仲の自著ということをもはや問題にしない立場が出てきた。清の厳可均《げんかきん》は「近人の書目を編する者は、この書物に管仲以後の事がたくさんあるのは恐らく後人の付益が多いからだというが、自分はそうは思わない。先秦の諸子の書物は、みな門弟子か賓客かあるいは子孫の編定であって、必ずしも自著ではないのだ。」と言う(『鉄橋漫稿』巻八「書管子後」)。また章学誠も「ある人は、管仲の書には〔管仲がさきに死んだのだから〕桓公という諡《おくりな》があるべきではないと言い、閻若璩《えんじやくきよ》氏もまた後人の付加で『管子』の本文でないと言っているが、みな、古人は自分で書物を著わすことなどは決してなく、すべて後人の編集だ、ということを知らないのだ。」と言っている(『文史通義』詩教上篇)。つまりこの立場では、管仲との関係をまったく否定するというのではもちろんないが、管仲の自著という前提は完全に抹消されているのである。そして、この傾向は、今世紀の初めごろから盛んになってきた一般的な疑古の風潮によって一層おし進められることになった。その代表は羅根沢氏である。

羅氏はまず「戦国前には私家の著作なしの説」という論文を書いてその立場を固め、それをふまえて『管子』についての詳細な文献批判を行なった。『管子探原』がそれである。(4) 羅氏が戦国以前には私家の著作がないと考えたのは、章学誠の説をうけたものであった。羅氏自身がその論文の初めで引用しているように、章学誠は「古人は書を著わさず。古人は未だ嘗て事を離れて理を言わず」、なるほど儒教の経典のような古い書物はあるが、それは「先王の政典」であって、「事を離れて理を言う」後世の議論の書ではなく、「事」について述べたものであった、という（『文史通義』易教上）。羅氏のいう「私家の著作」とは、もちろんこの「先王の政典」に対する「事を離れて理を言う」の類であって、それは戦国に入ってから初めてあらわれるというのがその論説であった。そこで、管仲の場合も、春秋時代にその書があったとしても、それは「一時の典章政教」つまりは「事」にすぎず、管仲の言行の記録は後人の編集だというのが、章学誠の考えであり（同上、詩教上）、また羅氏の踏襲するところでもあった。

こうして、『管子探原』は、『管子』を管仲ときり離して戦国以後の作とみることを、ほぼその前提としている。そして、『管子』の各篇について一々詳細な検討を加え、篇ごとの作者の学派と年代とを推定したのである。その「叙目」では、古来の諸家の弁偽の語を掲げたうえで、もはやこの書が一人一時の作でないことは明白であるが、ただ各篇が何時どんな学派によって書かれたかはだれも究めようとしない、そのために古代の学術を学ぶ者もこの宝蔵を利用できないでいる、と述べている。羅氏の研究の意図がここによく示されている。そして、その意図は羅氏の画期的な精研によってある程度まで達成されたとしてよい。各篇についての結論に異論の出るのはむしろ当然のことで、羅氏の考えたようには安定した利用の道がひらかれたとは決して言えないが、それにもかかわらず、全体として『管子』の書がほぼ戦国時代の編成で漢代の資料をも含むということが一般に確認され、羅氏の書は以後の研究の一つの礎石ともなった。

羅氏の書の影響はまた別の面にも及んでいる。それは、『管子』の各篇を篇ごとにばらばらに分解して、要するにこの書を諸派の思想の寄せ集めと見た点である。『管子探原』では、『管子』という書物の統一的な意味はほとんど考えられていない。むしろ「牧民篇は戦国政治思想家の作」、「幼官篇は秦漢間の兵陰陽家の作」などと規定することによって、全体としてのまとまりの意味はまったく否定されていると言ってよいであろう。こうして、その雑家的な様相が『管子』の一般的な性質としてひろく認識されることになった。たとえば、木村英一氏の研究では、「管子に至っては、全体として見れば、一切統一が感じられない。……畢竟単なる寄せ集めである。」と断言される。(5) そこで、特色のある篇についての部分的な研究が全体とのかかわりを一応不問にしたままで進められるようにもなった。弟子職篇のように古くから分けて見られてきたものは別にして、軽重諸篇や侈《し》靡《び》篇・度地篇・地員篇などについての詳しい個別研究が出たほか、心術・白心・内業などの篇を戦国の思想家宋鈃《そうけい》・尹文《いんぶん》の遺著だとする説もあらわれてひろい支持を受けるようになったのが、それである。(6)

「宋鈃・尹文遺著考」を著わした郭沫若氏の立場では、もちろん『管子』の全体をそうした諸家の文章の雑集と見なしている。「管子の書が一種雑然とした混合物であること(雑膾)は、つとに学者間の公論となっている。……それはおおむね戦国時代とそれ以後とのこまごました著作の総集である。」と言い(「宋鈃・尹文遺著考」)、「管子の一書は戦国・秦・漢の文章の総集であって、秦・漢の際の諸家の学説がここに最も多く集められている。たとえば、明法篇は韓非の後学が作ったもの、水地篇は西楚の覇王の時のもの、侈靡篇は漢の呂太后の時の作品、軽重諸篇は文・景の時代にできたもので、すべて確証がある。そこで秦・漢の際の学説思想を研究しようとするなら、『管子』こそは重要な源泉である。」という(『管子集校』下冊巻末「校畢書後」)。郭氏のことばは、その後の『管子』の研究に対して確かに一つの正しい道すじを示したものである。『管子』の全体を明らかにするには、各篇ごとの性質をくわしく吟味することが今後とも必要であろう。

ただ、『管子』の研究は、そのように篇ごとに分解して研究するだけで十分だとは、もちろん思えない。郭氏もまた、『管子』の全体をなんらかの形で斉の地方と関係した資料だと考えているが、『管子』という名称でまとめられていることの意味は、やはり問題にしなければならない。関鋒・林聿時《りんしじ》両氏は、羅根沢氏のいう「戦国以前には私人の著作がない」とする説と、「於」の字を介詞に用いるのは戦国以後だとする説とを、「公例」とはできないと反駁したうえ、管仲の遺著とみられるものが今の『管子』の中に存在すると指摘する。(7) その論証は羅根沢氏に比べて実証性を欠いているが、今の八十六篇の前に別に旧本『管子』の存在を考え、今本の「経言」「外言」「内言」の諸篇に古い遺存を認めようとするところには、採るべきところがある。『管子』の書を斉に関係するものとして、とくに戦国時代の斉の都で栄えた稷下《しょくか》の学との関係をいうのは、すでに明の朱長春の『管子権《かく》』の序文に見られるが、(8) この点もまた詳しい考察を必要とするであろう。そして、今人張岱年《ちょうたいねん》教授は、「『管子』は戦国時代の著作であるが、そこに管仲の遺説や管仲の思想の記録がないかどうか、またばらばらの雑集かそれともやはり中心の思想があるのかは、現在研究すべき問題である。自分の考えでは管仲の思想を代表する幾篇かがあり、全体は雑然とはしていてもやはり一貫した中心の思想があると思う。」と述べている。張岱年教授が把握した中心思想とは、儒教道徳をも取りこんだ特殊な斉国法家の思想であった。(9)

ところで、ここにまた新しい問題が加わった。それは、近年になって発見された新しい資料の出現である。その第一は、一九七三年に長沙の馬王堆《まおうたい》から出土した帛書『老子』乙本の巻前古佚書との関係である。馬王堆といえば、老婦人のやわらかいミイラが出たことで一般にも有名になったが、帛書はその子息を埋葬した第三号墓から出土した。もとだんご状になって固くかたまっていたものを薄い帛布にひき離して、ここに十二万字にも及ぶ古典の宝蔵がひらかれた。『老子』二種、『易経』『易説』、『戦国策』の資料となった『戦国縦横家書』のほか、天文暦法・五行雑占・医書養生法その他に関する十数種にも及ぶ古佚書である。墓主の埋葬は漢の文帝期、帛書の書写はその書体などから恵帝か文帝初年と判定されている。まことに古代思想史学にとっての世紀の大発見であった。そして、ここに問題となるのは、その『老子』乙本の前に連接して書かれている四篇の古佚書である。

それは、「経法」「十六経」「称」「道原」という篇名がついていた。初め『老子』と合わせて原文の写真と釈文とが公刊されたが、一九七六年に、四篇だけの釈文と注釈にそれまでの代表的な研究論文を加えて、『経法』と題して出版された。[10] そこでの研究によると、その内容は道家を折衷した法家思想を述べたものであって、漢初に流行した黄老思想とも密接な関係があると言われる。そして、古佚書と他書との語句の関係を明らかにした唐蘭氏の「対照表」によると、[11]『管子』のなかにも少なからぬ類似の語句があって、思想的にも深い関係にあることが予想されることになった。古佚書四篇の著作年代はいつごろのことであろうか。それは当然にも『管子』の成立の問題にも関係してくるはずである。そして古佚書の研究が進むにつれて、その道法折衷の思想の独自の意味が注目されるようになってきたが、それらを総合して、今や『管子』の内容が新出の古佚書によって新たな照明を与えられつつあることは明瞭である。

新しい発見資料の第二は、一九七二年に山東省臨沂《りんぎ》県の銀雀山において発掘された竹簡である。それは兵書を主とする五千枚に及ぶ多量の竹簡であって、そこに孫武の『孫子』と共に新しく『孫臏《そんぴん》兵法』が発見されたことによって有名になった。[12] 墓の主は漢の武帝の初年の人と推定されている。そして、一九七六年になると、その後『孫子』以外の兵書を整理しつづけてきた研究グループは、新たに「王兵」という佚篇を発見したとして、それと『管子』中の軍事関係資料との密接な関係を指摘するに至った。[13] その関係はひっきょうどのようなものであるのか、その様相はやがて『管子』全体の成書過程についても示唆するところが大きいと、「王兵」の整理者たちは言う。これもまた吟味を加えねばならない問題である。しかも、事は軍事思想の範囲だけのことではなくて、『管子』全体の成立のしかたにもかかわるのである。

要するに、『管子』の内容は長い年代にわたって種々の材料を集めて編成されたものである。そこで、まず第一にはその雑多なものを分析して、個々の検討吟味を加えることによってそれぞれの意味と時代性とを明らかにしなければならない。そして、それとともに、また全体をつらぬく統一性がないのかどうか、あるとすればそれはどのようなもので、またその歴史的な展開の相はどうであったか、そのことを一般の思想史の流れとの関係のなかで明らかにしなければならない。それには、『管子』の成立年代についての複合的な考察が必要である。古佚書を含む関係資料との比較が、それに対して有効な手段となるであろう。さらにまた『管子』と管仲との関係はひっきょうどういうことになるのか、あるいは斉の国との関係、とりわけ戦国時代の中期に斉の都で栄えた稷下の学との関係ということも、これまで漠然と考えられてきたことであるが、あらためて吟味を加えてみる必要がある。稷下に集まった思想家たちの文章の雑多な集積といったことでよいのかどうか。『管子』の思想に全体としての統一性があるとすれば、それを生み出した土壌を考えなければならない。そして、斉の国、あるいは稷下の学のあり方ということもあらためて問題にしなければならないであろう。

㈡

問題の提起を終わって直ちに本論に入るべきであるが、ここでしばらく管仲の伝記を吟味して、それと『管子』との関係や斉の文化的風土などについて概観しておきたい。『管子』という書名はもちろん斉の管仲の書であることを意味しているから、たといこの書物と管仲その人との直接の関係はなかったとしても、ひとまずその伝記を見ることは当然必要なことだからである。

管仲の伝記は、いうまでもなく、『史記』の管晏列伝のそれが最も要を得たものである。ただ、管仲の伝記とともに斉の風土をも知ろうとすれば、同じ『史記』のなかの斉太公世家や田敬仲完世家、そしてそれらの資料と関係の深い『春秋左氏伝』や『国語』その他の記載、それに当の『管子』中の管仲説話なども吟味しなければならない。

まず管晏列伝のなかの管仲伝を見ると、「管仲夷吾《いご》は潁上《えいじょう》の人なり。」に始まって「管仲卒す。」に至るその伝記は、初めの一段で、鮑叔《ほうしゅく》との親交と、それが縁となって桓公即位後に囚われの身から宰相となって斉の国政に任じ、桓公を覇者として天下を統合させるに至ったことを簡潔に述べている。恐らく、これでまとまった一つの伝記資料であったであろう。(14) 次いで、いわゆる「管鮑《かんぽう》の交わり」で有名な管仲の述懐(「我れを生む者は父母、我れを知る者は鮑子なり。」

で終わることば)をしるし、斉の国政にあたってからの活動として「貨を通じ財を積み、国を富ませ兵を強くし、俗と好悪を同じくす。」といい、そのことの証明として「倉廩《そうりん》実ちて礼節を知り、」以下の『管子』牧民篇のことばを掲げ、さらにその政治活動の成功が「因」の術によるものであることを具体的に述べたうえ、また牧民篇のことばでそれを結んでいる。そして、最後は『論語』八佾篇にも見える「三帰・反坫《はんてん》」のことで、そのように公室にもひとしい富を持ったにもかかわらず、斉の人々はそれを侈《ぜいたく》だとは思わなかった、と言う。

要するに、この列伝での重点は、管仲が桓公に仕えて覇者とならせたその功業をたたえるところにある。ただ、敵にまわっていた管仲が、本来なら刑死すべきところを逆に桓公の宰相となった不思議な運命を説明することも、伝記としてはもちろん要請されるわけであって、明らかに独立した一つの説話とみられる「管鮑の交わり」の述懐が加えられたのはそのためであろう。そして、それと並んで、斉の僖公の子供たちの間で起こった内乱のなかで、公子子糾《しきゅう》と管仲が公子小白(桓公)と鮑叔を敵として斉の君位を争って戦った記事もあってよいわけであるが、ここでそれがないのは、斉太公世家の方で詳しく述べてあるために省略したものであろう。この方の話は『春秋左氏伝』の荘公八年と九年の条でも詳しく見えている、まさに劇的な物語である。管仲伝の方でそれを省いて、別にやや力を注ぐのは桓公を覇者にしたその功業であるが、それも「通貨積財、富国強兵」といわれながら具体的な説明はなく、ただ牧民篇の文が引かれるだけで、むしろ注意を引くのはとくに「因」の術が強調されている点である。

すなわち、「俗の欲する所、因りてこれを予《あた》え、俗の否とする所、因りてこれを去る」というのは、民の好悪に従って与奪するという牧民篇の語と似ており、それは結局、「与えることが(後には)取ることになる(という道理)がわかれば(知予之為取者)、政の宝である。」と牧民篇でいうところに落ちつく。これは一般的な大勢に因り従っていくのが良い結果をもたらすということでもあって、管仲の事業はすべてそのように、何か一つの情勢をきっかけとしてそれをうまく利用することによって成功したものだというのである。たとえば、「桓公、実は少姫を怒って南のかた蔡《さい》を襲う。

管仲、〔これに〕因りて楚を伐ち、〔楚の〕包茅の周室に入貢せざるを責む。桓公、実は北のかた山戎を征す。管仲、〔これに〕因りて燕《えん》をして召公の政を修めしむ。」というのがそれであるが、ここでは「勢に因る」ことと共にまた権謀的な性格も含まれている。そして、それが管仲の事業を後からふりかえって一定の立場から整理を加えたものであることは、いうまでもない。最後の「三帰・反坫」は、『論語』八佾篇で、倹ならず礼を知らずと孔子によって非難されたことをふまえて、弁護したものであろう。『論語』に見える管仲評として、八佾篇のこの非難と憲問篇の「一匡天下」に対する讃嘆との二種の立場があることは広く知られているとおりであって、武内義雄博士は憲問篇の方が斉人によって伝えられたからであろうと考えた(15)。『史記』の記載は斉人所伝の立場にあるとしてよいであろう。

実際、管仲は斉人の間で特別な崇敬をうける人物であった。そのことは斉太公世家の構成を見ることによっても明らかである。この世家は、周の初めに太公望呂尚によって斉の建国をみてから、康公の時代になって田氏によって国を奪われるまでの歴史であるが、その記述の頂点は創建時の太公の活躍と覇者となった中興の桓公と管仲の活動であって、それに崔杼《さいちょ》の乱から公室の勢力が衰微していくありさまとその困難な時局を維持した晏嬰《あんえい》の功績とが加えられるという構成である。すなわち管仲は、斉の歴史のうえで建国の祖である太公とも並ぶような地位にあり、桓公の短所を助けて覇業をとげさせた大人物となっている。その意味で、さきの管仲伝を補う資料も少なくないが、桓公が管仲の遺言に従わないで易牙《えきが》などの佞臣を近づけたために、その死後六十七日間も死体を放置されたとしるすのは、やはりことさらに管仲を持ちあげた管仲説話にもとづく記述である。

戦国時代も半ばすぎになって孟子が斉に行ったとき、そこで入門した公孫丑《こうそんちゅう》は、「先生が斉の国政にあたることになれば、管仲や晏子ほどの功績がまた期待できましょうか。」と質問した。孟子はそれに答えて、「君はなるほど斉の人だ、管仲と晏子を知っているだけだね。」と言っている。そして、公孫丑はなおも、「管仲はその君を覇者としました、晏子はその君を有名にしました。管仲と晏子でさえ言うに足りないのですか。」と詰問している。『孟子』公孫丑篇の初めのこの問答は、斉の人々の間で管仲・晏子の存在がいかに誇るに足る重い存在であったかをよく示している。斉太公世家での管仲の重みと考えあわせて意味深いことである。『管子』という書物が編集された背景として、管仲に対する斉の人々の尊敬というこの事実は重要である。

『史記』を離れて『管子』の方に移ると、ここでも管仲説話とみられるものは少なくないが、とくに事蹟を伝えるものとして重要なのは、「内言」の部類に属する大匡《たいきょう》第十八と小匡第二十である。この中間には中匡第十九という篇があって一連のものと見られるが、その内容は問答を主とした短いもので、前後の両篇とはやや違っている。そして、大匡篇の方は斉の内乱から桓公の即位と管仲の任用に至るまでの事蹟に詳しくて、それが確かに『左伝』の記事をふまえたものであるのに対して、小匡篇の方では任用までのいきさつは簡略で、国政に任じてからの内政と覇業について詳しい記述があり、それは『国語』の斉語の記載をふまえたものである。両者のこうした関係からすると、そこに編成者の意図が働いて加筆のあったことはもちろんとしても、むしろ伝承を異にした管仲伝を集めて編成したというおもむきが強い。

大匡篇をみると、ところどころに年月をしるした記事がある。「二月、魯人、斉に告げて曰わく、」「五月、襄公、貝丘に田《かり》して豕彘《いのこ》を見る。」「九年、公孫無知、雍廩《ようりん》に虐し、雍廩、無知を殺す。」「桓公元年、管仲を召す。」などがそれであって、このほか、「明年」とか「四年」「五年」などといって時の経過を示す年数をいう場合も少なくない。そして、ここに挙げた記事はみな『左伝』と対応するもので、「二月」と「五月」は一致しないが、「九年」は魯の荘公の九年をあらわすものとして、その記事のことばまでがそのまま一致する。(16) さらにまた一か所だけではあるが、「君子これを聞きて曰わく、」として、生きながらえた管仲と、君のために殉死した召忽《しょうこつ》とを並べて論評を加えたところがあるが、これもその体裁は『左伝』の君子評と似たものがある。この篇が『左伝』またはそれに類する資料を見て、部分的にそれを襲ったことは確実であろう。ただ、別に「或曰」として異伝を併記したところもあるのは、この編成者のふまえたものが『左伝』だけではなかったことと、管仲の伝記を伝記として正しく伝えようという意図のあったことを示している。

大匡篇の後半は、おおむね管仲と桓公との問答によって、その宰相としての活躍ぶりを伝えるものである。ここで注意をひくのは、まず好戦的な桓公を諫めて内政を修めることの必要を説き、桓公がそれに従わずに外征して失敗するというテーマがくりかえされ、やがて管仲に聴き従うようになって斉の国威が伸張したとされていることである。これは明らかに管仲を美化して持ちあげた作為の跡を示すものであろう。そこにはさまれた具体的な事項には、『左伝』や『史記』と合うものがあって、恐らく伝承の資料にもとづいたとは考えられるが、問答の形として編成するにあたってかなりの筆が加わっている。一例をあげると、『孟子』の告子下篇に見える葵丘《ききゅう》の会の盟誓である。『孟子』では「五覇は桓公を盛んとなす。」として、「初命に曰わく、不孝を誅し、樹(太)子を易《か》うることなく、妾を以て妻と為すことなからん。再命に曰わく、賢を尊び才を育し、以て有徳を彰わさん……五命に曰わく、防《つつみ》を曲ぐるなく、糴《かいごめ》を遏《とど》むるなく、封ありて告げざることなからん。」などと、桓公が覇者となった盟誓の内容と事蹟とをそのままに伝えたおもむきがあるのに、大匡篇の方は、「公曰わく、会の道、奈何。」という質問を受けた管仲が、「曰わく、諸侯、妾を専《ほしいまま》に立てて以て妻と為すこと毋《な》く、大臣を専に殺すこと毋く、国労なきに禄を専に予うること毋く……隄を曲ぐる毋く、粟を貯うる毋く、材を禁ずる毋からしめよ。」と述べ、「此れを行ないて歳を卒え、則ち始めて罰すべし。」と結んでいて、葵丘の会との関係は不明である。両者の内容には類似があるから、これは葵丘の会の伝承として伝わっていたものを『孟子』の方は忠実に伝え、『管子』の方ではそれを利用して管仲の対外的な功業を作りあげたとみるのが正しいであろう。

こうした事情は、小匡篇の場合にも共通している。小匡篇が『国語』の斉語を受けて修飾を加えたものであることは、すでに松木民雄氏によって詳細に論じられているが[17]、その修飾のしかたには、やはり管仲の功業に中心をおいてそれを顕彰する意味が強い。たとえば、鮑叔が管仲を推薦する最初の一段で、「夫れ管仲は民の父母なり、将に其の子(民)を治めんと欲すれば、其の父母を棄つるべからず。」といった斉語にはないことばを加えたり、また斉語で魯の施伯の言として「管子は天下の才なり。所在の国は、必ず志を天下に得。」とあるのを、小匡では「管仲は天下の賢人なり、大器なり。楚に在りては楚は意を天下に得、晋に在りては晋は意を天下に得、狄《てき》に在りては狄は意を天下に得。」と大きくひきのばしているのなどが、はっきりした例である。大匡篇と小匡篇とが、それぞれに『左伝』と斉語の資料を主たる拠り所にして管仲の伝記を編成し、それを『管子』の書中に加えた意図は、ここにあるといってよかろう。諸子の書物のなかでは、『韓非子』の初めに「初見秦」があり、近年発見の『孫子』や『孫臏兵法』にもそれぞれの事蹟を伝える一篇が併載されていたらしいことを考えあわせると、それが、管仲を信奉する伝承者のあいだで、ある段階で『管子』の書の一部として編成されたというのは、自然なことに思われる。

さて、小匡篇の内容として史家のあいだでたびたび取りあげられてきた重要なことは、「内政を作《お》こして軍令を寓す」という目的のために、「其の国を参にして其の鄙《ひ》を伍にし、」士農工商の四民を雑処させないで「民の居を定めて民の事を成す」という、いわゆる「参国伍鄙」と「四民不雑処」の政治制度である。これについては、古く岡崎文夫氏が斉語と小匡との文を比べて鋭い指摘を行なっている。(18) すなわち、斉語の方で「国を制して以て二十一郷と為す。工商の郷は六、士の郷は十五。公は五郷を帥《ひき》い、高子は五郷を帥い、国子は五郷を率《ひき》ゆ。」とある参国の制が、小匡では「士の郷」を「士農の郷」として農を加え、「公は五郷を帥い」の五郷を「十一郷」として全体の「二十一郷」の数にあわせているという点についてである。岡崎氏は、これこそ農民の擡頭した春秋末から戦国以後の情勢を受けた小匡篇の改変であって、春秋初期では国都の三軍に農民はまだ編成されていなかったはずだという。岡崎氏の考察は正しいであろう。そして、これを承けた松木民雄氏の論文では、斉語の方が「士農工商」ということばはありながらも、その叙述が士・工・商・農の順序になっているのに、小匡では順序が改められていると指摘して、やはり農民の重視されるようになった戦国の情勢を受けたものであろうと述べている。

斉語の方もそのまま春秋初期の様相を伝えているとしてよいかどうかは、なお疑問がある。とくにその四民不雑処の思想は、そこに士を含むことによって春秋期の士の社会的身分の問題としてそれでよいのかということが疑問になる。『左伝』の語るところでは、士は卿・大夫と並んで支配層にあり、庶人と対するものとして多く見えている。そして、顧炎武によると、士は本来有職の人であるからそれを四民の一として居住を定めるというのは不可解なことで、游士の多くなった春秋末から戦国の世のことであろうという。[19]事実、斉語の下文では、桓公が游士八十人をあつめ「奉ずるに車馬衣裘を以てし、その資幣を多くして、四方に周遊せしめ、以て天下の賢士を号召す。」といった戦国的な記述もある。今人余英時教授はこれらをふまえて、四民不雑処の記事は斉語も小匡もともに階級制度の崩壊したのちの現象に従って作られたもので、まさに士の階層と庶民階層とが混融し、しかも四民の雑処が問題になってくる戦国社会の情況に合致していると考えた。[20]もしそうだとすると、斉語もまたすでに戦国時代の潤飾があるわけであって、春秋初期の管仲時代の事実がどこまで伝えられているかは、なお慎重に吟味しなければならない。

とはいえ、そこに斉の古い伝承が含まれていることは恐らく確かなことであって、大匡や小匡の篇は管仲の功業を顕わすことを中心としてそれを修飾して再編したものであろう。そして、その時代は上述のことからすれば戦国時代になってからと考えるべきであろうが、とくに管仲の顕彰を必要とする情勢を考えてみると、やはり諸子の思想が勃興してそれに対抗する意味のあったことが考えられる。いったい、戦国時代の斉が管仲の時の呂氏の斉ではなくて田氏の斉になっていることは、周知のとおりである。しかし、斉人のあいだでやはり管仲に対する尊敬が厚かったことは、さきに挙げた『孟子』の文章によって明らかである。そして、田斉の全盛期は威王(前三五六―前三二〇在位)から宣王の時代をへて湣王《びんおう》の末年までであるが、その時、斉の都では思想家たちを優遇して上大夫の待遇で「治めずして議論」させ、それを「稷下の学士」と称した。孟子が訪ねたのは宣王の初年のことであって、まさに百家争鳴の盛時である。その情勢からすると、諸国から流入する諸家の思想に対抗して、斉の偉人である管仲を顕彰する必要があったことは、十分考えられるはずである。大匡や小匡の篇は、恐らくそうした背景のもとに整備されたものであろう。

『史記』の斉太公世家では、桓公が死ぬとすぐに内乱が起こり、桓公の死体は六十七日間も放置されて虫がわくまでになったが、それは管仲の遺言に従わなかったためだという話があったが、それは管仲のすばらしさがその死後にまで影響を及ぼしたというもので、小匡・大匡などの内容からまた一段と進んだ説話である。そしてこの説話は、『管子』の同じ「内言」の部で戒第二十六と「短語」の小称第三十二との両篇にもほぼ重複して見えているが、とくに小称篇の方がよく整理された文章であって、そこでは管仲のことを「聖人」とも言ってたたえている。恐らく、小匡篇などの整備よりはさらに遅れた時代の成立であろう。

ところで、こうした管仲の伝記あるいは説話を通じて、管仲が著作を残したということはどこにもない。『史記』の管仲伝では『管子』の書の一部を管仲の言葉として引用してはいるが、孟子荀卿列伝の方で、孟子が「孟子七篇を作」ったとか荀子が「数万言を序列」したとか、あるいは鄒衍《すうえん》が「怪迂の変、終始大聖の篇十余万言を作」った、「慎到が十二論を著わし、環淵が上下篇を著わした」などとあるのとは違って、管仲著書のことは言わない。要するに著書立説の人でないことは、司馬遷にもよくわかっていたのである。恐らく、古い伝承者たちも、管仲の自著などということはまったく考えていなかったのではなかろうか。管仲を尊敬する心情のなかで、管仲の事蹟を伝え管仲にかかわることがらを多く伝えようというのが、その初期の人々のこころであったと思う。それは、自著とか偽作とかの問題とは別のことである。『管子』の書の成立については、むしろそうした伝承者のあり方が重要なのであろう。

伝記や説話を通じて注意されるもう一つのことは、それを伝えた人々の重点のおきどころである。管仲を顕彰するという点で、桓公を覇者にして天下の諸侯を従わせたということが中心にあるのはいうまでもないが、個々の具体的な話を通じてそれらを伝えた人々の強調がどこにあるかを読みとる必要がある。まず注意をひくのは内政の重視であろう。「諸侯を九合し、天下を一匡した」という桓公の事業からすると、華々しい外交や戦争のことがあって当然だと思えるのに、管仲の役割はそのように外にむかってはやる桓公を諫めて抑え、国内の政治を整備してそれによって富国強兵の実をあげる、というところにあった。たとえば、大匡篇では、桓公が宋を伐とうとしたのに対して管仲は「不可なり。」と答え、「臣聞く、内政修まらざれば、外に事を挙ぐるも済《な》らず。」といい、また魯を伐とうとしたのに対しても「不可なり。」と答え、「臣聞く、有土の君、兵に勤めず、辱に忌《い》まず、其の過ちを輔《たす》けずば、則ち社稷安し。兵に勤め、辱に忌み、其の過ちを輔くれば、則ち社稷危うし。」といっている。また小匡篇でも同様に、桓公が「吾れ天下の諸侯に従事せんと欲す、其れ可ならんや。」と問うたのに対して、管仲は「未だ可ならず。民心未だ吾れに安んぜず。」と答え、さらにまた「民〔すでに〕安んず、其れ可ならんや。」と問うたときも、管仲は「未だ可ならず。」と答えて、「内政を作《お》こして軍令を寓す」ることを説くことになる。

この内政の重視は、大匡篇の初めで強調される社稷の安定ということとも対応している。桓公がただ社稷の安定を望むというのに対して、管仲は覇王になってこそ社稷が安定すると強調し、自分が主君の子糾のために殉死せずに敵であった桓公に仕えるのは、社稷を定めるという目的のためである、と答えている。ここには君主個人への忠節よりも社稷を重要とする思想が示されているが、また覇王となって天下を一匡することが直接の目的なのではなくて、斉の社稷の安定こそが第一の目的であるということも、明示されている。当然にも、内政の整備によって富国強兵の実をあげる政策が中心となるわけであって、対外的な活動は、たとえば斉太公世家についてふれたように、むしろ管仲の「因」の術として位置づけられる。「兵車の会は六、乗車の会は三」(斉太公世家では、六と三が入れ替わる)などと言われる桓公の華々しい覇業に対して、管仲の活動は表だってそれを先導するのでなく、むしろ地道にその基礎がためを行ない、裏面でそのきっかけを作るといったおもむきがある。『管子』の全体の内容は、この内政重視の立場とよく相い応じている。

内政について、管仲伝は「通貨積財、富国強兵」と総括的であるが、斉太公世家の方では「五家の兵を連ね、軽重漁塩の利を設け、以て貧窮を贍《た》し、賢能を禄す」とやや具体的な記述をしている。この方は管仲だけの事業ではなくて鮑叔・隰朋《しつぼう》・高傒《こうけい》との共同事業とされているが、ここで「五家の兵を連ぬ」というのは、小匡篇の「参国伍鄙」の制や「内政を作《お》こして軍令を寓す」という管仲の献策と一致することであろう。また「賢能を禄す」というのも、大匡篇の末尾で賞罰を厳正にして有罪者を赦すなかれと強調するのがそれに対応している。これらは政治・法制・軍事の問題として、『管子』全篇の内容とも関係しているが、「軽重漁塩の利」とか「通貨積財」というのはもちろん経済問題であって、『管子』の内容としてもとくに重要で特色のある点である。しかも、この経済政策は、斉の地理的風土ともおおいに関係していたように見える。

『史記』貨殖列伝によると、太公が初めて斉を治めたとき、その土地に塩分が多く（潟鹵）人民も少数であったため、太公は「其の女功を勧め、技巧を極め、魚塩を通じ」、それによって斉は豊かになって、「天下に冠帯衣履す」るに至ったという。またその後の中衰時代には管仲があらわれ、「軽重九府を設け」たことによって桓公の覇業をとげさせ、管仲自身も列国の君よりも富むに至ったともいう。斉太公世家で太公の事業として「商工の業を通じ、漁塩の利を便にし」たというのが、それに応じている。『漢書』地理志下篇の斉地の条では貨殖列伝のこの記事にもとづいてそれを一層敷衍しているから、斉の富は漁塩の利と商工の業によってもたらされたもので、それは農業に適しない土地のためであるという印象がさらに強い[21]。大匡・小匡の方では、この点は必ずしもはっきりしないが、小匡篇の四民不雑処と大匡篇でそれに見あう「凡そ仕うる者は公に近く、仕えざる者と耕者とは門に近く、工賈は市に近し。」というところなどで、商工の民に対する配慮がみられるのはそれに適合するものである。そして、『管子』の全体としては、「軽重」の部類に属する経済資料こそがそれに最もぴったりと合致するもので、管仲の事業として商業の重視ということが言われるのも、いかにもと思われる。現に『漢書』食貨志下篇では「軽重の権を通じ」たという管仲の政策を説明するのに、『管子』「軽重」の国蓄篇の文を多く引用している。

ただ、『管子』全体の経済思想としては、今日の書物について見るかぎり、むしろ重農の立場が中心である。その「軽重」の部類はかえって相対的に新しい文章に属する。この問題はどのように解釈すればよいか。実は、同じ貨殖列伝のなかには、前の「地は潟鹵《せきろ》、人民は寡なし。」とあったのとはまったく異なった記述も含まれている。「斉は山海を帯し、膏壌千里、桑麻に宜しく、人民には文綵布帛魚塩多し。」というのがそれであって、ひろびろとした豊かな土地がひらけていたとある。また斉太公世家の賛でも、「吾れ斉に適《ゆ》きしに、泰山より琅邪《ろうや》に属《つづ》き北は海に被《よ》り、膏壌二千里なり。」と、その実見したところを述べている。してみると、斉はその建国の初期にこそ悪い土地条件に苦しんだかも知れないが、それは決して農耕を疎略にしたことを意味するものではない。むしろ、時代の進展につれて、一般に春秋末期以後の農業技術の進歩とともに各地の荒地の開墾が盛んになると、(22)斉の国でも積極的な農業の奨励が行なわれたと見るべきである。『管子』の巻頭で、「務めは四時(季)に在り、守りは倉廩に在り。」といい、「地の辟《ひら》挙ければ、則ち民は留まり処る。」というのは、そのことを明白に物語っている。管仲の伝記がことさらに「軽重九府」の商業経済を強調するのは、その特色に重点をおくやや偏った記述であろう。そして、そうした記述がなされたのは、商工漁塩の利という斉の伝統との関係のなかで、管仲をそうした経済人にしたてあげることが要請されたからであって、それは今の「軽重」諸篇の作られた時と連なる新しい時代のことであったのではなかろうか。『史記』の伝記はそれに拠ったものであろう。

以上を要するに、管仲の伝記と説話とを通じて、管仲その人の確実な事蹟とみられるものは意外に少なく、むしろ本来の伝承があったとしてもそれが年月とともに潤飾されて新しい形になっていることが知られた。そして、その潤飾は長い年月にわたって逐次になされているらしいが、一貫して管仲に対する崇敬の心でつらぬかれていて、それこそ『管子』の書を編成した作者たちの心情とも通ずるものではないかと考えられた。伝記が伝える富国強兵のための内政の重視は、確かに『管子』の内容そのものである。そして、管仲の伝記を潤飾して顕彰することが要請される時代として、まず戦国中期の稷下を考え、さらにその経済思想に関連して後世の潤飾をも考えたのであるが、もしそうなら、それはまた『管子』の編成の事情にも当然大きな関わりを持つことであろう。『管子』の内容について吟味を加えるべき問題である。序章を終わって本論に入ることとしたい。

（1）羅根沢『管子探原』（一九三一年中華書局、一九五八年『諸子考索』人民出版社所収）その叙目。

（2）拙稿「孟子の研究——その思想の生い立ち——」（一九五一年『東北大学文学部研究年報』第一号）、「孟軻の退隠」（一九五四年『東方学』第八輯）参照。『孟子』の内容について精しい文献批判を行なった結果、孟軻個人の思想の遍歴が明らかにされたが、とくに著しい異分子的な文章は見られなかった。

（3）宏業書局編集部編『偽書通考』（一九七五年宏業書局）七六三—七六九ページに、管仲の自著とみることに対する主要な批判が摘挙されている（羅根沢氏前掲書を踏襲すること多し）。いま、管仲以後の記事として指摘されたほぼ確当のものを挙げると、次のとおりである。

「戦国の際〔の作。書中に〕申・韓の言多し。」（宋・蘇徹『古史』管晏列伝）。「鬼谷子と相い乱る。……疑うらくは皆戦国策士の相い付益するなり。」（宋・葉夢得説、王応麟『漢書藝文志考証』巻六所引）。「弟子職篇の如きは全く曲礼に似たり。他篇も荘老に似たるあり。」（宋『朱子語類』巻百三十七）。「管子は一人の筆に非ず、亦一時の書に非ず。誰の為る所なるかを知るなし。其の〔小称篇の〕毛嬙・西施、〔七臣七主篇の〕呉王好剣を言うを以てこれを推すに、当に是れ春秋末年なり。」（宋・葉適『習学記言序目』巻四十五）。「管子の書は誰の集むる所なるかを知らず。乃ち龐雑重複して一人の手に成らざるに似たり。……心術・内業等の篇は皆道家に影付して以て高しと為す。侈靡・宙合等の篇は皆隠語を刻断して怪を為す。……管子の情に非ず。」（宋・黄震『黄氏日鈔』巻五十五）。「三晋の君を称するも、其の時未だ三晋あらず。軽重篇に魯・梁・秦・趙を称するも、其の時未だ梁と趙はあらず。代王を称するも、其の時未だ代王あらず。」（顧炎武『日知録』）。「小問篇に秦の穆公あり。或いは後人の追改か。」（兪正燮『癸巳類稿』巻十四書管子後）。「〔立政篇で〕兼愛・非攻・息兵を批評しているのは、戦国初年に墨家が起こってからこそ問題になることである。」（梁啓超『古書真偽及其年代』）。

いずれも、それぞれに部分的ではあるが、顕著な代表として挙げられたものであって、『管子』中からこの類の語句をなお挙げることは困難ではない。

（4） 羅根沢『管子探原』（前出、註1）。「戦国前無私家著作説」も、この書の付録として発表されたが、その跋文によると、この論文はすでに四年前の一九二七年に撰述されていたという。その後いくらかの修正を加えて、一九三三年『古史弁』第四冊上編にも再録された。現在では『諸子考索』（前出、註1）に収められている。

（5） 木村英一「管子の成立に関する二三の考察――「管仲説話と管子の書」の一部――」（一九四二年『支那学』第十巻特別号）。

（6） 馬非百『管子軽重篇新詮』（一九七九年新修訂版、中華書局）、夏緯瑛『管子地員篇校釈』（一九五八年中華書局）、劉節「管子中所見宋鈃一派学説」（一九四三年『説文月刊』、のち一九五八年『古史考存』人民出版社所収）、郭沫若「宋鈃・尹文遺著考」（一九四四年稿、一九五四年『青銅時代』人民出版社所収）など。とくに宋鈃・尹文遺著説は、侯外廬主編『中国思想通史』にも採用されて中国の学界で有力になった。

（7） 関鋒・林聿時「管仲遺著考」（一九五九年『中国哲学史論文初集』科学出版社）。蓋然的な理論の組立てで、概して実証性には乏しい。とくに『史記正義』所引の「七略」に十八篇とあるのを根拠に旧本『管子』を考察するのは、本論第一章（三九ページ）で述べるとおり恐らく誤りである。

（8） 朱長春『管子榷』は、郭沫若氏らの『管子集校』（一九五六年科学出版社）の「宋明版本」の説明によると、万暦年間の刊本であろうという。日本では国会図書館内閣文庫でも万暦刊としており、ほかに東洋文化研究所などにも所蔵されている。その朱長春の「校管子旧序」では『管子』の書の雑駁を説明して、「半ばは稷下大夫の坐議浮談、而して半ばは乃ち韓非・李斯の法家輩が商君を襲いて以て管子に党し」たものだと述べている。

（9） 張岱年『中国哲学史史料学』（一九八二年三聯書店）四六―四七ページ。この著書の性質上、詳しい論証の見られないのは残念である。

（10） 馬王堆漢墓帛書整理小組編『経法』（一九七六年文物出版社）。最初の公刊は、同じ整理小組による『老子甲本及巻后古佚書――長沙馬王堆三号漢墓帛書之一――』『老子乙本及巻前古佚書――長沙馬王堆三号漢墓帛書之二――』（一九七四年文物出版社。合編『馬王堆漢墓帛書（壱）』）。この書の釈文の誤りはさきの『経法』で訂正されているが、やがて一九八〇年には、国家文物局古文献研究室編『馬王堆漢墓帛書（壱）』（文物出版社）が出て、おおはばな釈文の改訂と註の増補を行なっている。古佚書の「十六経」は初め「十大経」と読まれていたが、この新版によって読正された。

（11） 唐蘭「《老子》乙本巻前古佚書与其他古籍引文対照表」（前註『経法』一六七ページ。唐蘭氏の付載論文の付録）。

（12） 銀雀山漢墓竹簡整理小組編『孫臏兵法』（一九七五年二月文物出版社）は、釈文と簡註に、付録の報告と論文。同整理小組編

『銀雀山漢墓竹簡〔壱〕』（一九七五年七月文物出版社）は原文の写真と模写および釈文に註を増補した。

（13）銀雀山漢墓竹簡整理小組「臨沂銀雀山漢墓出土《王兵》篇釈文」（『文物』一九七六年第十二期）。

（14）『史記』管晏列伝――管仲夷吾者潁上人也。少時常与鮑叔牙游、鮑叔知其賢。管仲貧困、常欺鮑叔、鮑叔終善遇之、不以為言。已而鮑叔事斉公子小白、管仲事公子糾。及小白立為桓公、公子糾死、管仲囚焉。鮑叔遂進管仲。管仲既用、任政於斉。斉桓公以覇、九合諸侯、一匡天下、管仲之謀也。

（15）武内義雄『論語の研究』（一九三九年岩波書店。一九七八年角川書店『武内義雄全集』第一巻所収）第二章第六節。ちなみに『論語』の管仲評を挙げておく。〇八佾篇――子曰、「管仲之器小哉。」或曰、「管仲倹乎。」曰、「管氏有三帰、官事不摂、焉得倹乎。」曰、「然則管仲知礼乎。」曰、「邦君樹塞門、管氏亦樹塞門。邦君為両君之好、有反坫、管氏亦有反坫。管氏而知礼、孰不知礼。」〇憲問篇――子路曰、「桓公殺公子糾、召忽死之、管仲不死。曰未仁乎。」子曰、「桓公九合諸侯、不以兵車、管仲之力也。如其仁、如其仁。」〇又――子貢曰、「管仲非仁者与。桓公殺公子糾、不能死、又相之。」子曰、「管仲相桓公覇諸侯、一匡天下、民到于今受其賜。微管仲、吾其被髪左衽矣。豈若匹夫匹婦之為諒、自経於溝瀆而莫之知也。」

（16）徐時棟『烟嶼楼読書志』子上にこの点の指摘があり、『左伝』を襲って删節を忘れたものとしている（黄雲眉『古今偽書攷補証』所引による）。

（17）松木民雄「四民不雑処考――国語斉語と管子小匡篇をめぐって――」（一九七五、六年『集刊東洋学』第三十三、五輯）。

（18）岡崎文夫「参国伍鄙の制に就て」（一九五〇年『羽田博士頌寿記念東洋史論叢』）。

（19）顧炎武『日知録』巻七「士何事」――謂之士者、大抵皆有職之人矣。悪有所謂群萃而州処、四民各自為郷之法哉。春秋以後、游士日多……而戦国之君、遂以士為軽重。……嗚呼、游士興而先王之法壊矣。

（20）余英時『中国知識階層史論〈古代篇〉』（一九八〇年聯経出版）古代知識階層的興起与発展一九―二三ページ。

（21）『漢書』巻二十八食貨志下二、斉地――太公以斉地負海舄鹵、少五穀而人民寡、迺勧以女功之業、通漁塩之利、而人物輻湊。後十四世、桓公用管仲、設軽重以富国……故其俗弥侈。なお『淮南子』要略篇でも、経済とは無関係ながら、「管子の書」の作られた背景として、覇者の出現を必要とする当時の状況を述べたなかで「斉国之地、東負海而北障河、地狭田少而民多智巧」と言っている。

（22）楊寛『戦国史』（一九八〇年第二版、上海人民出版社）第二章春秋戦国間農業生産的発展、四　農業生産技術的進歩和農業産量的提高、を参照。

第一章　『管子』という書物

『管子』の内容を研究するには、まずその書の外面的な伝承がどのようであったか、そしてわれわれの手にするテクストがどういう来歴を持つものであるか、それを知っておかなければならない。それが分かっていてこそ、書かれた時の状況と今の状況との連係の度合がはっきりして、その間のひずみの矯正も可能になるからである。もちろん、この必要性は『管子』に限ったことではない。古典、とりわけて先秦の古典については、すべてに当てはまることであろうが、『管子』のばあい、その難読は古来有名であって、その校正のためにも必須の基礎作業であるといえよう。そこで、本章では、まず現行の『管子』の各種のテクストをできるだけひろく調査してその祖本と系統とを考え、次いでさらにさかのぼって今日の書物の体裁がどこまで溯及できるか、その変遷のあとを究めることとしたい。

㈠

『管子』の本文を校訂する仕事は、これまで多くの学者によってすでに行なわれている。そして、近年それらを総合して集大成を果たしたかに思える大著が出版されて、『管子』の研究は大きな便益を与えられることになった。その大著というのはほかでもない。『管子集校』上下二巻である。この書は科学出版社から一九五六年に出版され、著者は郭沫若・聞一多・許維遹《きょいいつ》の三氏の連名となっているが、実に長年月にわたる多くの人々の手をへた後に、郭沫若氏によって大成された苦心の作である。

巻頭の郭氏の「叙録」によると、この書はもと許氏の未定稿『管子校釈』を中核として着手されたものであった。

許氏の書は戴望の『管子校正』を基礎としてそれを諸家の説によって補充し、自らの案語を加えたものであるが、その稿本の三分の一はさらに聞一多氏が参校の手筆を加え、また一部には孫毓棠《そんいくとう》氏の参校もあった。また、許氏は別に、楊忱《ようしん》本を底本とした校定本を作る計画を樹てていたが、それは約半分の侈靡《しび》篇の初めで中断して、死没した。許氏・聞氏のこの仕事は、戦時下の昆明で行なわれたためにその研究条件も悪く、なお不十分なものであったが、これが第一段階の仕事である。

次いで中国科学院編訳局でこれを整理浄写し、浄写後の原稿について許・聞両氏の旧友であった馮友蘭《ふうゆうらん》・余冠英・孫毓棠・范寧《はんねい》・馬漢麟の諸氏が分担校閲にあたり、郭氏が全体を校閲した。さらに許氏が志した諸本の校合を果たすために、郭氏は北京・上海・武漢・長沙など各地の図書館や専門家の協力を得て各種の版本を集め、異本校合の註記を整備した。これが第二段階の仕事である。第一段階に比べて原稿の量は約三倍に増えたという。そして、この第二段階の仕事を総裁して完成原稿にまとめたのは、もちろん郭沫若氏であった。

まことに、郭氏もいうように、この仕事は煩瑣で無用なことにも見えるが、こうした資料の整理を行なうのでなければ難読の『管子』は手のつけようもなく、せっかくの貴重な資料も化石として埋没したままで終わってしまう。『管子集校』の仕事は、研究者のために大きな礎石を与えたものとして貴重である。今日の『管子』の研究はこの書を除外して進めるわけにはいかない。ただ、この書もまた未《いま》だ善美を尽くしたものではない。「集校」という名称が示すように、多くの校語が集められている便利さに応じて、反面でそれらがおおむね略引であるうえに、その雑然たる羅列がかえって取捨の判定を迷わせる場合もある。近人夏緯瑛《かいえい》氏もまたこの書を評して、「広収博采は長所であるが、判断は少なく、通読に困難である。」と言っている(『管子地員篇校釈』序言)。とりわけ異本の校合については、異本の系統をただして校合の取捨の指針を明確に表示すべきであった。郭氏が「校畢書後」で自ら反省するように、二十年以上にわたって数人の纂録をへ、旧稿の整理に多くの助手の手をへた成立の事情を考えれば、その混雑はやむを得ないことであったかも知れない。

さて、当面のテクストの問題についても、『管子集校』は大きな便益を与えてくれる。巻頭の「叙録」のあとには、「管子集校所拠管子宋明版本」として十七種（安正書堂本を入れると十八種）に及ぶ版本が列挙され、それぞれに説明が加えられているからである。それらの版本は、「叙録」で言われているように中国の各地の図書館から集められたもので、天下の孤本として日本では見られないものをも含んでいる。現行の明以前の版本はほとんど網羅されているといってよいであろう。われわれとしては、これに加えるべきものは何もないようにも思えるのであるが、今後における祖本の追究のためと、また版本の説明の不備を補うために、若干の修正と補充説明を行なうことにしたい。

一　宋　楊忱本

『集校』のあげる第一である。以下、呼称と番号は『集校』のそれに拠る。対照の便宜のためである。巻首に楊忱撰の「大宋甲申秋九月二十三日序」があることによって、この呼称がある。原本は北京図書館に現蔵されるという。翻印本として、(甲)清光緒五年張瑛影刻本と、(乙)涵芬楼影印四部叢刊本との二種があるが、甲乙両本ともに「譌誤あるを免れず」といわれる。二十四巻八十六篇で内十篇を欠き、「唐司空房玄齢註」本であるというその体裁は、明の趙用賢本以下、今日に至るまでの一般通行本と一致していて、まず実見できる最古の版本である。そして、この書の巻尾には張嵲《ちょうげつ》巨山の「読管子」という一篇が付載されており、この張巨山という人物が『管子』を高く評価してその善本を得るために苦心し、また自ら伝本の訛謬を正して文意の通じるように改めたことが述べられている。いわゆる楊忱本の出所は明らかではないが、これによれば少なくとも張巨山の修訂本を参照したことは確かであろう。そして、張巨山が善本を借りて対校することができたのは「紹興己未」（高宗紹興九（一一三九）年）と書かれているから、楊忱序の「大宋甲申」はそれより後と考えるのがふつうである。郭沫若氏は、高宗の後では孝宗の隆興二年、寧宗の嘉定十七年、元の世祖二十一年（南宋亡後五年）がそれぞれ甲申に当たるが、「大宋」と書いて年号のないことからすれば亡国の後の元の世祖の時(一二八四年)であるに違いない、と断定した。

ただ、清の黄丕烈は「その板刻を核《しら》ぶれば当に南宋の初めに在るべし。」と言っており(四部叢刊楊忱本末尾題識。『蕘圃蔵書題識』巻四「管子宋本」)、張巨山のいう紹興との関係が明らかでないところに疑問が残るとはいえ、古版の鑒別《かんべつ》に長じた黄氏の発言として、やはりゆるがせにはできない。そして、それを裏づけたのが王欣夫氏の研究である。(1)王氏はまず楊忱なる人物が北宋の慶暦ごろの人であることを明らかにし、従って「大宋甲申」は慶暦四年であって、この序文の内容は刊行のためのものではないと指摘する。さらに版本の内容については、とくにその刻工の姓名を調べてそれが南宋初めの浙刻本とみられることを論証し、「楊忱本」というよりは「宋紹興浙刻本」と称すべきだと断定した。この研究はすこぶる実証的で、とりわけ、これまで楊忱を刊行者とみてきた通説を破って版本の内容について詳しい検討を加えたところに、画期的な意味がある。郭氏の断案は修正を必要とするであろう。なお、王氏がこの版本の様式について唐の巻子本の古い形を継承した名残りがあるとしていることも、重要なことであろう。

補 宋 墨宝堂蔡潜道本 『管子集校』では所在不明で未見とあり、「清代の学者、孫星衍・黄丕烈・戴望などが見たことがある。」とだけ書いている。戴望が見たというのは、その著の『管子校正』のなかで「宋の蔡潜道本は……に作る」として校合に引用されているからであろうが、『管子校正』の原序は同治十二年、戴望の死の年で、一八七二年である。それが今は所在不明というのは、その後の中国の動乱の歴史を考えて心痛に堪えないものがある。ただ、この書は当時に刊本のほか鈔本でも伝わっていたらしいから、今後の発見を期待することも許されるであろう。戴望とほぼ同時の楊紹和(光緒元(一八七五)年没)に、その寓目した書籍を記録した『楹書偶録《えいしょぐうろく》』があるが、そこには「瞿源《くげん》蔡潜道刊本」としてこの書についてのやや詳しい説明がある。

「この書は毎半葉十二行、行二十三字、註は二十八字。巻一の後に木記あり「瞿源蔡潜道宅墨宝堂新雕印」と云う。又末巻の後にも木記あり「蔡潜道宅板行、紹興壬申孟春朔題」と云う。並びに巨山張嵲の読管子一則に謂う、紹興己未、人に従いて借得するに、舛脱《せんだつ》甚だ衆《おお》し、頗る是正を為して鈔《しょう》して家に蔵す云云と謂う。（この張巨山の引用文は、楊忱本――混乱をさけるため、しばらくこの呼称を踏襲する――のそれを略引したのかとも見られるが、文意がやや違っている。あるいは蔡潜道本の末尾にも「読管子」が付載されていて、その文章は楊忱本の付載文と違っていたとも考えられるが、疑問である。）按ずるに、壬申は乃ち紹興二十二年（一一五二年）、上に己未（一一三九年）を距《へだ》つること僅かに十二年なり。潜道の刊する所は当に即ち張氏鈔蔵の本なるべし。今に在りて以て最古と為す。その中の佳処、各本の謬《あやま》りを正すに足るもの亦た実に多し。……巻首に劉氏伯温の一印と黄氏・汪氏の各印あり。」

この本が張氏鈔蔵の本をうけたものであろうという断案はなお疑問であるが、(2)当時現存の最古の版本に属することは確かである。瞿鏞《くよう》の『鉄琴銅剣楼蔵書目録』巻十四でも、その「管子宋刊本」の条で、「按ずるに王氏〔念孫、読書雑誌〕・孫氏〔星衍、在管子義証中〕・洪氏〔頤煊《いけん》、管子義証〕・宋氏〔翔鳳《しょうほう》、管子識誤〕に云う所の宋本は、みな影鈔紹興壬申瞿源蔡潜道刻本にして、影鈔亦た譌舛《かせん》あり、是の〔楊忱〕の本と間〻合わざる処あり。」といい、また「管子校宋本」の条でも、巻十三から十九までを欠く蔡潜道本によって顧《こ》広圻《こうきん》の校正したものがこの書であると述べている。この「校宋本」は『北京図書館善本書目』巻四に著録される「管子註二十四巻　明万暦十年趙用賢刻管韓合刻本　顧広圻校並跋　又臨恵棟校註　六冊」に当たる。顧氏の使用した巻十三から十九までを欠く残宋本は、黄丕烈の『題識』にも言及がある。それは任蔣橋・顧広圻の蔵書であって、往年それを借りて校合したところ、「その佳処実に多し」と述べている。ただしまた「蓋し最善の本には非ず。」ともいう。

これらによれば、蔡潜道本は版本の伝承も一本だけではなく、鈔本も何種か存在していたようである。新しい出現を期待したい。なお今日においてこの書の片鱗をうかがえる資料としては、次の陸貽典《りくいてん》校本はその第五巻までを黄丕烈がこの書によって校合しているという。また邵懿辰《しょういしん》『四庫簡明目録標注』によると、陳碩父（奐）がやはりこの書によって校合したというが、それは現在『北京図書館善本書目』で「明の趙用賢本黄丕烈校　陳奐校並跋　莫友芝・譚献題款　三冊」とあるもののようである。それらの校語を検討すれば、この蔡潜道本の性質も何ほどか明らかになるであろう。(3)

二　陸貽典校 劉績《りゅうせき》補註本

いま北京図書館の蔵だという。その『善本書目』で「管子補註二十四巻　明劉績撰　明刻本　陸貽典・黄丕烈校並跋　六冊」とあるのがそれであろう。陸貽典は清初康熙の人で、この校正については『蕘圃蔵書題識』巻四に詳しい説明がある。陸は朱筆で楊忱本によって校し、黄は墨筆で蔡潜道本によって校したという。ところで、この書は序跋がなく、刊刻の年代は不明である。郭沫若氏によると、明成化刊本とされたり(『善本書室蔵書志』)、元版とされたり(『持静斎書目』)、また宋本とみられていた兆候もあるという。そして、郭氏自身は劉績を遼人とみる考証と関連して、この海源閣旧蔵の書を「黄棉紙本」と呼んで推重し、劉績の原刻ではないけれども、のちの㈤、朱東光の中都四子本(万暦七(一五七九)年刊)や、㈣、十行無註古本の祖本であるとして、元以前の版本とみている。十行無註古本も刊記はないが、それに拠ったとみられる安正書堂重刊本が嘉靖・万暦間の刊行であることからすると元・明間の出版であると考えられ、「黄棉紙本」がさらにその祖本だとすると、それは元以前ということになるわけである。

ここで問題になるのは、明人とされる劉績のことである。明人の著作が元以前に出版されるはずはない。郭氏によると、それを明人と定めたのは清以後のことであって、明以前ではもっと古い人物とされていた、と指摘する。たとえば、万暦七年刊の中都四子本では、註者の姓名に唐の臨淄《りんし》の房玄齢と蘆泉の劉績を並列して以下の明人とは区別し、その題辞では「唐の房氏に註あり、劉績これが補を為《つく》る。宋人の削去せしより、刻本あること鮮《すく》なし。即ち書を蔵すること楊用脩の如きも、房氏註を見ざるを以て恨みと為す。」とあって、唐の房氏註と一括した説かれ方である。また三年後の万暦十年に出版された趙用賢の管韓合刻本でも、その「管子凡例」で「管子註は房玄齢より出る。或いは唐国子博士尹知章に出ると云う。蘆泉の劉氏績、間々補定を為す。第《た》だ宋本は倶に載せず。」といって、やはり劉績を宋以前の人物とみているようである。一方、清人が劉績を明人と定めたというのは、たとえば『四庫提要』である。その「管子補註」の条で明の劉績撰として『三礼図』の撰者と同じだといい、「三礼図」の条で「名は績、字は用熙、号は蘆泉、江夏の人。弘治庚戌（三年）の進士。官は鎮江府知府に至る。」と明言している。ただ『四庫提要』も、「補註」の説明の最後では「明に両劉績あり。」といい、また「坊刻、或いは題して宋の劉績と曰う〔ものある〕は、誤りなり。」ともいっているから、当時でもなお問題のあったことは明らかである。

郭氏はこうした状況をふまえて、『四庫提要』の断定は弘治の進士である江夏の劉績と古い時代の蘆泉の劉績とを混同した結果であって、実は蘆泉の劉績とは遼人であると断定する。中都四子本にしても趙用賢本にしても、その出版は弘治年間から七十数年の隔たりであって、そんなに近い当代の人物を宋以前の人物と誤るのは不思議だという。そして、郭氏の調査では四人の劉績が存在するが、遼の聖宗の開泰元年（宋真宗大中祥符五〔一〇一二〕年）に吏部尚書となった人物を該当者としたのは、宋以前ということのほかに、さきの黄棉紙本では遼・金・宋の諱《いみな》がみられるからのことだという。[4] さらに、朱熹の『儀礼経伝通解』巻十には『管子』の弟子職篇が引用されているが、そこに付けられた註には房（尹）註と劉績補註とに合うものがある。劉績がもし明人であるなら、南宋の朱熹がそれを採用できるはずはあるまいというのが、またその一つの理由である。

郭氏の新説はその論証も多面的であって、いかにもと思われるが、なお種々の弱点がある。すでに王欣夫氏や羅継祖氏によってその新説に対する反論も出されているが、[5] ここにそれらをふまえて疑問となるところを指摘しておきたい。

第一は、郭氏が蘆泉と江夏とを別人の籍貫としてはっきり区別した点である。『四庫提要』が蘆泉を江夏の劉績の号とするのは臆断であったというが、蘆泉は地名として郭氏自身が「考うべきものなし」と言うように不明であるからには、江夏の劉績にその号として結びつく可能性がないとはいえないであろう。現に『春秋左伝類解』という書物が明の弘治年間に作られ、蘆泉劉績という署名で嘉靖年間に出版されている。郭氏は江夏劉績とあるべきものを坊間書賈が誤ったとみているが、これは簡単にすぎる判断である。明の黄焯刻本の『淮南子補註』では、毎巻の初めに「江夏劉績補註」という署名があるが、その巻末には蘆泉劉績の識語がついていて、おのずから同一人物をさすこと、したがって蘆泉が江夏の劉績の号とみられるということは、王氏の弁じたとおりである。誤りということなら、王氏のいうように、蘆泉劉績を明人と区別した書き方になっている中都四子本の誤りということも、可能性はあるだろう。中都四子本については他にも問題はあるが、王氏がこの署名の誤りをいうために明末「書帕本」の劣悪なものとして、この版本を取るに足りないもののようにいうのは、言いすぎである(6)。とはいえ、明の弘治ごろの江夏の劉績が蘆泉と号していたことは、王氏の弁証によって確かなものになった。

第二は朱熹の『儀礼経伝通解』との関係である。郭氏は『通解』の方が補註を引いたものと一方的に決めているが、これは逆に補註の方があとから採入したと見ることもできそうである。いま『通解』の弟子職第十八の註を見ると、その大部分はいわゆる房玄齢註の引用であるが、そうでないところもあって、それらが区別なく、また引用らしい形も見せないで、房註とまじえ書かれている。この体裁は弟子職以下の少儀第十九・曲礼第二十などでも同様で、そこでは『礼記』の鄭玄註をことわりなく引いたうえ、鄭玄註以外のことばを区別なく補っている。そして、この房註以外のことばを中都四子本の補註と比べてみると、そこで「績按ずるに」といわれている劉績註文と合うもののあることは確かであるが、また劉績の按語ではなくて中都四子本で単に「註」あるいは「別註」と標出される文と合うものがあり、またどれにも合わないものもある。この状況は、もし房註の引用を標準にすると、すべてが先行の註文の引用だとみられるが、逆にどれにも合わない文を主にして考えると、房註以外の註文は『通解』の作者の自由な加筆だとみることもできる。たとえば弟子職篇の「中以為紀」の註に「中とは過なく不及なきの名なり。……」とあるのは、『中庸章句』題辞の朱熹の註文と合うもので、恐らく『通解』の作者の加筆であって別本からの引用とは思えないのであるが、それが中都四子本では「註」として採用されている。補註の原刊本ないし黄棉紙本もみられない現状では不明なことも多いが、朱熹が補註を引用したと定めるにはなお証明が要るようである。

さて、第三は日本の猪飼敬所の断案である。郭氏は、猪飼の『管子補正』では、唐・宋の書目に劉績増註なるものが見えないことと、劉績の『淮南子補註』に明の地名が見られることとによって、劉績を明人と断定していることを掲げながら、劉績補註の『淮南子』は未見だといい、劉績は数名いたから同人とは限らないといって、猪飼説を退けている。しかし、これは重要な問題点である。猪飼の根拠は他にもあるから、その説の全文をここに引いてみよう。

> 諸本巻首、劉績と房玄齢と同《とも》に唐に係《つな》ぐ。余嘗て心術上篇(実は下篇)を読むに〔その本文に〕曰わく、「鬼神の力に非ざるなり、其の精気の極なり」と。〔註にいう〕「績按ずるに此の語極めて精、学者宜しく深く之を味わうべし」と。窃《ひそ》かに疑う、此れ唐人の口気に非ずと。唐・宋の書目を検するに劉績増註を見ず、因りて益〻之を疑う。近ごろ劉績補註『淮南子』を得たるに、註中に山東青州府・順天府昌平県等の地名あり。乃わち知る、劉績は是れ明人なりと。今、唐に係《つな》ぐ者は誤りなり。

猪飼はまず補註の文章についての疑問をあげている。心術下篇の劉績の評語は確かに明以後の注釈に多い形であって、唐・宋人の口気には似ないといってよいであろう。そして、唐・宋書目に見えないことも疑問に違いないが、さらに重要なのは劉績補註『淮南子』の存在である(日本では蓬左文庫に明刊本が現存する)。猪飼の指摘する地名は地形訓下篇の「績按」の語に出ていて、そのように本文の古い地名を今の地名にひき当てて説明するのが劉績補註の一つの特色である。そして、順天府や青州府が明以後の地名であることも確かであるから、この補註の劉績を明人と定めるのはきわめて当然のことであろう。そこで問題は、郭沫若氏の考えたように『淮南子』の劉績と『管子』

の劉績とを別人とすることが可能かということであるが、二つの補註を比べると種々の類似点があって、同人の著作とすることこそが自然である。『淮南子』標題の署名は「漢太尉祭酒　許慎記上」につづいて「後学　劉績補註」「後学　王溥較刊」と並んでいて、蘆泉とは書かれていないが(この書き方は、王溥と同時の明人であることを示している)、内容に入ると、たとえば、原註をあげた後に「績按ずるに」として補註をしるす形式が一致するほか(『管子』の方はいま中都四子本に拠っているが、この点については『四庫提要』(編修励守謙家蔵本)でも「原註の後に付して績按を以てこれを別かつ」といわれている)、旧本との校語があり、別本註の引用があり、按語のあとで「註は非なり」とか「下、此れに放《なら》え」などと断定することなど、両者には共通したところが少なくない。郭氏も、もし『淮南子』の補註を見ていたなら、簡単に別人のものとして切り離すことはできなかったのではなかろうか。そして、両補註の密接な関係が明らかになってみると、猪飼説の妥当性が承認されることになるはずである。(7) なお、王氏の反論で重要なことは、遼・金の諱とされる変形の文字が「悉く唐・宋以来の俗字」にすぎないと論証されたことである。これがくずれると、劉績を遼人と定める根拠はまったく失われたことになるであろう。

さて、以上を総合すると、郭氏の説はなお黄棉紙本の判定や明の朱東光・趙用賢両本の形式などの問題は残るが、また重要な弱点があってそのままでは従えないことも明らかである。補註本は、あるいは、『儀礼経伝通解』について述べたように、古い註釈類を利用しながら、明人の劉績が集成したというものではなかろうか。『管子』の註釈が房註(尹註)の一種だけでなかったことは、中都四子本の註のつけ方を見るだけでも明白である。なおまた、中都四子本などが劉績を唐人のごとく書いたのは、書賈の欺瞞であったのではなかろうか。

六　趙用賢「管韓合刻本」

趙用賢は字は汝師、明の隆慶五年の進士で官は礼部尚書に至り、文毅と諡《おくりな》された。この書は万暦壬午十年(一五八二)の刊行で、宋本にもとづいておおはばな校正を加えたものである。その序文によると、善本を求めてほとんど二十年、漸やく友人から得られたものもなお誤り多く、「為めにその脱誤を正す者三万言を逾《こ》ゆ、而もその疑いて考うべからざる者を欠くこと尚お十の二」という。底本は「宋本」とあるだけであるが、張巨山の「読管子」の文をふまえていることなどから郭氏が楊忱本としたことは承認できる。ただし、蔡潜道本であった可能性ももちろんある。書物の体裁は房玄齢註本を守りながら、また劉績補註を参照してその最も適当と考えたものを抜抄して別載し、自らの標註をもそこにまじえしるしている。この書は、『四庫提要』でも「終に他氏の妄りに更むる所の者より愈《まさ》る。近代に在りて猶お善本なり。」といわれ、郭氏も「明刻、此の書最も精なり。」というとおり、校刻本としてひとまず信用できる善本である。清の光緒二年に浙江書局から出た二十二子全書本は、若干の校改を加えたこの趙用賢本の覆刻であるが、そのほか、明以後の刊本に対して大きな影響を与えた。(八)、朱長春『管子権』、(十四)、朱養和『管子』(花斎本)はその代表的なもので、とくに後者は清の嘉慶九年刊の「十子」に編入され、また日本でも「管子全書」として宝暦乙亥(五年)の序で出版されたあと、寛政七年序でまた重訂本が刊行されて、ひろく読まれた。

さて、『管子集校』の版本説明に対するいささかの補説は以上で終わるが、郭沫若氏は明以前の版本をひろく渉猟した結果として、当面の校勘資料に不可欠の五本を決定している。それは宋の楊忱本・劉績補註本・朱東光「中都四子」本・十行無註本と趙用賢「管韓合刻」本である。この選定は誤ってはいないが、中都四子本と十行無註本は系統から言えば補註本から出たものである。それを加えるのは親の補註本の方が不確かだからであろう。蔡潜道本が発見されれば当然加えなければならないが、差当りそれにもとづいたという黄丕烈や陳奐の校合を参照したいものである。このほか、王欣夫氏は『皕宋楼《ひょくそうろう》蔵書志』巻四十二に見える元刊細字本をとくに重視しているが、原宗子氏の調査[1]では皕宋楼の蔵書がすべて収められたはずの静嘉堂文庫には現在入っていない由である。なお、『群書治要』と『意林』の引用も重要であろう。『太平御覧』などの類書を利用した諸家の校語は『管子集校』にほぼ備わるが、ただそれらの多くは刪略されていることをわきまえておかねばならない。

最後に、版本の系統を表にして掲げると左のとおりである。

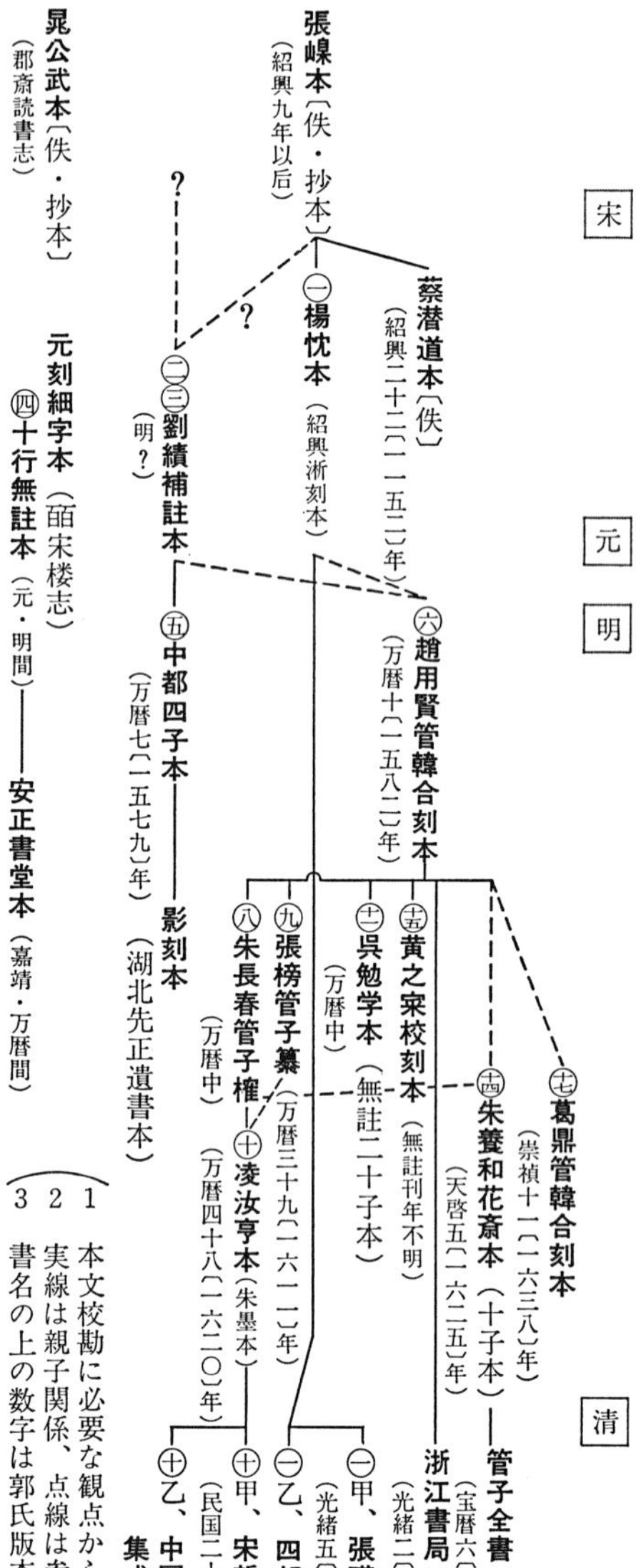

（1 本文校勘に必要な観点から選択した。
2 実線は親子関係、点線は参照を示す。
3 書名の上の数字は郭氏版本目録の番号。）

(二)

『管子』の版本の伝来については以上のとおりであるが、それはいうまでもなく宋以後の歴史である。それをさらに溯って写本時代の伝来を考えるのが、これからの問題である。そして、この問題のためには、遺存する現物のテクストはないわけであるから、古い書目を見ながら考えていく目録学の方法に頼らねばならない。

まず、今日われわれが手にする『管子』の書は、唐の房玄齢の註がついた二十四巻八十六篇本であって、うち十篇欠、現存は七十六篇というものである。そして、八十六篇の全体は、「経言」九篇・「外言」八篇・「内言」九篇・「短語」十八篇・「区言」五篇・「雑篇」十三篇・「管子解」五篇・「軽重」十九篇という八類に分けられている。この体裁は、前にみた版本の祖本に近い宋の楊忱本にしても劉績補註本にしても同じであって、さらに蔡潜道本でも違いはなかったようである。つまり、版本時代を通じて文章の多少の異同はあったとしても、書物の全体の体裁はほぼそのまま今日に伝えられてきたと考えてよい。そこで、宋代の情況を伝える『宋史』藝文志をひらくと、そこには「管子二十四巻　斉の管夷吾撰」というのがあって、内容は不明ながら、二十四巻という巻だては今本に連なる楊忱本などとの一致を現わしている。ところが、同じ藝文志ではまた「尹知章註管子十九巻」という著録があり、さかのぼって『旧唐書』や『新唐書』をみると、不思議にも二十四巻の管子というものは著録されていない。尹知章註と房玄齢註との出現に関係して、唐から宋にかけて書物の伝承のうえで一つの変化のあったことが予想されるであろう。

そこで『宋史』以前の歴代正史の書目を掲げてみると、次のような変遷がある。

1　『漢書』藝文志

筦子八十六篇〔名は夷吾。斉の桓公に相たり。諸侯を九合するに兵車を以《もち》いず。列伝あり。師古曰う、筦は読んで管と同じ。〕……諸子略道家類

弟子職一篇〔応劭曰う、管仲作る所、管子の書に在り。〕……六藝略孝経類

2　『隋書』経籍志

管子十九巻〔斉相管夷吾撰。〕……子部法家類

3　『旧唐書』経籍志

管子十八巻〔管夷吾撰。〕……丙部法家類

4　『新唐書』藝文志

管子十九巻〔管仲〕
尹知章註管子三十巻
杜佑管子指略二巻……………………………………丙部法家類

5 『宋史』藝文志

管子二十四巻〔斉管夷吾撰。〕
尹知章註管子十九巻
杜佑管子指略二巻
丁度管子要略五篇……………………………………子類法家類

これによると、今本二十四巻の編成は宋に始まったことがわかる。ただ、房玄齢註の著録はないから、それと尹知章註との関係は不明である。それから今本八十六篇は漢志の篇数と合っているが、これをそのまま巻数の変化にかかわりなく、内容的に同じものとみてよいかどうかという問題がある。まず、房玄齢註二十四巻という今本の形になるまでの経緯を考えてみよう。

巻だてになったのは隋志から始まることであるが、これは『管子』以外の書物の著録でも同様であって、書籍が紙帛に書かれその形体が変化して巻子本になったためのことであるから、八十六が十九になったという数字の違いはとくに問題にならない。というより、内容の同異について考えようがない。ただ、隋志で十九巻、旧唐志で十八巻、新唐志ではまた十九巻、そして三十巻、宋志で二十四巻という巻数の変化は、解明を要する問題である。思うに、隋志と新旧唐志との十九巻と十八巻は、たぶん同じ巻だての書物であろう。一巻の増減は、劉向の「叙録」や『史記』の管仲伝などを首巻として加えているかどうかということで説明がつく。『管子』の本文は十八巻に分けられたのが古い形であろう。唐の『意林』(巻一)の著録も十八巻、それがもとづいたと見られる南朝の梁の庾仲容《ゆちゅうよう》の『子鈔』(宋の高似孫『子略』付載）の著録もまた十八巻、また後に述べるように梁の阮孝緒の『七録』でも十八巻であったらしいからである。そして、これはもちろん、まだ唐人の註釈を含まない無註本であった。そして、新唐志の尹知章註本三十巻はまさに註を合わせて分量がふえたことを示している。では、同じ尹知章註本が宋志の方では十九巻となっているのは、どういうわけであろうか。

その解答は『文献通考』第十八中巻に引かれた『崇文総目』の記載によって明白である。「唐国子博士尹知章註。呉競書目を按ずるに凡そ三十巻。見存十九巻。形勢解より而下の十一巻は已《すで》に亡ぶ。」つまり唐の尹知章註本はもと三十巻であったが、宋では十一巻を亡失して十九巻になったというのである。これで、尹知章註に三十巻本と十九巻本との二種の著録がある理由がはっきりした。そして、宋の鄭樵の『通志』第六十八巻藝文略の記載もこれを裏づけている。そこでは旧唐志の著録とひとしい十八巻本を掲げた後に、「又　十九巻（唐尹知章註。旧三十巻あり）」としている。

ところで、亡失した十一巻の初めは形勢解であるといわれているが、この篇の位置を今の二十四巻本について求めてみると、それはちょうど第二十巻の最初に当たっている。そして、第十九巻までは註がついているのに、この第二十巻から最後の第二十四巻までの五巻は、「軽重」の一部にわずかな註があるほかは、ほとんど無註にひとしい。つまり今本の場合でも、その註は「現存十九巻」である。そして亡失したものは五巻ということになるが、今の五巻は本文だけであるから、もし註がついていたならもっと巻数がふくれるはずである。恐らくこれが「十一巻は已に亡ぶ」といわれたその十一巻に相当するのであって、それがあれば三十巻。今本の第二十巻以下の五巻は、尹知章註本のもとの形では十一巻に分けられていたのであろう(8)。

もちろん、今本は房玄齢註本であって、尹知章註とは書かれていないが、それが実は尹知章註ではないかという疑いは早くから出ている。宋の晁公武の『郡斎読書志』（衢本巻十二）は、唐の杜佑の『管子指略』の序に「房玄齢註」と言っているのをあげながら、「註頗る浅陋、恐らくは玄齢に非ず。或いは言う尹知章なりと。」と述べているが、また黄震の『黄氏日鈔』でも註文の訛謬の甚だしいことを詳細に指摘して疑問としている。やがて『四庫提要』ではそれらをふまえながら、唐志に記載のないことを主要な理由として、恐らく房玄齢の高名を利用した仮託であろうと断じた。尹知章註が「見存十九巻」という残本であることと、それが今本の註のあり方と合致するという事実からすると、やはり今の房註はその大部分が尹知章のものと定めてよいであろう(9)。

では、房玄齢註の著録はいつから始まっているのか。それは唐志にも宋志にもみえなかったのであるが、鄭樵の『通志』のなかではっきりとあらわれている。さきに掲げたとおり、「管子十八巻」、そして尹知章註本の残本「又十九巻」とあったのに並べて、「又二十四巻　唐房玄齢撰」と著録されるのがそれである。これが今本に連なるものであることはいうまでもない。そして、この房玄齢の二十四巻本はこの段階で忽然とあらわれたものであるから、ここで尹知章註本と並んでいるからといって、本来別物であったという証明にはならない。むしろ、今本の註のあり方と尹註残本十九巻との合致を認めたさきの考察からすると、房玄齢撰本というのは尹知章の残本を利用して新たに二十四巻に編成され房氏の名に仮託してできあがったものとみるべきであろう。三十巻の尹知章註本が十九巻に残欠して形勢解以下の本文までがなくなったのでは、もちろん通行に不便がある。そこで尹知章註本の第二十巻以下の十一巻分に相当するものを十八巻本から採り、それを五巻として(十八巻本の末五巻であった可能性もある)、二十四巻の完足本を作ったのである。そして、この新本の権威を高めるために利用されたのが房玄齢の名であって、これが今本二十四巻のできあがる経緯であろう(10)。

「房玄齢註」の名称はすでに杜佑の『指略』に見えていたのであるから、尹知章の註をほどなく房玄齢の名に仮託する動きもあったので、それを利用することになったとも考えられる。ほんとうの房玄齢註があったのかどうかは依然として問題ではあるが、今の資料のあり方からすると否定的な答えしか出てこない(11)。要するに、鄭樵は恐らく内容を比較することまでは行なわず、世上の二十四巻本と十九巻本とをそのままに著録したのである。そして、宋志にみえる二十四巻本は恐らく今本に連なるいわゆる房玄齢註本であって、そこに房玄齢の名をしるさなかったのは著録者の見識であろう。

さて、巻だてができてから今本の形になるまでの経緯は以上のとおりとして、では本文の内容には変更はなかったのであろうか。漢志の八十六篇はそのうち十篇を亡失しただけで、ほぼそのまま伝えられたとしてよいであろうか。目録上の考察というものは、形式面にとどまって内容の詳細にまでは入っていきにくいものであるが、これまでの考察では、とくに内容上の大きな変更を思わせる事態はないようである。それがあったとすれば、隋志以前の始めて十八巻本にまとまる前のことであろうが、これは資料の不足もあってなかなか考察しにくい問題である。いま、その間の考察の手がかりになるかと思えるような二三の事実をとりあげてみたい。

一つは、『史記』管晏列伝の『正義』に引かれた「七略に云う、管子十八篇。法家に在り。」という記録である。「七略」はいうまでもなく漢の劉歆《りゅうきん》の作であって漢志のもとづいた資料であるから、漢志にいう八十六篇との食い違いが問題である。これについては、漢代には八十六篇の『管子』とその一部である十八篇の『管子』との二種が存在していたのだと考え、十八篇本を古い著作として今本のなかに管仲の遺著をさぐり出そうとするような試みもあった。[12]これは一見貴重な資料といえそうでもある。しかし、「七略の十八篇」というのは、それほど信用できるものであろうか。八十六篇は劉向の「叙録」でいうところとも合っているが、十八篇というのは他に左証を求めることはできないし、「法家に在り」というのも劉歆(漢志)の分類とは違っている。思うに、これは『史記正義』の誤りであるに相違ない。同じ『史記正義』の韓非伝では、「阮孝緒七略に云う、韓子二十巻」という引用がある。梁の阮孝緒の書録は「七録」であるから、そこで「七略」というのは明白な誤りである。そして、それからすると、管晏列伝の引用もまた七略ではなくて七録とあるべきものであろう。そして、十八篇というのも十八巻の誤りではなかろうか。十八篇では左証はないが、十八巻ならばそれは隋志や旧唐志の巻数に連なるものである。法家という分類もまたそれに合う。もしそうなら、この資料は十八巻の巻だてが梁の時にできていたことを示すだけのものとなるであろう。『史記正義』の孤証を根拠として想像をたくましくするのは、危険なことと言わねばならない。

次には全篇八十六篇のなかの十篇の亡失であるが、『四庫提要』によると、『文選』の李善註を根拠として、唐初にはすでに完本ではなかったらしいことが述べられている。すなわち『文選』巻二十八の陸士衡「猛虎行」の註であるが、そこで李善は江邃の『文釈』に引かれた『管子』の文をあげながら次のように述べている。「江邃の文釈に云う、管子曰わく、〝夫子《ふうし》は耿介《けいかい》の心を懐《いだ》き、悪木の枝を蔭とせず。悪木すら尚お能くこれを恥ず、況んや悪人と同処するをや〟と。今、管子を検するに近ごろ数篇を亡う。恐らくは是れ亡篇の内にして邃はこれを見たるなり。」ここでいう「亡数篇」が今本の亡十篇にそのまま当たるかどうかは、もちろん断定できないが、唐初までに『管子』の一部が失われつつあった情況は明白である。刊本になった宋代ではすでに今のとおりの十篇欠本であるが、『郡斎読書志』（巻十一）の解題でも「今、十篇を亡う」と明言している。

ここで、『管子』の各篇の内容を検討してみると、たとえば幼官第八と幼官図第九とは同文の重複であるが、これがもともと二篇に数えられる今の形であったのかどうかは、もちろん問題になるところである。また封禅第五十の篇は『史記』の封禅書の一部と同文であって、そこには「元の篇は亡ぶ。今、司馬遷封禅書の載する所の管子言を以て之を補う。」という註がつけられている。すなわち、これによると、亡十篇のほかにも亡失した篇があるということで、さらにそれが他の書物によって補われているのである。封禅篇の場合は、たぶん尹知章によるこうした註記があるから明白であるが、註記のないところでもそうした代入があるかも知れないということは、疑えば疑えることであろう。

さらにそれと関連して、篇の内容を動かすことも行なわれたかも知れない。たとえば、匡[13]乗馬第六十八の初めには「乗馬を問う」という質問に始まる問答があるが、それは亡篇の問乗馬第七十の篇名によく適合している。あるいはもと問乗馬篇にあったものが匡乗馬の方へ入れられたとも疑われる。また乗馬数第六十九の篇首はその前の匡乗馬篇の末尾の問答と密接に関係していて、もとは同じ篇で続いていたのではないかという疑いも持たれる。張佩綸氏の『管子学』では、こうした現象を問題にして、「分篇足数」すなわち八十六篇の数に合わせるためにあとから篇を分けたためではないかと疑っている。実際、軽重甲・軽重乙などという末尾の諸篇では、篇としてのまとまりが明確でなくていくつかの個別的な問題が羅列されているという体裁であるから、その区切りを変更して篇の分合を行なうことは容易である。「分篇足数」がまったくなかったとは言えないであろう。楊忱本の末尾に付載され、また趙用賢本の初めの「管子文評」にも引かれた宋の張巨山の「読管子」では、「心術・白心上下・内業諸篇」という篇名が出ていて、今本と相違がある。もし張巨山の誤りでないとすれば、心術に上下があって白心が一篇だけという今本の形は後の変更ということにもなるであろう[14]。

ただ、こうした疑問は疑問として成立するけれども、それを確定するだけの決め手がない。むしろ代替された篇にはその旨が註記されており、亡篇は亡篇として篇目だけを残して空欠にとどめているといった今本の情況は、逆に古い八十六篇の形を忠実に伝えようとしたあらわれだと見ることもできる。要するに、この問題は多くの留保つきではあるが、今本の内容がおおよそ漢志の八十六篇を承けたものだと考えることで決着としておかなければならない。それを根本から否定するだけの積極的な理由は見当たらないといってよいであろう。なお、八十六篇の全体が八類に分かれていることも、それがいつからどういう経緯で始まったかは不明である。ただ、「経」とか「内」「外」「雑」などという分類の名称は、たとえば『墨子』『荘子』『淮南子』『孟子』などの例から考えて漢代にはあったとみられるから、八類の分類も八十六篇が定着されたのと同時かあるいはそれ以前に、すでに存在したとみてもよいであろう。この分類の存在を実証する古い例は、『三国志』魏志の司馬芝伝に見える「管子区言」として引用することばである。

そこで、最後は『漢書』藝文志の八十六篇の吟味である。いうまでもなく、この「漢志」は劉歆《りゅうきん》の『七略』を利用したもので、『七略』はまた父劉向の校書の結果を襲ったものである。今の『管子』の初めにつけられた劉向の「叙録」によると、八十六篇に定著したのは劉向の仕事であって、それ以前はさまざまなまとまりの書物が雑然と存在していたらしい。そのまとまりというのは、「中の管子書　三百八十九篇・太中大夫卜圭の書　二十七篇・臣富参の書四十一篇・射聲校尉立の書　十一篇・太史書　九十六篇」の五種であって、「凡そ中外の書五百六十四。以て復重四百八十四篇を校除して八十六篇を定著す。殺青して書し繕写すべきなり」と言われている。

ところで、この数字は、どの版本でも一致しているが、計算すると合わない。宮中の書三百八十九とその他の外部の書とを合計して五百六十四というのはよいとして、それから四百八十四をひくと残りは八十篇である。『荀子』や『晏子春秋』などの残された他書の叙録の例からすると、篇の差引の数は一致するのがふつうであるから、これはどこかで数字の誤りがあるとみられるが、もちろん八十篇になったものをさらに分けて八十六篇に増したという可能性もないわけではない。いずれにしても、劉向が八十六篇に定著したことには誤りがなかろう。劉歆の「七略」を採用した「漢志」の篇数とも合うからである。そして、劉向のこの定本づくりは、それまでに八十六篇の本が何種かあったのを校合したというようなものではなくて、雑然とした堆積を整理して重複を除き、全く初めての完足本を作るという仕事であった。『晏子春秋』の場合は「凡そ中外書三十篇」を「八篇」に整理するだけであったが、それでも中書だけにあった章、外書にしかなかった章、そして中外書ともに含まれていた重複の章などを合わせて整理したことがしるされている。恐らく『管子』の場合も、五種の所在本のあり方はそれぞれきわめて雑駁な、そしてお互いの関係や交渉も定かでない篇章群として散在していたのであろう。五百六十四篇という数は八十六篇に対して多すぎるようでもあるが、それは『荀子』の場合でも三百二十二篇が三十二篇に整理されているので、とくに怪しむにはあたらない。伝本の多いことは、もちろんひろく読まれていたことの証左であろうが、またそれだけに乱雑の度合いも強かったことを物語るものに違いない。

さて、劉向以前の『管子』のあり方については、この五か所に散在していた五百六十四篇という資料——その内容はおおむね八十六篇に収められたと考えてよいが、そのほかにもいくらかのことを示す資料がある。それはまず同じ劉向の「叙録」のなかで、『史記』を引用して述べていることばである。

太史公曰わく、余れ管氏の牧民・山高・乗馬・軽重・九府を読む。詳なるかな其のこれを言うやと。九府の書は民間に有ることなし。山高は一に形勢と名づく。

太史公のこのことばは、『史記』管晏列伝の賛に見えるものから晏子の部分を除いたものである。これは司馬遷の時にはっきり存在した篇名を示すものとして貴重であるが、そのうち今本と照合して不明なのは山高と九府である。『史記』を引用した劉向はそれについて説明しているのである。山高は形勢篇のことだという。確かに、形勢篇の最初は「山高くして崩れず。」ということばで始まっているから、それが山高という篇名であったというのは首肯できる。そして、それが牧民篇第一につづく第二篇であることも順序として適合している。次に九府は「民間にない」という。この言い方は宮中にはあるというようにも取れるが、それではわざわざ書きとめる意味がわからない。これは宮中にはなく、民間をさがしたが「民間にもなかった」ということであろう。だからこそ自ら定著した八十六篇の中にも編入できなかったのであって、篇目としても今は消滅してしまったのである。『史記索隠』は「按ずるに九府とは、蓋し銭の府蔵なり。其の書は鋳銭の軽重を論ず。故に軽重九府と云う。」と述べるが、「蓋し」とあるように恐らく臆度の言であって、実際に九府篇をみたのではなかろう。つまり、司馬遷の時から劉向の時までの間に九府篇はどこかにまぎれてしまったのである。(15)

同じような問題は、実は軽重についても潜んでいる。牧民と山高に次ぐ乗馬は今本では第五篇であって、ともに八類の中の第一類「経言」の部に属しているが、軽重は部類の名としては八類の最後に連なっていて十九篇をその中に含み、篇名としては軽重甲から軽重庚までの七篇に当たる。いずれにしても複数の篇になって、牧民などが一篇ずつの短い篇であるのとは体裁が変わっている。そして、その点を問題にしなくとも、軽重七篇の内容は牧民などと比べて浅薄だというのが一般的な意見であって、司馬遷がそれをとくに取りあげて讃嘆したとすれば、それは不思議なことである。そこで、太史公が読んだ軽重は今の軽重諸篇とは別のものであったかも知れないという疑いが起こるのである。もしそうだとすれば、九府とともに軽重もまた前漢期を通じて変化したということになるであろう。

『史記』のなかでは、このほかに『管子』からの引用文が何条か見える。とくに賈誼《かぎ》の上疏文に引用され、またその著書である『新書』の中に見えるものは、この洛陽の秀才とうたわれた文帝期の新知識人が、『管子』の愛読者であったことを明白に物語っている。このほかでは、『荘子』至楽篇・『商君書』君臣篇・『韓非子』難三篇・『淮南子』道応篇などにも引用があって、後の第二章で詳しく検討するように、戦国末から漢初にかけての『管子』のあり方をうかがわせてくれる。そして、『韓非子』五蠹《ごと》篇には重要なことばがある。

今、境内の民はみな治を言い、商・管の法を蔵する者は家ごとにこれ有るも、而も国は愈〻貧なり。耕《たがやし》を言う者は衆きも耒《すき》を執る者寡《すく》なければなり(愈字言字、従王先慎集解而補改)。

この文は、強兵にかかわる「孫・呉の書」と並んで述べられているが、戦国最末期の韓非のころに、『管子』の書がどういう形であったかはともかくとして、一つのまとまったものとして広く読まれていたことを証明している。しかもその書が『商君書』と近いものとして、富国の政治書と考えられていたことを明示している。『管子』の書はこの段階で、今の八十六篇の少なくとも核になる部分が一つのまとまった書物としてはっきり存在していたのである。『韓非子』のこの資料は、その事実を伝える最も古い資料として重要である。

以上、『管子』の書の伝来を唐以前にさかのぼって見てきたのである。目録学の方法にともなう限界はあるけれども、おおよその推移のあとは明らかにされたであろう。

まず、書物としての存在は戦国末において確認される。そして、前漢を通じてひろく読まれていたらしいが、前漢末に五百六十四篇にも及ぶ雑多な篇の集積としてあったものを劉向が八十六篇の完足本として定著させた。「経言」「外言」などという今の八類の区分も、すでにこの時に行なわれていたと考えられる。その後、殺青した竹簡に書かれていたものが一般に紙帛を用いるようになった変化にともなって、南朝の梁のころには八十六篇は十八巻に編成された。時に、劉向の「叙録」や『史記』の管子伝を首巻に加えて十九巻の編成も行なわれた。唐になって尹知章がこれに註を加え、量の増加によってその書は三十巻になった。ただ、尹知章の註はどういう理由によるものであろうか、ほどなく末の十一巻を失って十九巻だけの残本で通行することになる。そこで、この十九巻に旧本十八巻本の末の五巻を加えて二十四巻の完足本とし、房玄齢註と称してあらわれたのが、たぶん北宋のころで、それが今本の祖本である。この間、本文の亡失も南北朝のころからあったようで、この二十四巻の完足本も恐らく当初から十篇を亡失した七十六篇本であったと思われる。

さて、この概略の歴史とさきに見た版本の変遷とを総合して、われわれは手もとにある『管子』の書が二千年前に劉向が定めた八十六篇とどのような形で結びついているかを知ることができる。まず伝承の間の誤りを訂正してできるだけ正しい本来の形を求めなければならないが、十篇の亡失はやむを得ないとしても、大綱においては今本の本文によって劉向の定著本を想見することは許されてよいであろう。『管子』の伝承の経過はそのことを保証しているようである。そこで、次の問題は、いよいよ『管子』本文の内容にたち入って、その八十六篇がどのようにして成立したか、劉向以前の歴史へとさかのぼらねばならない。それは、当然にも、『管子』の思想内容を吟味して、それを歴史的に解きほごすことにほかならない。

(1)　王欣夫「郭沫若先生〃管子集校叙録〃之商榷」(『学術月刊』一九五七年第六期)。この論文は、『集校』の功績を高く評価しながらも、その叙録中の「楊忱本」と「劉績補註」の年代について詳密な批判を加えたものである。なお、原宗子「『管子』研究の現状と課題」(一九八四年『流通経済大学論集』第十九巻第一号)は、それらをもあわせて『管子集校』の功罪を明らかにした詳密な研究である。

(2) 楊忱本の末尾の「読管子」の文によると、張巨山が「鈔して家に蔵した」のは校定した本文のことではなく、「又その間の理に奥《ふか》くして務めに切なる者を取りて抄し」たという略抄本のことである。楊紹和がそれと同文のものを略引して立論したとすれば、それは誤りである。

(3) 王欣夫氏前掲論文(注1)では「紹興浙刻本(楊忱本)の紹興墨宝堂本に勝ることは、その文証甚だ繁にして、拙著校釈に詳なり」とあって、王氏の『管子校釈』(?)にこの版本のことが備わるようでもあるが、未見で疑問である。なお、W. Allyn Rickett "Introduction to a Concordance to the Kuan-tzu",(一九七〇年『管子引得』収載)によれば、氏が Van der Loon 教授から個人的に聴いた話として、墨宝堂本が一九四五年までなお大連で保存されていたと伝えている(二五ページ)。

(4) 『管子集校』には、付録として任林圃輯「劉績管子補註本中所見遼金宋諱考」の一篇が収載されていて、郭氏の立論を助けている。ただし、この研究には後述するように大いに問題がある。

(5) 羅継祖「〝管子補註〟作者劉績的時代問題」(『史学集刊』一九五六年第二期、東北人民大学)。

(6) 原宗子氏前掲論文(注1)では、中都四子本の註に注目してその特色を強調している。本文についても、やはり宋楊忱本とは違った系統の書として、その異同は重視すべきものである。

(7) 『淮南子』劉績補註本は道蔵本の系統をうけた明の成立とされているが、近人の鄭良樹氏は異説を唱え、道蔵本および宋本よりも優れた別の北宋刊本から出たもので、劉績の註も明人の浅薄に似ないという(『淮南子斠理』付録三劉績本淮南子斠記)。補註に引用された旧本・別本・一本などが、古い類書の引用文と合うということを主たる論証とするが、于成大『淮南論文三種』ですでにその反論があるように、その論証は十分でない。明代の地名があることにもふれられていない。

(8) 趙用賢本『管子』の凡例では、唐の呉競書目に凡そ三十巻とあるのを挙げて「其の呉競次する所の巻目は、今考うべからず。」と述べているが、それは尹知章註本の完本のことであって、その巻目は、十九巻までは今本と同じであったことが知られる。また藤原佐世『日本国見在書目』では「管子二十巻」と著録されていて、二十巻とはここだけの著録で不明であるが、あるいは三十巻の誤りであって、やはり尹知章註本をさすものであるかも知れない。

なお、尹知章の伝記は『旧唐書』巻一八九、『新唐書』巻一九九に見える。絳州の人。神竜の初め、官は太常博士。成宗即位、礼部員外郎となり、のち国子博士に転ず。著わす所、孝経註・老子註・管子註ありと。

(9)　Piet van der Loon "On the Transmission of Kuan-tzu" (Toung pao II, 41, 1952, p. 374-375) では、杜佑『通典』食貨のなかで『管子』を引いて註をつけてあるのが、今の『管子』の第二十巻以後とくに「軽重」諸篇に散見する註と合うことに注目し、それらは後人が杜佑の註をすりこませたものであろうと、重要な指摘をしている。ルーン氏の研究は『管子』の書の伝来を考察した精研であって、卑見と合うところも多く、その他の点でも参考すべき指摘が少なくない。

(10)　このように、残欠本を合成して今本を作りあげた例はほかにもある。『淮南子』の許慎註本と高誘註本とで、宋のときそれぞれに不完全な欠本であったのを合成して完足本二十一巻本としたのが、今本である。従って今本は高誘の序があって高誘註本のようでありながら、実は許慎註本もまじっているということは、島田翰『古文旧書考』の弁じたとおりである。拙著『老荘的世界――淮南子の思想――』(一九五九年平楽寺書店)第二部第一章淮南子の歴史を参照。なお、W. Allyn Rickett 前掲論文(注3)でも、今本二十四巻本を『崇文総目』の「見存十九巻」と他のテクストの後部五巻との合成とみている。

(11)　前注 Rickett 氏論文では、房玄齢が註を始めて尹知章が完成したという可能性をあげているが(二二ページ)、もちろん可能性にとどまる。

(12)　関鋒・林聿時「管仲遺著考」(一九五九年『中国哲学史論文初集』科学出版社)。この研究は羅根沢『管子探原』の疑古的立場を批判して、今本の一部に管仲その人に連なる春秋時代の著作があることを論証しようとするもので、この十八篇本の存在を重視して立論の基礎にすえている。なお、近年の張岱年教授『中国哲学史史料学』(一九八二年三聯書店)もこれを劉向校定以前の伝本としている。いずれも後述するように根拠不十分で、恐らくは誤りである。

(13)　「匡乗馬」は宋楊忱本では「巨乗馬」とあり、明趙用賢本では「臣乗馬」とあり、中都四子本では「匡乗馬」とあるが、今、『管子集校』を参照して改めた。以下、『管子』の引用は底本を『四部叢刊』の楊忱本と定め、『管子集校』に拠った改字は註記を省略して右傍に▵印を付けるにとどめる。煩雑を避けるためである。

(14)　原宗子「『管子』研究の現状と課題」(註(1))一三―一四ページでは、この点の注意を喚起して、現行の心術下と白心が一組になって白心上下篇を構成していたのでないかと考えている。

(15)　『漢書』食貨志には斉の太公の九府というのが見える。「太公、周の為めに九府圜法を立つ。」というのがそれで、顔師古の註では「周官に太府・玉府・内府・外府・泉府・天府・職内・職金・職幣あり。皆財幣を掌るの官なり、故に九府と曰う。」とある。

第二章　『管子』八類の検討

『管子』八十六篇が「経言」「外言」「内言」「短語」「区言」「雑篇」「管子解」「軽重」という八類に分けられていることは、さきに述べた。そして、今本八十六篇の構成が前漢末の劉向の定著本にまでさかのぼりうるとして、この八類の分類もまたその時にすでに存在したであろうと、ひとまずは考えておいた。ただ、この点は実は不確実であって、はっきりした証拠を示せるわけではない。『三国志』魏志巻十二司馬芝伝で、司馬芝の奏言として「管子区言、積穀を以て急と為す。」と言われているのが、今の「区言」の治国篇をふまえたもののようであるのがまず注目されるが、それはもちろん劉向の時代との間で後漢一代を隔てたひらきがある。しかし、それにしても、魏の時代に八類の中の一つの名称がすでに引かれていることは、その分類がかなり古い伝承を持つものであることを証明しているとしてよいであろう。

そこで、『管子』の内容にたち入って考察する第一段階として、まず八類の分類を検討することとしたい。もっとも、この分類について説明した古い資料は、劉向の「叙録」を初めとして一切見当たらず、今の二十四巻の巻立てもそれをまったく考慮していないようであるから、この検討は専ら分類の名称とその内容との相互関係から考えていくだけのことである。分類の積極的な意味——『管子』の全体を理解するうえで有効な意味が、果たして見出せるであろうか。

一　経　言

凡そ九篇。牧民第一・形勢第二・権修第三・立政第四・乗馬第五・七法第六・版法第七・幼官第八・

幼官図第九

「経言」の経とは、いうまでもなく伝とか解に対することばであって、正統本来の主要なものという意味である。儒教に五経がありそれを解説した伝があり、墨家が墨経を誦し、『墨子』の書に経と経説とがあることは、ひろく知られている。「経のことば」ということの名称からすぐ考えられることは、ここに分類された九篇が全篇中で最も重い意味を持っているということであろう。

ただ、九篇の内容を見ると、その文章に明白な乱れもあって、全体をそのまま経として立てるだけのはっきりした整ったまとまりがあるとは思えない。たとえば、幼官第八と幼官図第九とは、文章の順序が違うだけでまったく同文の重複である。どうしてこういう体裁になったかを考えてみると、幼官図の方がもともと前の幼官の文を図表にして示したものであったのを、のちに図表を解体してふつうの文になおされた結果のことであるらしい。『管子集校』ではそれを復原した図表を掲げている。そして、幼官篇の方にも図表での位置がしるされているのをみると、この両篇では幼官図の方が旧形であるらしいが、いずれにしても重複であることに変わりはない。また権修第三には、その末尾に「凡そ牧民者は」という書き出しの何条かがあって、第一の牧民篇の解説とみられることばがある。武内義雄氏が権修篇のなかに牧民解篇の遺存があると考えたのはこれであって、ここにも文章の乱れがあるとみられる。その他、各篇の体裁の違いということもある。牧民・立政・乗馬・七法の四篇は小節に分かれ、それぞれ節の題目がついているが、他の篇にはない。木村英一氏はこの点に注目して、四篇だけが本来の「経言」であって他は後から加わったものであろうと考えたが、別に積極的な根拠があるわけではない。ただ、題目をつけて分節された篇がこの「経言」にだけあって他の部類にはないという事実は、注意すべきことである。

「経言」は、このように、そのままの全体としては経としてのまとまりがあるようには思えない。しかし、部分的には経の名にふさわしく思えるところがある。木村氏の注目した四篇の体裁もそうであるが、いわゆる「管子解」五篇のうち、四篇までが「経言」の篇に対応しているのは重要である。牧民解第六十三・形勢解第六十四・立政九敗解第六十五・版法解第六十六がそれであって、このうち牧民解篇は亡失しているが、他の三篇はみな「経言」の同名の篇をふまえてそれを逐語的に解説したものである。いかにも「経言」は経としての権威を持ち、相対的に古い成立であることを示しているといえよう。亡失した牧民解篇は、その一部が権修篇末にまぎれこんで残っているともされていることは、さきにふれた。この場合、同じ「経言」中で四篇以外の篇にはなぜ解がないのか、立政篇ではその一小節である九敗にだけ解があってなぜ全体に及ばないのか、という疑問は否定すべくもない。さらに「管子解」五篇のうち、残った最後の明法解第六十七は、それに対応する明法篇が「区言」の第四十六篇にあって「経言」にはないということも、問題になるところである。これらの疑問は解決のしようもないが、「経言」の一部にでも「経」としてふさわしいものがあるということは、「経言」の部類の存在意義を強めるものだといってよいであろう。

次に『史記』の管晏列伝の賛には、前にも述べたように、司馬遷が管氏の牧民・山高・乗馬・軽重・九府の篇を読んで感嘆したことが書かれている。それを引用した劉向の「叙録」によると山高というのは形勢篇のことであるから、司馬遷が読んで感嘆したという五篇のうち、三篇までが「経言」に含まれていることになる。これもまた「経言」の部類がそれなりに重い意味を持つことを示しているようである。この場合にも、九府は考えようがないとして、軽重の方はそれが「経言」にないのは何故かということが問題になるであろうが、それについては後に詳しく考えてみたい。

「経言」がまた重要なものに思えるのは、戦国から漢初にかけての『管子』のことばの引用が、ほぼ「経言」に集中しているからである。いま『管子』のことばの引用または類似の語句を列挙して示すと、次のようである。

1　『荘子』至楽篇第五章、(子貢に対する孔子の答え)――昔者管子有言、丘甚善之、曰、「褚《ふくろ》小者不可以懐大、綆《つるべなわ》短者不可以汲深。」――今本『管子』には見えない。

2　『商君書』君臣篇——臣聞「道民之門、在上所先。」——「経言」牧民篇同文、「上」の下に「之」字あり[3]。ここでは管子とは言わないが、「臣聞」という引用のことばである。

3　『国語』斉語——「内言」小匡篇と同旨。ただし文章に異同出入多く、順序の違いもある。

4　『韓非子』難三篇——管子曰、「見其可、説(悦)之有証、見其不可、悪之有形。賞罰信於所見、雖所不見、其敢為之乎。見其可、説之無証、見其不可、悪之無形、賞罰不信於所見、而求所不見之外、不可得也。」——「経言」権修篇ほぼ同文。「其可」「其不可」の下の四所に「也」字あり。「説」を「喜」に、「証」を「徴」に、「形」を「刑」に作る。「所見」「所不見」の上の四所に「其」字あり。「求所不見之外」は「求其所不見之為之化」とある。

5　同上——管子曰、「言於室満於室、言於堂満於堂、是謂天下王。」——牧民篇ほぼ同文。四「於」字なく、「天下王」は「聖王」とある。なお『韓非子』には管仲説話が十過、説林上・外儲説四篇・難一二三篇などに見えていて、管仲のことばもある。それらの中には『管子』「内言」の戒篇や小匡篇などと類似した説話もあるが、文章の表現はかなり違っていて、直接の親子関係があるようには見えない。

6　賈誼『新書』巻二審微篇——管仲曰、「備患於未形、上也。」——牧民篇「唯有道者、能備患於未形也。」

7　同上巻三俗激篇——管子曰、「四維、一曰礼、二曰義、三曰廉、四曰醜。四維不張、国酒滅亡。」(『漢書』賈誼伝の賈誼の上疏には「礼義廉恥、是謂四維云云。」とある)——牧民篇「四維不張」二句は上文「国頌」の節に離れてあり、「酒」を「乃」に作る。また「四維」は「何謂四維」とあり、「醜」は「恥」に作る。

8　同上巻四無畜篇——管子曰、「倉廩実知礼節、衣食足知栄辱。」——牧民篇同文。「実」の下と「足」の下にそれぞれ「則」字あり。

9　同上巻六春秋篇——管子曰、「不行其野、不違其馬。」——「経言」形勢篇同文。

10　『史記』管晏列伝——其称曰、「倉廩実而知礼節、衣食足而知栄辱、(貨殖伝にもあり。)上服度則六親固。」「四維不張、国乃滅亡。」「下令如流水之原、令順民心。」――牧民篇同文。第一語の両「而」字を「則」に作り、第三語の「如」を「於」に作り、「原」の下に「者」字あり、「心」の下に「也」字あり。

11　同上、(上文につづけて)――「故論卑而易行。俗之所欲、因而予之、俗之所否、因而去之。」――今本『管子』には見えない。引用でなく大意を取ったとすれば、牧民篇「政之所行、在順民心。……民悪憂労、我佚楽之、民悪貧賤、我富貴之、民悪危墜、我存安之、民悪滅絶、我生育之。」などがそれに当たる。

12　同上――故曰、「知与之為取、政之宝也。」――牧民篇同文。「与」を「予」に作り、「取」の下に「者」字あり。

13　『淮南子』道応篇――此筦(管)子所謂「鳥飛而準縄。」――「外言」宙合篇同文。「而」字なし。

七種類の書物から十三条の語句をあげたなかで、今の「経言」に合うものが十条と圧倒的に多い。それも牧民篇が多く、他に形勢篇と権修篇が各一条である。「経言」の他では「内言」が管子説話として注目されるが、それについては後述することにして、この引用の状況から考えても、「経言」の中に古い資料の多いことは想像できる。とりわけ、牧民篇の初めのことばが、同じ『管子』の中でも「軽重」の事語篇第七十一や軽重甲篇第八十に引かれているというのも、牧民篇の相対的な古さをはっきり示しているとしてよい(4)。

以上の証明は、「経言」の全体を蔽うものではなくて部分的な証明である。「経言」の全体がとくに整合的なまとまりを持っているように見えないことは初めに述べたとおりであるから、「経言」のまとまりに特別な意味を認めないということも、可能であるかも知れない。しかし、何らかの意味で「経言」らしく思える篇が、全体九篇実は八篇のうちの六篇にも及んでいるという事実は、やはり重視すべきことのように思われる。かりに「経言」という名称をつけてこのまとまりを完成させたのが劉向の編集の時、あるいはそれ以後であったとしても、それは劉向かだれかの個人的な考えでそうしたというより、それまでの書物の伝承のあり方をふまえて整理したとみる方が、上述のことを考え合わせた場合、より妥当なものに思えるであろう。劉向が集大成をして完足本を作るまでのあり方は、いろいろな小さいまとまりとして伝わっていたと考えられるからである。

もしそうだとすれば、「経言」の最後の篇が幼官図という特殊な形式のものであるということにも、意味のあることが考えられる。幼官篇と幼官図篇とが重複していて、もともと図表の形の図篇の方が旧形であるらしいことは前にも述べたが、それは、幼官篇の方にも「此れ図の方中に居る」とか「此れ図の東方に居る」などと、図上の位置を示すことばが記入されているからであった。この図形は中央と東西南北との五方を持つ十字形で、その方角に合わせて春夏秋冬の四季の時令が配当され、さらに政治や軍事の記事が付随しているのである。これは全篇の中でも特別な体裁だといわなければならない。そして、幼官という篇名は意味のとりにくいことばであるが、何如璋は字形の誤りでとは玄宮であろうと言い、この篇の内容は玄宮時政ともいうべきもので、それは明堂の月令と同意だと考証した。聞一多・郭沫若両氏もそれに賛成して、『呂氏春秋』十二紀の雛型がここにあるとも指摘している。[5] 玄宮とか明堂というのは、王者が季節に応じた政治を行なう聖堂である。「経言」を一つのまとまりとして見れば、この特殊な篇がその最後を飾っていることは、いかにもふさわしいということにもなるであろう。

以上を要するに、内容の詳しい検討はしばらくおいて、「経言」が、その名のとおり、『管子』全篇の中で古くから重視されてきた諸篇を含む、相対的には重いグループであるらしいことは、ほぼ承認されてよいと思われる。

二 外 言 凡そ八篇。五輔第十・宙合第十一・枢言第十二・八観第十三・法禁第十四・重令第十五・法法第十六・兵法第十七

三 内 言 凡そ九篇。大匡第十八・中匡第十九・小匡第二十・王言第二十一(亡)・覇形第二十二・覇言第二十三・問第二十四・謀失第二十五(亡)・戒第二十六。王言と謀失の二篇が失われて、現存七篇。

「外言」「内言」の外内ということばは、後にみえる「雑篇」類の雑と並んで他書の場合にもみられる分類名であ

る。『荘子』三十三篇が内・外・雑の三類に分かれ、『晏子春秋』が内・外に分かれ、『孟子』が現行の七篇とは別に漢代では外書があったといわれ(趙岐題辞)、『淮南子』もその初めには内書と外書があったといわれていること(『漢書』本伝)などが、その例である。『管子』の場合もそれと同様に考えてよかろうが、ただ違っているのは、一般には内篇に重みがあって外・雑は軽く、従ってその順序も内篇を前に置くのがふつうであるのに、『管子』では内・外の順序が逆になっていることである。その理由としては、恐らく、『管子』では内・外・雑のほかに初めに「経言」を建てているということが、深く関係しているであろう。

いまそれぞれの文章を概観すると、「外言」八篇はすべて説理の議論文であるが、「内言」七篇では第二十三覇言が議論文で問第二十四が多くの問を集めた特異な様式であるのを除くと、大匡篇第十八以下の五篇はいずれも桓公と管仲との問答を主とした文章である。「外言」では枢言第十二だけが篇首に「管子曰」という三字を冠して以下の文章が管子言であることを示しているが、もちろん問答体ではなくて議論文である。しかし、「内言」の大匡・中匡・小匡の三篇は問答体であるうえに歴史的なできごとまでが書かれていて、『国語』の斉語や『春秋左氏伝』の記事とも似たものがある。また最後の戒第二十六なども管仲の死後にまで及ぶ記事が含まれていて、管仲その人の事蹟にかかわることが多い。「外言」と「内言」との区別はどうやら説理の文と問答事蹟とを分ける点にあるらしい。そして、もしそうだとすると、「内言」中で体裁の違う覇言篇などは、あるいはもとは他の部類にあったのが、覇形第二十二の存在にひかれてここに移されたものであるかも知れない(6)。

さて、「外言」は説理の文章であるから、「内言」とは違って、むしろ「経言」に近い。従って、「外言」が外と名づけられたのは、「内言」の内に対するよりも、むしろ「経言」の経に対して名づけられたと考えられる。つまり経からはみ出した、経に準ずる、経外の言ということである。そう考えると、「内言」の方はもちろん「外言」に対するのではあるが、それだけではなくて、経と経外との論議に対応して、管仲その人の内情に即したものを集めたという意味が読みとれるであろう。それでは、「外言」諸篇が経ではなくて経外とされた理由は何か。「外言」の初めの五輔第十・宙合第十一・枢言第十二などは、いずれも内容の重い特色のある堂々たる文章である。「経言」諸篇と比べてその違いをはっきりさせることができるであろうか。「経言」そのものが必ずしもはっきりしたまとまりを示しているとは言えないことは上述のとおりであるから、この問題は実はきわめて困難である。ただ、概略のこととして言えば、「経言」の相対的な古さは何ほどか証明できそうである。

たとえば、「外言」の初めの五輔篇などは、羅根沢氏も「経言」の牧民篇などと並ぶ古いものとみていて、「経言」と変わりがないようであるけれども、その内容を見ると、徳義で足らぬところを礼で輔け、礼で足らぬところをさらに法で輔けるといった主旨であって、「経言」諸篇では見られない整った思想がある。そして、以下の枢言・法禁・法法などの篇も主として法についての議論であるが、それらにも、後に述べるように、法思想としては「経言」諸篇のものよりは進んだ考えがある。「経言」のなかでは、牧民解の残余かと疑われる権修篇末の文を除くと、ほかでは法についての反省的な議論は見られない。これらの事象は、「外言」が「経言」の外とされたことの理由を示しているかに見える。ただ、最後の兵法篇には、「経言」の七法篇や幼官篇と重複するところがあるが、ともに共通の資料から出たものであるらしく、その先後は定めがたいといった問題も残る。(7)

「経言」「外言」から「内言」へと進んで、ここで管仲の事蹟が語られることになると、『管子』の分類はもとこれまでの三類が中核であって、以下の分類は後からの補遺ではないかという想像も成り立つ。木村英一氏はそのように考えている。(8)しかしまた、この後の「短語」や「区言」と「外言」との区別は見出しがたいと木村氏も述べているように、「外言」諸篇のまとまりというものも、内容的に見て必ずしもはっきりしていない。それに比べると、「内言」の方が、覇言と問との両篇が異質であるのを除くと、比較的よくまとまっている。そして、その内容にも、たとえば『国語』の斉語の記事と共通する「参国伍鄙」の制のことなどがあって、少なくとも部分的に古い伝承をうけていることは明白である。なお問篇については、宇都宮清吉氏の研究があって、春秋末期の様相を伝えるものとも考えられている。[9]

四　短　語　凡そ十八篇。地図第二十七・参患第二十八・制分第二十九・君臣上下第三十・三十一・小称第三十二・四称第三十三・正言第三十四(亡)・侈靡第三十五・心術上下第三十六・三十七・白心第三十八・水地第三十九・四時第四十・五行第四十一・勢第四十二・正第四十三・九変第四十四。正言一篇が失われて現存十七篇。

各篇はその形式内容ともに種々雑多であって、統一的なまとまりを見出すのは困難である。「短語」という名称について、安井息軒はまず「語る所、短し、因りて短語と名づく」というが、[10]全体として、なかなか短い簡単なことばの集積といったものではない。強いてそれに合うものを求めれば、初めの三篇と終わりの三篇ぐらいがそれに当たるかと思える程度である。初めの地図第二十七・参患第二十八・制分第二十九は、内容的にも兵家言としてのまとまりがあり、近年発見された銀雀山竹簡の古佚書「王兵」でも地図・参患の一部が重複している。しかし、同じ兵家言としては、前に述べた「外言」の兵法や「経言」の七法・幼官などの篇との関係が、問題にされなければならない。終わりの三篇は、とくに正第四十三・九変第四十四の両篇がそれぞれに主題もはっきりした短い篇であるが、三篇として内容的にとくにまとまったものはない。勢第四十二はその一部が『国語』の越語で范蠡《はんれい》の言とされているものと重なり、近年発見された馬王堆の古佚書「十六経」とも重複したことばがあるが、また『管子』中では「雑篇」の九守第五十五と関係が深い。短い篇がこうして前後におかれているが、だからと言ってこれらを「短語」の中心と見なすわけにはいかないだろう。

そこで、安井息軒はまた「君臣(篇)より以下、その篇長きに、仍《な》お短語と名づくるは、短語を聚衆して以て一長篇と為し、その短語たるを妨げざればなり。」と説明する。常識的ではあるが巧妙な説明だといってよい。確かに長篇のものでもそのように短いことばの寄せ集めでできていると考えられるものもあるからである。しかし、この説明もろう。

苦しい。そうした性質は、何もこの「短語」にだけ特別に見られることではなく、むしろ『管子』の全篇をつらぬく特色かともみられるほどだからである。「短語」という分類名からの追究をやめて、内容の諸篇を概観するとどうであろう。

初めの三篇が兵家言であることは上述のとおりであるが、次には小称第三十二と四称第三十三とが、管仲と桓公との問答の形式をとっていて、その点のまとまりを見せている。ただ、この体裁はそのまま「内言」に入っていてもよさそうに思われる。次に第三十六・三十七の心術上下篇と白心第三十八は、「区言」中の内業第四十九と合わせていわゆる「管子四篇」として有名である。(11) 郭沫若氏らがそれを宋銒・尹文の遺著としたのは根拠に乏しく、四篇の間の違いも明らかであるが、そこに共通した思想の流れていることは、ほぼ認められる。古く宋の張巨山が「心術・白心上下・内業の諸篇は是れ其の功業の本づく所」と言ったように（楊忱本『管子』付載「読管子」語）、『管子』の哲学的な基盤をささえているかに見える重要な諸篇である。ただ、心術下篇と重複の多い内業篇が、「区言」の方に離れてあることは問題である。最後に、四時第四十と五行第四十一の両篇は、五行思想に関係するものとして共通性がある。しかし同様の時令や五行に関係するものは、「経言」の幼官篇の他、「雑篇」の中の数篇にも見えているから、ここだけの特色というものでもない。要するに、二、三篇ずつのまとまりは認められるわけではあるが、それらを通じての部類のまとまりといったものは認められない。そして、むしろ他の部類と関係する篇の多いことは、この「短語」という部類の積極的なまとまりの意味を疑わせるものでもあるだろう。なお、侈靡第三十五は経済思想として、水地第三十九は一種の自然哲学として、それぞれ著しい特色があり、心術上篇と並んで『管子』中の雄篇と認めてよいものである。

以上、種々の検討を加えたが、結局のところ「短語」としてのまとまりは不明というほかはない。古代の簡牘《かんとく》に長短の区別があって、『戦国策』なども「短長」とか「長書」とか称ばれていたということ（劉向「戦国策叙録」）を考慮すると、あるいはこの十八篇はとくに短簡に書かれて伝えられていたということかも知れない。それにしても、なぜそうなっていたのかというまとまりの意味は依然として不明である。

五　区　言

凡そ五篇。任法第四十五・明法第四十六・正世第四十七・治国第四十八・内業第四十九

五篇のうち、内業第四十九が「短語」中の心術下篇との重複文を多く持つことは、さきにも述べた。両篇の主旨は違っているが、恐らく同じ母胎から違った方向に発展したもので、深い関係にあることは明白である。さらに、この内業篇は道家的な哲学を述べて養生を説いているが、他の四篇はいずれも政治思想としてのまとまりがあって、とくに任法第四十五・明法第四十六などは法至上的な立場に特色がある。すなわち、内業篇はこの部類のなかでやや異質の感を免れない。因みに、『漢書』藝文志ではその儒家類に「作者を知らず」と註される「内業十五篇」というのが著録されている。『管子』の内業篇とは無関係であろう。

そこで、ひとまず内業を除いた四篇のまとまりを考えると、さきの「外言」中にも法禁・重令・法法などの法を説く篇のあったことが想い出される。法を主とする政治思想としてこれらを一括してよいのか、それとも「外言」と「区言」とに分かれてあることにやはり意味があるのかは、慎重に考慮すべき問題であるが、両者の内容の検討からすると、「外言」の方にはこちらでのような法至上的立場は見られない。両者の法思想には違いがあるようである。そして、こちらでの明法篇は『韓非子』有度篇の一部を略抄したような趣きがあって、両者の関係が問題になるが、また『管子』中の「管子解」の部類には明法解第六十七がある。「短語」の心術上篇のように、経と解とが一篇のなかに並んでいるものもあるが、「管子解」の部類に別建てにされている篇の経は「経言」中にあるのがふつうであって、この明法篇だけが「区言」にあるのは異例である。しかし、だからと言って、明法篇を「経言」に移すことはできない。それは、韓非の思想にも通ずるようなその法至上的立場が、「経言」諸篇の政治思想とは合わないからである。明法篇はやはり任法や正世などの政治思想とより緊密な関係にあるといえよう。そして、有度篇との関係からすると、

その成立時代は「経言」と比べて恐らく新しいものであるに違いない。

ところで、「区言」という名称の意味もまた明らかでない。安井息軒は「小なり」と解して、区々たる小言の意味に見ているが、内業篇はもとより、任法篇などの政治思想も小言とは言いがたい。張佩綸『管子学』は、明法が『韓非子』の有度と重なり、内業が心術下篇と重なったりしていることを取りあげて、重複文が多いから区別したのだというが、これも「区言」以外の篇でも見られることで、首肯できる説明とは思えない。「区言」というのを「枢言」ではないかというように、文字の誤りを考えることも許されようが、すでに述べたように、三国の魏の時代に「区言」の語として治国篇の語が引かれているのであるから、それも考えにくい。張佩綸の解釈に従って、何らかの理由で区画された諸篇だと解しておくよりほかはないが、要するにこの部類のまとまりもはっきりしない。

六　雑　篇　凡そ十三篇。封禅第五十・小問第五十一・七臣七主第五十二・禁蔵第五十三・入国第五十四・九守第五十五・桓公問第五十六・度地第五十七・地員第五十八・弟子職第五十九・言昭第六十(亡)・修身第六十一(亡)・問覇第六十二(亡)。三篇亡失で、現存十篇。但し、封禅篇は亡失したのを『史記』封禅書で補ったものである。

「雑篇」の中の各篇を概観すると、まず、小問第五十一と桓公問第五十六と度地第五十七との三篇が、桓公と管仲との問答の形をとっている。そして、桓公問篇で問いに答えた管仲のことばとして、黄帝・尭・舜・禹・武王など、古代の聖帝明王の事跡が語られているのは、封禅篇に代用された封禅書のなかで、封禅について語る管仲が受命封禅の例として十二帝王の名を挙げているのと類似している。そこで、そのことから考えると、亡失した封禅篇の原文は現在の封禅書の文と近かったもので、その類似性が亡失の理由ともなったのかと考えられる。もしそうだとすると、封禅篇もまた桓公と管仲との問答形式であったことになる。そして亡失した問覇第六十二も、その篇名からすると問答であるらしいから、「雑篇」には問答形式の篇が五篇あったことになる。問答事跡のグループは大匡篇などの「内言」が中心であったが、そのほかでは「短語」の小称・四称などの篇があり、またこの後では「軽重」諸篇がおおむね管仲問答である。それらの問答の内容と形式を比べると、もちろん同一部類の中でも違いはあるが、もし概括的にいうことが許されるなら、「内言」が古く「軽重」は新しく、「雑篇」や「短語」のそれはその中間にあるやに見える。

問答以外の篇では、度地篇につづく地員篇第五十八がまず注目される。度地篇も特色があって、水害対策などの土地管理についての問答で土木事業にも及んでいるから、土地に関係する内容ということでは、両篇のあいだで一連の関係を考えることも許される。ただ、地員篇はまたそれとして著しい特色を持っていて、古くから特別な注目を集めてきた。その内容は、近人の夏緯瑛氏の研究によると、生態的植物学の論文と見るべきもので[12]、中国各地の土質とそれに適合する植物との関係を詳しく叙述したものである。その前半で土地の五分類をいうところは、『周礼』大司徒の「五地の物生を弁ず」の条と似たところがあって、この両者の関係も問題になることである。さらに特色があるのは弟子職第五十九である。この篇は『漢書』藝文志では六藝の孝経類に独立して著録されていることから、単独で別行もしていたと考えてよいが、それだけ文体も内容も特殊な趣きが強い。最後が「是れを弟子の紀《のり》と謂う。」と結ばれているように、師に仕える弟子のあり方を暗誦に便利な押韻の文として綴ったもので、いかにも別行にふさわしい。ただ、その師弟間の道義性は、『管子』の全体に散見する道義性と必ずしも無縁なものではないように思われる。すぐ後の修身第六十一は今は亡失しているが、その篇名からすると個人の修養を説いたものらしく、それからすると、弟子職篇とも何程かの関係が考えられないわけでもない。また前の入国第五十四では、為政者の立場からのことであるが、「老を老とする」「幼を慈しむ」などという「九恵の教え」を述べていて、政治のうえでの道義の必要が強調されている。弟子職篇もまたやはり『管子』のなかの一篇としてその性質を検討する必要があるだろう。そして、もう一篇、問題の多いのは九守第五十五である。この篇は『鬼谷子』符言篇と一致し、また一部は『六韜』とも合致して、その体裁も主題のついた短文の寄せ集めであって特異である。ただ、この篇もまた、遥かに隔っているけれども「短語」の中の勢第四十二と通ずるところがあり、さらに広い意味で道家と法家との折衷思想であることを考えると、やはり『管子』の全体との関係で考えてみる必要がある。

さて、「雑篇」の内容は以上のように雑然としていて、そのまとまりは見られない。雑という名称にそれはよくかなっている。ただ、前に見たように、「短語」や「区言」の場合でも格別によく整っていたというわけではなかった。「雑篇」という名は、恐らく経とか内・外ということばに対してつけられたものであろうから、「短語」や「区言」がこの「雑篇」と「内言」との間に割こんだ形で入っているのは、何かの理由で区分されたのではあろうが、それらの部類も本来むしろ同じ雑的なものとしてあったからではないかと思われる。もちろん、ここで雑的というのは編成上の分類のあり方についていうのであって、それによって全般的な内容の価値をおとしめているのではない。要するに、それは「外言」についても、あるいは「経言」についてさえも言えることかと思うが、「短語」以下ではとくに分類のまとまりが不明であって、各篇の内容について一篇ごとの性質を吟味しながら、その特質と共通性とを明らかにしていかなければならない。

七 管子解

凡そ五篇。牧民解第六十三(亡)・形勢解第六十四・立政九敗解第六十五・版法解第六十六・明法解第六十七。一篇亡失で現存四篇。

牧民第一・形勢第二・立政第四・版法第七という「経言」中の四篇に対応する解説と、「区言」中の明法第四十六に対応する解説とから成っている。「経言」は九篇で幼官の重複を除くと八篇であるが、なぜ他の四篇には解がないのか、立政篇は内容が九段に分かれているが九敗の一段だけに解があるのはなぜか、そして「経言」でない明法篇になぜ解がついているのかといった疑問は、解決のしようがないが、ただ解としての各篇の体裁はほぼ一致している。いずれも、経文の順を追って一段ごとにその本文の引用をまじえながらの解説であって、この部類のまとまりはその点において疑う余地がない。そして、その文章も概して明晰で歯切れがよく、「経言」諸篇と比べてその相対的な新しさは明らかである。「経言」中の権修第三の篇末を、亡失した牧民解の一部と見ることはほぼ首肯できるが、その体裁は「管子解」のあり方とはやや違っている。恐らく残欠の結果でもあろうが，問題はある。

八　軽　重　凡そ十九篇。匡乗馬第六十八・乗馬数第六十九・問乗馬第七十(亡)・事語第七十一・海王第七十二・国蓄第七十三・山国軌第七十四・山権数第七十五・山至数第七十六・地数第七十七・揆度第七十八・国准第七十九・軽重甲第八十・軽重乙第八十一・軽重丙第八十二(亡)・軽重丁第八十三・軽重戊第八十四・軽重己第八十五・軽重庚第八十六(亡)。三篇亡失で現存十六篇。

「軽重」とは物価の高下をあらわす経済用語であって，物価と穀価との関係を調整する経済政策をも意味することばである。所属の全体が，軽重己篇の一篇だけの例外を除いて，ほぼ直接かつ具体的な経済関係の資料であることは，この分類の名称と一致することであって，このまとまりが偶然のものではないことを物語っている。例外の軽重己篇の内容は，「経言」の幼官篇や「短語」の四時篇などと同類の時令であって，いかにもまぎれこんだという形であるが，その理由は不明である。なおまた，十六篇の全体は，この軽重己篇と国蓄第七十三の両篇を除くと，ほぼ桓公と管仲との問答の形をとっていて，その点でもまとまっている。己篇が異質であることはこの点からもはっきりしているが，ただ国蓄篇の方はその内容が経済思想として重要であって，『漢書』の食貨志でも『通典』の食貨(十二)でも『管子』の軽重としてその文を引用している。国蓄篇だけが問答体でなくて例外を成しているのは，一つの問題である。

ところで十九篇の篇名を見ると，軽重甲以下の七篇とその前の十二篇とでは，名称のつけ方が違っている。「軽重」の部のなかでの軽重であるから，当然後半の甲篇以下が中心かと思われ，それはまた『史記索隠』(斉太公世家)で「管子に理人軽重の法七篇あり。」と言われているのとたまたま篇数が一致してもいる。しかし，他面では軽重甲篇以下は文義ともに鄙浅であって，軽重の本義は前の十二篇で尽くされているとする見方もある。国蓄篇の内容が『漢書』で軽重として重視されている事実は，その見方を支持することであろう。しかし，内容の事実は，それほど簡単にどちらかを取ってどちらかを捨てるというほどに区別できるものではない。前半と後半とでは確かに相違はありながらも、また互いに共通したところもあるからである。そして、司馬遷が牧民や山高(形勢)・乗馬などと共に読んだという軽重篇はどれかということが、やはり問題として残される。

「軽重」の部類がおおむね全体としてのまとまりを持つことは認めてよかろうが、その全体を司馬遷の読んだものに当てることはできないであろう。牧民や形勢などを今の「経言」中のそれにひき当てることは自然であろうから、軽重もまた量的にも質的にもそれらと並んでふさわしいものでなければならないが、今の「軽重」の全体では第一に分量も多すぎる。では、十九篇の中のどれか一篇を選び出すべきであろうか。「軽重」の問答は、文体も内容も相対的に新しいものに思えるのであるが、そのことも含めて、成立の年代を考えるうえでも司馬遷との関係は慎重に考慮しなければならない。

以上で八類の検討を終わる。『管子』の全体が八類に分けられていることにはどのような意味があるか、それを検討することが主眼であった。ただ、検討の結果としては、分類のそれぞれのまとまり自体にも不確定なところがあって、それは後からの錯乱のためか、それとも初めからルーズな分け方であったのか、かえって多くの疑問にぶつかることにもなった。もし八類の分類がもっと明確で、それぞれの特色もはっきりしていたとすれば、それを基準にして『管子』の全体の研究を進めることもできたであろうが、今やそれは断念して別の道を探さねばならない。

しかし、そうは言っても、その別の道はやはりこの検討のなかに用意されている。検討の結果は多くの事実を明らかにしているからである。まず部類のまとまりとして最もはっきりしているのは「管子解」と「軽重」とであった。それらは内容からして相対的に新しい資料であると見られるが、そのことはこれらの部類が「雑篇」のさらに後に並べられていることと無関係ではなかろう。一応、他の部類と切り離して考察することが許されるはずである。次にあるていどのまとまりと特色を備えているのは「経言」「外言」「内言」の三類である。このうち、とくに「経言」の相対的な古さが認められたことは重要である。そして、「内言」の方にも古い資料があることを考えあわせると、『管子』の古い部分はおおよそこの辺りにありそうだという予想が成り立つ。「外言」の重さもそれに合わせて考えてよいであろう。ただ、三類のそれぞれのまとまりにははっきりしないところもあり、「外言」はとくにそうであるから、前の「管子解」などと違って、あまり分類のわく組みにとらわれるわけにはいかない。

さて、残された「短語」「区言」「雑篇」は、その分類の意図もそれぞれの内容のまとまりの意味も、ともによく分からない。三類とも「雑篇」として一つに合わされていたとしても、いかにも雑らしいというだけで、その間に区別をつけることはむつかしいであろう。ただ、各篇の内容や形式に応じて何篇かずつの小さいグループができることは、その雑然とした全体の固まりを解きほぐしていくうえで、貴重な手がかりを与えてくれるはずである。そのグループの連なりは一つの分類をこえて三類の中でひろがるだけでなく、時としては「外言」や「経言」の中にまでも及んでいる。たとえば、「短語」の心術上下篇の哲学思想は「区言」の内業篇と結びつき、さらに「外言」の枢言篇にも関連する、また「短語」の四時・五行両篇の時令思想は、「雑篇」の七臣七主篇や禁蔵篇と関連し、「経言」の幼官篇との関係も問題になるというわけである。「短語」以下の三類にも、すでに見たように重要な特色のある篇が少なからず存在する。それらと関連する篇を模索して、『管子』全体との関わり方をできるだけ広く追究することによって、この雑然とした部類もまた正確な把握が可能になるであろう。

そこで、次の検討は、まず古い資料で重要とみられる「経言」諸篇の内容の吟味へと進むことにしたい。「経言」の各篇がどのような様相を持っているか、そしてどのような思想を表明しているか、それを逐次に検討を加えて把握したうえで、それを総合して「経言」の思想的な主題とその成立の事情とを究明することとする。その結果は、恐らく『管子』の中核的な思想を明らかにすると共に、また『管子』の全体を正しく理解するうえでの重要な礎石を提供することであろう。

（1）武内義雄『諸子概説』(一九三五年弘文堂、のち『武内義雄全集』第七巻一二二ページ)で、牧民解について「按ずるに今権修篇中に残存す。」と言われている。
（2）木村英一「管子の成立に関する二三の考察」(一九四二年「支那学第十巻特集号」)
（3）『管子』本文の引用と参照は、本書においてすべて「四部叢刊」の楊忱本を底本とする。必要な改正は『管子集校』に拠った場合はその文字の横に△印をつけ、その他の場合はそのつど註記する。
（4）事語篇――管子対曰、……彼善為国者、壌辟挙則民留処、倉廩実則知礼節。軽重甲篇――管子曰、今為国、有地牧民者、務在四時、守在倉廩、国多財則遠者来、地辟挙則民留処、倉廩実則知礼節、衣食足則知栄辱。
なお、近年出土の古佚書では、序章で述べたように、臨沂県銀雀山の「王兵」篇と、馬王堆の「経法」等四篇が、『管子』と関係の深いものとして挙げられている。漢初の出土資料としてそのことをも考慮すべきであるが、ここではひとまず伝承資料だけにとどめる。
（5）『管子集校』上冊一〇四―一〇五ページ。幼官篇第八篇題下の註。
（6）覇言篇の初めは、「覇王之形、象天則地云云」とあって、覇形篇とつづきやすい形になっている。それもこの想像を助けることであろう。
（7）『管子集校』一〇五ページ。幼官篇題下注、郭沫若云、「何如璋曽謂、『兵法篇乃合七法・幼官為解者也。』雖不必尽如所説、但七法・幼官・兵法諸篇乃一家言、則可断言耳。」なお、本書第四章管子の思想第五節強兵思想を参照。
（8）木村英一氏前掲(註2)論文。
（9）宇都宮清吉『中国古代中世史研究』(一九七七年創文社)第六章管子問篇試論。問篇についての卑見は、第四章第一節政治思想の九九ページ以下で述べる。
（10）安井息軒『管子纂詁』巻之十、地図第二十七註。
（11）劉節「管子中所見宋鈃一派学説」(一九四三年『説文月刊』、『古史考存』一九五八年人民出版社所収)・郭沫若「宋鈃・尹文遺著考」(一九四四年稿、一九五四年『青銅時代』人民出版社所収)
（12）夏緯瑛『管子地員篇校釈』(一九五八年中華書局)
（13）「匡乗馬」は底本の四部叢刊本では「巨乗馬」とあるが、『管子集校』に従って改定した(第一章註13を参照)。以下、「軽重」の部では篇名に疑わしいものがあり、「海王」を「山海王」に改め(馬元材説)、「山国軌」「山権数」「山至数」の「山」字を除く(郭沫若説)などの説もあるが、今はそのままにしておく。論述の混乱をさけるためである。

第三章　「経言」諸篇の吟味

八類にわたる『管子』の分類の意味を検討した前章の結果では、第一の「経言」の部類が、相対的には古い資料としてのまとまりを持つらしいということが、明らかにされた。それは必ずしも十分に的確なまとまりというのではなく、その内容の成立にも全体として先後があって、他の部類の諸篇のなかにもより古い資料や関係する共通資料のあることが考えられるが、それにもかかわらず、ここに『管子』という書物の発生の核があることを思わせるような、そうしたまとまりがうかがわれた。そこで、この章では、その「経言」九篇、実は八篇の内容をそれぞれ個別的に逐次に吟味しながら、そこに見られる思想がどのようなものであるか、またその成立に関してそこに潜む問題は何かを追究して、まず『管子』中で一応古いと考えられる資料の内容を、正確に把握することとしたい。

まず、**牧民篇第一**は、民を牧するという篇名どおり、民を治める政治のあり方を述べるものである。篇名は初めの「凡そ地を有し民を牧する者は」という句から採ったものであろうが、この「牧民」ということばにはやや特色が感じられる。『管子』の書中では、このあと「経言」の権修篇・「外言」の法法篇・「内言」の問篇の他、軽重甲篇に至るまで、たびたび見えているが、先秦の他の書物ではそれほど頻繁に見えることばではない。儒家や道家の資料に見えないだけでなく、法家でも『韓非子』に一見(外儲説右上篇)で、「牧天下」(大体篇)、「牧臣下」(説疑篇)を合わせても三見するだけ、『商君書』では見えず、ほかに『国語』では魯語上篇に一見するといった状況である。一般にはもちろん「治民」ということばが使われる。牧の字はもともと牛を追うかたちであろうから、「治民」の治と同じに使われるのは牧畜の意味からの転義であろう。そして、この篇の作者がもしことさらにそうしたことばを使ったものだとすれば、その政治思想にも特別な意味があったとしなければならない。

さて、「凡そ地を有し民を牧する者は」と説き起こした文章は、「務めは四時に在り、守りは倉廩に在り。」とつづく。政治には経済が重要であるというのである。そして、「倉廩実ちて礼節を知り、衣食足って栄辱を知る。」という有名なことばで明らかなように、経済の重視は道義性の振興と関係づけられている。経済とはもちろん農業生産の向上と蓄積であるが、道義は、礼義廉恥の四維と孝悌、そして「民心に順《したが》う」とか「民の〔労〕力を量る」とか言われる被治者としての民衆への顧慮である。さらに統治の手段として宗廟と鬼神とを立てる宗教性があり、また令の必行を求める賞罰の厳正が言われ、為政者の役割の重要性と人材確保の必要性が説かれてもいる。篇の全体は五章に分かれ、国頌・四維・四順・十一経（今本は士経）・四親五法（今本は四を六に作る）と名づけられているが、主意はほぼ脈絡があって全体としてのまとまりを見せている。ただ詳しく吟味すると、そこにいくらかの問題もあることを指摘しておかねばならない。

その第一は押韻文と無韻文との混合である。それは、元来は別の材料を利用したためかと考えられるが、とくに問題を覚えるのは国頌の一章と四維の一章との関係である。すなわち、前者がほとんど有韻であるのに後者は無韻で文体も新しく、しかも後者は前者の中に出てくる「四維」を解説しているのである。これについて、何如璋や張佩綸は、四維の章をもともと牧民の本文ではなくて牧民解の一部であったのではないかと疑い、聞一多氏もまた、国頌の章では人君の立場で言われている四維が四維章ではそうでないとして、国頌本来の四維を別に考えている。[1] 礼義廉恥の四維についていは権修篇末にまたその解説があり、賈誼の上奏文でも引かれているので、比較的に古いものとみられるが、国頌の押韻文よりは後の成立であることは恐らく確かであろう。逆に言えば、国頌の章が牧民篇の中でもまた古いものだということである。

第二の問題はその思想傾向の雑多性である。有名な「倉廩実ちて礼節を知り、」の句は、『孟子』の「恒産ある者は恒心あり。」の思想と同旨であって儒家思想とそむくものではなく、「孝悌」とか「礼義」とかも儒家的な徳目であるうえに、民衆への配慮ということもそうである。しかし、令の必行を訴えて賞罰を強調するのは法家的である。また「有道者は能く患《うれ》いに未形に備う。」というのは『老子』六十四章の「これを未有に為《おさ》め、これを未形に治む。」というのと似ており、「予《あた》うることの取ると為ることを知る者は、政の宝なり。」というのは、『老子』三十六章で「将にこれを奪わんと欲すれば、必ず固《しばら》くこれを与えよ。」などという権謀的なことばを思わせるが、現に「家を以て家を為め、郷を以て郷を為め、国を以て国を為め、天下を以て天下を為む。」というのは、『老子』五十四章に「為」の字が「観」になり、「家」の句の上に「身」の句があるだけの違いで、そのまま見えている。つまり、諸派の思想を寄せ集めたと考えることもできるような多様さがあるのである。ただこの点は、諸派の思想が学派的にはっきり成立してから、それを踏襲して折衷した結果だとは限らない。『老子』との類似の句なども、必ず『老子』の書が成立してからの引用だとは決められないからには、諸派の成立以前の未分の思想状況の反映とも見なせるわけであろう。思想傾向の多様性にもかかわらず、前述のように、全体をつらぬく政治思想の主旨ははっきりしていて、それが一つのまとまった特色をうち出しているからである。

形勢篇第二は難解な内容で意味のとりにくい所もあるが、牧民篇と同様に、君主の立場での政治の行ない方を述べることで一貫している。最初の「山高くして崩れざれば、則ち祈羊《きよう》至り、淵深くして涸《か》れざれば、則ち沈玉極《いた》る。」という書き出しは必ずしも明晰ではないが、「天は其の常を変えず、地は其の則《のり》を易《か》えず、春秋冬夏は其の節を更《あらた》めず、古今も一なり。」というそれに続くことばと合わせて考えると、ここでは、天地自然の恒常的な秩序性とそれに対する崇拝とが言われていることが、理解できる。続いて「蛟竜水を得て神立つべく、虎豹幽に託して威載《おこな》うべし。」とあるのは、蛟竜と虎豹とを君主になぞらえて、君主の立場にも依託するところがあるべきことを示唆したものであり、「風雨は郷《むか》う(偏向)なくして怨怒及ばず。」というのは、それに続けて「貴(者)も令を行なう有り、賤(者)も卑を忘るる有り云云」とあるのと合わせて考えると、自然界の公平無私性とそれに対する尊重とをいうものである。すなわち、形勢篇の政治思想では、天地自然のあり方——その恒常的な秩序性とか公平無私の大きな働きとかに模範をとろうとするところに、特色があるといえる。

そこで、「必ず天地に参す」とか「天地の配」になるということが理想的なあり方とされ、「天の道を得れば、其の事は自然なるが若《ごと》し。」で成功するが、「天の道を失すれば、立つと雖も安からず。」で王となることはできない。「天に順う者は其の功あり、天に逆らう者は其の凶を懐《き》(来)たす」のだと言われる。この天に従って無為自然であろうとする主張は、当然にもわれわれに道家思想との親近性を想像させる。事実、「上、無事なれば、則ち民は自《お》のずから試《はたら》(用)き、蜀(独一)を抱きて不言なれば而《すなわ》ち廟堂既《ことごと》(尽)く循う。」といい、「無形」とか「自然」などということばと共に「小謹」にこだわらないという道家的なことばも見えていて、全体に天を模範として無為自然を説く道家的な色彩が強いといえる。牧民篇の方でも自然に従えという主張があって、これと対応しているとみられるが、そこでは「務めは四時に在り」とか「天の時を務め」「地の利を務め」といった言い方で、農業生産に関連して言われており、また道家的なことばも見られたが、それは断片的であって、この篇ほどの一貫した強い色調はない。この篇の政治思想は主として道家的な立場にあるといってもよいであろう。

ただ、そうはいっても、やはり道家一色というのではない。何よりも、天に従うとともに人をも棄てないところのあるのが、『老子』や『荘子』の道家とは違った点である。「羿《げい》の道は射に非ず、造父の術は馭に非ず云云」というのは、なるほど手先きの技術を超えた根本の立場——天——を指向することばであり、「天道の極」に対して「人事の起」を悪いものとして説いてもいる。しかし、また「満を持する者は天と与《とも》にし、危を安んずる者は人と与にす。」というのは、天人の対説ではあっても、「天の度《のり》を失すれば、満つと雖も必ず涸《か》れ、上下和せざれば、安しと雖も必ず危うし。」という後半を見ればはっきりするように、「人と与にす」る「上下の和」をも必要としたことばである。この総合性こそ牧民篇とも通ずるところである。「君、君たらざれば、臣も臣たらず。」と上に立つ者の政治責任を明言し、「独任」(諸本作独王、従解文以改)を避けて「済済たる多士」の人材登用を説き、「且《ある》いは懐《なつ》け且いは威《おど》せば、則ち君道備わる。」と賞罰併用を重視するほか、牧民篇と類似したことばも見いだすことができる。牧民篇にも『老子』の思想と関係することばがあることは前述のとおりであるから、両篇はそれぞれの特色の違いにもかかわらず、それを相補的な政治思想として統一的に把握することが可能である。

牧民篇の方がより実際的で、現実の政治にかかわる具体性をより強く持っているのに対して、こちらの方は道家的な思想を中心にすえた政治哲学としての意味が強い。両者が相補的だというのはこの意味においてのことであって、成立の時代からいえば、牧民篇の実際的具体的なところに素朴さがあるから、恐らく牧民篇の方が古いのであろう。とくにその有韻の部分などは、内容も素朴であって、やはりずっと古い資料である可能性がある。牧民篇に『老子』の五十四章と同じことばがあることは前に述べたが、それと同様に家・郷・国・天下の序列で政治を説くことばが形勢篇にもあって、こちらではその「天下之人」の上位にさらに「天地之配」が並べられている。また、牧民篇では、「天下」とか「聖王」ということばはあっても、「国を守り」「国の安き」ことが主に考えられているように見えるが、形勢篇では「天下に王たらん」と目ざすことばがある。いずれも、形勢篇の方が新しいとみられる徴証であって、とくに後者は戦国後期の特色をはっきり備えたものと言えるであろう。ただ、形勢篇の方も、全体としてその内容形式ともに、種々の短い材料を寄せ集めて編成された趣きがあるから、中には牧民篇の内容と重なる時代の資料も含まれているとしてよいであろう。篇末の言行に関する一段(言いて復《ふ》むべからざる者は、君は言わず云云)は、牧民篇の「復《ふ》むべからざるを行なわざる者は、其の民を欺かず。」と同旨で、この篇の主意とは離れているから、むしろ牧民篇の錯簡である可能性も強い。

最後に『形勢』という篇名について考えておこう。『史記』では「山高」という篇名で出ていて、それは篇首の二字を取ったものであるらしいから、それが旧名であったとも考えられる。しかし、「山高」の意味では篇の内容とは無関係である。牧民篇はなるほど篇首に近い二字を取ってはいるが、もちろん内容をも表わしており、第三の権修篇以下でも、みな篇首の文字とは無関係に内容から名づけたもののようである。してみると、「山高」という呼称とともに、「形勢」という題名もまた古いものとしてあったと考えてもよかろう。

さて、「形勢」ということばは篇中には見えない。しかし、篇の内容の主意と対照してその意味を推しはかることはできる。尹知章註によると、「天地より万物に及ぶまで、人事に関して形勢あらざるなし。夫れ勢は必ず形に因りて立つ云云」と述べて、具体的な現実の情況に応じてあらわれる一種必然的な趨勢とみているようであるが、それこそが「天の道」ともいわれる自然の勢であろう。篇中で「其の道既に得らるれば、其のこれを為すを知るなくして、其の功既に成り、其のこれを釈《お》(舎)くを知るなくして、これを無形に蔵す。天の道なり。」と言われているのが、それである。そして、蛟竜が水に拠り虎豹が幽に託するように、君主もまたその「天の道」に拠ってこそ成功を得るのである。この篇は、そうした形勢の存在を明らかにして、それに従うことを政治の基本と定めた政治哲学を主としたものである。

権修篇第三もまた政治思想であるが、これは牧民篇と同様に具体的な施策を主としているうえに、経済振興と賞罰の必信に重点がおかれているところに特色がある。「末産禁ぜざれば、則ち野は辟《ひら》けず、賞罰信ならざれば、則ち民に取《うなが》(趣)しなし。」という対照がそれを示しているが、その前後の文章で明らかなように、それは富国強兵に連なるものとされている。そして、「地の辟《ひら》けながら而も国の貧しきは、舟車飾り、台樹《たいしゃ》広ければなり。」と為政者の浪費を戒め、「賞罰の信にして而も兵の弱きは、軽〻しく衆を用いて民をして労せしむればなり。」と民衆の用力の限界を注意する。一篇の主意はこの第一段のことばに尽くされていると言ってもよいであろう。賞罰の必信と令の必行とが説かれ、民衆への政治的配慮が強く示され、民の廉恥を求める道義的なことばがあり、天下から家、さらには身という段階的な政治の序列が考えられるなど、「牧民」ということばがあることと共に、牧民篇との関係が深い。経済の重視はもとよりいうまでもない。

ただ、この篇の末尾では「凡そ牧民者は」ということばがしきりに見えてそれぞれに段落を形成しており、文体も整った歯切れのよい文章がつづいていて、前半の文章とはそぐわない。すなわち、「凡そ牧民者は、士をして邪行なく、女をして淫事なからしむ。(凡牧民者、使士無邪行、女無淫事)」という一段から後がそれであって、その内容も、牧民篇の内容と密着しているか、逆にそれと違背しているかである。「教訓成俗して刑罰省く」とか、礼・義・廉・恥の必要を説くのなどは、牧民篇と密着した内容であるが、そこにもやや違った色彩がある。「微邪」の禁止(微邪者大邪之所生也)とか「小礼」の謹慎とかを述べるのが、牧民篇で「小謹者は大立せず。」といわれていたのと矛盾する。また「凡そ牧民者は、民の御すべきを欲す。」として「法」の効用をくりかえして強調するのも、牧民や形勢の篇にはなかったことで、前半との違和感が強い。第二章の初めでふれたように、武内義雄氏が牧民解の一部がまぎれこんだものであろうと考えたのは、とくに礼・義・廉・恥の四維の解釈とみられるものがあるためであろう。現在残っている「管子解」の諸篇とはその体裁が違っているから、それをそのまま亡失した牧民解篇の一部と考えることには問題があるであろうが、牧民篇をふまえた後世の解釈の文章であることは確かである。要するに、法の重要性を説いた文章と合わせた末尾の数節は、本来の権修篇の内容としては疑わしいもので、従って「経言」の内容としても疑問になる部分だとしなければならない。

この篇の初めには「万乗の国」ということばがある。猪飼敬所がすでに指摘するように[(2)]、それが戦国中期以後のことばであることはいうまでもない。しかも「万乗の号ありながら、而も千乗の用なく、而して権の軽きなきを求むは得べからざるなり。」といったことばもあるのを見ると、その呼称もかなり一般的になっていることが知られる[(3)]。

また「商賈、朝に在れば、則ち貨財上流す。」ということばがあって、これも羅根沢氏の指摘があるように、(4)やはり戦国中期よりは後の情況の反映であろう。さらに、人君の欲に節度がなければ上下相い疾《にく》むこととなり、その結果として「臣にして其の君を殺すものあり、子にして其の父を殺すものあり。」と言われているのも、『孟子』滕《とう》文公下篇の同じことばとの関係などから考えれば、戦国中期の情況としてよいであろう。ただ、その経済情況としては、牧民篇の場合と同様に「野を辟《ひら》いて」生産につとめる農業経済が主であって、「金と粟と貴を争う。」ということばはあっても、概してなお素朴な立場にあるといえる。(5)『韓非子』難三篇で「管子曰わく」として引用される文章もここに含まれていることからしても、恐らく戦国最末期までは降らないものと考えられる。

なお、権修という篇名については、安井息軒が「国貧しく兵弱ければ、則ち権軽し。当《まさ》に修めてこれを重くすべし。」というのに従ってよいであろう。(6)さきに掲げた「権の軽きなきを求むるは」という用例とも合っている。尹註が「権とは軽重を知る所以なり。」というのは権の字義にそむかないが、それを『管子集校』に挙げる牟庭《ぼうてい》の説のように、『史記』に見える「軽重九府」にまで結びつけようとするのは、この篇の経済重視に注目したものではあろうが、誤りである。富国強兵によって国家の威権を重くするという主旨を、あらわしたものであろう。

立政篇第四は、政を立てるというその篇名どおり、(7)具体的な政治論である。牧民篇の場合と同様に、章が分けられ、三本・四固・五事・首憲・首事・省官・服制・九敗・七観という九章が立てられている。初めの三章は、三本が治国の本、四固が安国の本、五事が富国の本であって、いずれも君の務めるべきこととして連続してまとまっているが、内容からすると、三本と四固では臣下の任用のしかたを述べていて、三本には臣下を見わける術としての刑名参験的なところがあり、四固では道義的な立場が含まれている。そして第三の五事は農を主として工事と女事を加えた経済策である。ただ、この篇の特色は、第四の首憲以下で国の制度を述べるところにある。

まず首憲では、五家を伍、十家を什として長を置き、その上に游宗があり、里尉、州長と十を単位に拡大し、五州を郷として帥を置き、一国を五郷に分けるという、行政単位のあり方が述べられる。そして、ここで言われるその目的は、末端の監察と、一元的な伝達の機構、とりわけ憲令の徹底をはかることであった。次いで、省官の章はまた『荀子』王制篇の序官の章と重なる官制である。王制篇の方では大師・司空以下、辟公・天王に至るまでの十二官職が並んでいるが、ここでは虞師《ぐし》・司空・由田(王制篇では治田)・郷師・工師の五官職だけで、文章にも小異があり、順序も入れかわっているところがある。類似の資料の間でなぜこうした違いがあるかを考えてみると、序官の方では王朝の官制として全体を掲げたのに対して、省官の方ではその名目どおり全体を省略して、おおよそ農業経済に関係する官制だけを掲げたということであるらしい(工師が入っていることからすると、治市もあってもよさそうであるのにそれがなぜ省かれたか、その理由は考えにくいが)。羅根沢氏は両者を対照して、立政篇の方が『荀子』を摘鈔したことは明白だという。文章の比較だけでははっきりしないと思われるが、省官という章の題目からすると、やはり立政篇の方を抜粋と見るのが正しいであろう。ただ、『荀子』の方も、ことさらに序官という題目がついていることからすると、荀子その人の創作というよりは、別の伝承資料をその王制の一部として採入したともみられるから、省官の章を必ず荀子以後と決めるのも早計であろう。つづく服制の章もまた身分秩序に応じた服制を説いていて、一連の制度を述べる文章の一環を成している。

このあと、九敗の章は寝兵の説・兼愛の説など九家の学説の弊害を述べ、七観の章は上一人に対する万民の服従をもたらす方策を教・訓・俗(習)・信などの七項に分けて述べたものである。九敗のうち、初めの寝兵は宋鈃の説、兼愛は墨翟の説、全生は子華子の説であろう、と考えた羅根沢氏の説は確当と思われるから、宋鈃が活躍した孟子の時代よりは後の成立だということになる。そして、七観の主張でも一元的な統治の徹底が考えられていて、それが法家的な立場のものではないことを考えあわせると、やはり天下統一の機運の高まってくる戦国末期の状況が思われる。羅根沢氏が、戦国末政治思想としたのはほぼ正しいであろう[8]。

乗馬篇第五は、経済とそれに関係する制度とを主とした具体的な政治論である。その意味では第三の権修篇と似ているが、こちらでは賞罰の必信はなくて制度があり、流通経済についての配慮を含むところに特色がある。前の篇と同様に、この篇も章が分けられ、立国・大数・陰陽・爵位・務市事・士農工商・聖人・失時・地理という九章の名がつけられているが、内容からすると、篇の中心は陰陽から士農工商までの四章にある。最初の立国の章は国と都を建設するための立地条件を述べていて、最後の地理の章と相い応じているが、中心部とは内容的に無関係である。第二章の大数もまた帝・王・覇・君道・臣道を分けて説くだけのもので、「無為なる者は帝」として無為を第一におくところに思想的な特色があるが、やはり篇中では孤立した断簡という感をまぬがれない。呉汝綸が、これらの三章を「浅人の付益する所」としたのは、正しいであろう[9]。

さて、陰陽から以下の四章は、その最後の長文である士農工商章の初めまで、脈絡のある一連の文章である。すなわち、陰陽章の初めには「地は政の本なり。朝は義の理なり。市は貨の準なり。黄金は用の量なり。諸侯の地の千乗の国は器の制なり。五者は其の理知るべきなり。これを有道と為す。」という序文めいたものがあって、以下にこの五者のそれぞれを詳説していくというのが、全体の構成である。そして、それぞれの章節の終わりには「これを有道と為す(謂う)。」という結びのことばがあって、あとから文章を整えたらしい形跡もある。

まず「地は政の本」というのは、土地を「均平和調」にして正すことが財貨を多くするために必要なことで、それによって政治が正しくなると説くものであって、その間に土地の和調(安井息軒註云土化耕芸、得其法也)を得るために陰陽自然界の動きへの配慮が言われているのが、陰陽という章名の由来である。次の爵位の章は、尊卑貴賤の身分秩序を正しくせよと説くもので、「朝は義の理」の説明であり、市事を務むの章は「市は貨の準」の説明である。つづいて士農工商の章に入って、最初が「黄金は用の量」の説明で、一般等価物としての黄金と財貨との価値関係が説かれており、次が「諸侯の地の千乗の国は器の制」を解説したものである。ただ、この二段は、前の三者の例からすれば当然分章されるべきであるのに、章建てがない。しかもなおこの後には多くの数字を含む制度的な文章がつづいている。安井息軒は明の朱長春の説を引いて、分章が本来の形ではなかったからこういうことになったと見ているが、あるいはそうでもあろう(10)。体裁の混乱がここにはある。

五者の説明が終わったあとにつづく文章は、明らかにそれまでの論説的な文章とは違った記録的な文体である。それが本来は別の資料であったろうということは容易に識別できる。最初の一段は「地均」とよばれていて、状況の違った土地についてその評価の相互の比率を数的に示しており、以下、「官制」「邑制」「事制」「器制」と順次に定めていくことを述べるが、その内容は土地の行政区画とそれにもとづく馬匹と甲兵車器の出賦を定めた制度である。さらにこれにつづけて税賦の制が数的に述べられるが、それらが互いに関連していると見られるのは「官制」の項で「実数方六里を以てこれを命《なづ》けて△筆《ひつ》(聚落)と曰う」とあるその「方六里」、すなわち三十六井が、前後の文にわたって基準の単位とされているためである。「方六里が一乗の地」であり、「方六里が社と名づけられる」という。この点については、『周礼』の丘甸《きゅうでん》之法との関係で一乗の地の六里を八里に改めよという丁士《ていし》涵《かん》の説もあるが、劉師培が百井で革車《かくしゃ》を出すという『司馬法』の例をもあげて、それぞれの違いを認めてここは六里(三十六井)でよいとするのが正しい(11)。

ただ、丁士涵が、「方一里は九夫の田」とか「公田を作服せしむ」とかのことばのあることによって、古い井田の遺制だとしたことには、採るべき点がある。井田制かどうかはともかく、ここには全般に古い伝承をうけた制度の記録という趣きが確かにあるからである。たとえば、『国語』の斉語で——それは『管子』「内言」の小匡篇とも部分的に一致するが——、管仲の事業としてあげられる「野を制して郷を分かつ」とか「地を相して征を衰《さい》す」というのが、ここでの地均や税賦の制と関係しているとみられるからである。そして、これをさらに広汎に詳細に説いたものが、「雑篇」のなかの地員第五十八であろう。地員篇では中国全土の土壌の性質を述べてそれを等級づけている。『周礼』

大司徒の条にも「土均の法を以て五物九等を弁(別)じ、天下の地征(税)を制《さだ》める」ということがあるが、その土均の法もここと関係することであろう。そうした土地の情況の違いに応じた征賦の制は恐らく古くから考えられて次第に広汎精密になったものであろうが、乗馬篇の記述はなお素朴な趣きをとどめている。その意味では、この士農工商章の記録的な部分は乗馬篇のなかでも最も古い資料であるかも知れない。「地は政の本なり」以下の一連の文章は前述のように章句も整っていて、「これを有道と為す」という結びのことばなど、あるいは編成のときに手を加えたかと疑われる点もあるからである。(12)

篇名の乗馬の意味については、必ずしも明確ではない。呉汝綸は、篇中に「天下、馬に乗り牛を服してこれに任ず。軽重に制あり。」とある、その「乗馬」の二字を取っただけで、篇中の意味をあらわしたものではないというが、篇首でもないそして特に重要とも思えないこの句の二字を、なぜことさらに篇名としたのかは、それでは説明がつかない。何如璋は「馬」を「算数の籌《ちゅう》」すなわち数とり棒、「乗」を計算の意と見て、「乗馬」は運籌と同義で均地分民をいうこの篇の内容に合わせたものだとする。(13)その説は呉汝綸のに比べて首肯できるが、なお疑問になるのは篇中にそうした用例がないことである。篇中の「乗馬」は「馬に乗る」であり、そのほかでは、「方六里を一乗の地と為す、一乗は四馬なり。」ということばがある。安井息軒はこのことばに注目して、兵賦としての乗馬は地にもとづくから、その地政を述べたものを乗馬と名づけたとしている。(14)分かりやすい解釈であるうえ、「軽重」の類に含まれる匡乗馬第六十八・乗馬数第六十九などの内容とも合うようであるから、それに従うのがよいであろう。

要するに、乗馬篇の内容はほぼ三つの部分から成る。「地は政の本なり」に始まる論説部分と「地均」より以下の数字にかかわる記録的な部分が中心であって、その前後に付加的な文章がついているという構成である。中心の部分では、後者の方が古体をとどめていて前者は後からの手が加わっているように見えるが、内容的には無関係というのではなく、前者は後者をふまえた論説である。羅根沢氏は立政第四と同様に戦国末政治思想としているが、篇の全体の成立としてはそれでよかろうが、伝承の源流は孟子のころかあるいはそれ以前にもさかのぼるのではなかろうかと思われる。

「経言」の**第六**は**七法篇**であって、法と軍事を説くことに主意がある。羅根沢氏が「孫・呉・申・韓の学を為す者の作」と定めたのは、そのためである。この篇も章建てが行なわれ、七法・四傷・為兵之数・選陣と名づける四章に分けられていて（宋本以七法・四傷為四傷・百匿、今従趙用賢本、且従諸家校語）、七法篇という篇はその最初の章名を取ったものかと思われる。ただ、七法章の初めには、ちょうど乗馬篇の陰陽章の場合のように、全体の序文とみられるものが付いてはいるが、しかし章の内容は後の三章を合わせて代表するといえるほどに総合的ではない。篇名はたぶんに便宜的なものであろう。

まず七法章では、初めに「治民に器あり、為兵に数あり、勝敵に理あり、正天下に分あり。」という全体にかかわる序段があって、その後に治民のための器（道具）として、則・象・法・化・決塞・心術・計数という七つの法の重要なことが述べられている。つづいて四傷の章では、「上の威」「官の法」「俗の教」「国の衆」の四者が傷害されてはならぬと説いていて、これも治民にかかわることばである。そして、この二章に共通する点は法の重視である。七法の則・象などがみな法に関係することはいうまでもないが、とくにそのなかで「尺寸や、縄墨や、規矩や、衡石や、斗斛や、角量や、これを法と謂う。」とあるのは、法の性格として形式的な客観法としての性格が考えられていたかのように見える。また四傷章の方でもその一つに「官の法」があるほか「刑法の審らか」であることが言われ、「民を愛するが為めにとて其の法を枉《ま》げず、故に曰わく、法を民よりも愛す。」とも言われている。私情に対する公法の強調がそこに見えているが、この部分はまた「外言」の法法篇第十六にも類似の文で出ている。

第三の為兵之数章は、七法章の初めに掲げられた四項の第二に当たり、聚財・論工・制器・選士・偏知・機数の六者が敵を圧服して天下を正すために必要なことだと説く。もちろん軍事にかかわるが、次の選陣も、陣は陣の意味とみてよく、やはり軍事の論説である。初めに計慮の先制と敵情探索の重要性がいわれたあと、兵主・野吏・官長・朝政の四者の協調が実戦のために必要であるという。最後の文が「然る後、民を治め衆を一にすべし。」という句で結ばれるのは、朝政について述べたものであるが、またはるかに首章の治民の問題に呼応させたものであって、この篇のまとまりを読みとることができる。ただ、七法章の序段からすると、為兵の数のあとに勝敵の理・正天下の分といった章が建てられていてよさそうにも思えるのであるが、それはない。為兵の数の章で、無敵とか正天下ということも言われているのが、それに当たるということであろうか。これは疑問である。

さて、一九七二年に山東省臨沂県で発見されたおびただしい竹簡兵書は、その後の整理が進むとともに、そこに「王兵」と題する一篇があって、その内容が『管子』中の数篇と重複しているということが報告された。[15]そして、その数篇の中でもとくに関係の深いのが「短語」の地図篇第二十七とこの七法篇の為兵之数章後半と選陣章の全文とである。「王兵」の整理者は、『管子』の方に乱れがあるとして、『管子』はそのように他書から抜き書きをして編成されたものであろうと述べている。後に詳しく検討するように、たとえば選陣章の内容の順序が「王兵」と違っているからといって、単純に『管子』の方が乱れているとは言えないのであるが、ただ「王兵」の方が文章も簡素で古く思えるから、『管子』の方が、「王兵」かあるいは直接でなくともそれに類した祖本かを、利用して編集したものであるらしいということは、肯定できる。[16]そして、その編集の際に、七法篇の前半二章を含む全体との関係で文章を作っているらしいことは、為兵之数章で「王兵」とは重ならないところで「正天下」のことを述べており、選陣章の末尾で「治民一衆」の語をあげて初めの七法章と対応させていることによって明白である。

要するに、七法篇は、法の重視を主とする前二章と軍事を主とする後二章とに素材的には分かれていたようであるが、それが適当な付加文をつけられ修飾されて一篇を成したもののようで、篇全体の主意としては、敵国に勝って天下を正すためには治民が大切だとして、法による治民とともに器財と士卒の充実による軍備を説くことによって、一貫した統一性が与えられている。ただ、そのように「王兵」との同文資料をつなぎ合わせて一篇を編成した時期は、「王兵」との比較から考えると、やはり戦国末期よりさかのぼることはないであろう。「王兵」が出土した墓は漢の武帝の初年のものと推定されているが、「王兵」の文章はもとより戦国のものである。七法の法思想では形式的な客観法が考えられているようでもあって、そうとすれば新しい時代のものと思えるが、そこにはまだ韓非流の法至上的な立場はない。そのことをも勘案すると、七法篇の思想はほぼ戦国末期のものと考えてよいであろう。ただ、「王兵」との関係でいえば、「短語」の地図篇や「外言」の兵法篇などの内容も、この七法篇の後半と一連のものとなるわけであるから、それらが「経言」ではなくて「短語」や「外言」にあるとしても、素材的には同時代のものだということが、ここで明らかになったわけである。法法篇に類似文が見えていることも同様である。

次に**版法篇第七**は、まず全体が七法篇の一章に相当するていどの長さできわめて短く、また押韻の句の多いことを特色とする。文章は難解で意味のとりにくい所もあるが、「管子解」の版法解篇に照合して読むと文意は通ずる。

初めに「凡そ将《まさ》に事を立てんとすれば、彼の天植を正せ」という文があるが、この「天植」ということばがまず分かりにくい。解によると「天植とは天心なり。」とあることから、許維遹は墨子の天志と同じだというが、かりに天植を天志の意味だとしても、ここには墨子の場合のような意思的な天意はない。植は樹立の意であるから、天すなわち自然の働きとして立てられたものが天植で、事を行なうにあたってはそれに法っていけということであろう。(17) すぐこれにつづくことばが、「風雨違うことなければ、遠近高下も各〻其の嗣(治)を得」とあって、さらに喜怒の私情によって賞罰を行なってはならぬと述べているからであって、それはちょうど形勢篇で「風雨は郷《むか》(向)うなくして怨怒及ばず。」とあったのに相当する。自然の公平無私性を模範としていけば、怨怒を受けることがなく、万民の心服のもとに令もよく行なわれると言われている。篇末に近く「天に法りて徳を合わせ、地に象《かたど》りて親なく、日月に参し、四時に伍す。」とあるのも、一層はっきりとその主意を物語っているが、そこは無韻の文である。なお版法解篇の方では、この自然に因循する思想がもっと強くはっきりと説かれている。

版法篇では、このほかに「兼愛して遺《わす》るるなきは、是れを君の心と謂う(宋本無是字、心作必、今従趙本)。」「旦暮にこれを利すれば、衆乃ち任に勝《た》う。」と言って、墨家の思想を思わせるところがあり、また「法を正し度を直くし、罪殺して赦さず、殺僇必信、民は畏れて懼る。」と言って、法家の厳罰主義を想わせるところもある。ただ、いずれの場合も、そうした一派の主張をとくに立てたというようなものではない。版法という篇名は、尹註によると版に載《いた》せて常法としたものだという。版に書き載せるというのは公表された客観性を意味するであろうが、篇の内容を考えあわせると、格別その意味があるとも思えない。篇名はひとまず政治上の重要な典拠という意味に見ておけば、内容と合致する。篇の主意は、民心が帰属して令がよく行なわれる安定した国家を目標とする政治思想であって、そのためには自然に従う公正な賞罰を行なえということであるらしい。形勢篇と似た自然因循の思想とともに、墨家や法家の思想を受け収めたところがあるから、戦国末の成立としてよかろうが、その文章は解の文章と比べて古く、とくに押韻の文には簡古な趣きもうかがえるから、末期でも比較的早いころのものであろう。

最後に**幼官篇第八**は、その内容が豊富で複雑であるうえ、文章の錯簡もあって問題が多い。いま、まずその体裁を見ると、中央の方格とそこから四方に張り出した方格との五つの区画の中を埋めた文章が前半の文章であって、それぞれに「図の方中に居る」とか「図の東方に居る」などとして区分されている。次いでまた「図の方中に居る」という書き足しがあって、それにつづけて四方の方格の外に「東方方外に居る」などとして書き足された文章があるが、それが後半の文章である。つまり、幼官篇の文章はもともと中央と四方という五方図の形で中央から東・南・西・北の順で二重にしるされていたのであって、それをそのまま図表的にあらわしたものが第九の幼官図篇であったらしい。『管子集校』ではそう考えて図表を復原し、郭沫若氏は元来図表の方がこの篇の原形であったろうと述べている。(18)

そこで内容であるが、それを意味のうえから整理すると、まず、①四季それぞれの時令と違令の記事が一組、それに重ねて、②八挙・七挙・九和・六行・五和という五区分の時節の記事が一組、さらにそれに重ねて、③四季の区分に応じた一般的な政治論の一組と、④中央に書かれた政治論の一組、以上が前半に当たる。次いで⑤中央に書かれた軍事の一組、⑥四季の区分に応じた旗物や兵器を説明する一組、それに重ねて⑦四方と中央との五方に配分された軍事のことばの一組があって、これが後半である。内容的には、前半は時令と政治論、後半は軍事関係とまとめることができるが、素材的に見ると種々の問題がある。まず①②はともに時令資料であるが、①は春夏秋冬の四季で完結しているのに、②は五行思想と関係する五区分になっていて、当然にも連接がよくない。③④はともに一般的な政治論で、四方と中央に配分されてはいるが、その内容には時令や五行ととくに関係した趣きはない。⑥の旗物や兵器は五行に関係しているから、その方角の配当にも根拠があるが、不思議なことに中央にあるべき黄色と弓矢の記事が脱落している。そして、その代わりとして中央を埋めている⑤の記事は、五方に配当された⑦の記事とともに、格別五行や四季とは関係した内容ではない。つまり、③④の政治論と⑤⑦の軍事記述とは、本来時令とは無関係の資料であるのを、便宜的に時令のわくに分属させたにすぎないことが判明する。郭沫若氏はこれについて、「これは『呂氏春秋』十二紀の雛型である。十二紀は十二の月令を篇首として月ごとに四篇の文を付けており、こちらは五行の方位に従って時令をしるし、一篇の政論の文章を分割して二重にして五方に分配している」という。その観察はほぼ正しいであろう(19)。

そこで、幼官篇については、その内容を素材的に究明することとともに、まとまった全体の形式としての五方のわく組の構図の意味を考えることが必要になる。そして、この五方図の意味については、幼官という篇名が実は玄宮の誤りであろうと考えた何如璋の説が、すでにその解答を与えてくれている。何如璋は、本文の中に玄官ということばが二度も見えていることに注目し、それは『荘子』などの書に見える玄宮のことであって、『礼記』月令に「玄堂」とあるものと同じだと考え、篇名もそれに従って玄宮と改めるべきだとした。すなわち玄堂とは、月令や十二紀の記事によると、天子が四季の推移に応じてその居所を移す場合の冬の北方の居所の名であって、南方の明堂と対している。そして、中央の居所とそこから四方に張り出した居所との総体を、明堂ということばであらわすように、またそれを玄堂ということばでも表現したのであろうという。つまり部分名によって全体を代表させたのである。玄宮はすなわち明堂のことであって、『淮南子』泰族・時則などの篇で「明堂之令」とか「明堂之制」とよばれている時令こそ、この篇の玄宮時政と同じだと考えた[20]。

明堂ということばは、『孟子』の中で、その実態は不明ながら、古い王者の遺制として説かれている[21]。『淮南子』や十二紀などの記載をそれにつないでよいならば、それは戦国中期以前にもさかのぼれることになるだろう。元来、天子が季節の推移に応じて居所を変えるというのは、素朴な呪術宗教のあらわれと見られるから、そうした明堂の制が古くからあったと見ることに不都合はない。してみると、幼官篇、実は玄宮篇の形式は、そうした古い伝承をうけたものであることが考えられる。そのように考えることは、内容的に、ここに見られる時令思想の素朴さともあい応じているように思えるのである。ここでの時令では、まだ五行説との結合が密接ではないとみられるからである[22]。

羅根沢氏はこの篇を秦・漢間の兵陰陽家の作だとしているが、それは根拠が薄弱で従いがたい[23]。この篇の初め——内容整理の分類では④の文章——には、皇・帝・王・覇などの別が説かれていて、羅氏もいうように確かに新しいものではあるが、それを根拠に必ず秦・漢期と定めるわけにはいかない[24]。また、兵陰陽家の作とすることにも十分な理由があるとは思えない。この篇の後半が軍事関係の記事であることは上述のとおりであって、それがさきの七法篇や「外言」の兵法篇と密接な関係を持つことは諸家の説くとおりであるから、後半を兵家言とするのはよい。しかし兵陰陽家というのはどうであろう。『漢書』藝文志によると、兵陰陽というのは「時〔節〕に順いて発し、刑徳を推し、闘撃に随い、五〔行相〕勝に因り、鬼神を仮りて助けと為す者なり。」とある。羅氏は時令との結びつきを考慮したのであろうが、それが形式だけの配属で内容的にはほとんど無関係であることはさきに述べた。旗物や兵器を述べた⑥の文章だけが「五勝に因る」に近いとも思えるが、それさえ中央の記事が脱落しているのである。羅氏の説では、兵陰陽家の作であることが作成時代を秦・漢の間と定めたことの理由ともされているから、兵陰陽家の作とはみられないことになれば、理由はくずれる。もっとも、かりに兵陰陽家の編成であったとしても、だからといって秦・漢期である根拠は決して確実ではない。

この篇の成立時期は、その形式とその中核に当たる時令の部分は比較的古いもので、それに付加して配属された政治論と軍事関係のことばは遅れるものであろう。全体としての成立はおおよそ戦国末期のころとしてよいが、時令の部分などは他篇の時令資料と比べて戦国中期にまでさかのぼるかと思われる。この篇の形式が『呂氏春秋』十二紀の雛型ともみられるということは、さきにふれた。そして、このような変わった形式の篇が「経言」の最後におかれているということにも、格別の意味があるかに思える。町田三郎氏はこの点に注目して、この玄宮篇の編成を王者意識の表現ととらえ、「経言」全体の政治論を統括して、それらが正しく自然と人事をつらぬく王者の道に合致することを明確化したものだと論じた(25)。「経言」全体とこの篇との内容的な関係がそれほど意図的に緊密なものとは思えないこと、また玄宮篇の内容そのものが、本文の乱れがあるとはいえ、ここに述べたように全体として散漫であること、などの弱点があってそのままでは従えないが、新鮮な着想として示唆的である。そして、いずれにしても、この篇の形式には格別な特色があるから、それが「経言」の部類の最後にあることは、少なくとも「経言」のまとまりを際立たせる役割を果たしていると言えるであろう。

以上で「経言」八篇の吟味を終わる。それぞれの内容がどのようなものであるか、また各篇の成立の事情はどのようであるか、以上の検討の結果は必ずしも明晰ではないけれども、その概略は明らかにされたであろう。さきに、『管子』全体のなかで相対的に古いと考えられた「経言」の内容は、果たしてそれに背かないことを証明しえたであろうか。

まず検討の結果は、八篇の内容がなかなかに複雑であることを示している。原文の錯乱があることは別にしても、篇と篇との間ではもとより、同じ篇の中でも新旧の資料の重層的な混成があって、その成立が決して単純なものではないことが知られた。たとえば、牧民篇の国頌章と四維章との関係、権修篇の前半と後半の付加文、乗馬篇での前半と後半と首尾との三分、七法篇の前二章と後二章との違い、幼官篇の時令と政論と軍事との三者の関係といったものを見ると、もともと無関係に成立していた資料を寄せ集めて編成したり、あるいは古い原資料とともにそれを解釈したり発展させたりした新資料を合編したりといった形を、読みとることができる。

それについて思い出されるのは、さきに七法篇について言及した臨沂県出土の竹簡兵書「王兵」篇の整理者のことばである。整理者は、「王兵」と『管子』との重複文を検討して、『管子』の方は「王兵」のような古兵書を割裂し寄せ集めて編成されたものであろうと結論し、そのことは『管子』全体の成書過程の解明にも重要な糸口を提供していると示唆している。いずれさらに詳しく検討しなければならないが、その指摘は恐らく誤っていないであろう。もちろん、それがすべてではないが、『管子』の全体にそのような成立を異にした素材を寄せ集めて編成した文章の多いことは、上にみた「経言」諸篇の検討を通じて十分予想できることであろう。そして、古い原資料を後からふくらませた文章の多いことをこれに加えて考えてみると、そのような重層的混成的なあり方こそが、『管子』という書物の成立の特性ではないかとも考えられてくる。

さて、そうだとすると、各篇の内容の成立時期というものも、単純には決められない。羅根沢氏が「経言」諸篇について、戦国時代から秦・漢間までという成立時代のはばを考えたのは当然であるが、篇ごとのまとまりとして一括してとらえているところには、少なからぬ問題がある。羅氏の考察は、各篇のほぼ最終的なまとまりの時期、あるいは中心部分の成立時期を焦点としているようであるが——実は羅氏の態度にはこの両者の間でも動揺がある——、上に考えたような特殊な成立事情からすると、それでは不十分なことが知られる。さらに篇の内容にたちいって、その素材の成立時期をも考慮する必要があるであろう。「経言」諸篇の吟味は、各篇の内容構成の複雑さを明らかにするとともに、それに対応した研究方法のあり方を示唆しているのである。

「経言」諸篇の成立は、さきの考察からするなら、その総体的な成立時期としてはやはり戦国末期としてよいであろう。ただし、それも最末期あるいは秦・漢期にも入るかと疑われるようなところは、とくに見当たらない。むしろ、さかのぼって古い素材とみられるものが少なくないことを注意すべきである。たとえば、幼官篇の全体の形は恐らく戦国末期に固まったものであろうが、その中心の時令の部分は戦国中期にもさかのぼる素朴さを備えている。この篇が『呂氏春秋』十二紀の雛型であるというのはそれで正しいが、十二紀の時令とこの篇の時令とを比べれば、その時代的な隔たりは明瞭である。同様に、十二紀での論説諸篇の意味的な結びつき方と、この篇での政論などの形式的な分属のし方とを比べれば、これまたその先後を定めるのは容易である。幼官篇の成立が『呂氏春秋』の成立した戦国最末期までも降るものでないことは、明らかである。

要するに、「経言」諸篇には相対的に古い資料が多く含まれているといってよい。概していえば、牧民篇は恐らく「経言」中でも最も古く、また『管子』の全篇中でも最も古いことが予想されるが、それとの関係によって形勢篇もまた古いことが知られた。そして、幼官篇の時令部分のほか、乗馬篇の士農工商章の後半や版法篇なども確かに古いものであることが考えられた。八類の中での「経言」類の古さというのは、こうした形において認められるのである。ただ、「経言」中のことばだからといって古いとは限らないということも、やはり事実として残っている。七法篇と「王兵」との関係について言及したように、「王兵」を媒介として同類の資料と認められるものが「経言」以外の「外言」や「短語」の篇にも散在しているという事実は、それを証明するものである。逆に言えば、「外言」以下の諸篇にも、「経言」中の一部と同じかあるいはそれより古い資料もある可能性がある、ということである。この点からすると、「経言」類の類としての古さは、やはり保留つきである。しかし、ここで目を転じて本文の意味内容の関連性をみると、また違った側面が明らかになる。

「経言」各篇の意味内容は、すでに見たように、それぞれに個別的な特色を備えている。権修篇や乗馬篇のように経済を主とするもの、形勢篇のように哲学的な立場を説くもの、七法篇のように治民の法と軍事を説くもの、幼官篇のような時令を中心として政論や軍事論に及ぶものと、さまざまであって、それを形式的な文体の違いとか文章の錯乱とか、あるいは上述の重層的混成的成立の様相などと合わせて考えると、いかにも雑然としていて、全体としてのまとまりなどはほとんどないもののようにも思える。「経言」八篇だけでもこのとおりであるから、『管子』の全体について、それを統一性のない雑駁な内容とする意見が強かったのも、むりはない。しかし、事実はそうではない。

「経言」の各篇はそれぞれの特色を持ちながら、また他篇との関連を持って連結しあっているのである。

たとえば、牧民篇で家・郷・国・天下という治政の単位を言うのは形勢篇にも権修篇にもあり、立政篇にも似た言いかたがある。また牧民篇で人民に対する「取予(与)」の事が言われているのは、ことばは違うけれども形勢篇にも幼官篇にも見えている。そして、そうした零細な関連の例ではなくて、もっと大きなところでは、たとえば形勢篇の中心的なテーマである自然に従う政治ということでは、まず版法篇がそうであるし、幼官篇にもその主旨があり、さらには牧民篇で強調される農業経済の本旨とも合致しているといえる。経済の重視は牧民篇から始まって、権修・乗馬の二篇に強いが、立政篇にも「富国の五事」があり、七法篇の「為兵の数」でも経済の重要性が言われ、幼官篇の政論でも「本を務めて末を飭《いまし》(戒)むれば富む」ことが言われるというように、ほとんど全篇をつらぬいている。これは賞罰・法令の記事についても同様である。軍事に関することばは、七法篇と幼官篇のそれぞれ後半に集中しているが、また権修篇の初めや立政篇の「四固」のなかにも強兵の主旨はあらわされている。

さらにまた視点をあらためてみると、牧民篇では道家や法家・儒家の思想に近いものが混在しているが、そうした混在性は、これまた形勢篇以下の各篇をつらぬいている。形勢篇は、中でも道家色が強いといってよいが、それでも

「済々たる多士」の任用を求め、君臣父子の上下の和が言われるとともに、また「且つ懐《なつ》け且つ威《おど》す」君道も言われている。形勢篇と同旨とみられる版法篇もまた、道家的な自然因循とともに墨家的な愛利や法家的な威罰が混在していて、どの一派に属するといったものではない。従来の諸子の分類では規定のしようがないこうした様相こそ、実は『管子』の全体をつらぬく『管子』らしい顔だといってもよいであろう。

そこで、篇ごとの違った特色はそれとして認めながら、以上のような関連性を総合して考えてみると、「経言」諸篇に共通した色調というものも見えてくる。すなわち「経言」の全体がそれほどばらばらに乱れたものではなく、緊密とはいえないまでも、そこに中心的な基調となる思想の流れていることが考えられてくるのである。では、その基調的な思想とはどのようなものであろうか。

いうまでもなく、それは一種特別な政治思想である。それは、戦国的なスローガン「富国強兵」をそのままに、経済的な充足と軍備の強化をはかることによって天下国家を安泰にするというところに、その現実的な目標をおいている。その限りでは戦国一般の思想と共通したものとしてよいが、特色は何よりもまず経済に最も重きをおくところにあるであろう。経済はもちろん土地と結びついた農業経済を主としている。そして、「倉廩実ちて礼節を知り、衣食足りて栄辱を知る。」と言われるとおり、そこには道義に対する配慮があり、またそれと並んで信賞必罰がいわれ、法令の必行が目ざされている。それは概して現実的実際的な政治思想だといえるが、また天地自然に模範をとるという政治哲学的な立場をも備えていて、その面では主としては道家思想との親近性を示している。そうした儒・道・法にまたがるような折衷的な色調のあること、それもまた大きな特色だといってよい。「経言」諸篇の内容は、一見雑然としてはいるが、こうした基調からほぼはみ出すことはない。

さて、以上のように、「経言」諸篇には素材的な混成があってその成立の情況も複雑ではあるが、その思想内容にはほぼ一貫したまとまりがあって、全体として甚だしい逸脱はみられない。そして、多くの留保つきではあるが、ここに『管子』の古い資料があるということも確かなことに思われる。そこで、次の問題は、これと「外言」以下の内容とを対比することによって、『管子』の全体の吟味へと進むことである。この場合、「外言」以下の一篇一篇を「経言」の場合と同じように逐次に吟味しつづけることは、もはや必ずしも必要ではなかろう。「経言」諸篇の情況から類推できることも少なくないからである。そして、「経言」中に古い資料があって、一応のまとまった特色のある思想が見られるという事実に注目するなら、むしろその古いと考えられる思想を基準にとって、それと「外言」以下の諸篇の思想とを比べていくという方法が、有効ではないかと思われる。そこに、同じもの、違ったもの、そして当然にも「経言」の内容をはみ出した思想のあることも予想されるが、それらの全貌を明らかにすると共に、その時代的な背景をも考えて、それがなぜそうなっているか、相互の関係はどうかなどということを追究していくのである。『管子』の思想の全体は、それによって歴史的展開の姿において把握されることになるだろう。「経言」の内容から考えて、まず政治思想のわく組みを考え、そのあと法思想・経済思想・強兵思想・時令思想・哲学思想の項目を立てることにする。章をあらためて、その検討に入ることとしたい。

(1) 『管子集校』上冊九ページ及び五ページ。牧民篇註。

(2) 猪飼敬所『管子補正』権修篇註云「戦国時、大国称万乗、以其地可出兵車万乗也。春秋時、雖斉楚晋秦、未至如此之大、故未有万乗之称。以是観之、経言亦恐不出乎〔管〕仲。」

(3) 『孟子』梁恵王上篇「万乗の国、其の君を弑する者は必ず千乗の家。千乗の国、其の君を弑する者は必ず百乗の家……」という言い方と似た口吻のあることが、参考される。

(4) 羅根沢『管子探原』(一九三一年中華書局。『諸子考索』所収)第一章、権修第三の条。「管子之前為貴族政治時代、商賈何能在朝。……春秋之末、范蠡……三致千金。中更戦国二百余年、呂不韋竟以大賈潜移秦之天下。則其間蓋不乏〝商賈在朝〟、而生〝貨財上流〟之弊矣。」

(5) 本書第四章第二節経済思想㈢、一三二ページ参照。

(6) 安井息軒『管子纂詁』権修篇題註。

（7）『群書治要』では立君篇となっていて、それを善しとする学者もあるが、許維遹の指摘するように、立政という篇名は『尚書』にもあって特に不都合はないから、このままでよかろう。『管子集校』上冊四七ページ参照。
（8）羅根沢、前掲書。第一章、立政第四――亦戦国政治思想家作の条。
（9）呉汝綸『点勘管子読本』乗馬篇註（『中国子学名著叢書』所収。『管子集校』上冊六五ページ所引）
（10）安井息軒、前掲書乗馬篇、士農工商章「不知量、不知節、不可謂之有道」下註。
（11）『管子集校』上冊七三ページ。乗馬篇「方八里一乗之地也」下の註を参照。
（12）新出土資料「銀雀山竹書十三篇」の第九篇に「地均」の記事があり、この乗馬篇や『周礼』と似た文がみえる（『文物』一九八五年第四期）。乗馬篇の中のこれらの部分が別の伝承を持っていたことを思わせる事実である。
（13）『管子集校』上冊六五ページ。乗馬篇題下の註を参照。
（14）安井息軒前掲書、乗馬篇題註。
（15）「臨沂銀雀山漢墓出土〈王兵〉篇釈文」銀雀山漢墓竹簡整理小組（『文物』一九七六年第十二期）。王兵篇はのちに「銀雀山竹書十三編」の第四篇として位置づけされている（『文物』一九八五年第四期）。
（16）本書第四章第五節強兵思想を参照。
（17）兪越は、「植」を「悳」の誤字とみる。徳の古字である。それに従って天徳と見るのも、意味は近い。この後に「三経」ということばがあり、郭沫若はそれから「天植」は地の利、「風雨」は天の時、「遠近」が人の和で、合わせて「三経」だと考えたが、天植を地利とするなど無理が多い。猪飼敬所は「風は号令を喩え、雨は恩沢を喩う」として、それと「天植」とで三としたが、それがよい。「風雨」は、自然現象としてのそれと、比喩との両義を兼ねていると見ておきたい。（『管子集校』上冊九六―九七ページ参照）
（18）『管子集校』上冊一四〇ページの次の付表及び一〇五ページ幼官篇題下註。
（19）『管子集校』上冊一〇五ページ。ただし、『呂氏春秋』十二紀の場合、月ごとに分属された諸篇には、春には春の生意というように、季節に応じた意味内容があるが、幼官の方では上述のように内容的には無関係である。つまり時令としてまだよくは整っていないということである。
（20）『管子集校』上冊一〇四ページ。「何如璋云、旧註「幼者始也」、始字無義、疑「幼」本作「玄」、故注訓為始、宋刻乃誤為「幼」耳。「官」宜作「宮」、以形近而誤。本文有玄帝之命、又「玄官」凡両見。戒篇「進二子於里宮」、亦譌作官。荘子「顓項得之以処玄宮」、藝文類聚引随巣子「天命夏禹於玄宮」、足証「幼官」為「玄宮」也。礼月令「天子居玄堂大廟」、呂覧孟春「天子居青陽左个」、高注「青陽者、明堂也。中方外圜、通達四出、各有左右房、謂之个。東出謂之青陽、南出謂之明堂、西出謂之総章、北出謂之玄堂」。玄堂即玄宮也。……淮南泰族「昔者五帝三王之莅政施教、必用参伍、仰取象於天、俯取度於地、中取法於人、乃立明堂之朝、行明堂之令、以調陰陽之気、以和四時之節、……」。其義本此。蓋玄宮時政猶明堂月令也。」

(21) 『孟子』梁恵王下篇「斉宣王問曰、人皆謂我毀明堂。毀諸、已乎。孟子対曰、明堂者王者之堂也。王欲行王政、則勿毀之矣。」

(22) このことについては本書 第五章第一節時令思想において詳述する。

(23) 羅根沢前掲書、第一章幼官第八の条。

(24) 羅根沢「古代政治学中之〝皇〟〝帝〟〝王〟〝覇〟」(一九三一年『管子探源』付録、のち『諸子考索』に収載)は、王・覇から帝・皇が加わってくる経緯を詳しく説き、「政治的な皇を説き、政治によって皇・帝・王・覇を区別するのは、西漢からであろう」と述べている。「以政治分別」という点が問題であるが、「三皇五帝」という連称は『荘子』天運・天下や『呂氏春秋』諸篇に数見しており、始皇帝の命名などから考えても、それが戦国末になかったとは言えないであろう。幼官篇と関係深く思われる「外言」の兵法篇第十七にも、やや違った内容で皇・帝・王・覇の区別が説かれている。

(25) 町田三郎「時令思想について――管子幼官篇を中心に――」(一九六二年『文科紀要』第九集、東北大学教養部)。

第四章　『管子』の思想（上）

第一節　政治思想

『管子』の内容は、ほとんど政治に関係したことば、あるいは為政者としての政治的な立場から考えられたことばで満たされている。そのことは、さきの「経言」諸篇の吟味によっても、すでにうなずけるものがあるであろう。もちろん直接には政治と関係しない内容もあって、その中には、たとえば弟子職第五十九のように、それとしての特色を備えて有名なものもあるが、そうした篇の数は少ない。『管子』の内容としては、以下に見るように経済や法に関係することばが多く、その他さまざまな問題にわたっているが、そのほとんどは政治的な立場から発言されたものである。そこで、いま『管子』の思想を考えていこうとするに当たって、まずその政治思想の骨格を把握しておくことしたい。

㈠

「経言」諸篇がひとまず相対的に古い資料であって、そこにその全体を流れる共通の基調として一種特別な政治思想が認められるということは、さきに述べたとおりである。いまその政治思想をもう一度くわしく吟味しながら、新しい考察への足場を得ることにしよう。

まず、「経言」諸篇の政治思想をふりかえってみると、それは、戦国的な「富国強兵」のスローガンをそのままに、経済的な充足と軍備の強化とによって天下国家の安泰をはかることを目標とするものであって、とりわけ経済に重点をおくところに特色があり、道義に対する配慮と信賞必罰、そして法令の実施の強調がそれにともなうものであった。しかも、また他面では、そうした現実的な政治の大綱が天地自然のあり方に従ったありようで行なわれるべきだという、政治哲学ともいうべき立場を備えていた。それは、一般的な学派の名称でいえば、儒・道・法をまじえ、陰陽家や墨家・兵家の思想も混在しているといえるが、とくにどれかの一派に重きをおいて偏ったというものではない。

さて、こうした色調は、実のところ「経言」だけでなく、「外言」以下を含む全体の政治思想の特色として言えることである。その意味では、「経言」諸篇のなかにすでに『管子』全体の政治思想の精粋が十分に表明されている、と言えるであろう。ただ、『管子』の全体が多くの歳月をかけて続成されてきたものとすれば、そこに歴史的な起伏をともなうのは当然なことである。「経言」諸篇が「外言」以下に比べて留保つきながらも相対的に古いとして、その「経言」の中でもまた最初の牧民篇がとくに古く思えるということは、前に述べた。いま試みに、その牧民篇だけを切り離してその政治思想をみると、どのようなものが得られるであろうか。

凡そ地を有《たも》ちて民を牧《おさ》むる者は、務めは四時に在り、守りは倉廩《そうりん》に在り。国に財多ければ、則ち遠き者も来たり、地の辟《ひら》挙ければ、則ち民も留まり処《お》る(財来韻、挙処韻)。倉廩実ちて礼節を知り、衣食足りて栄辱を知る(実節韻、足辱韻)。上の服《おこない》に度《のり》あれば、則ち六親固く、四維張れば、則ち君の令行なわる(度固韻、張行韻)。

(凡有地牧民者、務在四時、守在倉廩、国多財則遠者来、地辟挙則民留処、倉廩実則知礼節、衣食足則知栄辱、上服度則六親固、四維張則君令行。)

牧民篇の最初のことばであって、いうまでもなく、政治における経済の重要性を強調するものとしてきわめて有名である。そして、その経済の重視は、直接には「食足り」「民富む」ことが目ざされているのであるが、ここに見るように、遠国の人々を懐け国内の民を土地に落ちつかせ、やがて礼節をわきまえ栄辱を知るという道義的な気風を定着させるところに、その大眼目があった。すなわち政治の目的は、民衆の経済的充足にともなう精神的安定であって、それによって国家の安泰を求めることであった。経済につづいて道義の必要性が強調されるのはそのためである。

君主自身の行動が法度にかなうこと、そして礼義廉恥の四維が広く行なわれることの必要が、ここで言われている。もちろん、それらも、親族の団結を固めるとか、君主の命令が正しく実行されるとかいった政治的効果を考えてのことなのではあるが、政治のうえでの道義の必要性を認めたことばであることはまちがいない。ただ、ここでいう四維が、もともと次の四維章でいわれる礼義廉恥の四つをさすものであったかどうかには、疑問がある。四維章とこの国頌章とでは文体も違っているから、もし国頌章だけのまとまりで読むとすれば、聞一多氏が考えたように、すぐつづいて出てくる「鬼神を明らかにし、山川を祇《まつ》り、宗廟を敬《つつ》しみ、祖旧を恭《うやま》う」という四つを四維に当てることも、また妥当なものに思われる。[1] もしそうだとすると、こちらでは宗教的な神威を借りて民衆を手なづけるという神道設教(神道もて教えを設く)の意味が露骨である。しかし、それもまた道義性の作興と関係することには変わりはない。それらの四維が「民を順《おし》(訓)うるの経《みち》」とされ、陋民を信じさせ威令を達するためのものであるとともに、民衆の反抗心を去り「孝悌」の徳を身につけさせるためのものともされているからである。礼義廉恥という徳目を並べ挙げた四維章の方でも、「礼によって下民が節度を踰《こ》えないようになると、上の位は安定する(礼不踰節、……不踰節則上位安)」などと言われている。礼義などの徳目もまたはっきり政治的効果を考えたうえで言われているのである。

政治のうえで被治者に対する道義的な配慮をどこまで行なっているかは、その政治思想を性格づける一つの目安となる。いうまでもなく、そこに最も重点をおくのは儒家の立場であり、最も関心の乏しいのは法家であろう。[2] それは、被治者としての民衆の自発的な協力を消極的にもせよ期待するかどうかということでもある。牧民篇の立場は、上述のようにむしろ露骨に政治的効果を考えている点では儒家的とはいえないが、また道義への顧慮の強いことでは、もちろん法家の立場でもない。四順章に進むと、「政の行△なわれる所(諸本作所興、今従王念孫改)は民心に順うに在り、政の廃する所は民心に逆らうに在り。」と述べて、刑罰や殺戮では心服は得られないというが、その結びは「予《あた》うることの取るとなることを知る者は、政の宝なり。(知予之為取者、政之宝也)」すなわち民心に従って与えることが結局は逆に取ることになるのだという狡猾なことばである。[3] 民心に従えとは言っても、それは孟子などの儒家のそのままのものではない。

四順章につづく十一経章に入ると、そこで挙げられる十一の政道とは次のようである。

一 有徳者に位を与える。　　二 五穀の生産に務める。
三 桑麻・六畜を養う。　　四 民心に順応して令をくだす。
五 民の長所を用いる。　　六 刑罰を厳にする。
七 慶賞を倍にする。　　八 民の力量に応じて仕事を課する。
九 民の厭がることをむり強いしない。　　十 一時的な利益を求めない。
十一 民を欺かない。

二と三が経済、六と七が賞罰、そして他の大部分が道義的なものといってよいが、とりわけ民衆への顧慮の強いことが注意される。「有徳に授ければ国安し」という有徳者の任用が、賞罰の厳正とともに、ここで初めて見える。そして、最後の四親五法章では、天地のように公平無私であれとして家や郷党の意識で天下国家を治めるなと言い、また君主の好悪や行動が民衆の師表となるからそれを明確にあらわせと言ったり、禍いを未然に防ぐ用意を述べたりしたうえ、臣下の任用に関することばで終わっている。君主の行動をいうのは最初の国頌章と応じ、臣下の任用をいうのは十一経の一と対応している。

さて、以上のような牧民篇の内容は、政治思想としてはなお素朴な段階にあるものと言えるのではなかろうか。経済と道義の重視が最も特徴的なことであるが、ここに見える経済は農業生産とその蓄積だけである。道義は、政治的な打算のうえにあることははっきりしているが、しかし民衆を欺瞞するなとも言われていて、民衆を強制的に統制するような色彩はまったく見られない。君主自身の行動が戒しめられたり、有徳の臣を任用することが言われたりするのも、それと相い応じているが、そうした道義による感化が、神道設教の効果とともに期待されているのは、恐らく政治の規模がまだ小さかったからであろう。その文体からして最も古い資料と思われる最初の国頌章において、とくにその感が強い。そこで期待されていることは、「遠き者が来たり」「民が留まり処る」ことであり、「六親が固く〔団結し〕」「君の令が〔よく〕行なわれ」て、刑が省かれることであり、陋民も信じ威令が行なわれ、民に反抗がなく孝悌が守られることであった。やがて世界がひろがって天下の規模ともなれば、法が登場して統制が厳しくなるのである。

「内言」の中匡第十九にはそのことをはっきりと指摘することばがある。「遠く賢人を挙げ、百姓を慈愛し、外は亡国を存し絶世を継ぎ諸孤を起こし、税斂を薄くして刑罰を軽くするは、此れ国を為むる△（諸本有之大礼三字、今従群書治要刪）なり。法は行なわれて苛《きび》しからず、刑は廉にして赦さず、有司は寛にして凌《しの》がず、……此れ天下を為むるなり。」この「国を為むる」前段が愛の政治であって、孟子の主張と一致するものがあることからしても、それが儒家の道義政治に近いことはいうまでもない[4]。しかし、後段は緩政であるとはいえ法と官僚による政治である。そして、この両者が国の治め方と天下の治め方とに分けられているのは、まことに適切である。牧民篇の内容はもちろんおおむねこの前段に近い。

同じ「内言」の問第二十四は体裁の変わった特色のある篇である。その全体は三つの部分に分けることができるが、初めに有韻の序文めいた一段があって、それにつづく主要な中間部は五十数条にも及ぶ短い質問文の羅列である。そして、その質問の内容は「古代の国勢調査のひながた」ともされているような政治的なもので、含意するところの多い貴重な資料と思われるが、さしあたりその質問内容の性質からして「春秋末期の邑制国家体制から戦国期の領土国家となりゆく時代」の情況を反映しているとする宇都宮清吉氏の考えは、理由のあるものに思える。[5] 残念なことに、宇都宮氏はそのことを十分には論述していないが、たとえば、「問う、宗子の昆弟を牧《おさ》むる者、〔あるいは〕貧を以て昆弟に従う者は、幾何家ぞや。」というのは、宗法秩序の残存と崩壊の過程を示すようであり、「問う、外人の来徙して未だ田宅あらざる者は幾何家ぞや。」「問う、国の子弟の外に游ぶ者は幾何人ぞや。」というのは、そうした往来がまだ戦国中末期ほどには頻繁でない情況を示しており、「問う、兵車の計は幾何乗ぞや。」というのは、春秋以来の車戦の制の残存を思わせ、「問う、辟《ひら》く所の草萊、国邑に益ある者は幾何ぞや。(原無問字、国作家、今従宇都宮校文)」というのは、土地の収穫がふえて開墾のひろがりつつある情況を示している。いずれも、春秋期の社会体制が崩れつつある情況である。

そして、それがすでに春秋時代のものではないことは、李亜農氏も弁じたとおりである。たとえば、血縁や身分によらないで、爵禄を有徳有功の人に授けると言ったり、実態を把握しにくい大夫がいて俸禄だけで田宅も持たなかったり、貧士とか処士とかの身分不安定な士がいたりするのは、みな戦国時代の様相だと指摘する。[6] これを総合して考えると、問篇の内容はほぼ戦国初期の情況をふまえた記述としてよいであろう。そして、この問篇をここで提示したのはほかでもない。それが牧民篇と内容的に相い応じているからである。

問篇には「刑論に常あり」とか「五官に度制あり」ということも言われているが、全体として穏やかな道義性が流れている。郷里における「孝」の徳がいわれ、「独夫・寡婦・孤窮・疾病者」や「邑・郷の貧人」「貧士」への配慮もみられる。そして、初めの序文の一段では、「爵は有徳に授け」「禄は有功に予え」「事を授くるに能を以てし」「上下和し」「刑を審らかにして罪に当たり」「社稷宗廟を乱るなく」「老を遺《わす》れ親を忘るなく」といったことが述べられ、「此れ覇王の術なり。」と結ばれている。この序文はそれにつづく問の条項に比べると、「覇王の術」という言い方からしてもやや後れて整理された文かとは思えるが、もちろん内容的に違背するものではない。そして、それもまた牧民篇の内容と重なるところがある。牧民篇の政治思想がなお素朴な段階にあることは上述のとおりであるが、問篇との対比からすると、あるいは春秋末から戦国初めの情況を伝えていると考えることができるであろう。

さて、形勢篇以下の「経言」諸篇に進むと、内容はもっと複雑になる。そして、政治的な関心も、中心の基調は変わらないながら、多様な様相を呈している。経済と道義の重視は一貫していて、賞罰と令の必行もまた同じであるが、そこに法制と軍事の重視が加わってくる。

まず法については、七法篇で「尺寸や縄墨や規矩や衡石や斗斛や角量や、これを法と謂う。」とあり、「法に明らかならずして、民を治め衆を一にせんと欲するは、猶お左に書して右にこれを息《と》むるがごとし。(不明於法、而欲治民一衆、猶左書而右息之)」とあるほか、「姦吏が官の法を傷《やぶ》る」ことを戒しめ、「民を愛するが為めにとて其の法を枉《ま》げず、故に曰わく、法を民よりも愛す。(不為愛民枉其法、故曰、法愛於民)」とも言われ、功を論じ労を計るに、未だ嘗て法律を失わず。」ともあって、政治的に民衆を統一するための手段としての法の必要性が力説されている。恐らく、法家的な学説の影響と認めてよいもので、牧民篇よりは進んだ思想である。ただ、その法思想は七法の中の一つだけであって、その他では、たとえば「天地の気・寒暑の和・水土の性に根ざし、人民鳥獣草木の生、物は甚だ多しと雖も、皆均(法則)ありて未だ嘗て変わらず、これを則と謂う。」といった自然法的なものも、同様に尊重すべき法則として並んでいることからすると、この客観法ともみられる法の主張はまだ相対的で弱いとしなければならない。

七法篇はまた、よくその民を治めることができても、軍備を充実して敵国に必勝する態勢ができなければ、天下を正すことはできないとして、「兵を為《おさ》むる数(術)」と「敵国に勝つの理」とを順次に述べている。幼官第八や「外言」の兵法第十七と関係の深い軍事の記述である。そして、ここで注意すべきことは「天下を正す」ために軍事を必要としていることであろう。すなわち、軍事は一面で「戦いの勝たずして守りの固からざれば、則ち国は安からず。」で、国を外敵から守って安泰にするためのものであるが、他面ではまた、天下の是非を正すという積極的な政治的役割を担うものとされているのである。幼官篇で「必ず得(徳)文・威武」として軍事を強調するのも同じ主旨としてよいが、兵法篇で「兵は備道至徳に非ずと雖も、然れども王を輔けて覇を成す所以なり。」というのも同じである。軍事を政治の一環として取りこんだものと見ることができよう。小匡第二十にみえる「内政を作《お》こして軍令を寓せん」という『管子』のことばは、その立場を明言したものである。軍事思想の内容を検討することによってそのことは一層はっきりするはずであるが、それが、なまの戦闘的な兵家言であるよりは、戦争の背景をささえる軍政に重点をおいていると見られるのも、そのためであろう。(7)

さらに、立政篇では制度に関係することばが多い。前の章でも見たところであるが、中央の経済関係の官制としては、

虞師　司空　由田　郷師　工師

の五官があってそれぞれの職掌が述べられており、末端の行政組織としては、

国(五郷)――郷(五州)――州(十里)――里(十游)――游(?)――什(十家)――伍(五家)――家

という序列でそれぞれに長を立てることが言われている。前の省官の条が『荀子』中の序官を省略したものであるらしいことからすると、後者もまた実際の斉の官制かどうかには疑問がある。「内言」の小匡篇でいうところと違っていることが一層その感を深くさせるであろう。小匡篇では『国語』の参国伍鄙の制をうけて国(都)と鄙との両制を述べているが、それによると、国の方は、

国(五郷)――郷(十連)――連(四里)――里(十軌)――軌(五家)――家

とあり、鄙の方は、

属(三郷)――郷(十卒)――卒(十邑)――邑(六軌)――軌(五家)――家(『国語』では属(十県)――県(三郷)と県の単位が多

く、小匡篇の下文では属と郷の間に連の単位がある。）

とある。こちらを斉の古い制度を伝えるものとすれば、立政篇の方はあるいは新しい形を考えたものかも知れない。小匡篇の国では一万家になるのが、立政篇では五万家以上にふくれていることが、その時代の新しさを示しているようである。ただ、ここにだけ見える州の単位は問篇に「州の大夫」とあるのと一致するようだから、もちろんまったくの創作というのではなかろう。なお中央の官としては、小匡篇では『国語』と合うところで宰があり、『国語』にはない文として大諫・将・理・田・行の五官があって、さきの省官の五官と違っている。立政篇の服制章はまたその名のとおり、飲食衣服などの制度がその人物の爵禄に応じて規定されるべきだと述べたものである。

なお、乗馬篇にも官制・邑制・事制・器制などと名づけられたものがあって、やはり古い伝承ではないかと思われる。その官制というのは土地の広さを基準とする行政区画、邑制というのは戸数にもとづく区画である。

「官制」　実数方六里――篳（聚落）――部（五篳）――聚（五部）――郷（五聚）――方（四郷）

「邑制」　家――伍（五家）――連（十家）――篳（五連）――長（五篳）――郷（五長）――都（四郷）

事制は農事のための農地の区画、器制は「方六里が一乗〔を出賦すべき〕の地」として軍用のための車馬甲兵の出賦を定めたもので、さらにそのあとに、文章の乱れもあってややわかりにくいが、多くの数字を含む賦税の制とみられる資料がつづいている。また、幼官篇は四季の推移に応じた政令の規定を述べるいわゆる時令を中心としているが、それもまた制度的なものといってもよいであろう。

『管子』の全体にわたって制度に関する記事が散見していることは古くから注目されていて、『周礼』との内容的な関係なども問題とされてきた。(8) 政治のうえで制度を重視するのは儒家（礼制）も法家（法制）も同じであるが、それは政治の客観的なあり方を強化するものとして、時代の進展にともなって進められていくはずのものである。しかし、また他面では、それぞれの政治思想としての性格にもかかわるものであることは、いうまでもない。『管子』のなかで、「経言」だけについてみても、このように中央の官制から地方行政の組織・税制の細目・時令・そして身分秩序にともなう服制といったものまで、制度の記事が多面的にみられることは、それらが実際に行なわれたものかどうかということとは無関係に、『管子』の政治思想が現実的で客観的合理的な方向を目ざすものであったことを物語るものである。

さて、立政篇ではまた「治国の三本」「安国の四固」「富国の五事」というものが語られていた。最後の富国はもちろん経済問題として君主の務むべきことを掲げたものであって、すでに述べた生産の重視と重なるが、前の二つは臣下の任用に関係する具体的な提言である。「殺戮刑罰」によって民衆を統制することよりも、然るべき人を任用することこそが「治乱の原《みなもと》」であるとするのが「治国の三本」であって、徳の高い者を尊位につけること、功績の厚い者に重禄を授けること、有能で民衆から信頼される者を大官に任用することという三事がそれである。また徳が仁に達して人々を心服させる者を卿相とし、賢者に譲って和同する者を大臣とし、身分にかかわらずに罰すべきを罰する者を兵主とし、農業を大事にして税の取りたてに慎重な者を都邑の長官にするというのが、「国を安泰にするための四つの固め」である。牧民篇での「有徳に授くれば国安し」とその主旨はまったく同じであって、任用に人物を得ることが重視されているのは、その道義性の尊重とともに、法家よりは儒家の立場に近いことを思わせる。しかしそれが儒家だけのものでないことは、「罰、親貴を避けず。」とか「本事を好みて地利を務む。」などということも言われていることではっきりしている。そして、この任用の場合にも、実際の能力を第一とする現実主義の立場の強いことが、注意すべきことである。

ただ、このように実際的で現実的な立場を主とするとはいえ、また形勢篇などでは政治哲学ともいうべき基本的な立場が説かれていることは、前に述べたとおりである。それは天地自然のあり方・働き方に模範をとって、規則正しい公平無私のしかもおのずからなる政治を行なうというものであった。いわばそれは自然法的な秩序原理の提示である。そして、そのいわゆる「天の道」そのものが道家的であるばかりでなく、それに従った政治というものも「上、無事なれば、民は自《お》のずから試《はたら》(用)く」といわれるような無為自然の政治が強調されていた。この道家的ともみえる立場と、さきの儒家的あるいは法家的な思想との関係は、どのように理解できるであろうか。実は、儒家や法家の場合と同様に、この道家思想もまた基本的に折衷的である。それは天の自然を強調するからといって、人の作為をむげに否定するものではなかった。「天の道」としての自然法的な原理を基礎にすえることによってその政治的立場を強固にし、その基礎のうえに現実的な経済と道義とそして軍事や法制を築きあげるというのが、その政治思想の骨組みであった。

さて、この骨組みは「外言」以下にもそのままひき継がれているのであるが、「外言」以下ではまたとくに突出した強調がみられる。節をあらためて、それを見ることにしよう。

㈡

「外言」以下の政治思想でとくに注意されるのは、まずその法治思想である。「経言」中でも七法篇などに法の重要性が言われていることは上述のとおりであるが、それはなお相対的で弱いものであった。「経言」を通じて強調されるのは、法よりも令の必行である。しかし、「外言」以下では法が重い。たとえば「雑篇」の七臣七主第五十二では「夫れ法とは功を興こして暴を懼れしむる所以なり。律とは分を定めて争を止むる所以なり。令とは人をして事を知らしむる所以なり。法律政令は吏民の規矩縄墨なり。」と言って、法・律・令を区別して説明を加え、「外言」の法法第十六では「法、法たらざれば、令は行なわれず。」とあって、政令が必ず忠実に実行されるためには法を正しく立てる必要があるとし、「短語」の君臣上第三十では「君は法に拠りて、令を出だす。」とも言われている。それは、「経言」の形勢篇で「上下の和せざれば、令乃ち行なわれず。」「〔君の〕進退に儀《のり》なければ、政令行なわれず。」などとあったのと違って、政令の基礎としての法の重要性をはっきりと認識したことばである。そして、それが法治の政治思想と連なるものであることは、もちろんいうまでもない。

「民を治め衆を一にするには、法を知らなければ、だめだ。」ということばは七法篇にもあったが、「区言」の任法第四十五や明法第四十六ではそれがさらにはっきりと強調されている。

夫れ法とは、上の、民を一にして下を使う所以なり。(夫法者、上之所以一民使下也。)

謂わゆる仁義礼楽なる者、皆法より出《い》づ。此れ先聖の民を一にする所以の者なり。周書に曰わく、国法、一ならざれば、則ち有国者不祥なり。民、法に道《よ》らざれば、則ち不祥なり。国更々《こもごも》法を立てて民を典《おさ》むれば、則ち不祥なり。……百官伏(服)事者、法を離れて治むれば、則ち不祥なり。故に曰わく、法は恒《つね》にせざるべからずと。存亡治乱の従《よ》りて出づる所、聖君の以て天下の大儀と為す所なり。(故曰、法者不可不恒也、存亡治乱之所従出、聖君所以為天下大儀也。)

夫れ法を生ずる者は君なり。法を守る者は臣なり。法に法る者は民なり。君臣上下貴賤、皆法に従う、此れを大治と謂う。(以上任法篇)

先王の国を治むるや、意を法の外に淫《みだ》さず、恵を法の内に為さず。動いて法に非ざるもの無きは、過を禁じて私を外《はな》(放)つ所以なり。……法を以て国を治むれば、則ち挙錯《きょそ》のみ。(明法篇)

これらのことばが法治を最上とする考えから出ていることは、明白である。そして、そうした法によってこそ「下の上に事《つか》うるや、響の声に応ずるが如く、臣の主に事うるや、影の形に従うが如く」になると言われている(任法篇)のをみれば、それが、その法至上的な立場や君権中心の体制において、『韓非子』などの法家言に近いことは容易に知られるであろう。政治は法を立てることによってこそ行なわれるという、強い主張である。

ただ、法治の強調ということについて、それを秦の始皇帝の統治に連なる韓非流の専制政治と考えてよいかというと、それはそうではない。むしろ、韓非などの法家とは違ったものがここにはある。それは、法とともに道義の必要をもあわせて強調したり、法の根拠として自然法的な原理をまじえたりすることばもあることである。たとえば「外言」の法法篇で、「聖人は能く法を生ずと雖も、法を廃して国を治むること能わず。」と言うのは、確かに法の尊重として同じであるが、それにつづけて、

必ず主と大臣の徳行が〔その〕身に得られ、官職法制政教が〔その〕国に得られ、諸侯の謀慮が〔その〕外に得られ、然る後に功立ちて名成る。然らば則ち国何ぞ道なかるべけん、人何ぞ求むるなかるべけん。

として、「国に道を得」「人に賢を求め」ることの必要性をあわせて説くのは、純粋な韓非流の法至上の立場とは違っている。そして、

明王、上に在れば、道法、国に行なわる。

とも言われて、「道法」ということばが同じ篇のなかで出てくるのも、それに応じたことだとみられる。いずれ法思想の問題として後に詳しく検討することにしたいが、この「道法」とは、道家的な自然法的秩序にもとづく法をさすのである。もう一つ、「短語」の正第四十三の例をあげよう。ここでは、刑・政・法・徳・道の五者の重要性が並列的に強調されている。

「四時の貮《たが》わざるが如く、星辰の変わらざるが如く、……」「故《こと》(事)に当たりて改《か》わらず。」といわれるのが法であって、それは刑・政とあいまって民意を抑制する。しかし、それと並んで説かれる徳とは「これを愛しこれを生かし、これを養いこれを成し、民を利して得(徳)とせず、天下これに親しむ。」という「愛民無私」のことである。また道とは「徳(恩)もなく怨みもなく、好みもなく悪《にく》みもなく、万物の根本としての一(万物崇一)、陰陽をつらぬく規範性(陰陽同度)」としてあるもので、民衆の帰一するところであるという。これもまた、法を立てながらも道義的な愛民や根源的な道をあわせて重視するものであって、さきの法法篇と同じ折衷的な立場にあるといえるであろう。

さて、「外言」以下の政治思想として、要するに法治の立場が強くなっていることは以上のとおりである。さきに牧民篇について考えたとおり、政治の規模が小さいところではまだ法の必要性も少ないわけであろうが、規模がひろがって複雑になるにつれて、そこに個人的な人情をこえた形式的な法による規制が必要になってくるわけである。そして、それはもちろん歴史的な時代の進展とも対応することであろう。「外言」以下で法治を強調することばは、令の必行だけを重視していた「経言」のことばに比べて相対的に新しいと考えてよいであろう。なお、同じ法治の強調でも、韓非流に法を至上の絶対的な優位において重視する立場と、儒家的な温情主義や道義的な道の思想を折衷する立場とがまじりあっているという情況は、さらに一つの問題であるが、それについては後の法思想の検討にゆだねる。それは、法そのものの性格にも関係する問題だからである。(9)『管子』の全体をつらぬく性格としては、実はこの後者の折衷的な立場こそが強い。そして、それはまた、「経言」の内容について述べたような自然法の尊重とも相い応じているのである。『管子』の思想としての特色はこちらにあるといえるのだが、そのことの詳細もまた後の節にゆずることとしたい。

法治の強調と関連して最後に述べておきたいことは、それと徳治との関係についてである。政治上での道義の尊重は、牧民篇以下の「経言」の思想から一貫して『管子』の全篇を通じて認められるが、それが「外言」以下では二つの方向に分かれている。一つは、法の強調にともなって、法の優位のもとに道義の役割を部分的に認めるというものである。さきに挙げた「内言」の中匡篇で、儒家的な温情主義の政治を国の治め方とし、法制を立てる政治を天下の治め方としていたのは、もちろん両方を必要としているのではあるが、法治の有効性をより大きいものとして考えているのである。そして、この傾向が強くなると、法の優位が一層徹底して、任法篇にみえるような「謂わゆる仁義礼楽なる者、皆法より出づ《い》。」という思想にまで達することになる。しかし、また同じ法と道義との折衷でも、道義の方を優位に考える立場もある。「外言」の五輔第十では、「公法の行なわれて私曲の止み」「法を布《し》きて〔能〕力に任ず。」という法の重視がありながら、また「孝悌慈恵」などと言われる「義」や「上下に義あり、貴賤に分あり、」などと言われる「礼」なども重視されていて、最後は「明王の務め」として「事に本ありて、仁義はその要なり。」と結ばれている。これが儒家的な徳治の立場を主として法治の思想を抱きこんだものであることは、もとよりいうまでもない。

法治と徳治との折衷は、以上のような両極の間でさまざまなあらわれ方をしているが、徳治の強調はおおむね「仁義」「孝悌」「忠信」「愛民」などといった儒家思想の常套語で語られるものが多い。儒家的な政治思想として、それらと違ってやや特色があるのは、「短語」の小称第三十二である。そこでは、「管子曰わく、身の不善をこれ患え、人の己れを知るなきを患うるなかれ。」と『論語』のに似たことばを挙げ、それを受けて「管子曰わく、善く〔わが〕身を罪する者は、民は罪するを得ず。……故に身の過ちを称する者は強し。」「明王、過ちあれば則ちこれを〔わが〕身に反し、善あれば則ちこれを民に帰す。」と言って、とくに君主の道義的な反省が強調されている。(10) 法治を説く立場、とくに韓非流の客観法の強調から遠く隔っているのは、やはり執筆者の違いによるものとしなければならない。

法治思想の次に、「外言」以下の諸篇で突出しているのは経済の重視である。政治における経済の重要性を強調するのは、『管子』の巻頭のことばから始まって全体を一貫する特色である。「経言」の経済思想については、すでに第三章で牧民・権修・乗馬などの篇について概略を述べたが、それは「外言」以下の資料と比べると、なお素朴である。「外言」以下では重農の立場で生産と蓄積をすすめることは変わらないが、さらに複雑な流通経済についての言及があり、「軽重」諸篇になるとそれが主流になって、それに対する国家の参与が必須のこととされている。経済思想の推移にともなって、経済に対する政治のかかわり方も変化しているといってよかろう。

まず、「区言」の治国第四十八では、その初めに、治国の道としてはまず民を豊かにすることが必要だと述べ、重農主義の立場から「富国多粟」の強国になることが説かれている。「民を富ます」ことや重農の立場で「末作文巧を禁ず」ることは、牧民篇など「経言」中の立場と同じであるが、この篇ではさらに一歩を進めた新しさがある。それは、民を豊かにすると治めやすくなるという、政治的なあからさまなことばが言われているからである。

凡そ治国の道は、必ず先ず民を富ます。民は富めば則ち治め易し、民は貧しければ則ち治め難し。奚《なに》を以て其の然るを知るや、民は富めば郷に安んじて家を重んず、郷に安んじて家を重んずれば、上を敬して罪を畏る。上を敬して罪を畏るれば、治め易きなり。民は貧しければ郷を危ぶみて家を軽んず。郷を危ぶみて家を軽んずれば、敢えて上を凌《しの》(原作陵、従下文改)いで禁を犯す。上を凌いで禁を犯せば、治め難きなり。故に治国は常に富みて、乱国は必ず貧し。是を以て善く国を為むる者は、必ず先ず民を富ませて、然る后《のち》にこれを治む。

「恒産」と「恒心」との関係を説いて、王道政治の第一歩を民衆の経済的充足においたのは、孟子であった。そして、孟子ではそこに「忍びざる心」という道義的な立場がつらぬいていて、それが儒家としての本領であった。牧民篇などの経済重視も、また道義性との関連がある。しかし、治国篇の富民はそうではない。「上を敬して罪を畏れ」しめるという直接的な政治効果がねらわれているのであった。これは政治思想として牧民篇などよりは進んだ考えであろう。

治国篇が新しいと思えることは、その経済思想の面からも言えるようである。重農は同じでも、ここではとくに粟の経済性が重視され、また重農の主張の背景として農民の経済的窮状が言われているからである。「粟なる者は民の帰する所なり。粟なる者は財の帰する所なり。粟なる者は地の帰する所なり。粟多ければ、則ち天下の物は尽ゝく至る」のであって、やがて「粟なる者は王者の本事なり。……治国の道なり。」と言われることになる。粟を経済価値の中心にすえて、それが直接に政治をも動かすことを言明したものである。また「今、末作奇巧を為す者は一日作《はたら》きて五日食らい、農夫は終歳の作きにして自ら食らうにも足らず」というありさまであって、農民は倍にして返す「倍貸」の借入れを重ね、子を売るまでの窮状に落ちこんでいるのは、上が無策で経済的な平均をはからないからだという。これらの情況は、「経言」のとくに牧民篇などとはまったく違った、新しい経済問題をふまえたものと言えるであろう。

そこで、農業経済をおびやかすものとして擡頭してきた商工業、とくに大商人に対する警戒が、時を追って強くなったと考えられる。その詳細はまた節をあらためて述べなければならないが、「軽重」の国蓄第七十三では、物価の変動に乗じて百倍の利を収める大商人があらわれ、それが民衆の財を大量に奪って「積聚幷兼」し、一般の民事を破壊するとともに国家の利益をも害するということが言われている。また軽重甲第八十では「万乗の国には必ず万金の賈あり、千乗の国には必ず千金の賈あり。」であって、そのために今や「一国にして二君二主」の形勢があるとも言われている。国家の政治としては、その対策を考えることが今や急務であった。対策は「富商蓄賈」の不当な利益をとどめ、「称貸《こうりがし》の家」の活動を抑えることであるが、それには、法令よりもより根本的に、国家的な規模での経済政策が必要だとされた。

人君能《よ》く積聚を散じ羨(余)不足を鈞《ひと》しくし幷財(財下原有利字、従猪飼説除)を分かちて民事を調うるに非ざれば、則ち君本《もと》を彊《つと》め耕を趣《うなが》すと雖も、……悪《な》んぞ能く以て治を為さん。(国蓄篇)

法令の行なわれず、万民の治まらざるは、貧富の斉《ひと》しからざればなり。(同上)

その貧富を斉しくするためには、単なる増産と蓄積の奨励から一歩を進めて、財貨の順調な流通によって富の偏在をなくさなければならない。大商人の「積聚幷兼」を分散させることを第一歩として、やがて国家自体が穀物の蓄積を用意してその放出と収斂によって流通量を調節し、大商人に乗ずるすきを与えないということが考えられる。そして、そこにまた貨幣の流通量の調節が加わって、それによって穀物の価値の安定がはかられる。「人君、穀と幣との準衡を操《と》りて、天下定まるべし」というのが、それである(山至数篇)。こうして、国家自体が経済の要点を把握して巧みにそれを運用していくことが要請されるのであるが、それがやがて国家の収益をはかる国家財政の基本にもかかわってくるのは自然である。

国蓄篇では、穀価の安いときにそれを収斂して蓄積し、また高いときにそれを放出するということを国家が行なって、それによって物価の平均調整を行なうとともに、また「君に什倍の利あり」ということが同時に達成されるとしている。それこそが「軽重の大利」である。そして、塩鉄の国営事業(海王篇)や国際貿易(地数篇)にも及んで国家の増収をはかることが考えられ、もはや格外税を考えたりする必要もないという。「万民に籍(税)なくして」「天下に籍する」情況がそこにひらかれ(国蓄篇)、「籍せずして国を贍《た》す」(山国軌篇)ことができるというのが、それを端的にあらわしたことばである。

政治において経済が重要だというのは、「経言」から始まって『管子』の全篇をつらぬく重要な特色である。しかし、それがさらに一段と強まって、経済こそが国を治め天下を統御するうえでの第一の方策だという主張にまでなってくる。それが「軽重」諸篇の立場であった。

凡そ将《まさ》に国を為《おさ》めんとするに、軽重に通ぜざれば、籠《ろう》を為《な》して(ひとからげにして)民を守るべからず。民利を調通すること能わざれば、制を語りて大治を為すべからず。(国蓄篇)彼の国を守るとは、穀を守るのみ。……此れ軽重を以て天下を御するの道なり。これを数(術)の応と謂う。(山至数篇)

「軽重」というのは価値の高低を意味する経済用語である。文字どおりには、軽は賤《やす》いこと、重は貴《たか》いことであるが、その価値を人為的に操作することが「軽重の数(術)」とよばれることであり、それによって経済的な利益を収めることが「軽重の大利」といわれることである。もちろん、本来は商人の行なうことであろうが、それを国家が行ない、しかもそれなくしては民衆の統治が不可能だとさえ言われているのは、まさに経済政策を政治の中心にすえたものである。やがて、国際貿易の操作によって他国を侵略するということまでが考えられ(軽重戊篇)、政治を左右する経済の大きな働きが強調されるに至っている。

「軽重」諸篇の思想がとくに新しいものであることは、このあとの経済思想の検討において詳述するが、政治思想としても上述した重農の立場などと比べてかなりの飛躍のあることは明白であろう。そして、そのほとんど唯経済主義といってよいほどの徹底ぶりは、恐らくこれらの篇の執筆者が経済政策の専門家であったことを暗示しているのであろう。

(三)

「外言」以下で突出した傾向としてみられる法治主義と経済主義の強調は以上のようであるが、政治思想としてこのほかになお一、二のことを加えておかねばならない。

「短語」の君臣篇は法思想の資料として重要であるが、この篇では、また君と臣との政治上の役割分担が強く説かれている。

人君たる者は、官の上の道を修めて其の中を言わず。人臣たる者は、官の中の事に比《したし》みて其の外を言わず。天に常象あり、地に常刑(形)あり、人に常礼あり。……兼ねてこれを一にするは、人君の道なり。分かちてこれを職とするは、人臣の事なり。

材を論じ能を量り徳を謀りてこれを挙ぐるは、上の道なり。意を専らにし心を一にし職を守りて労とせざるは、下の事なり。……上下の分は任を同じくせず、而して復た合して一体と為る。(以上上篇)

人君たる者、道に倍《そむ》き法を弃《す》てて好んで私を行なえば、これを乱と謂う。人臣たる者、故《こ》を変じ常を易えて巧言△以て上に諂《へつら》えば、これを騰《はねあがり》と謂う。(下篇)

ここでは、「人君の道」と「人臣の事」とが対照的にあげられ、それぞれにその任務を守って逸脱しないことによって一体的な治安が得られるとされている。すなわち、君臣異道の主張である。それはまず、君主と臣下との職務をひき離して、臣下に侵されることのない君主の地位の安定をねらったものである。「区言」の任法篇の末には「君と臣とは天と地との位なり。」とあり、つづく明法篇で、それを受けた形で、「謂わゆる治国とは主道明らかなり、謂わゆる乱国とは臣術勝つなり。……故に君と臣と道を共にすれば、則ち乱る。」と言っているのは、そのねらいのはっきりしたものである。それは、韓非によって確立された君主中心の法治思想と、深く関係している。

しかし、君臣篇のさきのことばには、さらに別のねらいもふくまれている。それは申不害の術の思想から起こったと見られる官僚階層の組織的な安定である。[11]『韓非子』定法篇では、申不害の術と商鞅の法との併用の必要性を述べたうえ、術を「人主の執る所」、法を「臣の師とする所」として分けているが、君臣異道の資料としてはやや早いものであって、君臣篇が臣下の職任の規制を強くいうのと似た趣きがある。そして、『韓非子』揚権《ようかく》篇になると、「君と臣は道を同じくせず、……君は其の名を操《と》り、臣は其の形を効《いた》す」と言って、申不害の刑名参同の術によって君臣異道を説いているが、ここではまた道家的な道の思想によって君主の絶対性を強調する立場も強い。それは、『荘子』天道篇で上を無為として下を有為とするのや、『呂氏春秋』任数篇に「因《よる》は君の術なり、為《なす》は臣の道なり。」とあるのと同様に、道家思想との折衷の強いものである。[12]政治思想としての君臣異道の強調は、これらの資料のあらわれ方から考えると、申不害や道家の思想との交渉をも加えて、戦国最末期の政治情況をうけて生まれ、秦から漢初にかけて盛んであったものであろう。君臣篇の書かれた時代は恐らく戦国最末期より溯ることはないであろう。

君臣下篇には、また政治の必要性、あるいは国家の起源についての反省とみられることばがある。

> 古えは、未だ君臣上下の別あらず、未だ夫婦妃匹の合あらず、獣処群居し、力を以て相い征す。是に於て智者は愚を詐《いつ》わり、彊者は弱を凌ぎ、老幼孤独は其の所を得ず。故に智者、衆力を仮りて以て強虐を禁じて、而して暴人止み、民の為めに利を興こし害を除き、民の徳を正して、而して民これを師とす。……是の故に国の国と為る

所以は、民の体《かたち》ありて以て国と為り、君の君と為る所以は、賞罰ありて以て君と為るなり。

政治のなかった古代では、知恵のある者や力の強い者がかってなことをして、禽獣の生活と変わらない無秩序な状態であった。そこで、とくにすぐれた智者があらわれてその乱暴をとどめたのであるが、そうして民が民としての形態を備え、君が賞罰の権を握ることによって、国家と君主が定まった、という。

『孟子』滕文公上篇に、尭の時には天下いまだ平らかならず、大洪水を舜と禹が八年がかりで治め、后稷が五穀の栽培を教え、契《せつ》が人倫を教えて平安になったとあるのは有名であるが、それはこれとは違っている。『荀子』礼論篇で、礼の起原を論じて、人はみな生まれつき欲望があってそれを放任すると争乱になるから、先王が礼義を制定して区分けしたとあるのはやや近いが、むしろ『墨子』尚同篇の十人十義の説が似ている。「古え、民始めて生じ未だ刑政あらざるの時」には、人ごとに信条(義)が違うから互いに争いあって助けあわず、禽獣の世界さながらであった。そこで「政長」が必要だとわかって、「天下の賢可なる者を選んで」天子に立てたというのが、それである。天下の賢可なる者を選んで上に一元的に尚同することを説くのは『墨子』だけの特色であるが、古代の無政府状態の争乱を考えて、それを平安にするために政治が起こったとするのは、『管子』と同じ考えである。そして、そのことからすると、君臣下篇の下文で「夫婦は尽々《ことごと》く親しみを上に帰し」「賢人列士は尽々く能を上に功《いた》(効)す。」などとあるのも、墨家のいう尚同世界を想わせるものがある。

君臣下篇のさきの文章は、またおのずからに政治の目標をも示しているが、そこで「民の為めに利を興こし害を除く」と言われているのは、これまた墨家の口号と同じである。「天下の利を興こし、天下の害を除く」というのが、墨家思想の中核を示すとみられる十論をつらぬいて、くりかえし強調されるその政治目標であった[13]。君臣篇のことばが最後に、「賞罰ありて以て君と為る」と述べているのは、やがてこの後で法治を説くのと対応しており、またこの篇には法の他に「天道」「人情」とか「仁」や「礼」なども説かれていて複雑であるが、以上のことからすると、また墨家思想の影響もあったと考えてよかろう。民衆への配慮を持ってその利益をはかることは、「経言」でもすでにはっきり言われている『管子』の本色であるが、それを墨家の口号を利用して一層明確に表現したものであろう。なお、君臣上篇で、天子から出た令が諸侯・大夫と順次に下達され、また天子の善は天に、諸侯の善は天子に、大夫の善は君に、民の善は長老にと、上位者に薦められることを説くのも、墨家の尚同世界と似ている。そして、そこで衡石・斗斛・丈尺などの統一とともに「書は名(文)を同じくし、車は軌を同じくす。」ともいうのは、始皇帝の統一以後の情勢を想わせるものである。[14]そのことからすると、君臣上下篇の成立は、さらに秦・漢の際にもくだるのであろう。

以上を要するに、『管子』の政治思想として、その全体をつらぬく、他派とは違った特色を求めるとすれば、それはまず経済の重視ということである。そして、それは実際の経済状態や経済思想の発展に応じて、当然にも歴史的な展開を見せていたが、その極点では、ほとんど唯経済主義といってよいほどに、国家の経済活動そのものが国家のあり方を決定するという経済優位の立場にまで進んでいた。経済に次いで注目されるのは法令の尊重である。これもまた韓非的な法至上的立場を受けたとみられるものもあったが、全体の法治思想としてはむしろ折衷的であって、法を絶対と考える法家的な立場にあるものではなかった。この折衷的あるいは総合的とみられる立場が、実は『管子』の政治思想として最も重要である。

法は公的なもので、形式的な客観法としての性格において必要なものとされながら、同時にそれをささえるより原理的なものとして道が考えられている。そして、この道は自然法的な秩序原理であるから、本来道家的である。法の規制があまり細密になるのはよくないし、刑罰の適用も必罰ではあっても厳酷になるのは避けるべきであって、天地自然のあり方に従ったおのずからな政治がよいとされる。同時に、それはまた儒家的な政治倫理を包含する立場でもあった。被治者としての民衆への配慮は、全体を通じて濃厚である。経済的な充足から出発して、民衆の教育によって道義国家の建設を目ざすという孟子ほどの純粋さはないが、また非人間的な韓非流の政治思想ではもちろんない。君主自身や臣僚の道徳性も、時としてまた問題にされていた。儒・道・法のまじりあった思想であって、根底に道家色の強い哲学を持ちながら、豊かな安定した国家の体制を目ざす現実的実際的な政治思想であった。

以上の吟味の過程で明らかにされた諸篇の時代性については、のちにまたとりまとめて考察する。政治思想として述べなければならないことはまだ多く、とくに軍事や時令に関する思想にも言及すべきであるが、それらはのちの考察にゆだねる。政治思想の全体的な概括としては、その骨組みは以上でほぼ明らかにされたであろう。初めに述べたように、『管子』の全体がほとんど政治に関係しているとみられるのであるから、政治思想の全貌は、結局『管子』の思想の全体を見きわめてはじめて明らかになるとも言える。ここでは概括にとどめて、次の問題へと移ることにしたい。

（1）『管子集校』牧民篇五ページ参照。なお、この点については、第三章「経言」諸篇の吟味の牧民篇の項（七〇ページ）でもふれた。
（2）『韓非子』五蠹篇には「政を為して民に適せんことを期するは、乱の端《はじめ》にして、未だ与に治をいうべからず。」とあり、「上下の利」が対立する情況の中で民衆に臨むには、ただ厳刑によって法をたてるばかりだとする。
（3）「知予之為取者、政之宝也。」が、『老子』三十六章の「将欲奪之、必固与之。」などと似ているということは、第三章でも述べたが、『老子』と同じことばは、なお『韓非子』説林上篇や『戦国策』魏策一で「周書曰」として引用され、『呂氏春秋』恃君覧行論篇では「詩曰」として引用されていて、いずれも権謀的な性格が強い。
（4）『孟子』梁恵王上篇に「仁政を民に施し、刑罰を省き、税斂を薄くし」とあり、公孫丑上篇で「尊賢使能、俊傑位に在り。」「関は譏《しら》ぶるも征せず。」「耕者助して税せず。」を理想とし、「人に忍びざるの心を以て人に忍びざるの政を行なわば、天下を治むること、これを掌上に運《めぐ》らすべし。」という。
（5）宇都宮清吉「管子問篇試論」（一九六四年『東洋史研究』第二十二巻四号。のち訂正、後記を付して『中国古代中世史研

究』第六章に収める)

(6) 李亜農「従問篇来看戦国時代的社会構成」(一九六二年『欣然斎史論集』上海人民出版社。「中国的封建領主制和地主制」第七章第一節。一〇七四—一〇八四ページ)

(7) 本章第五節強兵思想(とくに二一一—二一六ページ)を参照。

(8) 小柳司気太「管子と周礼」(一九一四年、のち一九四二年『東洋思想の研究』に収載)、佐藤武敏「周礼に見ゆる大宰」(一九五二年「人文研究」第三号第七号)など。

(9) 本章第四節法思想(二)(一八五ページ以下)参照。

(10) 小称篇の全体は四章に分かれ、初め三章がここに挙げたように「管子曰わく」でそれぞれに始まる主文である。最後の章は管仲説話であって、管仲の病中に桓公とかわした問答の記録であるが、それは前の三章と内容的にそぐわないだけでなく、戒篇の方でもほぼ同文で見えているから、ここは恐らく混入文と考えてよい。

(11) 申不害の刑名参同の術が官僚層の安定した組織化を目ざしたものだということについては、H. G. Creel: "Shen Pu-hai" (1974. The University of Chicago Press) Chapter 5 The Chinese Administrative System. p. 48–58. で論述されている。

(12) 君臣異道については、拙著『秦漢思想史研究』第一章第二節漢初における法術思想の展開と推移九三ページ、および第二章第四節道家思想の派別二一五ページを参照。

(13) 『墨子』兼愛下篇「子墨子言曰、仁人之事者、必務求興天下之利除天下之害、……」。同じことばは、非攻・節葬・天志・明鬼・非楽・非命の諸篇にわたって見えている。なお『管子』中で「興利除害」の語が見えるのは君臣下篇の他で法法・治国の両篇、「致利除害」として見えるのは禁蔵・正世・明法解・形勢解の諸篇である。

(14) 『中庸』第二十八章に「今天下、車同軌、書同文、行同倫。」とあるのが、『説文解字』序に述べる戦国の情況と異なり、『史記』秦始皇本紀の琅邪台の碑文の「器械一量、同書文字」や二十六年の新政に「一法度衡石丈尺、車同軌、書同文字」とあるのと合うことを指摘して、『中庸』のそれらの部分を秦代の作と断定したのは、清末の兪樾の説を受けた武内義雄博士である(一九二一年「子思子について」(『支那学』第一巻第六号)、一九四三年『易と中庸の研究』(『全集』第三巻二七—二八ページ)。いま、君臣上篇の文についても、それを適用することが許されるであろう。

第二節　経済思想

『管子』全体の内容として、最も濃厚に見られるのは、政治と並んで経済に関係することばである。「経言」諸篇の吟味や政治思想の検討を通じて、そのことはすでに明らかにされてきた。実際、『管子』が中国古代の経済思想を見るための代表的な資料であるということは、すでに周知の事実である。したがって、その方面の研究書も決して少ないわけではなく、すぐれた力作から多くを学ぶことも可能である(1)。

ただ残念なことは、これらの研究では、おおむね、戦国期の経済思想としてそれを一括して説明するだけで、思想史的な発展の相において説くことがなされていない。つまり資料の歴史的吟味とその吟味をふまえたうえでの経済学説の分析という点で、さらに一歩を進めた考察が必要だと思われる。『管子』の内容が決して一人一時の作成ではなく、またきわめて雑駁であるうえに、経済関係のことばはひろく諸篇にまたがって存在しているという事実を想えば、そこに歴史的な分析と整理を加えることの必要性は、十分に理解できるであろう。ここでは、先学の研究に導びかれながら、主としてこのような観点から、『管子』中の経済思想を全篇にわたって吟味することとしたい。

㈠

「倉廩実ちて礼節を知り、衣食足りて栄辱を知る。」という牧民篇の有名なことばは、周知のように、経済的充足こそが社会的道義の基礎としてまず第一に重要であることを述べたものである。これについて直ぐ想い出されるのは、恒産と恒心との関係を考えて、「民の若《ごと》きは、恒産なければ因りて恒心なし。」(梁恵王上篇)と説いた孟子のことである。孟子の場合にも「仁政は必ず経界より始まる。」(滕文公上篇)といって、井田法による農業を重視し、その経済的充足のうえにこそ民衆の道義的生活が保証されるとしたのである。ただ、孟子の場合には、もちろん経済的な繁栄そのものよりも、仁義の道徳世界を建設することが主要な目的であったから、その経済思想にはおのずから一定の限界があった。「君が仁政を行なわざるに、而もこれを富ますは、皆孔子に棄てらるる者」であり(離婁下篇)、「我れは能く君の為めに土地を辟《ひら》き府庫を充《み》たす」と傲語する「今の謂わゆる良臣は、古えの謂わゆる民の賊」であった(告子下篇)。しかし、『管子』ではそうでない。道義性の尊重はもちろんあるとしても、道義性のために経済を犠牲にするといった主張はなく、むしろ富国そのことが強兵と結びついて重要な目標とされているのである。『管子』の経済思想が全般的にきわめて積極的であって、種々の政策にも及ぶのはそのためである。それはもちろん政治思想とも密接に結びついて『管子』の全体をつらぬく中心的な主張を形成しているのである。

さて、『管子』の経済思想としては、まず重農思想をあげなければならない。巻頭第一、牧民篇の初めは「凡そ地を有《たも》ちて民を牧《おさ》むる者は、務めは四時に在り、守りは倉廩に在り。」とあり、つづいて「国に財多ければ、則ち遠き者も来たり、地の辟挙《ひら》(開発)ければ、則ち民も留まり処る。倉廩実ちて礼節を知り、衣食足りて栄辱を知る。」といわれる。いうまでもなく、治国者にとって、農業を奨励して増産につとめ、その生産物を蓄積して財を豊かにすることが、基本的な事業だとされているのである。経済の重視はまず何よりも農業生産を高めて財を蓄えることであった。同じ牧民篇では、また「国を不傾の地に錯《お》く」ことと並んで、「〔食を〕不凋(耗)の倉に積み、〔富を〕不竭《ふかつ》(尽)の府に蔵す」ることが言われ、それは「五穀を務め」「桑麻を養いて六畜を育す」ることによって果たされると説かれている。「不凋の倉・不竭の府」というのは、要するに生産の継続であった。

権修第三では「地の博きに而も国の貧なる者は、野の辟《ひら》けざればなり。民の衆《おお》きに而も兵の弱き者は、民に取《うなが》(趣)しなければなり。」と、富国と強兵とが並んで強調されるが、ここでも「野の辟ける」こと、すなわち田野の開墾耕作が富国の要件とされている。そして、このあとには、上、本事を好まざれば、則ち末産禁ぜられず、末産禁ぜられざれば、則ち民は時事に緩《おこた》(怠)りて地利を軽んず。
地利を軽んじながら、而も田野の辟け倉廩の実つることを求むるも、得べからざるなり。

と言われる。「本事」としての農業を振興するためには「末産」を禁止しなければならないという主張であるが、ここでは「時事」と「地利」ということばに注目しておきたい。(2)「時事」とは、牧民篇で「務めは四時に在り」と言われていたその四季の推移に応じた仕事であって、もちろん農作業を意味している。「地利」とは大地のもたらす利益、その生産力である。自然のめぐりとしての季節に順応して勤労するのでなければ収穫が得られないように、土地があってこその農業であるからにはその生産力を重視して配慮を加えていくのは、当然の措置である。牧民篇では「天時を務めざれば、財生ぜず。地利を務めざれば、倉廩盈たず。」と言われている。重農のためにはまず「天時」と「地利」とが重要であった。

四季の推移に順応して大地の生産力に依存するというこの農業重視の立場は、『管子』の哲学思想にも一種の自然尊重の立場として投影しているかに見える。そのことは別に詳しく考察しなければならないが、さしあたり「天時」を重んじて「時事」に務めるということは、いわゆる時令思想へと連なっていることに注意する必要がある。『管子』のなかには時令に関する資料が少なからずあって、一つの特色ともなっているからである。「民の時を奪うことなければ、則ち百姓は富む」(小匡篇)というのは、重農の立場では必ず言われることばであるが、時令の思想はそれより一歩を進めて積極的に四季の変化に順応させるのである。しかし、「地利」の問題の方はまた一層活潑に論じられている。それは単に「地の辟挙」という耕地だけのことではなくて、山林藪沢の管理に及び、また水利と水防の配慮にも及んでいる。

立政第四では「君の務む所《べ》き者五つ」として、

一に曰わく、山沢は火より救《まも》られず、草木は成〔長す〕るまでに殖《そだ》△(底本作得、今従古本殖於成)たざるは、国の貧なり。二に曰わく、溝瀆は隘《せま》きところに遂《すす》まず、鄗水《しょうすい》はその蔵《ところ》に安《とど》まらざるは、国の貧なり。三に曰わく、桑麻は野に殖たず、五穀は其の地に宜しからざるは、国の貧なり。……(五事)

などと言われている。これは、すでに政治力と農民の労働力とによって土地の自然条件を克服する意図を含んでいる。同じ立政篇の「省官」で、「火憲を脩《おさ》め山沢・林藪・積草を敬《いまし》(儆)め」などを任務とする虞師、「水潦を決し溝瀆を通じ」などを任務とする司空、「高下を相《み》て肥墝を視《くら》べ」などを任務とする申田(原作由田、今従劉師培説、与司田同)などの官を述べるところでも、それははっきりしている。大地はその生産性において、「万物の本原、諸生の根菀(蘊)」(水地篇)ではあるが、それは政治的な配慮と農民の労力とによってこそ生かされる。『管子』の作者はそのことを十分に認識していた。

乗馬第五では「地は政の本なり。」と言って、天の四時の推移には人工を加えるべくもないが、大地こそはその長短大小に応じてすべて正す必要があり、それを正してこそ官も事も治まって貨財も増加する、と述べている。ここで言われる「正す」とは、もちろん種々の政策を含むでもあろうが、「地の均平和調ならざれば、政も正すべからず。」とあるように、後段で述べられる「地均」の法を重要な内容としているのである。[3]

地の食《やしな》うべからざる者、山の木なき者は、百にして一に当たる。涸沢は百にして一に当たる。地の草木なき者は、百にして一に当たる。楚棘《いばら》の雑処して民の入るを得ざるは、百にして一に当たる。藪の鎌《かま》と纆《なわ》との入るを得るは、十にして一に当たる。蔓山の其の木の材となすべく軸となすべくして斤斧の入るを得るは、十にして一に当たる。……沢の網罟《あみ》の入るを得るは、五にして一に当たる。これを命《なづ》けて地均と曰う。

通常の耕地の生産力を標準として悪条件の土地の能力を平均して評価したものである。

『周礼』の地官大司徒では「土均之法」というのがあり、『書経』の禹貢では各地の土質の情況をあげてそれを上中下の三等に区別している。それらとの関係で考えると、この「均平」は征税のためのことかと思える。小匡篇には

「地を相して其の征(税)を衰《わか》(差)つ」ということばもある。しかしまた度地第五十七にみえる水利事業や地員第五十八にみえる詳細な土質の調査などを考えあわせると、それはまた征税だけではなく、種々の農業政策の基礎ともされていたことが考えられる。そして、乗馬篇では「地を均しくして力を分かち、民をして時を知らしむ。」ということが言われているが、それによると、土地の情況に応じた労働力の配分も考えられていたもののようである。

治国者の「本事を好む」農業政策は、もちろん全体として農民の労働をうながすものでもある。権修篇では「地の生財には時あり、民の用力には倦むあり、而るに人君の欲には窮まりなし。」とあり、乗馬篇では「地利は竭《つく》すべからず、民力は殫《つく》すべからず。」とある。いずれも、土地と結びついた労働の重要性を認識したことばである。そして、八観第十三の次のことばは一層明晰である。

彼《か》の民は穀に非ざれば食《やしな》われず、穀は地に非ざれば生ぜず、地は民に非ざれば動かず、民は作力に非ざれば財を致すなし。天下の生ずる所は用力に生じ、用力の生ずる所は労身に生ず。

ここでは、土地に対する農民の勤労によってこそ食糧が得られ財貨が得られること、すなわち勤労が価値を生み出すということをはっきりと述べている。被治者としての民衆は、こうして経済的な観点から——もちろんそれは政治的観点からでもあるが——重視され、配慮を加えられることにもなる。牧民篇で「地の辟挙《ひら》ければ、則ち民は留まり処る。」と言われるのも、民衆の安定した居住がまた耕作による増産と蓄蔵に結びつくことを考えているのであるが、「桑麻を養い六畜を育すれば民富む、」として民衆の経済的安定を望み、「民をして各々その長ずる所を為さしむれば、則ち用は備わる。」「民の力を量れば、則ち事は成らざることなし。」というのも、それである。「民の力を量る」というのは、民の能力に応じた使い方をすることである。乗馬篇では「民力は使いつくしてはならない、」と言われていたが、権修篇でも「その国を為めんと欲する者は、必ずその民を用いることを重《かた》んず(慎重な用い方をする)。」と言われている。

さて、重農のために「天時を務め」「地利を務め」、そして「民の用力」に慎重であるべきことが言われているのは、以上のとおりであるが、経済の中心を農業生産におくからには、それを妨害する恐れのある事行は、それを禁止しなければならない。さきの積極的な奨励に対して、消極面としての保護政策がそこで考えられることになる。

まずその第一は、前にも引用した権修篇の「末産」の禁止である。「上に立つ者が本事を好まなければ末産は禁止されない」とし、その結果として「民は季節の仕事を怠って土地の生産を軽視する」ことになり、田野は荒れて米倉は空虚になる、と言われていた。同じ篇ではもっと直接的に「末産禁ぜられざれば、野は辟《ひら》けず。」とも言われている。それが、「本事」としての農業に害を与えるような農業以外の営利的行為を意味することは、民衆がそれによって農業生産への意欲を失うことになるという下文からして明瞭である。治国第四十八では「民、本事を舎《す》てて末作に事《つと》めれば、則ち田は荒れて国は貧し。」とあるが、その「末作」も同義であろう。そこでは「末作文巧」あるいは「末作奇巧」ともつづけられるが、「今、末作奇巧を為す者は、一日作《はたら》きて五日食らい、農夫は終歳の作きにして自ら食らうにも足らず。」と言われている。「本事」に務める勤労に対して、「末作」は「游食」の民を生み、やがて「文巧」の奢侈に結びつくものである。もしさらに具体的に考えれば、「末産」「末作」がある種の商工業の営みをさすことは、ほぼまちがいないであろう。(4)

商工業に対する態度はまた後に問題とすることにして、農業を保護する第二の配慮は消費の適量である。権修篇で、地の生財と民の用力には限りがあり、君の欲には窮まりなしとあることはさきに挙げたが、それにつづけて、「時ある〔生財〕と倦むある〔用力〕とを以て無窮の君を養う」からには、「度量の其の間に生ぜざれば、則ち上下相い疾《にく》む」ことになると言われている。それは牧民篇で「上に量なければ、則ち民乃ち妄なり。」と言われているのに相当する。上下が憎みあうとか民衆が乱れるとかいうのはもちろん政治的な混乱であるが、それが生産を妨げ国を危うくするものであることは、いうまでもない。権修篇の文が「民より取るに度あり。」とつづくように、上の為政者の立場からするとこれは租税の徴収の問題である。「賦斂の厚ければ、下は上を怨む」ものである。「家と府と、貨〔の量〕を争い、……府のみに貨を積まざるは、民に蔵すればなり。」で、民を豊かにすることが国の富であり、それが「治の至り」である。それは「地の守りが城にある」ように「人の守りは粟にある」からであった(権修篇)。「民の富む」ことが望まれ(牧民篇、治国篇)、「税斂を薄くする」ことも言われるが(五輔篇)、もちろん「民を富ます」とはいっても、奢侈に流れて勤労を怠るようなことのないよう、留意する必要があった。

「文巧」「奇巧」を禁ずるというのは、華美なあるいは珍奇な技藝・服装・行動などを禁止することである。それらが人情風俗を浮薄にして「民乃ち淫《みだ》り」「刑乃ち繁《しげ》し」という結果になるからであるが(牧民篇)、それはもちろん国を貧しくすることでもあった。立政篇で「君の務む所《べ》き者五つ」の最後に挙げられている次のことばは、もちろん民衆だけのことではないが、恐らく「文巧」と関係することばであろう。「五に曰わく、工事は刻鏤に競い、女事は文章に繁きは、国の貧なり。」というのがそれである。また権修篇で「地の辟《ひら》けながら国の貧しきは、舟車の飾りて台榭の広ければなり。」というのも、為政者に対するものではあるが、贅沢な消費が国の経済をおびやかすことを述べたものである。『管子』では、墨家思想などと違って、(5)経済的な節倹をとくに強調する風はなく、その経済思想はもっと積極的であるが、重農の立場からすれば、やはり消費の適量は守るべきことであった。

さて、以上は重農思想について、その積極面と消極面とを分けて概観したのであるが、そこで用いた資料はおおむね「経言」中のことばを主としている。それはもちろん筆者の意図したことでもあるが、実は重農の中心的な主張は「経言」中の数篇において既に尽くされているとみられるのである。重農思想は『管子』の全体をつらぬいていて、その経済思想の重要な柱となっているから、「外言」以下の諸篇にも多くの資料があるのは当然である。ただ、それらはおおむね「経言」と同旨であるか、また別の観点から考察を加えなければならない資料であって、その説き方も散漫である。しばらくそのことを述べてみよう。

「外言」以下で、とくに集中的に重農を説くのは、「区言」中の治国篇である。「夫れ富国多粟は農より生ず。故に先王これを貴ぶ。」として、「末作文巧」を禁ずることによって「民は游食する所なく、必ず農に事《つと》め」、それによって富国と強兵が得られるといい、「凡そ農とは月には足らざるも歳には余りあるものなり、而るに上の徴《もと》め暴急にして時なければ、則ち民は倍貸(倍にして返す借入れ)して以て上の徴めに給す。」と農民の実情を述べ、先王は民のために利を興こして害を除くが、それは農事を利して、農事の害を禁止することだといい、「粟多ければ天下の物は尽く至る」のであり、「粟なる者は王者の本事なり。」ともいう。この治国篇の内容が多く「経言」の重農の主張と重なっているのはいうまでもないが、粟の経済性をとくに重視した説き方になっていることや、倍貸を重ねて子を粥《ひさ》ぐ窮状に追いこまれている農民の姿が描かれているのなどは、この篇の時代的な新しさを示しているとしてよかろう。(6)

「外言」の五輔第十では「明王の務めは、本事を強《つと》めて無用を去るに在り。然る後に民は富ましむべし。」として、「田疇《でんちゅう》を辟《ひら》き、壇宅を利し、樹蓺《じゅげい》を修め、……」あるいは「水潦を導びき、陂溝を利し、……」などという農事の奨励策がくわしく述べられ、また八観第十三では「其の田野を行き、其の耕耘を視て其の農事を計れば、飢飽の国、知るべきなり。」として、国の貧富をうかがうべき耕作のもようなどが仔細に述べられている。ここでも、やはり農業のための勤労を奨励して、開墾と耕作そして六畜桑麻の仕事に勤めさせるとともに、水利に意を配り、山沢の開放や消費の節約で農民を保護することが考慮されている。ただ、五輔篇の場合には六興・八経・五務・三度と並べられるその六興の一部として説かれ、八観篇では他国の情況を観察する方法という形でその一部として説かれていて、重農を中心にすえた書き方ではない。経済問題として、農業生産と粟の蓄積ということの他にも考えるべきことが多く出てきて、関心が多面的になっているために、その説かれ方も散漫になっているのであろう。

「内言」の小匡第二十、「短語」の侈靡第三十五、「区言」の小問第五十一などにも、重農のことばは散見するが、同様のあらわれ方をしている。そして、「軽重」の諸篇になると、「一農耕やさざれば、民これが為めに飢うる或《あ》り。」などという農業奨励の語がみえながら(7)(軽重甲篇)、「五穀食米は民の司命なり。」とあってもそれを貨幣との関係で統制することを考えていて(国蓄篇)、もはや生産を重視する重農よりは、生産された米穀を統制することへと経済政策の中心が移っている。重農を中心にすえた経済思想をみるのに、ひとまず「経言」で十分だとするのは、このためである。

㈡

耕作と積蓄を中心とし、そのために土地の利用と農民の勤労とを重視する重農思想を終わって、次には商工業に対する考え、とくに生産物の流通に関係する商業についての考えを、みることにしよう。

農業の場合と同様に、まず「経言」からみるとすると、関係の深いのは乗馬篇である。そこでは「地とは政の本なり、朝とは義の理なり。」といった後をうけて、「市とは貨の準なり(財貨の〔需給・価格などの〕平均をとるところ)。」といい、さらに「是の故に百貨賤《やす》ければ則ち百利得られず、百利得られずば則ち百事治まり、百事治まれば則ち百用に節あり。」と、市場の活動について述べている。このことばはやや分かりにくいが、「百利得られず」とは、尹註によると「過常の利を得ざるを謂う。」とあって、それで意味がよくとおる(8)。「百用に節あり」とは百貨の流通運用に節度があって順調にうまく流れることである。すなわち、市場は商賈の活動の場ではあるが、価格の高低のひらきに乗じて巨利を貪るような商人が出なければ、市場の機能は十全に果たされる、というのである。「市なければ民乏し」ということばもあって、交易の場としての市場の必要性は十分認識され、したがって商賈の存在意義も重視されているといえるが、商賈によって乱される面もまた配慮されているのである。

乗馬篇ではまた「賈は賈《あたい》(価)の貴賤《たかひく》を知りて日々に市に至るも、而も官賈たらざる者は、功(課役)に与《あずか》りて而して分(頒賜)には与らず。工は容貌(様式)功能を治めて日〻に市に至るも、而も官工たらざる者は、功に与りて而して分には与らず。」と言われている。官賈と官工の存在も注目すべきであるが、もちろんそうでない賈人や工人がいることもこの文には示されていて、それらをも政府の統制下におこうとする意図がうかがわれる。「誠の賈に非ざれば、賈に食するを得ず、誠の工に非ざれば、工に食するを得ず」である。それは、自由な商工者が多く出てきて、それを規制する必要が起こってきた情況を反映しているのであろう。『孟子』には「必ず竜断を求めてこれに登り、左右に望みて市利を罔《あみ》する」賤丈夫のことが見え、「商に征(税)する」のはここから始まったといっているが、確かに「古えの市を為す者は、其の有る所を以て其の無き所の者に易え、有司者はこれを治むるのみ。」であったであろう(公孫丑下篇)。

「内言」の小匡篇に、管仲のことばとして参国伍鄙の制が述べられ、四民不雑処のことがいわれているのは有名である。その記事は、『国語』の斉語と重なっていて、小匡篇の方が斉語にもとづいて加筆したものだとされている。[9]『管子』の成立が、全体としてそのように古い資料を用いながら、それを時代にあわせて書きかえ再編しつつできあがってきたことを示す一例とすることができるが、ここで問題にしたいのは、その四民のとくに商工に対する扱い方である。まず「士農工商四民は、国の石(碩)民なり。」として、士農と平等に重要な民であることがいわれる。工商の存在意義がはっきり認められているといってよい。そこで、四民が雑りあって居住するとその言も事も乱れるとして雑処を許さず、「工を処くには必ず官府に就かしめ、商を処くには必ず市井に就かしめ」ることとし、そうしてこそそれぞれの仕事が専門的に効果的に果たされて、「異物を見て遷ることがなく、」「工の子は常に工たり。」「商の子は常に商たり。」になるという。四民不雑処の商工者は強い統制下におかれており、恐らくは自由な営利追求の手広い活動は困難であったに違いない。

ここで商人の仕事としてあげられていることを見ると、「凶飢を観、国変を審らかにし、其の四時を察して其の郷の貨を監《み》、以て其の市の賈《あたい》(価)を知り、任《にもつ》を負い荷を担い牛を服し馬を駱して以て四方を周《めぐ》り、多少を料り貴賤を計り、以て其の有る所を以て其の無き所に易え、賤を買いて貴を鬻《ひさ》ぐ。是を以て羽旄は求めずして至り、竹箭も国に余りあり、奇怪時々に来たり珍異物ごとに聚まる。」とある。商人の活動はいかにも華やかであるが、傍点の部分は『国語』にはない。恐らく、小匡篇が書かれたときの商業の発展した情況を反映したものであろう。『国語』の記事でさえ、管仲当時の事実をそのままに伝えるものかどうか、もちろん問題がある。要するに、商工者が四民不雑処として認められ、世襲的にその仕事を維持していくことが期待されている古い情況では、商人に対する特別な警戒もなく、もちろん抑商策も問題にはならなかったはずである。それは、商人の質が変わってきて初めて問題になることであろう。『商君書』が重農抑商を強調するのは、まさに『孟子』の竜断者と対応する戦国中期以後の様相である。そして、「経言」でもやはり商賈の逸脱が警戒されていた。

乗馬篇で「百利の得られない」ことを善しとしていたように、権修篇では「市は肆《みせ》を成さずして家用足る」という状態が「治の至り」であるとされている。市場の発展を制限する意味がそこに読みとれる。そして、「商賈、朝に在れば、貨財は上に〔偏り〕流る。」として商人の政界への進出を抑えてもいる。重農の立場からの「末産」の禁止と、それは相い応じているであろう。工業の方も、「文巧」の禁止についてさきに述べたとおりである。七法第六では強兵のためとして「論工・制器」などが言われ、立政第四にみえる工師の官でもその監督の事項が工人の仕事の内容を示しているが、統制の中心は実用を離れた華美な工作を禁ずることであって、貴族の奢侈が増長され民心を乱して社会の混乱を招くことを警戒したものであった。

さて、「経言」を離れて「外言」以下をみても、こうした立場はおおむね変わらない。「外言」の八観篇では「金玉貨財商賈の人、志行を論ぜずして爵禄あれば、上令は軽く法制は毀《こわ》る。」と述べていて、権修篇より一層強いことばで商人の官界への進出を警戒しているが、もちろん商業活動そのものを抑える主旨ではない。乗馬篇でも「関市の賦」

が言われているが、「内言」の覇形第二十二や戒第二十六では「関は譏《しら》ぶるも征(税)せず、市は書するも賦せず。」と理想的なあり方を述べ、問第二十四では「関に征する者は市に征する勿《な》く、市に征する者は関に征する勿し。」とあって、一般に「関市の征を弛《ゆる》くす」る(大匡篇)ことが考えられている。(10) しかし、「区言」の治国篇では「末作奇巧を為す者」の巨利を指摘したうえ、「先王は農士工商の四民をして能《のう》を交《まじ》えて作を易え、終歳の利をして相い過ぐるに道《よし》なからしむ。」と言って、農民の生活を圧迫するような商工者の過分の利益を抑えることが主張されている。そして、「軽重」の諸篇に入ると、大商人の活動とその弊害が強く説かれることとなる。

国蓄篇第七十三にはいう。

歳に凶と穣(豊)とあり、故に穀に貴と賤とあり。令に緩と急とあり、故に物に軽と重とあり。然り而して人君治むること能わず。故に蓄賈游市をして民の不給(足)に乗じて其の本を百倍にせしむ。

ここで言われるのは、物価の変動を利用して百倍の利を収める大商人のことである。なるほど、「経言」の乗馬篇でも「百貨賤《やす》ければ百利得られず。」とあった。しかし、それとはっきり違うのは、こちらでは、「民に相い百倍の生あり。」という「貧富の不斉」の観点から商人の巨利が問題とされていることである。人君が「準平」の策を行ない、一定の蓄蔵によって農作を助けることができるなら「大賈蓄家も吾が民を豪奪することができなくなり」、その結果として「民に廃事なく、国に失利なし。」といわれているのは、今や単なる市場の問題ではなく、国家の経済までも脅かすような大商人の擡頭が想われているのである。乗馬数第六十九では「彼《か》の物軽《やす》ければ泄《も》らされ(外に買い出され)、重《たか》ければ射らる(外から流れこむ)。」という貿易上の原則を述べたあと、その間の利益を「軽重の家が相い奪う。」といっている。国際的な軽重家の活動ということがあって、それが恐らくは大商人の活動と連なっているのである。さらに軽重甲第八十では、管仲のことばとして「吾が国の豪家」に五穀菽粟《しゅくぞく》を提供させるということがあるが、その「豪家」とは、「遷封食邑にして居る者」と並んで「富商蓄賈積余蔵羨跱《ぞうえんじ》(積)蓄《ちく》の家」がそれだとされており、「万乗の国には必ず万金の賈あり、千乗の国には必ず千金の賈あり。」で、今や「一国にして二君二王」の形勢にある、とさえ言われている。

「富商蓄賈」ということばは軽重乙篇以下でもたびたび出てくる。また「称貸の家」という高利貸もあげられる。「区言」の治国篇でも民の「倍貸」ということがいわれていたが、まだ「称貸の家」を問題にするまでには至っていない。「軽重」にみられる大商人の跋扈の情況は、「経言」はもとより、「外言」以下「雑篇」に至る中間の諸篇とも、かなり違っているようである。かりにその違いを主題に応じて書きわけたためだと考えてみても、たとえば小匡篇から想像できる四民不雑処の原初の情況とか、牧民篇の重農思想の背景などから考えられる商人のあり方として、ここに見た大商人のあり方がふさわしいものかどうか、答えはもちろん否であろう。

「衣食足りて栄辱を知る」で明らかなように、「経言」諸篇では一方的に民を富ますことだけが言われていた。統治者の立場からの発言として、「民を富ます」とはいってもそこに限度の考えられているのは当然であろうが、しかしそのことをとくに言い表わすことはしていない。ところが、「短語」の侈靡第三十五では「甚だしく富めば使うべからず、甚だしく貧しければ恥を知らず。」といい、「軽重」の国蓄篇では「夫れ民は富めば禄を以て使うべからず、貧しければ罰を以て威すべからず。法令の行なわれず、万民の治まらざるは、貧富の斉《ひと》しからざればなり。」という。貧乏はよくないが、あまり富むのもよくないというのである。そして、軽重甲篇では穀と財の偏在のために「衢閭《くりょ》に餓餒《がたい》する者」や「民の子を売る者」さえあることを述べて、「積聚を散じ」「幷財を分け」て貧民を救おうといっている。これらのことばは、大商人による富の蓄積、いわゆる「積聚幷兼」の害があらわれ、それによってまた農民生活の窮乏が一層深刻になってきた現実をふまえたものであろう。[11] それは、単に重農の立場から「民を富ます」ことを説いていたのとは、違った背景を持つ、と考えるのが正しいであろう。

(三)

大商人の擡頭は、もちろん商業活動のめざましい進展と深く関わっている。生産と蓄積に重点をおく経済問題が流通の問題へと重点を移し、それに応じて貨幣論もまた活潑になってくる。他書と比べた場合の『管子』の経済思想のきわだった特色は、重農よりもむしろこちらの面にあるといえよう。

「経言」の中で、流通について述べるのは乗馬篇であった。「市とは貨の準なり。」という市場論については前に述べたが、それにつづくことばは、「黄金とは用の量（流通〔価値〕の尺度）なり。」である。そして、この黄金の持つ経済的法則に明らかであれば「侈倹を知る（贅沢と節倹と〔が経済に及ぼす影響〕を知る）ことができる。（辨於黄金之理、則知侈倹）」それはつまり節倹であると黄金が賤《やす》くなり、黄金が賤くなると――黄金は流通価値の標準でもあるから――事業がふるわなくなって、そこで節倹は事業を害するということになる。逆に贅沢であると黄金が貴《たか》くなり、黄金が貴くなると財貨が賤くなって、そこで贅沢は財貨を害するということになる。（倹則金賤、金賤則事不成、故傷事。侈則金貴、金貴則貨賤、故傷貨。）と説明される。「倹なれば事を傷《そこな》い、侈なれば貨を傷う。」である。ここでは一つの貨幣論の萌芽があるとみられないこともないが、黄金は一般等価物とはされていても、まだ貨幣ではなさそうである。金の価格が、侈なれば上り、倹なれば下るというのは、それが装飾的な贅沢品だからである。「百乗一宿」の費用として「黄金一鎰《いつ》」があげられ、「金なければその絹を用う。季（下等）絹三十三制にて一鎰に当たる。絹なければその布を用う。経暴（細薄）の布百両にて一鎰に当たる」と、金と絹と布の換算が述べられているのも現物交換の情況の反映であって、貨幣の流通がまだ広くはないことを示している。権修篇で「金と粟と貴を争う」というのも同様であろう。事実、権修篇や乗馬篇の中にはまだ貨幣のことは出てこない。総じて、「経言」での流通論はなお未熟であって、それが豊富に詳細に説かれるのは「軽重」においてである。大商人のあらわれ方に違いがあったのと相い応じているのは、むしろ当然であろう。

さて「軽重」の方では、まず匡乗馬第六十八で「穀を以て幣を準ず。」ということが言われる。同じことばは山国軌第七十四にもみえるが、また逆に「幣を以て穀を準ず。」ということが山至数第七十六には見える。前者は農民に貨幣で貸与したものを穀物で返させること、後者は俸禄を与えるのに穀物の代わりに貨幣を与えることである。山至数篇ではまた「士は資を受くるに幣を以てし、大夫は邑を受くるに幣を以てし、人馬は食を受くるに幣を以てすれば云云」とも言われている。「黄金刀幣は民の通施(貨)なり。」(国蓄篇。軽重乙篇)というように貨幣は流通手段として十分に重視されている。そして、ここでは黄金は刀幣と並んではっきり貨幣とされている。「珠玉を上幣と為し、黄金を中幣と為し、刀布を下幣と為す。」ということばは、国蓄篇とその他でもたびたび見えている。ここに書かれていることがそのまま実際の情況を伝えたものかどうかは別にして、今や貨幣流通の盛んな時代であることはいうまでもない。

「夫れ物は多ければ則ち賤《やす》く、寡なければ則ち貴《たか》し。散ずれば則ち軽《やす》く、聚まれば則ち重《たか》し」(国蓄篇)というのは、一般に財物についての原則であるが、これを貨幣に及ぼすといわゆる貨幣数量説となる。山国軌篇ではいう、

> 国幣の九は上に在りて一は下に在れば、幣重くして万物軽し。万物を斂《おさ》めてこれに応ずるに幣を以てせば、幣は下に在りて万物は皆上に在り、万物の重きこと什倍ならん。

ここでは、流通貨幣の多寡に応じてその価値に変動の生ずることが言われている。そして、それが物価とも関係することが明らかにされている。「幣重くして万物軽く、幣軽くして万物重し」(山至数篇)である。ただ、これほど貨幣が重視されていても、価値の中心はやはり穀物であった。

乗馬数篇では「財物の貲(価)は幣に与《おい》て高下するも、穀は独り貴く独り賤し。」といい、「穀重ければ而《すなわ》ち万物軽く、穀軽ければ而ち万物重し。」ともいって、穀物が標準的な等価物となることを述べている。同様のことばは国蓄篇に

もあるが、こちらではそうした情況をふまえて「五穀は万物の主なり。」と断定する。そして、五穀と貨幣とをともに君主の統制下において国利をはかるということが述べられる。「黄金刀幣は民の通施なり。」と並んで「五穀食米は民の司命なり。」と言われるところに、貨幣経済を重視しながら重農を棄てない『管子』の立場の特色がある。山至数篇では「人君、穀と幣との準衡(原作金衡、今従張佩綸説)を操りて、而して天下も定むべし。」と言われ、穀物と貨幣と財物との三つの関係を調節する「幣乗馬」の法が説かれてもいる。穀物は増産と積蓄の他に、放出と収斂による量の統制を行なって価格を調節し、貨幣はまた穀物と財物の情況を勘案してその流通量を調節する。貨幣の鋳造権はもちろん人君の手中にあるというものである。特色があるのは、国蓄篇で「歳に凶穣あり、故に穀に貴賤あり。」と並んで、「令に緩急あり、故に物に軽重あり。」と言われて、君主の号令の出し方が物資の流通に影響を与え、物価を左右することになるとされていることである。地数第七十七では「令疾《きび》(急)しければ則ち黄金重く、令徐《ゆるや》かなれば則ち黄金軽し」とも言われ、軽重乙篇ではそれを利用して号令の出し方で国利を収めることまで言われている。

たとえ、人君が田を耕し草を発《ひら》いて穀を得ることにつとめても、その穀物が民間の一部に集中されたのでは飢餓の民が出ることになる。また人君が銭を鋳て幣を立てることにつとめても、民間の一部で財幣を集中されたのでは暮していけない人が出る。そこで「積聚を散じ羨(余)不足を均しくして幷財を分かつ」ことが急務となるのであって、それをしなければ「本を強《つと》め耕を趣《うなが》して日〻に鋳幣を為し」てもむだだという。国蓄篇と軽重甲篇に重見していることばは、単なる生産の増強や貨幣の鋳造権の問題をこえて、一般経済にかかわる流通問題の重要性を明確に宣言したものである。

ここで、奢侈を奨励する特異な思想のあることにも、ふれておかねばならない。重農思想との関係で消費の適量が強調されていることは前にみたとおりであるが、「短語」の侈靡《しび》第三十五では、その篇名どおり、節約よりは贅沢がよいとされる。「時化《じか》を興こすは若何、侈靡《ぜいたく》より善きは莫《な》し。」と言い、それは「有実を賤しんで無用を敬し」、「粟米を賤しんで珠玉を敬し、礼楽を好んで事業を賤しむ」ことだと説明される。また「積(富)者、余食を立てて侈《おご》り、車馬を美にして馳せ、酒醴を多くして靡《ついや》せば、〔民は〕千歳も出食なし。此れを本事と謂う。」と言われ、「末事起こりて侈らざれば、本事立つを得ず。」とも言われて、長喪・重葬の必要さえも説かれる。「瘞堷《えいあん》(土室)を巨にするは貧民を使う所以なり。壟墓を美にするは文萌を使う所以なり(文萌原作文明、又無使字、今従郭沫若説)。棺槨を巨にするは木工を起こす所以なり。衣衾を多くするは女工を起こす所以なり。」

奢侈の奨励というのは、確かに特殊な主張である。それは、「経言」でいわれた「末作文巧」の禁止とか、「舟車の飾りて台榭の広き」ことを「国の貧しき」原因とする立場とは、はっきり違っている。立政篇で「飲食に量あり、衣服に制あり。」と言われるのが、『管子』の標準的な消費論である。「外言」の重令第十五では「夫れ地は大なりと雖も幷兼せず攘奪せず、……国は富むと雖も侈泰せず縦欲せず、……」とあり、「雑篇」の禁蔵第五十三では「夫れ明王の宮室を美にせざるは、小を喜ぶに非ず、……其の本事を傷《やぶ》りて教えに妨げあればなり。」「故に身を中に立て、養に節あり。宮室は燥湿を避くるに足り、食飲は血気を和するに足り、衣服は寒温に適するに足り、……」とある。さらにまた「軽重」の事語第七十一では、奢泰という人物が侈靡によって経済の繁栄をはかろうとしたのに対して管仲がそれを否定するという一段もある。いずれも奢侈を抑える主旨である。

錯誤の多い侈靡篇の難解な文章を訂正して、その経済学的な消費論としての重要な意味を初めて明らかにしたのは、郭沫若氏であった[12]。それによると、この篇の最大の特色は、「大量の消費によって大量の生産を促進することができる」という、奢侈の積極的な経済的役割を強調したところにある、という。末事が侈であってこそ本事が立ち、貧民や文萌を使役するために墓を立派に作るということばは、それに合うようである。胡寄窗《こきそう》氏もまたその点を強調する[13]。ただ、胡氏が一歩を進めているのは、侈と倹とをともに尊重するのが『管子』の立場であって、一定の条件下で侈靡を提唱するのはむしろ『管子』の基本的立場であるとしたことである。郭氏では、この篇は『管子』中の特殊な篇とされ、むしろ別派のものとして位置づけられていた。さきに挙げた他篇との違いからすると、この篇を特殊とみることにも理由はある。胡氏の反対の根拠は「経言」の乗馬篇にみえる「倹なれば事を傷《そこな》い、侈なれば貨を傷う」ということば(14)であるが、これは倹に過ぎるのも侈に過ぎるのもよくないという適量を目ざすことばであって、もちろん侈靡篇の主張とは違っている。そこに関連があることは事実であるから、侈靡篇をあまり孤立化して見ることに問題のあるのはもちろんであるが、やはり奢侈の奨励というのは特種な背景のもとに生まれているのであろう。

郭氏も胡氏も、生産を刺戟する消費の積極面をとくに重視していて、それも誤ってはいないとは思われるが、やや疑問がある。それは、郭氏自身も断わっているように、「大量の生産を促進する」とは言ってみても、それは多分に郭氏の解釈であって、本文にはその具体的な叙述はほとんど見られないからである。そして、奢侈の奨励には確かに一種の景気対策の意味もみられるけれども、実は別の目的がまた考えられている。

「時化を興こすは若何、侈靡より善きは莫し。」といった一段の結びは、「有実を賤しんで無用を敬する」といったことをしないと、強者や智者だけがはびこって、「鰥寡《かんか》独老は得るに与らず。」というものである。つまり、それは富の偏在をなくするということであろう。「時化を興こす」とは時勢に応じた変化を作興することであって(15)、当時の権力者や大商人の財力を分散させるのがねらいであろう。下文には「上は侈にして下は靡、而して君臣相い得て上下相い親しめば、則ち群臣の財は私蔵されず、然らば則ち貧(者)も枳《てあし》(肢)を動かして食を得ん」とあるが、それも同じである。無用の珠玉を尊重する奢侈の風は、有実の粟米を下民に放散することになる。奢侈の奨励がそのためだとすれば、その対象とする社会がどのようであるかは、ほぼ明らかであろう。それが「経言」から進んで「軽重」の背景へと近づいていることはいうまでもない。

この篇の成立年代については、郭沫若氏は漢初の呂太后の摂政時代と考えた。篇末に近く「婦人、政を為す。」などとあるからである。しかし、漢初の高祖・呂太后のころの逼迫した経済状況では(『漢書』食貨志)、奢侈をすすめられるような余裕があるとはとうてい思えない。郭氏の説を批判した胡家聡氏は、戦国の文章としての弁証につとめながら、また「婦人、政を為す。」についても、それを斉の王建の母(『史記』田敬仲完世家に見える君王后)にひき当てて、戦国最末のころ斉の稷下での成立であろうと考えた。(16)「軽重」諸篇に比べて、まだそこまでの経済思想の発達があるようには見られないから、おおよそ胡家聡氏の結論に従ってよいであろう。

さて、最後に国家財政に関することばを見ることにしよう。国家の徴税策とそれに関係を持つ専売制その他の施策である。

まず「経言」の権修篇では「民より取るに度あり。」ということが言われていた。

地の生財には時あり、民の用力には倦むあり。而るに人君の欲は窮まりなし。時あると倦むあるとを以て窮まりなきの君を養い、而して度量その間に生ぜざれば、則ち上下相い疾《にく》む。……故に民より取るに度ありてこれを用うるに止《かぎり》(限)あれば、国は小なりと雖も必ず安く、民より取るに度なくしてこれを用うるに止《かぎり》あらざれば、国は大なりと雖も必ず危うし。

これは、経済的な観点よりは政治的な観点からではあるが、徴税について適度の限制を必要としたことばであった。牧民篇で「上に量なければ、民乃わち妄ならん。」というのも、関係のあることばであろう。重農の立場にあって農民の生活に対する配慮を怠らない『管子』の立場としては、それは当然である。そして、『論語』に「百姓足らば、君孰《た》れと与にか足らざらん。」(顔淵篇)といい、『孟子』でも「税斂を薄くし、」(梁恵王上篇)「民に取るに制あり。」(滕文公上篇)といわれているように、それは儒家の主張とも違いはない。むりな税の取りたてをしないことは、『管子』の財政策の全体をつらぬく基調であった。(17)

ただ、「軽重」諸篇に入ると、そこでは違った色彩が加わってくる。国蓄篇ではいう、夫れ室廡《ぶ》を以て籍する、これを成を毀《やぶ》ると謂う。六畜を以て籍する、これを生を止むと謂う。田畝を以て籍する、これを耕を禁《とど》むと謂う。正人を以て籍する、これを情に離《そむ》くと謂う。正戸を以て籍する、これを贏《えい》(余)を養うと謂う。五者は畢《みな》は用うべからず。故に王者は偏行して尽くさざるなり。

これは、『孟子』で「布縷の征、粟米の征、力役の征あり。君子はその一を用いてその二を緩《ゆる》くす。」(尽心下篇)とあるのと同旨である。ただ、違っているのは、ここでは粟米・布縷に課する正税以外の徴収を問題にしている点である。同じ国蓄篇では「正(征)籍とは彊《し》いて求むる所以なり。租税とは慮りて請う所なり。」とあって、(18)王覇の君はその前者を去って後者だけを収めるから天下は楽しみ従うのだと言っている。さきの室廡や六畜などという項目から考えても、これは格外税をさすのに違いない。つまり民衆の負担が二重三重になっていよいよ生活の困窮をきたしている情況が実際の問題としてあったか、あるいは、少なくとも種々の格外税を考えねばならないような国家財政の危急が迫っていたか、そういうことがこのことばの背後にはあったのであろう。

さらに、国蓄篇のこの前後では、穀物と貨幣の操作によって国家の利益を収めることが述べられている。

五穀食米は民の司命なり。黄金刀幣は民の通施なり。故に善者はその通施を執りて以てその司命を御す。故に民力も得て尽くすべきなり。

凡そ五穀は万物の主なり。穀貴ければ万物必ず賤く、穀賤ければ万物必ず貴し。両者敵となりて倶に平らかならず。故に人君は穀と物との秩《たが》(迭)いに相い勝《しの》ぐを御して、事をその不平の間に操る。故に万民に籍なくして国利は君に帰す。

そして、「故に天子は幣に籍し、諸侯は食に籍す。」とも言う。確かに、「万民に籍なし。」と言われるように、万民の直接の負担を軽減するためということが一方にはある。国蓄という篇名が示すように、国家が穀物の蓄積を持って、万民は「畢《ことごと》く贍《た》るを君に取り」、そこで民間の「大賈蓄家」の「豪奪」がとめられるというのも、農民生活の不安を除く主旨である。しかし、他面では「国利が君に帰す」ることを目ざしているのであって、それこそが重要である。国を治めんとする者は「軽重に通じ」なければならないとされるが、それは、「重を以て軽を射、賤を以て貴に泄《も》らし」て「準平」をはかることによって、「軽重の大利」を収めることであった。

民は余りあればこれを軽しとす、故に人君はこれを斂《おさ》めるに軽きときを以てす。民は足らざればこれを重しとす、故に人君はこれを散ずるに重きときを以てす。これを斂積するに軽きときを以てし、これを散行するに重きときを以てす、故に君に必ず什倍の利あり、而して財の横《こう》(価)も得て平らかにすべきなり。

ここでは、国利をはかるためには、むしろ民衆の裏をかくような態度さえ辞さない、という態度がうかがわれる。国利を強調するのはとくに国蓄篇で著しいが、もちろん「軽重」諸篇を通じてその傾向は一貫している。塩鉄の集中的な管理を説くのもそれである。

海王第七十二では、種々の格外税を考えるよりは、「唯だ山海を官(管)するを可と為すのみ。」として、「塩に征する策」と「鉄官の数」とが詳しく述べられている。塩は人ごとに必ず食べるものであるから人口に見あって収入をはかることができるとし、鉄はまた、女は必ず一鍼一刀、耕者は必ず一耒一耜一銚(大鋤)、工人は必ず一斤一鋸一錐一鑿を持つものであるから、それぞれ鉄の重さに応じて征籍を負担することになるという。塩鉄の専売ないしはその価格の統制によって間接税を徴収するという主張である。地数篇では鉱物の埋蔵を調査したうえで、「苟くも山の栄を見《あら》わす者は、君謹み封して禁を為す。」とのべて鉱山の独占管理を説いている。軽重乙篇によると、命令を発して山鉄を鋳ようという意見を、主として労働力の面からよくないとし、「民と与にその重さを量りその贏(余)を計り、民はその七を得て君はその三を得」るのがよいとしている。海王篇とは違って民営を許す考えであるが、もちろんこの場合にも国の強い統制の下におかれていることはいうまでもない。なお、山国軌篇には「宮室械器、山に非ざれば仰ぐ所なし。然る後に君は三等の租を山に立つ。」とあって、山林の材木の管理で収入をはかることも考えられている。

国営の事業によって国の収入をあげる方策は、なお他国との貿易にも及ぶ。地数篇によると、「内は国財を守り、外は天下に因る」方策として、管子は、斉の産物である塩を利用し、塩の価格があがる春の季節に梁・趙・宋・衛・濮陽などの塩のない国々へ輸出することによって、その結果は「天下に籍する(世界ぢゅうから税をとる)」ことになると答えている。(19) そして、軽重戊第八十四では、貿易によって他国を侵略することも可能だとしていくつかの具体例をあげてもいる。たとえば、桓公が魯・梁の地を降したいというのに答えた管仲は、魯・梁の特産である綈《つむぎ》を大量に高価で買うことにすれば魯・梁では耕作を棄てるだろうと言い、それを実行すると果たして十三か月でそのとおりになった。そこで綈の輸入をやめて通交を禁じると、十か月で魯・梁の民は飢えに苦しみ、三年めになってついに降服した、というのがその一つである。いかにも作り話めいていて、実話でないことは明らかであろうが、そこには現代にも通ずるような鋭い洞察がある。そして、貿易が盛んになって、そのあり方が一国の存廃を左右するほどにもなることが予想されているのである。あるいは経済現象の一面の真理をあらわすためのフィクションかと思われるが、それにしても、国家的な規模での貿易事業が考えられ、しかもそれがきわめて重視されていることは確かである。

さて、このように種々の国営事業によって国の収益をはかるというのは、もちろん、ふつうの税収だけでは国家の費用がまかなえなくなったからであろう。そこで、種々の格外税ないし付加税のようなものも考えられたわけであろうが、それでは、民衆の負担能力にはおのずから限度があるうえに、悪くすると民衆の反抗をも招きかねない。「万民に籍なくして国利は君に帰す。」(国蓄篇)とか「籍せずして国を贍《た》す。」(山国軌篇)ということが考えられるのは、そのためである。一見したところ、これらのことばは、あたかも国営の営利事業が、民衆の負担を軽くしてその生活を保護するために、考え出されたかのようにも受けとれる。事実、管仲の軽重の策は民の税斂を軽くしようとする意図から出たものだとする意見もある。(20) しかし、それを民衆の利益のためだけで考えられたとするならば、それは誤りであろう。むしろ民衆にはもはや必要とする征籍に応ずる力がないことを見こして、その不満をやわらげるために直接税から間接税へと転じる、というのが真相ではなかろうか。国蓄篇では、さきの征籍をひかえることばと関係して、「予《あた》えれば喜び奪えば怒るのは人情の常であるから、先王は予える形を見せて奪う理《みちすじ》は隠したものだ。(民予則喜、奪則怒、民情皆然、先王知其然、故見予之形、不見奪之理。)」と言っている。このことばは、牧民篇で「予えることが〔実は〕取ることになるとわきまえるのが、政治の宝である。」と言われているのを承けたものであろう。ただ、牧民篇では「民心に順う」ことを主にした広い政治的立場で言われているのに、国蓄篇の方では税籍のとりたてという厳しい経済的局面で言われているというのは、注意しなければならないことである。それは、国家的な営利事業を必要とする背景を示唆しているのであろう。

㈣

『管子』の経済思想の概略はほぼ以上のようである。もしこれを概括的に見るなら、それは重農思想を基幹としながら、そこに商業的な流通経済思想を加え、国益のための国営事業をも考えた、複合的な経済思想だといえる。一般に先秦諸子の立場が重農にあるのはその現実の経済基盤とよく適合していることで、『管子』の場合もその例外ではない。しかし、経済的利益の追求を第一にして農業の奨励を考え、さらに蓄積とともに流通を考えて、商業的手段によって農業経済をも制御しようとするのは、『管子』の特色である。

さて、この概括はもちろんこれで誤まってはいないが、ただ、そのように『管子』という書物を一つのまとまりとして、その経済思想を複合的だと見るだけでよいかといえば、それは十分ではない。すでにこの章の初めに問題を提起したように、そしてその後の行論でもおりにふれて部分的に指摘してきたように、さらに歴史的な観点からの分析的な検討を加える必要があるであろう。全体としての矛盾や破綻といったものはそれほど大きくはないとしても、内容の重点や色彩の違いは篇によってはっきり分かれており、それがまたしばしば文体の違いをも伴っているからである。その現象は、同時的な主題別の書きわけと見るよりは、同じ学派の継承ではあっても、時代を隔てた歴史的な展開と見る方が合理的であることを思わせる。それは、恐らく「経言」諸篇から「軽重」諸篇への流れという形で描くことができるであろう。

まず「経言」では、牧民篇・権修篇などを中心として重農思想が強調されていた。経済的な利益をあげて国を富ませることが政治上の第一の目標であるが、それは、農業生産を増進して五穀の蓄積を豊かにし、民を富ませることによって果たされると、考えられていた。「桑麻を養い、六畜を育す」ることも言われてはいるが、もちろん五穀が中心である。生産の条件としてはまず気候と土地という自然条件が考えられ、農民の労働力もまた重要なものとして反省されている。増産のためにはこれらの条件に対する特別な配慮が必要であったが、とりわけて農民を酷使しないこと、そしてその生活を豊かにすることが考えられた。民が蓄積を持って富むことは、とりもなおさず国の富むことでもある。そこで消費の適量が言われ、奢侈に流れて勤労意欲を失わせるような「末作文巧」は禁止するべきであった。

「経言」のなかで市場の流通経済を語るのは乗馬篇である。しかしこの場合にも「地は政の本なり。」というのが、その書き出しであることは注意しておかねばならない。「市とは貨の準なり。」とあって市場の必要性は十分に認識されているが、価格のひらきに乗じて巨利を貪るような商行為は排斥される。「黄金は用の量なり。」とあって等価物としての黄金が流通の媒介となり、権修篇では「金と粟と貴を争う。」とも見えるが、まだ貨幣についての言及はない。市場や百工商賈のことは権修篇や立政篇にも出ているが、経済活動としての積極的な役割を説く文章ではなく、むしろ「内言」の小匡篇に見える四民不雑処の商工者に通ずるような、国家の統制下におかれた素朴な風貌がある。総じて「経言」の経済思想は重農を中心として、農業生産と蓄積を主とする素朴な段階にあったと言えるであろう。

さて、この「経言」の内容ときわだった違いを見せるのが、「軽重」諸篇であった。ここでも農業を重視することに変わりはないが、主眼はそこにはない。何よりも違うのはまず貨幣の盛んな流通がその背景に考えられることである。「幣を以て穀を準じ、」「穀を以て幣を準ず。」とあるように、穀物は今や貨幣のあり方によってその価格を変動し、逆に穀物のあり方が貨幣価値を左右する。そして、当然それは一般の物価にも波及する。穀物の操作によって物価の安定をはかり、貨幣の操作によって穀価を調節するということが、国家的な重要な経済事業であった。今や流通の問題が第一である。いかに生産に勤めても、その穀物や貨財が一部の「大賈蓄家」に蓄積されるだけでは無意味である。「積聚を散じ、羨不《えんふ》足《そく》を均しくして、幷財を分かつ」ことが、急務であるとされた。貨幣の性質や貨幣と物価との関係などを説く貨幣論がしきりに見えるのも、貨幣の盛んな流通と関係することであろう。

「軽重」の諸篇ではまた、とくに国蓄篇に著しいが、国家の利益を第一に考える立場が強い。「経言」の場合にも国家の統制が強いことはいうまでもないが、そこでは民を富ますことが富国に通ずるともされるような余裕があったのに、「軽重」ではもっと直接的に国の収益をあげることが目ざされている。穀物の集散を制御することによって、大商人の投機を防いで国家の手に利潤を収めようとするのなどもそれであるが、さらには塩と鉄の専売制がいわれ、鉱山の国営も考えられている。いずれも、国家財政の立場から国家事業としての商行為を進め、それによって民衆の抵抗が予想される直接税の増徴を避けて、おおはばな国家の増収をはかろうとするものであった。

「経言」と「軽重」との内容的な違いがこのように明らかになってみると、「経言」を『管子』中で最も古い部分であろうと総括的に仮定した第三章の考察がここに生かされてくる。「経言」といっても、その内容も形式も篇に応じて多様であるうえに、必ずしも純粋ではないが、とくに「経言」の経済思想の中心となった牧民篇は、その文章でも押韻を含む簡潔な表現であって古体をとどめていた。「軽重」の方もさまざまではあるが、概して桓公と管仲との問答に託したその文章は冗長で分かりやすく、軽重丁篇以下の説話的な文章などを「経言」の文章と比べれば、その時代的な隔たりは明瞭である。概括的に言って、「経言」の経済思想が古く「軽重」の方が新しいというのは、誤りのないことである。それはまた一般的な経済発展の歴史とも合うことであった。そして、「経言」と「軽重」との両極がこのように別の資料群として立てられてみると、「外言」から「雑篇」に至る中間の諸篇に見える経済思想も、この両極を標準としてそれに照合することによって、その性格と時代の先後を考えることができるはずである。概してそれらは断片的であるが、すでに言及した篇をあげるなら、「外言」の五輔篇・八観篇・「雑篇」の小問篇などは「経言」の情況に近く、「区言」の治国篇はかなり発展した姿を見せ、「短語」の侈靡篇は「軽重」に近くてそれに先んずる形をあらわしている。「内言」の小匡篇に見える四民の情況はすでに商人の広域にわたる盛んな活動を伝えているが、それが基づいた『国語』の文章からすると、その四民不雑処の情況は牧民篇の内容とそれほど隔たるものとは思えない。

さて、「経言」の経済思想が古く「軽重」のそれが新しいとして、それではおおよそのこととして、それぞれの時代をいつごろに当てるのがよいであろうか。それを考えるには、実際の経済史の情況と対比するのが有効であろうが、残念ながら戦国時代の経済史の研究は、なおその標準にできるほどの成果には達していない。楊寛氏の『戦国史』[21]などは新しい成果として詳細なものであるが、それも春秋中期以後の一般的情況として概括的に説かれているだけである。もしそれに従うとすれば、上に述べた『管子』中の経済思想は、「軽重」の大部の内容を除いて、おおよそ戦国最末期までに収まることは明らかになるが、それをさらに分析して発展の跡をたどるという目的のためには不十分である。したがってここでは、それらの研究を参考にしながら、主として戦国の情況を物語る原資料を検討して、それと対照することによって『管子』のおおよその年代を想定するにとどめたい。

まず注目したいのは『孟子』である。『孟子』には経済資料が少なからず見られ、それはほぼ戦国中期の情況として比較的はっきりしているうえに、『管子』とも関係の深い斉の風土にもとづくところが多いからである。

孟子が「仁政は必ず経界より始まる。」として井田制を説いたことは有名で、もちろん重農の立場にあった(滕文公上篇)。しかも、斉の宣王に対して「耕者みな王の野に耕さんと欲し、商賈みな王の市に蔵せんと欲する」状態を実現しようと述べているように(梁恵王上篇)、商業活動にも寛容であった。ただ、孟子にとっては単なる富国強兵だけが目的ではなかったから、「善く戦う者は上刑に服すべく、……草莱を辟《ひら》きて土地に任ずる者はこれに次ぐべし。」とされ(離婁上篇)、また、「我れは能く君の為めに土地を辟きて府庫を充たす。」と豪語するような「今の良臣」は、「古えのいわゆる民の賊」であるともされた(告子下篇)。さて、ここで注意されるのは、「草莱を辟き」「府庫を充たす」などという、当時の良臣が専念する事業である。『管子』の「経言」では、「地の辟挙《ひら》ければ民も留まり処る、……野の蕪曠《あ》るれば民も乃ち荒る。」(牧民篇)とか「地の博きに而も国の貧しき者は、野の辟けざればなり。」(権修篇)などといって、土地の開墾と耕作をすすめ、「倉廩の実つる」積蓄を重視していたが、それこそ孟子の非難するところに相当しているのではなかろうか。

孟子はまた、自給経済と物価斉一論を説く神農家の許行に反対して、分業とその交易の必要を説いている(滕文公上篇)。これは交易流通の商行為が当時に一般的であったことを物語っているが、すでに大商人の「壟断《ろうだん》」があり、それに伴って「商に征する」ことも行なわれていたことも述べられている(公孫丑下篇)。商業はかなり発達していたと考えてよいであろう。ただ、さきの許行との問答によると、交易は専ら「粟を以て易うる」ことを中心としていて、貨幣の流通はまだそれほど一般的ではなかったことを想わせる。この情況は、『管子』の「経言」の乗馬篇に比べると、やはりほぼ類似した情況といえそうである。乗馬篇では「市とは貨の準なり。」「黄金とは用の量なり。」といって、市場の機能を重視し、巨利を貪る商人を警戒して国家的な統制をも考えていた。これを牧民篇の素朴な重農の立場とあわせて考えると、「経言」の経済思想はほぼ戦国中期以前、初期にもわたるものとしてよいのではなかろうか。

孟子にやや先だって西方の秦で活躍した商鞅の場合にも、その重農の立場ははっきりしている。ただ、彼の場合は軍事による国力増強の基礎として、農戦を結合して考察するところに特色があった[22]。そして、農業を奨励するための施策が説かれるとともに、それを害するものとしての商工業に対する抑圧が考えられていた。この点は『管子』とはっきり違うところであるが、それは李剣農氏[23]が考えたような、農民に対する大商人の圧迫を排除するといったものではなくて、学者文人と同様に、直接農業人口の減少と農業の軽視をもたらすものとして警戒されたのである。秦の経済情況は、まだ商業問題を積極的に考えるまでには達していなかったであろうとみる、胡寄窗氏の考えが正しいであろう。[24]

さて、「経言」の経済思想が『孟子』のそれと見合うもので、戦国中期のころ、あるいはそれ以前のものとするなら、「経言」の内容からきわだった発展を見せている「軽重」諸篇の思想は、もちろん戦国末期以後のものとなるであろう。ただ、それを確認するためにはなお検討しなければならない資料がある。

まず第一には『漢書』食貨志上に見える魏の李悝《りかい》の平糴《へいてき》法である。それは、富国の実をあげるために五口の家の生計を詳細に分析し、その生活を保護するために「糴《てき》の甚だ貴ければ民を傷い、甚だ賤ければ農を傷う。」という原則にもとづいて、年の豊凶に見あった糴のあり方を考えてその価を安定するというものである。李悝は魏の文侯に仕えた戦国初期の人であるから、もしこの資料が当時の真実だとすれば、すでに孟子よりは約八十年も古い時代に、国による穀価の調節が主張されたことになる。とりわけ、農民の生活について、一石三十銭の計算で食米を除いた余りの四十五石を千三百五十銭と算定し、祭祀その他の生活費用をすべて銭で計算しているのは、すでに完全な貨幣経済の時期に入っていることを思わせる。貨幣と穀物や金の等価物との併用は長期にわたって行なわれたに違いないが、それにしても食貨志の書き方は『孟子』と比べても不思議である。

いったいこの資料は、数少ない古代の経済史料として、しかも詳細で整備しているだけに、多くの研究者によって重視されてきたものであるが、すべてそのままに戦国初期のものと見ることには大いに問題がある。李悝の施政として『史記』にはっきり見えるのは「地力を尽くす」ということである。[25]それが確かなことであるのは、たびたびの記載で明らかであるが、その内容の詳細はわからない。ところが、『漢書』食貨志ではその内容を簡単に説明したあと

（それは要するに、土地の利用のしかたで増収をはかることであって、その名目に適っている）、「又曰わく」としてさきのような経済説に及ぶのである。恐らく『漢書』の著者は、その藝文志法家類に著録された「李子三十二篇」にもとづいて書いたものだと思われるが、それは『史記』の作者が知らないか重視しなかったかの資料である。さきに述べたような貨幣流通の情況、一夫に五口で百畝の田という形が平均的に定着しているとみられる情況（『孟子』では八口の家で井田の百畝が理想とされている）、なおまた百畝の収穫を百五十石としているのが、漢の文帝の時の晁錯の対策にも似た文があって、「百畝の収は百石に過ぎず。」といわれていることなど、戦国初期の情況として疑わしいところが少なくない。

もっとも、食貨志にいう「一石三十銭」という数字が漢代のおおむねの計算と合わないことから、恐らくさらに古い伝承を持つものと考えられており、近年「雲夢秦簡・秦律十八種」の中にそれに合致する資料のあることも、古賀登氏によって指摘された。(26) しかし、それを遡らせて戦国初期のものとするのには、上述のように不都合が多いであろう。要するに、以上を総合して考えると、食貨志の資料の少なくとも「又曰わく」以下の文は、戦国末ごろに整理された文章をふまえたものと見るのが妥当だと想われる。胡寄窗氏がとくにその数字部分に問題の多いことを具体的に指摘して、後代の付会の文章であって、李悝のものとして信用することはできないと論じているのは、まことにわが意を得たものである。(27)

もちろん、食貨志の記述をすべて抹消する必要はなく、そこからもとの「尽地力之教」を想見することも許されてよかろうが、それは農業生産を高めるために地力を活用することを骨子として、ある程度の穀物の統制をも行なったというものであったろう。もしそうだとすると、『管子』の「経言」の思想を李悝と同じ戦国初期かそれ以後のものと見ることに問題はなく、したがってまた「軽重」を戦国末以後とすることにも支障はないはずである。

李悝にやや先だつ経済家としては、越王勾践のもとを離れてから天下の富豪となった陶朱公（范蠡《はんれい》）がいる。范蠡と併称される計然《けいねん》は、それを范蠡の著作の篇名とみるのが銭穆氏の説であるが、(28)そうでなくて別の人名だとしても范蠡と同派の経済家であることは確かである。『史記』貨殖列伝によると、そこでは李悝の場合と同様の穀価調節の考えがみえ、それは農民も商賈もともに利となることを目ざしたものだとされる。つまり、「穀価があがれば民が困り、安ければ農民が困る」という対立を調節しようとした李悝の考えが、すでにここに見えている。そして李悝と違って、むしろそれより進んでいるかに思えるのは、商業の重視である。「農病めば草辟けず、」に対して「末病めば財出でず、」と言われ、「関市乏しからず、」財貨の流通の盛んなのが「治国の道なり。」とされている。もちろん商業活動そのものを示すことばもある。「其の有余不足を論《しら》ずれば貴賤を知る」、そこで「貴ければ出だすこと糞土の如くし、賤ければ取ること珠玉の如くす。」物価の上下に従って敏速かつ大胆に「貴売賤買」を行なうのである。范蠡自身、それによって巨富を収めたのであろう。李悝が農業に重点をおいたのに対して、こちらでは商業に重点があるといってよい。

『史記』によると、このあとに白圭があらわれて「天下の治生を言う者、白圭を祖とす、」とされ、次いで塩を売った猗頓《いとん》、冶鉄によって王者の富を収めた郭縦、そして牧畜で産を成した烏氏倮のことが出てくる。白圭は『孟子』(告子下篇)にも見える戦国中期の人物で、烏氏倮は秦の始皇帝によって優遇されたとあるから、塩鉄の大商人たちも恐らく戦国末の人物であろう。そして、猗頓は賈誼の「過秦論」のなかで「陶朱・猗頓の富」と併称され、『孔叢子』陳士義篇では(陶)朱公に学んだという説話があって、両者の関係が思われる。(29)ここに、陶朱公が子孫にうけ継がれて「富を言う者みな陶朱公を称す。」と言われるような立場にあったことを考えあわせると、范蠡・計然の術とされるものも、猗頓らのような戦国末の経済家によって修飾されたところもあろうと思われる。戦国初期以来の富商の出現や経済説の擡頭は事実であろうが、その記載の内容には後世の付加のあることも考えておかねばならない。かりに『史記』の記載をそのままの事実であるとしても、「軽重」諸篇に見られるような国家的な規模で営利を追求する商業政策、とりわけ塩鉄の専売などの事業は、さらに進んだ段階のことである。「経言」の内容を戦国中期から初期、「軽重」を戦国末期以後と考えたさきの考察は、『史記』貨殖伝の叙述ともそむかないとしてよいであろう。「軽重」諸篇の成立についてのさらに詳細な検討は、このあと節を改めて行なうことにしたい。

以上を要するに、『管子』中の経済思想は、戦国初期から末期以後にも及ぶ長い期間の推移をあわせ包含したものである。おおよそ「経言」の内容がその古い部分に当たり、「軽重」諸篇の内容が最も新しい部分である。そして、全体をつらぬく基調としては、重農を中心としながら商業をもあわせ尊重するというものであるが、農業生産と蓄積を主とする素朴な段階にある「経言」の思想は、貨幣を中心とする価格操作によって国家の収益をあげるという「軽重」の強い商業主義へと変化をとげている。それは、もちろん両者のあいだに横たわる時代の隔たりを物語るものであった。

（1） 筆者が恩恵をうけた主要な研究書をあげると、次のとおりである。胡寄窗『中国経済思想史』上冊（一九六二年上海人民出版社）、黄漢『管子経済思想』（民国二五（一九三六）年商務印書館）、馬非百『管子軽重篇新詮』（一九七九年中華書局）、李剣農『先秦両漢経済史稿』（一九五七年三聯書店）、唐慶増『中国上古経済思想史』（民国六四（一九七五）年古亭書屋）。

（2） 「末産」の禁止については、農業を保護するための施策としてまた後でとりあげる。なお、立政篇には「本事を好み地利を務めて、賦斂を重《かた》んずれば、民はその産を懐《おも》う。」とあって、「本事」が農業をさしていることは一層明白である。

（3） 「地者政之本也」の一節は「陰陽」と題されて前にあり、「地均」を説く一段より以下は、その前の部分とは文体も違っていて、数字をまじえた具体的な記録風のものとなっている。恐らく両者の起源は別であろうが、もちろん無関係ではなく、前半は後者をふまえて作られていると見られる（第三章「経言」諸篇の吟味、乗馬篇の項（七八―八一ページ）を参照）。

（4） 「末産」「末作」の解釈として直ちに商工業をあげにくいようにも思えるのは、『管子』中に抑商のことばが少なく、むしろ商業を重視することばも多いからである。この点は同じ重農でも抑商を強調する『商君書』とは違っている。しかし、関鋒・林聿時「管仲遺著考」（一九五九年『中国哲学史論文初集』）や唐慶増前掲書（註1）でいうように、それを「文巧」と同視して解釈するのは、従いがたい。重農の立場からは商工業の活動も規制されるとみるべきである。

(5) 「墨家は倹にして遵《したが》いがたし。」と『史記』太史公自叙の六家要旨でもいわれるように、節用・節倹を強調するのは、墨家の特色である。儒家の場合も農業生産を重視して寡欲節倹を説くが、墨家の強烈なのには及ばない。「先秦の各学派の中で、節用と崇倹を論ずることでは、墨家が突出している。」と胡寄窗氏(註1前掲書一五五ページ)もいう。

(6) 治国篇については、第一節政治思想の(二)(一〇九―一一〇ページ)でも、その経済思想に言及した。参照されたい。

(7) 「一農不耕、民或為之飢、一女不織、民或為之寒。」この語は、類似した文が『呂氏春秋』愛類篇では「神農之教」として引用され、『漢書』食貨志によれば賈誼の奏言の中で「古之人曰」として引用されている。軽重甲篇の場合もやはり古語の引用であろう。

(8) 「百利不得」の不字を衍字とする説が、王念孫と孫星衍にある。『太平御覧』の引用にはなく、意味の通りもその方が分かりやすいからである。しかし、何如璋や郭沫若氏はそれに反対して、尹註をよしとした(『管子集校』上冊六八ページ)。『太平御覧』は理解しやすい方に従って文を改めたものであろう。

(9) 松木民雄「四民不雑処考――国語斉語と管子小匡をめぐって――」(一九七五、六年『集刊東洋学』第三十三、五輯)参照。また本書の序章(二)(一三ページ以下)を参照。

(10) ちなみに、重農抑商を強調した『商君書』では「関市の賦を重くす」ることが言われている(墾令篇)。

(11) 「積聚幷兼」を行なったのは、もちろん大商人だけではない。呂思勉『読史札記』甲秩先秦「管子軽重一」(二〇四ページ)では、兼併は商賈に多く積聚は卿大夫の家に多かったという。

(12) 郭沫若「《侈靡篇》研究」(『歴史研究』一九五四年三期。『文史論集』一九六一年人民出版社所収)。

(13) 胡寄窗氏前掲書(註1)第十章管子経済学説、五 消費論(三一〇―三一八ページ)。

(14) この乗馬篇の語については本節(三)の初め(一三二ページ)で述べた。

(15) 胡寄窗氏は、侈靡を提唱する場合の一定条件としてこの「興時化」という語を解釈し、「化」を「貨」に読みかえたうえで「生産品が積圧されて再生産の進行を阻碍しているときに、生産を推し進めようとする場合のことだ。」と述べている。しかし、これは奢侈が生産を刺戟するという観点からの読みこみであって、むりな解釈である。「時化」が時の変化であることは、この語の上文で「古えの時と今の時」を問題としていることや、下文で「故を化して新に従う」といって「化変」を説くことによって、明白である。

(16) 胡家聡「《侈靡篇》断代質疑」(『中華文史論叢』一九八〇年第四輯)。

(17)「経言」の立政篇では「本事を好み地利を務め賦斂を重んずれば、則ち民はその産を懐う。」とあって、重税をよしとするようにもみえるが、ここの「重賦斂」と「軽賦斂」の重と軽は重難(慎重)と軽易の意である。

(18) 軽重乙篇にも類似の文があって、「租籍は君の宜しく得べき所なり。正籍は君の強いて求むる所なり。」とある。租籍は租税とあるべきであろう。

(19) 軽重甲篇にも地数篇のこの文と類似のものがあり、そこでは「陰王(経済的には王となる資格がある諸侯)の業」として述べられている。

(20) 呂思勉氏前掲書(註11)「管子軽重四」(二一三ページ)参照。

(21) 楊寛『戦国史』(一九八〇年第二版上海人民出版社)第二章春秋戦国間農業生産的発展、第三章春秋戦国間手工業和商品経済的発展。

(22)『商君書』農戦篇。胡寄窗氏前掲書(註1)三九一ページ以下参照。『管子』禁蔵篇にも「農事習えば功戦巧みなり」と耕戦一致の考えがあるが、その主張は『商君書』のように強くない。

(23) 李剣農氏前掲書(註1)一二二ページ。

(24) 胡寄窗氏前掲書(註1)三九〇ページ。

(25) 李悝はまた李克とも書かれているが同人である(崔述『史記探原』)。『史記』孟荀列伝・貨殖伝・平準書に出ている。魏世家では文侯との問答が見えるが、経済とは無関係で、恐らく『漢書』藝文志儒家類にみえる「李克七篇」から採られた説話であろう。

(26) 古賀登『漢長安城と阡陌県郷亭里制度』(一九八〇年雄山閣)四二六ページ。

(27) 胡寄窗氏前掲書(註1)二七一―二七七ページ。

(28) 銭穆『先秦諸子繋年攷弁』三四　計然乃范蠡著書篇名非人名弁。

(29)『孔叢子』陳士義篇で「猗頓……朱公の富を聞き、往きて術を問う」とあるのを事実とすれば、猗頓は戦国初めの人となるが、貨殖伝の記載の順序からするとそうは考えにくい。陶朱・猗頓と併称される気運のなかで生まれた説話であって、むしろ逆に猗頓が陶朱をかついだ形跡をうかがわせるものである。

第三節 「軽重」諸篇の成立

『管子』中の経済思想を検討したあとを受けて、ここではその経済思想の資料として重要な地位をしめる「軽重」諸篇について、その成立の事情をとくに追究することとしたい。すでに第二章で明らかにしたように、『管子』の全体八十六篇は、「経言」「外言」以下の八類に分類され、「軽重」はその最後に位置する第八類であって、『管子』の第六十八篇から第八十六篇に至る十九篇によって構成されている。ただし、現在ではそのうちの三篇が失われて、十六篇が伝わるだけである。そして、その内容は、さきに見たように、おおむね直接かつ具体的な経済関係の資料であり、またおおよそ桓公と管仲との問答体の形をとっている。十六篇はこの点において、「軽重」という経済術語を用いたその分類名にふさわしいそれなりの一つのまとまりを持っているとみられる。これをひとまず他篇ときり離して考察の対象とする根拠は、十分にあるといってよかろう。事実、「軽重」諸篇に関する専論はこれまでにも少なからず、馬非百氏のように、幾十年をかけて検討をくりかえしてきた学究もいるのである(1)。

さて、ここで問題とするのはその成立についてである。前節の検討の結果では、「軽重」諸篇にみられる経済原論ないし経済政策などには、「経言」以下の他の分類のなかでみられる経済思想から格段の進歩をとげた趣きのあることが明らかにされたのであるが、では、それはいつの時代に属するものであろうか。この問題は、その思想の背景となる経済史の情況とからんで、なかなか決しがたい困難な問題となっている。古く、『管子経済思想』を書いた黄漢は、この書が春秋時代の管仲の自著ではありえないという立場から戦国時代の作品であろうと定めたが、『管子』の各篇を詳細に検討した羅根沢氏は、「軽重」諸篇を一括して漢の武帝・昭帝期の理財学家の作であると断じた(2)。そして、最も精微を極める馬非百氏の検討では、十六篇の内容を一人一時の作ではないとしながらも、ついに最終的には王莽時代の人物の作品だと結論する。この結論は「証拠薄弱」として、つとに郭沫若氏や容肇祖氏によって批判された。(3) しかし馬氏は屈せず、近年に至ってさらに修訂を加えて陣容を固めている。郭氏は漢代の文帝・景帝ごろの文章と考え、容氏もおおむね漢初のもので中には戦国期のものもあろうとするが、いずれも論証はない。文・景期のものとしてやや論証を加えたのは町田三郎氏である。(4)

では、軽重篇はひっきょういつごろのものと見るべきであろうか。小論は、主として「軽重」諸篇の内容の吟味をとおして、この問題に迫るものである。そして、それには、成立の事情、まとまりの意味、ないし経済思想としての特色なども、あらためて検討されなければならない。

㈠

まず「軽重」十九篇の篇名をあげてみよう。

68 匡乗馬(1)	69 乗馬数(2)	70 問乗馬亡(3)	71 事語(4)	72 海王(5)
73 国蓄(6)	74 山国軌(7)	75 山権数(8)	76 山至数(9)	77 地数(10)
78 揆度(11)	79 国准(12)	80 軽重甲(13)	81 軽重乙(14)	82 軽重丙亡(15)
83 軽重丁(16)	84 軽重戊(17)	85 軽重己(18)	86 軽重庚亡(19)	

この表を見てすぐ気がつくことは、第八十の軽重甲以下の七篇とその前の十二篇とでは、篇名のつけ方が違っていることである。これはそのまま内容の違いにも通ずることであろうか。明の朱長春の『管子榷』(巻二十四軽重乙篇題下)では、甲・乙以下について「文義ともに鄙浅で観るに足らず」とし、「〔前の〕十二篇で軽重の本文は尽くされている。」と評する。のちに述べるように、確かに軽重甲以下では文章も読みやすく興味本位の作とみられる通俗化の傾向が目立っている。朱長春の評はおおよそのこととして承認されてよいが、これと別に、いわゆる「軽重」とは甲・

乙以下の七篇だけであったろうとするのは、石一参『管子今詮』の説である。[5] 石氏は、司馬遷が『管子』の乗馬・軽重・九府などの篇を読んだという『史記』の記載にもとづいて、今の「軽重」のうち、前の十二篇を乗馬と九府とに当て、後の七篇を軽重に当てて、「乗馬は自ら乗馬、軽重は自ら軽重、顕然として各〻殊なる」という。

石氏の説は巧妙である。『史記』斉太公世家の索隠では、「管子に理人軽重の法七篇あり」とあって、あたかも軽重甲から庚までの七篇が唐代には別行していたかに思えることも、石氏の説を裏づけるかのようである。しかし、実は、甲・乙以下とその前とでは内容的に種々関連するところがあって、簡単に「顕然として各〻殊なる」とは言いがたい。たとえば、同旨の重複文がある。前十二篇のなかの匡乗馬・乗馬数両篇にも後半と同様の物価調整の平準説があり、軽重ということばも見える、後七篇のなかの軽重丁篇には「此れを国准と謂う」という説明があって前半の国准篇との関係を思わせる、などといったことどもは、すべて石氏の説が根拠のないものであることを証明している。してみると、甲・乙以下とその前とでは、いくらかの違いのあることが考えられるとしても、「軽重」としての全体のまとまりはやはり保たれているとしなければならない。

そこで、次の問題はそのまとまりであるが、「軽重」諸篇の全体が、おおよそ具体的な経済問題を桓公と管仲の問答に託して述べているということは、初めに述べておいた。ところが、その通例とは違った篇が二篇ある。桓公と管仲との問答でもなければ管仲のことばでもなく、ふつうの叙述文ないしは議論文として例外の形式を備えているものであって、国蓄第七十三と軽重已第八十五がそれである。とりわけ、後者の内容は春夏秋冬の四季のめぐりに応じた時令資料であって、もちろん時令も軽重の経済資料とまったく無関係とは言えないとしても、異質であることは否めない。これは、のちに考察するように、他の時令諸篇と一括して考えるべきものであって、[6] それがどうして「軽重」の部に入っているのかは一つの問題であるが、ここではしばらく除外することとする。

しかし、もう一つの国蓄篇の方は除くわけにはいかない。こちらは、形式こそ異例であるが、その内容は重要な経済思想で満たされ、しかも、他の「軽重」諸篇と重複する文章が多くて、相互の密接な関係が考えられるからである。『漢書』食貨志には『管子』の「軽重」の説明があるが、そこで引用される文章も、この国蓄篇の文である。少なくとも後漢の時代に、国蓄篇が『管子』「軽重」の代表的文献と考えられていたことは、まちがいなかろう。この篇は、形式的に異例であるということによって、むしろ特別な検討を加える必要がある。清の何如璋は、この篇を管仲の自著とみなして「経言」の部に格あげしたが、(7) その考えはやや形を変えて石一参や馬非百氏にもうけつがれている。それは果たして正しいであろうか。

次に問題となるのは、おおよそ一定の主題を中心としたまとまりのある篇と、そうではなくて、個別的な種々の問題にわたる短章を寄せ集めたように見える篇とがあることである。たとえば、海王篇は塩鉄の統制によって国家の収入をはかることであり、地数篇は地理的条件や自然資源の経済的利用を説くもので、篇名とも合致するはっきりしたまとまりを持つものである。しかし、軽重甲篇以下では、己篇が時令としてまとまっているのを除くと、いずれも一つの問答ごとに別個のことを述べていて、全体としての脈絡もなければ、またそのまとまりもはっきりしない。丁篇と戊篇とを比べて、戊篇は国際経済で丁篇は斉の国内経済を主としているようにも考えられるが、そうすると丁篇の初めの石璧の謀や青茅の謀の国際性が疑問になる、というわけである。匡乗馬篇から甲篇の前の国准篇までは、海王篇ほどにははっきりしなくとも、おおむね平準の問題とか貨幣関係の論とかに主題がしぼられ、それぞれの問答間の連繫が保たれている。そして、この点で例外と認められるのは、さきにもふれた国蓄篇と、そして別に第七十六の山至数篇と第七十八の揆度篇とである。

これらの現象がどうしてそうなっているのかは、なかなか速断できない。ただ、甲・乙篇以下が「文義鄙浅」と言われていたこと、国蓄篇が体裁のうえから異質でありながらまた重視すべき内容を備えていると見られたことを考えあわせると、山至数篇や揆度篇にも特別な意味のあることも考えられる。山至数篇の方はもちろん桓公と管仲の問答だけで終始しているが、揆度篇の方では問答の他に「管子曰わく」とだけ書いた章や、その表示すらもない普通の文章もまじっていて、やはり体裁上からも変わっていることが注意される。揆度という篇名そのものが何を意味しているか、実はそれも疑問とされているのである。(8) 多岐にわたるその個別的な内容は、篇名の意味を定めるうえにも困難をもたらしている。甲・乙などの篇名が単なる記号であることは、もとよりいうまでもない。

「軽重」諸篇を通じての問題としては、文章の重複がかなり多いことも注意しなければならない。それらの文章には微妙な相違もあるが、また文章は違っても主旨を同じくするという例も少なくない。国蓄篇をとくに重視して「軽重」諸篇の全体の理論綱領だと定めた馬非百氏は、この篇にとくに他篇との重複が多いことに注目して、それは、他の諸篇が問答の形をかりて、この篇の原則を具体的な問題について解釈し、補充し、あるいはその反対意見を提示した結果である、と論じている。(9) この見解は一つの解釈として尊重されるべきではあるが、重複は国蓄篇と他篇との間だけでなく、国蓄篇以外の諸篇の間にも多く見られるからには、それがどうしてそういうことになっているのか、さらに広く重複の実態を究明する必要があるはずである。そして、この重複文が多いという事実は、「軽重」十九篇が決して一人一時の作ではないことを証明しているとしてよかろう。(10)

なお、各篇の長短の差の甚だしいことも気になることである。この点は「軽重」の諸篇だけに限らないことでもあるが、「軽重」の場合、とくに問題になるのは、篇の分合を恣意的に行なったのではないかと、疑わせるようなところがあるからである。たとえば、匡乗馬篇の末尾は「此れ有虞の筴《さく》乗馬なり」と結ばれるが、次の乗馬数篇の初めは「有虞の筴乗馬すでに行なわる」という桓公の問であって、もともと同篇の連続した文章ではなかったかと疑われる。(11) また国准篇は非常に短い篇であるが、丁篇の中に「此れを国准と謂う」と結ぶ説明が二章もあって、どうしてそれらが国准篇に入っていないのかということが疑問になる。(12) 篇としてのまとまりに乏しい甲篇以下では、章ごとに問答の内容が改まるから、甲と乙との区別をどこで切ってもよいといったようすが見える。張佩綸は「軽重」諸篇を後人の分篇足数、すなわち後人がかってに篇を分けて全体の八十六篇の数に合わせたものと見ているが、その疑問も全く根拠なしというわけにはいかない(13)。

ただ、もし後人がかってに篇の分合を行なったとすれば、なぜ篇の長短を不揃いのままにしたり、問乗馬や軽重丙・庚のような亡篇をそのままにしているのかといった疑問が、また起こってくる。そして、この場合の後人とは、もちろん劉向が八十六篇を定めてから後のことになるが、それを確かめるのは至難のことである。暫らくこの問題は保留にしておくよりしかたがない(14)。

さて、以上は「軽重」諸篇の成立を考えるうえで問題となることを、その諸篇のありかたに即してとりあげてきたのである。軽重甲篇以下とその前とでは、同じ「軽重」の部に属するものとしての内容的な関連を持ちながらも、またなんらかの区別があるように見えること、国蓄篇の体裁が特殊であって、しかも内容的に豊富で他篇と密接な関係にあること、揆度篇もまた何ほどかそれに準ずる様相があること、そして全篇にわたって重複が多く、全体が一人一時の作とはみられないといったことどもである。では、「軽重」篇のこうした様相はどのように解釈されるべきであろうか。それには、さらに内容にたちいった考察を必要とするのであるが、それに先だって、何如璋の仮説に注目しておかねばならない。

何如璋が、国蓄篇を管仲の自著と見て「経言」の部に掲げたことは、さきにふれたとおりであるが、その他の篇についても、それを二分して考えている。その分け方には二説があって、一つは軽重甲篇以下の七篇とその前の国蓄篇を除く十一篇とを分別すること、他の分け方は軽重甲篇以下から己篇を除き、甲篇の前につづく地数・揆度・国准の三篇を加えたグループと、国蓄篇を除いた前半八篇とを分けるのである(15)。両説の違いは主として地数・揆度・国准三篇を前につけるか後につけるかであるが、何如璋も迷いがあったらしく、三篇を甲篇以下と一括する理由は示されていない。要するに、何如璋は二分した前半を「斉史の文」すなわち斉の史官の正しい記録であって国蓄篇と並んで意味を助けあうもの(互相発明)、後半を「斉東野人の語」すなわち取るにたりない鄙語であって、前半の文章の断簡をもとにして偽作者がでたらめに作りあげたもの、あるいは後人が国蓄篇を訓釈したもの、と考えた。

すなわち、これによると、まず国蓄篇が中心となる資料である。石一参もこれを「経言」にあげ、馬氏がこれを全篇の理論綱領としたのは、みな同じ考えである。次いで匡乗馬以下の前半は、国蓄篇ほど重くはないが、それを補うものとしてやはり重要である。しかし、とくに甲篇以下のグループは後人の付加であって、ほとんど取るにたりないものだ、ということになる。この三分類は、馬氏もほぼ賛意を表明するところであって、上に見てきたような「軽重」の諸問題から考えると、確かに一つの目安として首肯できる点がある。ひとまずそれをふまえて、さらに検討を進めることにしよう。

(二)

何氏や馬氏の考えに従うと、「軽重」諸篇の中では国蓄篇が最も古い中心的なものである。何氏はそれを管仲の自著とするが、馬氏は王莽時代のものとみるから、その時代的な隔たりは甚だしいが、「軽重」のなかでの相対的な古さということでは一致している。絶対的な年代を考えることはあとにして、まず相対的な先後関係を、さきの三分類を念頭におきながら検討することにしよう。それには、この場合、重複文の比較が最も有効な方法であろう。

まず国蓄篇を中心として、それと軽重甲篇以下との重複を見ることにする。国蓄篇の初めは、十年の蓄えと山海の鉱産とがあってもその運用が適切でなければよくないとして、「有余に拠りて而して不足を制し」「其の通施(貨幣)を執りて以て其の司命(五穀)を御す」という原則を掲げ、次いで、強奪されると怒るのは人情であるから、王覇の君は抵抗の少ない税の取り方をするという一段に移る。これが軽重乙篇第四段の問答の後半にも見えているが、若干の字句の異同があるだけでなく、順序も変わっていて、乙篇では租税の一段が国蓄篇の第一段の中間に割りこんだ形になっている。これを比べてみると、国蓄篇の方ではそれなりのまとまりを見せているのに、乙篇の方では「故に」ということばで連結しているのに意味の連絡が悪く、乙篇での問答の主旨(壌数を問う)からしても、ややずれている。この点から考えると、乙篇の方には何か錯乱があるようで、もちろん国蓄篇の方が順当に思われる。ただ、乙篇の方で、「山海の金」が「山海の財」となっており、「王覇の君」として善い面から説かれていたものが「亡君」となって悪い面から説かれているという点は、両者の直接的な親子関係には疑問を抱かせるものである。

国蓄篇の第四段は「凡そ将に国を為めんとして軽重に通ぜざれば」に始まって、「軽重に通じ」「民の利を調通す」ることの重要性を説くのであるが、その後半で、穀物と貨幣との滞蔵を戒めて「積聚を散じ、羨(余)不足を鈞《ととの》える」べきことを説く一節は、軽重甲篇の第十三段の管子言とほぼ同じである。これを比べてみると、甲篇の方が簡潔で論旨がはっきりしており、とくにその最初に、「経言」の牧民篇の「務めは四時に在り、守りは倉廩に在り」「倉廩実ちて礼節を知り云云」という有名な文を掲げていることが注意される。この牧民篇の引用文はそれにつづく重複文と必ずしもよく適合しているとは言えないが、それにもかかわらずこれを初めに掲げたのは、やはり文章に重みをつけるための作為であろう。それからすると、甲篇の方はその簡潔明快な書きぶりからしても、後から整理を加えた文章であるように思われる。

国蓄篇の第七段、「凡そ五穀は万物の主なり」で始まる一段には、室廡・六畜・田畝・正人・正戸の五者によって税収を計るのを善くないとする一文があるが、軽重甲篇の第六段の問答では「寡人、室屋に籍せんと欲す」という問いを「不可なり」と退けたあと、万民・六畜・樹木とつづき、「然らば寡人、安《いず》くに籍して可なるや」という問いに管子が「鬼神に籍せよ」と答える文章がある。鬼神に籍するというのは、後文によって、実は祭礼を興こして付随的に税収をはかることだとわかるが、桓公も「忽然として色を作《な》し」たとあるように、読者の意表をつく表現である。甲篇の文章には、確かにわかりやすく面白く作られたようすがある。ちなみに、甲篇のとよく似た問答は海王篇の初めにもあるが、そこでは「唯だ山海に官せよ」と答えて、塩鉄専売論へと進む前提として落ちつきを得ている。

実際、軽重甲篇以下では読み物として話を面白くする工夫が見えて、それだけに通俗化が目立っている。たとえば、甲篇の第八段では斉の北沢が焼けたことで管仲が予言をする。一年たってその予言どおり、農民が豊かになって租税も早く収められる。その理由をたずねると、薪の値段があがって農民に余裕ができたからだと答えられる。また乙篇の第七段には「素賞の計」というのがあって、戦争に先だって予め軍功とその賞とを個別的に約束し、それによって死力を尽くさせて利を収めると、賞金の実際の出費は不必要になったという。同じく第九段には「号令に籍す」ということがあるが、これは、国蓄篇の末尾で、令の緩急によって物価の変動が起こることに注目して、そこから国の収入を得ようとするのとは異なり、偽りの命令を出して民間の積財をはき出させるという、むしろ権謀色の強いものである。

軽重丁篇に進むと、この権謀的色彩は一層強くなる。第一段の「石璧の謀」は、天下の諸侯が天子に朝見するのに必ず斉で作った石璧を用いることを定め、それによって斉の経済を豊かにしたというもの、第二段の「青茅の謀」も同類、第三段も「富商蓄賈称貸の家」の力を弱めて農民を保護しようとする主旨の長文ではあるが、本来価値のない「鐻《きょ》枝《し》蘭鼓」とひきかえに称貸の家の券契を破棄させるという骨子は、やはり前と同様である。これらは、情況によって物の価値が変わるという経済原則を示すものではあるが、むしろ利益を収めるためにことさらに他を欺くという権謀的性格が中心になって、話の面白さを盛り上げている。『漢書』藝文志によると、斉の関係で「太公の謀八十一篇」という書物もあったらしいから、権謀と管仲が結びつくのも理由があるとは思えるが、それにしても幼稚である。丁篇の第十一段や第十二段では、また商人の勢力を抑えるためにわざと川を作って水禽を集め、商人を遊ばせるとか、布帛の増産をはかるために街路樹を伐って人々を休息させないとかいった、いささか児戯に類するようなことまで書かれている。

以上を総合して考えると、国蓄篇がそれなりの重厚さを備えているのに対して、軽重甲篇以下では読み物としての面白さをねらった通俗的な風気があり、それに応じて文章も内容も新しいものと見られることは、やはり先人の考えたとおりである。相対的な先後ということになれば、国蓄篇の方を古い成立とみるのが自然であろう。ただ、それでは国蓄篇を承けて甲篇以下ができたのかとなると、それには前にもふれたような疑問もあって、にわかにそれを肯定することはできない。

たとえば、国蓄篇第九段には「玉は禺氏《ぐうし》に起こり、金は汝漢に起こり、珠は赤野に起こる。東西南北、周を距たること七千八百里」の遠方嶮絶の地にあるがために、先王はとくにそれらを珍重し「珠玉を上幣と為し、黄金を中幣と為し、刀布を下幣と為し」たという貨幣論があり、それが乙篇第二段のなかでも見られるが、そこに文章の違いがある。乙篇では、全体に簡略であるのに「汝漢の右衢」「赤野の末光」「禺氏の旁山」と余分の語があり、「東西南北」という意味のわからない四字はない。そして結末の文章は、国蓄篇では「上中下の三幣を握っても暖にも飽にも益はないが、先王はそれによって財物を守り民事を御して天下を平らかにした。」とあるのに対して、乙篇の方では「先王はその中幣(黄金)を高下することによって、下幣と上幣との作用を制御し、天下を足らしめた。」という。これを比べあわせて考えてみると、三幣を説く主意としては乙篇の方がまとまりがよく、国蓄篇の方がむしろ資料の寄せ集めで主意もはっきりしていないことが思われる。当然、乙篇が国蓄篇の文を利用してそれを簡略にしたというようには見られないのであるが、果たして、同類の文はまた地数篇第三段と揆度篇第十二段との管子の答語のなかにも見えていて、それぞれにいくらかの違いはありながらも、みな金中心の貨幣論を説くのが主意であって、乙篇と完全に一致している。乙篇は国蓄篇に依拠したのではなく、国蓄篇がむしろ雑湊で異質だという現象がここにはある。

そして、この現象は、ただここだけのことではない。国蓄篇第七段では「凡そ五穀は万物の主なり、穀貴なれば万物必ず賤、穀賤なれば万物必ず貴。」と、穀を中心とする物価論があり、人君はそれを操って利益を収めるから、「万民、籍(税)なくして、国利、君に帰す。」と結ばれるが、乙篇第十一段では同じことが言われながら、それは「任商の利を殺ぎて、農夫の事を益す」るためだとされている。そしてこの農民保護、つまり農業経済の安定を主とする立場は、乗馬数篇第三段の同文の前後でも共通している。また国蓄篇第六段には、農事のために預め資力を貸与する称貸のことが述べられているが、それも「是の故に民に廃事なくして、而して国に失利なし。」と、国益の追求が主意となっている。しかし、甲篇第一段で「長仮(長期貸与)」を言い、丁篇第三段・第九段で「称貸の家」から「券契」をとりあげることを述べるのは、山国軌第四段で「無貲《むし》(資)の家には皆これを仮す。」と述べる一節などとともに、もちろん国益にかかわるとはいえ、農民生活の保護に直結する書き方である。国蓄篇でも「故に大賈蓄家も吾が民を豪奪するを得ず。」というような民への配慮もあるけれども、それは直ぐつづいて、「国に失利なし」という国家目的へと収斂されている。国蓄篇は、他篇と重複した同じ資料を使いながら、国利の追求を第一として編成されているように思われる。

国利あるいは国君の利益が第一だということは、そのためには民の利を奪う場合もあるとされることではっきりしている。国蓄篇の第五段では「夫れ民は余あるものには則ちこれを軽しとす、故に人君はこれを斂むるに軽きときを以てす。民は足らざるものには則ちこれを重しとす、故に人君はこれを散ずるに重きときを以てす。……故に君に必ず什倍の利あり。」と言われている。国蓄篇を除く前半の諸篇では、君民関係をこのような厳しい利害対立の形であらわしたところはない。むしろすでに見たように農民の生活への配慮が強く、山権数篇第四段では「民の能く農事に明《つと》(勉)むる者」「民の能く六畜を蓄育する者」などに賞金を与えることまで言われている。山権数篇のこの前後では仁や慈孝の徳を表彰したり、『詩』『春秋』『易』などを学ばせたりすることも言われているから、この辺りには儒家の影響もあるのであろう。しかし、それはともかくとして、国蓄篇の特色は以上でほぼ十分に理解されたであろう。

さて、国蓄篇の特殊性をここまで見てくると、それを「経言」ないしは「軽重」全体の理論綱領として、とくに古い伝承を持つもののように考えることが正しいかどうか、むしろ疑問に思えてくる。他の諸篇とは異なったその文体は、確かに原理原則を述べたてたもののようであるが、それは商業手段によって国利をはかるという一つの立場のもとに、経済原則的なことばを集めて新しく編纂されたものだ、というようにも考えられる。軽重甲篇以下の諸篇が、全体として、その内容からも文体からも国蓄篇よりは新しい様相を備えているとみられることは、さきに考察したとおりであるが、しかしその親子関係はそれほどはっきりせず、むしろ別に基づく所もあったようで、なかには国蓄篇とは違っていて、それ以外の前半諸篇とよく合致するという場合もあった。この情況からすると、甲篇以下がふまえたであろう祖本として国蓄篇だけを立てることには疑問があり、もし国蓄篇を立てるなら他の前半の諸篇のなかにも祖本を設定する必要がある。しかし、そのような複数の篇にまたがった祖本というものは、当然にも原初の形からはすでに変形していると見るべきであろう。してみると、今の「軽重」諸篇のなかでは、国蓄篇と匡乗馬篇以下の前半諸篇とがやや古く、甲篇以下が新しいとしても、それらは親子関係ではなく、別にそれらが共通にもとづいた一つの祖本があったのだ、というように考えるのが、むしろ妥当なことに思われる。

いったい、「軽重」という篇名の引用は『史記』管晏列伝の賛に見えるのが最初である。司馬遷はそこで、「管氏の牧民・山高・乗馬・軽重・九府」を読んだと言っている。劉向の「叙録」ではこれを引用したうえ、「山高は形勢篇のことで、九府は民間に伝わっていない。」と述べている。そのことばどおり九府篇はその八十六篇の篇目にも入っていないから、ひとまず考えようがないとして、問題は「軽重」である。牧民・形勢・乗馬の三篇は、今の『管子』でも「経言」に入っていて、それぞれにまとまった一篇であるのに、「軽重」だけは、甲から庚までの七篇、さらに「軽重」の部の前半を合わせると十九篇もあって、それがまた文章も内容も複雑で、司馬遷がこれらを読んで牧民や形勢と並べあげたと考えるには、かなりのむりがある。そこで、馬非百氏などは『史記』のこの記載を後人の付加文として抹殺しようとするのであるが、それはすでに容肇祖氏の批判もあったように、とうてい従いがたい。『史記』

のなかでは、管仲と「軽重」との関係を示すものが、平準書を初めとして多見しているからである。[16] 司馬遷は確かに「軽重」篇を読んだのであろう。そうすると、問題は、その「軽重」篇とはどんなものであったか、ということである。

さきに、一つの祖本を仮定したのは、この司馬遷が読んだテキストとして考えたのである。現存の十六篇の中の一篇を、たとえば国蓄篇などを、司馬遷のテキストに当てることは、容易に思いつくことではあるが、それがそう簡単にいかないことは、さきの吟味によって明らかにされたとおりである。今は、はっきりしないけれども一つの原本があって、それが種々の立場で継承され展開されたものが現存の十六篇だ、と考えておくのが最も妥当に思われる。

このごろ考えるのは、古典の重層的成立ということである。中国の古典では、一つの書物あるいは一篇の中で、新旧の資料がまじりあっている例は少なくない。『中庸』などはすぐ思い浮かぶその例であるが、この『管子』もまたそうである。そして、その現象は、もちろん後世の錯乱ということもあるが、また成立時の故意の編集もあると考えなければならない。古い材料を寄せ集めて、そこに新しいことばを書きそえながら、それぞれの主旨にそって新しい篇を合成するという作業は十分ありうることである。あるいは多少の改変はそれを改変とも意識せず、古いままの祖述として通用させるということもあるだろう。『管子』の軍事思想について、新出土の「王兵」篇との関係を吟味する第五節においても、そのことは実証されるはずである。[17] 古い材料をふまえて、その上塗りをして仕上げていく。そして、それをくりかえす。重層というのはそのためである。「軽重」篇の原本は、恐らく主要な経済法則や術策をまとめたものであったであろうが、活潑な経済動向のなかでそれを利用して重層的な新篇を作りあげる者が数多くあらわれ、こうして十九篇にまでふくれたというのが、恐らくその実情であろう。もちろん、原本は劉向の段階で亡失していた。それはまた、十九篇のなかにその多くが吸収されたためでもあったろう。

要するに、「軽重」諸篇は、国蓄篇が特殊な一篇として存在し、それを除いた匡乗馬篇以下の前半と、甲篇以下の後半という三つの部分に大別することができる。そして、甲篇以下がやや新しい成立と思われるが、全体の関係は親子関係であるよりは兄弟関係であるとみられ、共通の祖本としての原本があってそれから多様な発展をとげたものが今の諸篇であろうというのが、この節で考えた結論である。では、それはいつごろのことで、またどのような背景のもとに作られたのであろうか。

㈢

さきには「軽重」諸篇の相対的な先後関係を吟味したのであるが、いよいよその絶対的な成立年代を考察する段階になった。ただ、それに入る前に、それを考察するための前提ともなる、成立の背景としての重要な一事について述べておきたい。それは軽重家と名づけられる専門学派の存在である。一篇の原本が十九篇にもふくれたとすれば、それは華々しい軽重家の活躍を前提にしてこそ可能であった、と考えられるのである。

「軽重之家」ということばは、「軽重」諸篇のなかで三度だけ出てくる。まず乗馬数篇第二段では「彼れ物軽ければ泄《も》らされ、重ければ射《い》らる、此れ闘国相い泄らし、軽重の家相い奪うなり。」とあり、物価の変動に乗じて巨利を収める投機家ないしは相場師の様相を備えている。この場合の「家」は、上の「国」と対して、他篇で「大賈蓄家」などと言われる場合と同様に豪家をさすと見ておくことも可能である。しかし、次の山至数篇第七段では、諸侯の身内の財産争いをとりあげ、兵戦になるだけでなく、「軽重の家、復た其の間に游ぶ。」という。「游」の字は比喩的な意味もあろうが、権力者の間をとびまわって游説する活動的な様相もうかがわれて、単なる豪家ではなさそうな感じがある。そして、注目すべきは軽重甲篇第十四段の問答である。

まず、桓公が兼併蓄蔵の害を除くために「幷財を分かち積聚を散ずる」方策を質問すると、管仲は「唯だ軽重の家、能くこれを散ずと為すのみ。請う、以て軽重の家に令せん。」と答える。桓公は「諾」と応じて、さてそれからである。五乗の車を用意して癸乙《きいっ》という人物を周の下原から迎え、重臣の管仲・寧戚らとともに四人の座になって、「軽重の数(術)」を質問する。そして、癸乙はまさしく「万物が通じ運《めぐ》って賤(廉価)になる」方策を教えるのである。その長広舌の途中には「管子、肩を差《なら》べて問う」という一幕さえ挿入されている。注意したいのは、ここで頼みとされている「軽重の家」とは癸乙のことであり、それはまた多分に游説家の様相を備えているということである。もちろん、この人物は単なる弁説の士ではないかも知れない。さきの二つの用例と合わせて考えれば、実際に投機の利益を収める実践家でもあったかと思われる。しかし興味深いのは、その経済コンサルタントとでもいうべき役割である。そして、それを単なるフィクションではなく現実の反映であるとみることは、恐らく誤りのないことであろう。

癸という姓は珍しい。[18] それがまた癸度《きたく》という姓名で軽重乙篇と丁篇とに見える。乙篇の方は「武王、癸度に問うて曰わく」と始まり、癸度が「金は汝漢の右衢に出で、珠は赤野の末光に出で云云」と答えて、「中幣を高下して下上の用を制する」という、さきに引用した貨幣論を述べるのである。癸度はここでも経済問題の相談役である。[19] 丁篇では、管仲のことばとして、「昔、癸度は人の国に居り」物価の高下に応じて経済活動を行なった、といわれている。それは武王——恐らくは周の武王——に質問されていた人と同一の人物であろう。そして、癸乙との関係は不明であるが、癸という姓はもちろん架空としても、ともに軽重一派の理想者として設定されたものであることは、確かであろう。

ここで考えなければならないのは、揆度篇の存在である。揆度の意味は、文字どおりには慮り考えることであるが、篇の名称としては必ずしもはっきりしなかった。張佩綸氏は「軽重諸篇と雑揉重複した内容で、篇名の意味もよく分からない」と言っている。ただ、郭沫若氏は乙篇の「武王、癸度に問う」の一段はもとこの篇にあったもので、揆度という篇名はそれにもとづいている、揆度は即ち癸度であると言う。[20] 乙篇の一段がそのまま揆度篇にあったかどうかは疑問であるが、乙篇で癸度の答えとされていた文章が、揆度篇で管仲の答えとして重複して見えているのは、確かに両者の密接な関係を思わせるものである。そこで、揆度を癸度と同じ人名だとすると、それは軽重一派の理想者として設定されたとみられる人名であるから、それを篇名としたこの篇は、当然にも軽重一派を代表する文献だと考えられるであろう。この篇が他の「軽重」諸篇と比べてやや特殊な様相を持つことは、さきに述べたとおりである。問答体と叙述体とがまじっていること、十六段に分けられる内容がそれぞれ別個の問題を扱っていて連続性がないことであったが、その多様な内容はまた「軽重」諸篇に多く重複している。国蓄篇に準ずる特色だといってよかろう。

さてその内容であるが、まず、篇の初めには、「燧《すい》人より以来、其の大会、聞くを得べきか。」という桓公の質問に答えた管仲が、「燧人以来、未だ軽重を以て天下を為めざる〔者〕有らず。」と言って、共工・黄帝・尭・舜と歴代それぞれに軽重を行なってきたことを述べる一段がある。この一段は軽重戊篇では「虙戯《ふつき》、国を理めてより以来」となって、神農・〔燧人〕・黄帝・有虞・夏人・殷人・周人と、一層もののしくなっているが、もちろんいずれも軽重一派の宣伝文句とみてよいであろう。古い大昔から軽重によってこそ天下がよく治まってきたというこの一段は、軽重を売りこもうとする一派の存在があってこそ言われることではなかろうか。

第三段は「軽重之法に曰わく」という一段である。その内容は「自ら能く司馬たらんと言いながら司馬たること能わざる者は、其の身を殺して以て其の鼓に釁《ちぬ》らん、云云」といった、言行一致ないし名実一致の処罰論である。その結末が「重門撃柝も能くせざる者は、亦たこれに随うに法を以てせん。」と言われているように、これは明らかに法律論であって軽重の術を説くものではない。してみると、それを「軽重之法」というのは、いかにもいぶかしい。これは軽重家の法、軽重一派に適用される法と解釈してこそよく理解できる。彼らは経済政策を進言し、時には投機的なことにも及ぶのであるから、名実一致の効果がとくに重要である。厳罰を用意しておいてこそ、「敢えて能を姦《いつわ》り禄を誣《あざむ》きて君に至る者なし。」で、軽々しい進言は抑えられるわけである。この一段もまた軽重家の存在を物語っているとしてよいであろう。

揆度篇の内容をこうした観点から見ると、その第四段以下で、とりわけ第九段で、軽重の原則を次々と羅列的に述べていることなども、いかにもこの学派の主張をとりまとめたもののような印象がある。「物価が高ければ物は集まってくる、安ければ物は去っていく。」「物は集蔵されると高くなり、分散されると安くなる。〔集中されると少なくなり、〕分散されると多くなる。」「貨幣価値が重くなると民は利のために命を投げ出し、軽くなると棄てて用いない。重いか軽いかは発行の数量によって調節する。」そして、これらの内容は、国蓄篇・乗馬数・山権数・軽重乙の外、山至数・地数・軽重甲など、「軽重」諸篇の中にひろく散らばって重複している。その重複の状況は、さきに見た三分説を勘案すると、国蓄篇の特殊性は前のとおりとして、揆度篇は他の両者にまたがり、国蓄篇を除く前半諸篇を承けて甲篇以下へと展開する仲介の形がある。何如璋の第一説が、甲篇以下の諸篇に揆度篇とその前後の地数と国准の両篇をあわせて一類としていたのは、あるいはそのためかも知れない[21]。が、これは不明である。なお、揆度篇のなかでは、さきの第三段の「軽重の法」は法術の摂取かと思われるが、また「仁義」を述べた儒家との協調や、「神農の教」を述べた農家との協調なども見られる。そして、この点も、儒家については山権数・山至数・軽重甲・丁などの篇に、農家については軽重甲篇などに見えている。

揆度篇のことは以上に止めるが、要するに軽重家とよばれる一派の存在があって、経済コンサルタントとしての活潑な活動があり、その活動の中から揆度篇を中心とする諸篇が生まれているらしいということである。「軽重」諸篇の成立には、そうした事情をも考慮にいれなければならない。

さて、「軽重」諸篇の内容からその成立時代を考えてきた先学の説では、それを王莽《おうもう》時代の成立とする馬非百氏の見解が最も尖鋭である。ただ、氏がその理由として「王莽時代に属するもの」と指摘する文章は六条あり、その他にいくつかの語彙などを挙げているが[22]、いずれも明確な根拠とはしがたいものである。

第一は、軽重戊篇の「天子幼弱、諸侯亢強、……公其れ強を弱め絶を継ぎ、諸侯を率いて周室の祀を起こせ」とあるのを、漢の幼帝は三人いるが、最も状況のよく合うのは王莽の居摂時代だとする。しかし、かりにその立場に従ってこの文を解釈するとしても、それが王莽時代に限られるわけではない。昭帝から宣帝への移行期、昌邑王賀と霍光《かくこう》との対立、その間における眭孟《すいもう》や夏侯勝らの活動を考えると、その状況に合わぬわけではなかろう。第二は黄帝や虞舜のあらわれることを、王莽がとくに彼らを皇祖考としたことの反映だというが、「軽重」諸篇では両人を特別な扱いにしているわけでは毛頭ない。第三は軽重己篇の時令で、夏を赤色に当てないで黄色に当てているのを、王莽が漢の火徳赤色を排して土徳黄色を貴んだことの反映だとするが、これはやはり時令の諸例から考えて、夏の赤色の部分が脱落して季夏の黄色が残ったものと見るべきであろう。おおむね皆この類であるが、第六では国蓄篇で、蓄蔵のうえ「春に賦(与)して以て繒帛を斂め、夏に貸して以て秋実を収む。」と述べるのを、王莽の五均賖貸制度の反映であるとする。しかし、これもむしろ、内容目的ともに違っているようだ。国蓄篇のは農民を対象とするだけであるが、王莽では都市の市場統制に及んでいる。なお、称貸のことは賈誼・桑弘羊もまだ言わずというが、それは古く『孟子』(滕文公上篇)の中にも見えている。

馬氏はまた『塩鉄論』との関係でも、当然にも「軽重」諸篇がそれを踏襲したものとして、同文一覧表を作って論証につとめている。[23] しかし、これもまた本末をいずれにおくか、馬氏の断案には、容肇祖氏もいうように、成見にとらわれたと思えるものが多い。たとえば、山権数篇第一段で禹・湯の水旱対策を語る一節が、『塩鉄論』力耕篇では大夫と文学との両者のことばに二分されているのを取りあげて、敵対する両者が連続する文章を分けて引きあうはずがないから、これは『管子』の方が『塩鉄論』によって合成したものに違いないというが、もちろん必ずそうとは決められないであろう。通有篇には大夫のことばに「管子曰わく」という引用文があり、『管子』の事語篇ではそれに似た文章を「数に非ず」と否定しているのを取りあげて、管仲に否定されているものを「管子曰わく」として引用するはずがないから、これも『管子』の方が通有篇をふまえて後から作られた証拠だという。しかし、これも争弁のなかでのことであってみれば、そうしたルーズな引き方があっても不思議ではないうえに、文章の違っていることを問題にすると、事語篇の引用と定めること自体がすでに誤りであるかも知れないのである。本議篇にも「管子云」という引用があって、それが国蓄篇の文と似ながらまた違っているという事情も考え合わせる必要がある。

いずれにしても、塩鉄論議の背景として『管子』の軽重篇が読まれており、それが少なくとも今のものと近似していることは認めなければならないから、それを馬氏のように断案するのは、容氏もいうように「顛倒錯乱」だとしなければならない。ただ、『塩鉄論』について考えなければならないのは、一方で「管子曰わく」と明言しながら、他面ではそう言わないで今の「軽重」と類似の経済言が述べられていることである。これらも『管子』をふまえていると見ておくことは可能であるが、それを「軽重」諸篇の成立と関係する同時代的な現象だと見ることもできないわけではない。ここで、「軽重」諸篇を「漢の武・昭時の理財学家の作」と断定した羅根沢氏の説をふりかえる必要がある。

羅氏のあげる理由は、国家による塩鉄の統制や平準は武帝時代に始まること、社会情勢や経済情況、とくに豪商の兼併という事態は武帝時代の情況に合うこと、そして『塩鉄論』の内容との近似は共通の背景としての同一学派の存在を思わせるということなどである。(24) このうち塩鉄については、すでに容肇祖氏が馬氏を論駁するなかで言及しているように、董仲舒の上奏のなかでそれが商鞅によって行なわれたように言われている事実があり(『漢書』食貨志)、「軽重」についても景帝の時の呉王濞《び》がすでに行なったとされていて(『漢書』本伝)、必ずしも武帝以後と限るわけにはいかない。また『塩鉄論』軽重篇では、御史の言として「今、大夫君は太公・桓・管の術を修め、塩鉄を統一し、山川の利を通じて、万物殖す。」と言われている。それによれば、大夫君桑弘羊が塩鉄政策を行なったのも、『管子』を学んだ結果だとわかる。さらに兼併についても、羅氏自らが晁錯の上書を挙げているように、大商人の圧迫によって「田宅を売り、子孫を鬻《ひさ》ぐ者」が景帝のころにもいたのである(『漢書』食貨志)。また文帝の時の賈誼が銅山の国営を行なって貨幣政策を立てようとしたのは有名であるが、そこでも「鋳銭を禁ずれば、〔銭が少なくなって〕必ず幣価が重くなり、重くなると利益も大きくなるからますます盗鋳が盛んになる」とか、銅を上に集中すると、それによって軽重を制御できる。銭が軽ければ術によってそれを収め、銭が重ければ術によってそれを散じ、幣価と物価とが必ず調節される(貨物必平)」などとあって(同上)、すでに貨幣を中心とする軽重平準が述べられている。「軽重」諸篇の成立を武・昭期と定める羅根沢氏の立論も十分とはいえないであろう。では、郭沫若氏や町田三郎氏のように、さらに文・景期へとひき上げるのがよいのであろうか。

ここで、さきに考察した結果を考え合わせる必要がある。まず、司馬遷が読んだ軽重篇についての問題である。そして、今の「軽重」諸篇が一人一時の作ではなく、また重層的成立といえるような旧資料の補修改作によってできているらしいということである。司馬遷の見たものを今の諸篇の原本だとすると、今の諸篇の成立を文・景期に定めてしまうことにはやや問題があるだろう。中心になる原本とそれを改作した今の諸篇とが武帝の時代に並行して存在した、とみることはもちろん可能であるが、その場合でも、司馬遷が「経言」に準ずる一篇として原本をとりあげたについては、今の諸篇がまだそれほど完備していなかった、とも考えなければならない。

さて、さきに考えた軽重家の存在であるが、そうした一派の活躍した時期はいつのことであろうか。経済コンサルタントのような存在は、もちろん戦国時代からあったと考えてよい。しかし、ここで問題にするのは、軽重篇の内容と結びついたそれである。『史記』の貨殖伝によると、春秋末期の計然がすでに「平糴《へいてき》斉物」を行ない、「其の有余不足を論じて貴賤を知り」、貴なれば出し賤なれば収めて流通をはかったというが、それがかりに歴史事実であったとしても、これは経済情況の整備であって、直接的な営利手段ではない。だからこそ「これを修むること十年にして国富む」であって、十年の歳月を要するのである。貨殖伝の記載は、以下に大商人の活躍を列叙するが、塩や鉄や牧畜で巨利を獲得するといった情況は、「軽重」篇の内容からすれば単純に過ぎる。「軽重」篇の特色としては、物価の高下を自由にあやつって売買の利益を収めることであって、そこに貨幣操作をもともない、とりわけ直接に国利の増収をはかることであった。この情況は、『史記』で言えば平準書のなかの記述と最もよく応じている。それはやはり漢になってから、とりわけて武帝期の桑弘羊の事業である。

そこで、漢になってからの情況をふりかえると、軽重家の活躍する時期としては、やはり文・景期と武・昭期とが考えられる。前者については国初以来の消極的経済の建てなおし、賈誼と賈山と晁錯の活動がそれを裏づけている。また後者については武帝の後期、まさに桑弘羊らの活躍した情況そのものがそれを証明している。軽重家はこの間にあって、種々の経済政策を説いて当路者に訴えたのであろう。そして、その一部では、『管子』を学びながら補修増幅の改作や新作の筆を加えもしたのであろう。

「軽重」諸篇は一人一時の作ではない。それを分析して考えたさきの考察からすれば、まず国蓄篇の特殊性が明らかになった。そこでは、民衆の生活への配慮よりも国家人君の利益が中心となっており、また農本的立場が他篇と比べて稀薄である。この特色は、『塩鉄論』に見える大夫の立場に近い。容肇祖氏は「軽重篇の目的は利民富国にあり、……桑弘羊らの目的は国用を補うために巧取豪奪するにある。」と言って、両者の違いを強調するが(25)、国蓄篇が例外であることに注意していない。桑弘羊が管仲の軽重を学んでその政策を実施したということは『塩鉄論』に見えていたから、国蓄篇はそうした桑弘羊をとりまく一派の人々によって編纂された可能性が強いであろう。そして、その他の篇は、匡乗馬篇以下の前半は恐らく文・景期ごろから次第に成立してきたもので、揆度篇をふくむ軽重甲篇以下は、国蓄篇と並行しながらも、やや後れた成立となるのであろう。

ただ、今の「軽重」諸篇にはそれらがもとづいた原本があったとみられるから、たとえば国蓄篇にしてもそのすべてが武帝時代の創作だということにはならない。その経済原則を述べることば、とりわけ他篇と重複するものには原本を承けたものが多いのであろう。原本がどのようなものであったかは、はっきりとは考えようがないから、その成立時代もまた不明である。ただ、今の「軽重」諸篇の経済思想としての特色は、さきに述べたように漢代的なものと思われるから、司馬遷が牧民篇や形勢篇のような「経言」の諸篇と並べ挙げた軽重篇は、もっと素朴な内容のものであったに違いない。あるいは、平準書で計然のところに書かれているものと、同類のものであったかも知れない。

以上、「軽重」篇の成立を考えた結果をとりまとめると、おおよそ次のようである。

まず、司馬遷の読んだ軽重篇が原本として存在した。それは戦国以来の伝承を持つものであった可能性がある。しかし、文帝期のころから盛んになる国家経済の建てなおしに応じて軽重家という一派の活動が盛んになり、原本をふまえながら逐次いまの諸篇を作ることが行なわれた。その時期は文・景期から武帝の末年ごろまでにわたっている。そして、その中間には桑弘羊らに連なる一派の文献もあった。これらが今の「軽重」諸篇である。それは、恐らくは戦国時代の成立である原本を吸収して、漢代の経済情勢にあわせて作りあげられた雑篇の集積である。原本はこれらが作られていく過程で次第に生彩を失い、やがて前漢末、劉向の編定の時には喪失していたのである。

(1)　馬非百『管子軽重篇新詮』(一九七九年中華書局版)の出版説明参照。日本では木村英一「『管子』軽重篇について」(一九六〇年『福井博士頌寿記念東洋思想論集』)、町田三郎「『管子』軽重篇について」(一九六三年『日本中国学会報十五集』)などがある。

(2)　黄漢『管子経済思想』(一九三六年商務印書館)、羅根沢『管子探原』(一九三一年中華書局。『諸子考索』一九五八年人民出版社に収載)。

(3)　馬非百「関於管子軽重篇的著作年代問題」(『歴史研究』一九五六年十二期。註1の一九七九年版『新詮』に修訂のうえ付載されている。郭沫若他『管子集校』(一九五六年科学出版社)上冊二三ページ引用校釈書目提要。容肇祖「駁馬非百〝関於管子軽重篇的著作年代問題〟」(『歴史研究』一九五八年一期)。

(4) 町田氏前掲(註1)論文。
(5) 石一参『管子今詮』(一九三八年商務印書館)外篇第三巻。
(6) 本書第五章第一節時令思想を参照。
(7) 何如璋『管子析疑』総論および軽重甲篇。未見。いま馬非百氏の引用(『新詮』二一二—二一三頁)による。『管子集校』の引用校釈書目提要によると、光緒十二年の完成で、稿本が上海市歴史文献図書館に蔵されているという。
(8) 『管子集校』一一五九ページ参照。この問題については後述する。
(9) 馬非百氏前掲書二一二—二一三ページ。
(10) 安井息軒は『管子纂詁』軽重甲篇(二十三巻二十二丁裏)で、金の平価が揆度篇の場合と異なることをあげ、異時の文であろうという。また馬非百氏は前掲書五六三ページで、乙篇と海王篇との間で、山鉄の国営に対する態度が違うことをあげ、一時一人の作でないことの証としている。
(11) 『管子集校』一〇二五ページ姚永概の説を参照。
(12) 張佩綸『管子学』国准篇(民国六十年台湾商務印書館景印本二四四一ページ)を参照。
(13) 張佩綸前掲書、乗馬数・問乗馬・事語などの篇題註を参照。
(14) 目録学による検討では、今本が劉向の定めた八十六篇本に連なることを疑わせるような徴候はない。篇の分合がかりに行なわれたとしても、内容を変更するようなものではなかったであろう。本書第一章『管子』という書物(二)四〇—四一ページを参照。
(15) 何如璋『管子析疑』の総論では後説、軽重甲篇のところでは前説である(馬非百氏の引用による)。
(16) 馬非百氏前掲書二九—三一ページ、容肇祖氏前掲論文(註3)参照。管仲と軽重との関係を示すことばは、『史記』では斉太公世家・平準書・貨殖列伝などにも見えている。馬非百氏は、それらにもとづいて軽重という篇名が立てられ、また内容も偽作された、と見ている。
(17) 本章第五節強兵思想(一)を参照。
(18) ちなみに『百子全書人名索引』(東北大学油印本)をみると、この姓は『管子』に見えるだけである。
(19) 張佩綸氏は、癸度は篇名の揆度を誤って人名としたものだというが(『管子学』二四〇五ページ)、それは逆であろう。癸度と揆度を同じだと考えたのは張文虎であって、篇名も人名だとするのが正しい。郭沫若氏は「武王」を「威王」に改めよというが武断である。次に掲げる丁篇の語に「昔者」とあるのを見れば事は明白である。

(20) 『管子集校』一一五九ページ、揆度篇題下の註。

(21) 地数篇には伊尹・黄帝・武王が、国准篇には黄帝以下五代の王が軽重の術を行なったとされていて、揆度篇第一段との関係が思われもする。

(22) 馬非百氏前掲書一八―二八ページ。

(23) 馬非百氏前掲書三八―五〇ページ。

(24) 羅根沢氏前掲書(註2)四八九―四九九ページ。

(25) 容肇祖氏前掲論文(註3)。

第四節 法 思 想

『管子』は、すでに第一章で見たように、『漢書』藝文志では道家に分類されているが、『隋書』経籍志から後の書目では法家に入れられている。また『韓非子』五蠹篇では「商・管之法」と言われて、はっきり法を説いたとみられる商鞅の書と並べられている。その内容は、政治・経済を中心としながらも諸派の思想をとりこんで雑駁であるが、いわゆる法家思想とも関係の深いことは、おおむね一般にひろく認められている。ただ、それにもかかわらず、『管子』中の法思想をとくに吟味した研究はなお乏しい。(1) 思うに、その理由は、『管子』の内容の時代づけがあいまいなことと、法家思想といえば『韓非子』や『商君書』によってその典型がみられることとによるのであろう。

確かに、『管子』中の法に関することばは、儒家的な道義や道家的な道の思想との折衷が多くみられて、いわゆる法家思想としての純粋性には乏しい感がある。しかし、ひるがえって考えてみると、そのいわゆる法家思想とは一体なにか、それを商鞅・韓非流の思想を典型として固定的に考えているだけでよいか、といった問題に気づかされる。つまり、これまでの法家思想の研究をもっとひろげて、中国古代の法思想の発展という観点からそれをみるとき、『管子』中の法思想はそれ自体の積極的な意味をあらわすのではないか、ということが考えられるのである。あたかも馬王堆から出土した「経法」等四篇は道法折衷の新資料として脚光をあびているが、すでに序章でも指摘したように、そこに部分的ではあるが『管子』と類似したことばが多く見出される。『管子』中の法思想はこの面からも検討を加える必要があるであろう。

本節では、まず法思想にかかわることばが『管子』のなかでどのようにあらわれているかを追究し、それらの資料の性格の吟味をとおして、その時代性とともにその思想史的な意義を明らかにすることとしたい。

(一)

まず「経言」のなかで、その篇名からして法と関係がありそうに思えるのは、七法第六と版法第七である。ただ、両篇は、篇名でともに法と名づけられてはいても、全体としていわゆる法家的な篇であるとは言い難い。

まず、七法篇はその内容が四章から成っていて、その第一章の七法では、則・象・法・化・決塞・心術・計数の七つがうまく運用されないと政治の成功がえられないとして、それぞれの説明があるが、はっきりした法家的な表現かとみられるのはそのなかに含まれた法についての説明だけである。「尺寸や縄墨や規矩や衡石《こうせき》や斗斛《とこく》や角量や、これを法と謂う。」とし、「法に明らかならずして、民を治め衆を一にせんと欲するは」不可である、というのがそれである。しかし、この前後の六つの説明では、たとえば、天地の気・寒暑の和などにもとづく不変均一の法則性を則というとか、「義(儀)や名や時や……、これを象と謂う。」などと言われているように、広い意味での法則性をあらわしているには違いないが、それらを法家的と限定するわけにはいかない。そして、そのことからすると、尺寸や縄墨などの度量衡を法としたのも、法の技術的客観性を表現する法家的な常套の比喩ではなくて、あるいは文字どおりそのままの具体的な事実をさして標準・法式の意をあらわしているにすぎないともみられる。七法ということばは標題だけで本文にはないが、もし原題であるとしても、その法が広義の一般的な法則性をあらわすだけのものであることはいうまでもない。

七法篇の第二章以下は七法と離れた論述になるが、[2] そこでいわゆる法家の主張と関係するのは、第二章の四傷にみえる賞罰論である。「民△(原作人、今従許維遹説、下同)を愛するが為めにとて其の法を枉《ま》げず、故に曰わく、法を民△よりも愛す(法愛於民)と。[3]」とあり、「功を論じ労を計るに、未だ嘗て法律を失わざ」れば、「有罪者も上を怨まず、受賞者も貪心なし」だというのが、それである。個人的な主観性をこえた法の客観的公平性に対する注目がそこにうかがえるであろう。そしてこの四傷での主張は、版法篇でもくりかえされている。版法篇の全体はおおむね韻をふんだ古風な趣きがあるが、版法という篇名にもかかわらず、その全体が法思想を述べたというものではない。ただ、君主の喜怒の情にまかせて賞罰をしてはならぬといい、「法を正し度を直くして、罪殺赦さず」と厳刑をいうのなどが、法家的な賞罰論とかかわる主張であって、その主旨はさきの四傷の場合と一致するであろう。

この信賞必罰の賞罰論は、実は「経言」の全体をつらぬいてたびたび出てくる。たとえば、最初の牧民篇では、「必死の路を明らかにし、必得の門を開く」のを十一経のなかの二つの要件としてあげたうえ、それは「刑罰を厳にし」「慶賞を信にする」ことだと説明し、権修第三では「末産を禁ずる」こととともに「賞罰を信にする」ことを説き、立政第四では「有罪を罰するには独り及ばず(党与を尽くす)、有功を賞するには専《ほしいまま》に与えず。」などと説いている。

さて、この賞罰の厳正と関係してしきりに言われるのが令の必行である。牧民篇ではさきの十一経の章でも、「令を下すこと流水の原の如き(如字底本作於、今従趙本)」を十一のなかの一つとしてあげ、それには「令の民心に順う」ことが必要だと述べるが、国頌の章では「四維張れば則ち君令行なわる。」と言い、形勢第二では「上下の和せざれば、令乃わち行なわれず。」とあって、令が行なわれるとか行なわれないということばは、各篇にわたって散見している。

いったい、令はもちろん法の意味を持っているが、法が広い一般的な意味を持つのに比べると、むしろ個別具体的な禁令・訓令としての意味が強い。令が古くはもともと命と同字であったことを思うべきである。[4]「経言」ではそうした令の必行が重んじられていて、法ということばはむしろ少ない。そして、権修篇で「郷に師を置きてこれを道(導)びき、然る後にこれを申《ひきし》むるに憲令を以てし、これを勧むるに慶賞を以てし、これを振(威)うに刑罰を以てす。」というように、令と賞罰は密接に関係しているが、「外言」の重令第十五で「令を行なうは厳罰に在り。」と言われているような、厳罰との直接的な結びつきを示すことばは、「経言」には見られない。逆に、牧民篇では「刑罰は其の意を畏れしむるに足らず、……刑罰繁くして意恐れざれば、則ち令は行なわれず。」と言って、「省刑」の必要が説かれている。「経言」と「外言」以下との違いがここにあらわれているが、法と令との関係についても同じようなことが言える。

「外言」の法法第十六では「法、法たらざれば、則ち令は行なわれず。」とか、「令を発しても行なわれないのは、その令が法にかなっていないからだ。（令而不行、則令不法）」というような、はっきりした法中心のことばが見られるが、「経言」では権修篇末の一段を除いては両者を関係づけるようなことばはない。権修篇末の一段では法のことが集中的にあらわれて、法が立たないと令も行なわれないという主旨をくりかえしているが、これは「凡そ牧民者は」ということばで始まっているのが示すように、その前の「礼義廉恥」を解説する一段などと同様に、牧民篇の解説と見られるもので、本来の権修篇の文ではない。[5]

賞罰論を離れて、法家の思想に似ているとみられることばを、さらに「経言」のなかで追究してみよう。立政篇で、「徳は其の位に当たり」「功は其の禄に当たり」「能は其の官に当たる」のを善しとしているのは、法家のいう刑名論――名と実とをつきあわせてその一致をはかる政術――を思わせ、同じ篇で「布憲」とか「憲籍」ということが言われているのは、さきの「憲令」と同様に成文法の公布と関係しているとみられる。そして、七法篇で「人君泄《もら》せば則ち危うく、……実を言うの士は進まず。」というのは、申不害の術の秘密性を思わせる。[6] なお幼官篇では、南方夏政で上下尊卑を明らかにして法を立てること、北方方外で法儀号令の重要なことが述べられるが、みな断片的である。

さて、以上が、「経言」で法のあらわれるほとんどそのすべてであるが、いずれも法についての考察といったものではなく、全体として法中心的な色彩はまったく見られない。要するに、「経言」のなかでは法そのものについての考察はまだはっきりした形では見られず、個別具体的な令の現実的な役割が重視され、賞罰の厳正がそれと並んで言われるといったところに、その主意がある。

ここでむしろ注意すべきことは、その令や賞罰の重視でさえも、そこに法観念がみられるとはいっても、いわゆる法家の主張などと違って、さらに道義的な立場との折衷が強いということであろう。令の必行を厳罰ですすめるのでなく、むしろ「省刑」を主張し(もちろん、これは刑をなくすることを意味しないが)、民心に従うことによってこそ令が行なわれるとする主張は、何よりもその立場を示している。七法の場合にも、狭義の「法」と並べられる他の六法には、たとえば「化」では漸習の教化が言われ、「心術」では誠や恕による布令が言われているが、賞罰をいう権修篇のことばなども、愛利や智礼と並べられている。牧民篇で「倉廩実ちて礼節を知る」という有名なことばがあり、「孝悌」や「礼義廉恥」が言われているのも既述のとおりで、民衆の経済的充足や道義性の確立とあいまって法令が行なわれ、それによって国家の繁栄があるとするのが、少なくとも牧民篇でのはっきりした主張である。「経言」中での法の主張はこの意味において相対的で弱く、総じて法についての考察は、まだ現実的な適用に即した素朴な段階を出ていないといってよかろう。

「経言」諸篇についての考察をひとまず終わって「外言」以下に進むと、ここでは、もちろん「経言」の敷衍とみられるものも多いが、また積極的に法を説く篇もあって、そこに「経言」とは違った法思想としての展開の跡がうかがえるようである。「外言」以下の諸篇について、法思想とみられるものがそこにどのようにあらわれているか、次にはそれを見ることにしよう。

まず「外言」に入った最初の五輔第十では、徳・義・礼・法・権と並ぶ折衷的な構文のなかでではあるが、徳を補い義を補い礼を補うものとしての法の重視が説かれており、そこで「公法行なわれて私曲止む」、「公法廃して私曲行なわる」ということが言われている。法を公的なものとして性格づけ、それを私的なものと対してはっきり主張することは、「経言」中ではまだ見えなかったことであるが、[7]「外言」以下の篇ではしばしば強調されている。同じ「外言」では、八観第十三に「私情行なわれて公法毀《やぶ》らる。」とあり、法禁第十四には「君のその儀を置くや一ならざれば、下の法に倍《そむ》(背)きて私理を立つる者必ず多し。」とあり、「短語」の君臣上第三十では「人君、公ならざれば、常に賞に恵して刑に忍びず、是れ国に法なきなり。」「人の上たる者、法を釈《す》てて私を行なえば、則ち人の臣たる者、私を援《ひ》きて以て公と為す。」などとあり、さらに「区言」の任法第四十五では「聖君は法に任じて智に任ぜず、……公に任じて私に任ぜず。」と一層はっきりした公私論になったうえ、「夫れ法とは、上の、民を一にして下を使う所以なり、私とは、下の、法を侵して主を乱る所以なり。」と、法と私とを対照して定義づけることばもみられる。

次には、さきの「経言」の考察でも言及したところであるが、法と令とを関係づけて説くことがある。「経言」では権修篇末の疑問の一段を除くと、ほかにはそれがないが、「外言」の法法篇では法を令の根拠とする考えがはっきりみられた。同じことは「短語」の君臣上篇でも「君は法を体して立ち、君は法に拠りて令を出だす。(君拠法而出令)」とあるが、法と令とを並べあげて重視することばはほかにも多い。八観篇では「法を置き令を出だして衆に臨み民を用う。」とあり、任法篇では「法平らかならず、令全たからざるは、是れ亦た柄を奪われ位を失うの道なり。」とその重要性をのべ、「雑篇」の七臣七主第五十二では法と律と令との説明をあげたうえ、「法律政令は吏民の規矩準墨なり。」とか、「法令は君臣の共に立つる所」とあり、「管子解」の形勢解第六十四でも「法立ちて民これを楽しみ、令出でて民これを銜《おこな》(奉)う、法令の民心に合うは符節の相い得るが如し。」という。[8] 法制とか法度ということばと並んで、法令ということばも多見する。

「経言」で令だけで単独で重視されていたものが、「外言」以下で法と関係づけて説かれるようになったのは、それだけ令についての反省が行なわれて、その法的な性格についての自覚が強くなっているということであろう。令の必行には上下が和し、また民情に従う必要があるといった「経言」の主張は、形勢解篇のさきの例でもわかるようにそのまま承けつがれてはいるが、また法法篇や重令篇では、厳罰によってこそ令が行なわれるとする法家的な立場への傾斜が強まっている。それも、この令と法との結びつきに関係したことに違いない。法法篇では令が法によらない(令不法)のをよくないとしたあと、賞罰の必信をいい、とくに「赦出づれば則ち民敬せず、恵み行なわるれば則ち過ちは日々に益す。」といって、恩情を排する厳罰主義を強調している。法家的な厳刑主義に似たものがそこにうかがえるであろう。

さらにまた、「経言」では令が行なわれるとか行なわれないということだけがしきりに言われていたのに、「外言」以下では令が重いとか軽いということが言われる。これもまた令についての反省、その法との結びつきに関係していることであろう。たとえば、八観篇では、「上令軽く法制毀《やぶ》るれば」、君は臣を使うことができず臣は君のために働かなくなると言い、重令篇では「凡そ君国の重器は令より重きは莫し。令重ければ則ち君尊く、君尊ければ則ち国安し。令軽ければ則ち君卑しく、君卑しければ則ち国危うし。」などという。令の重い軽いとは令の尊厳と卑弱をさしている。つまりは令の法的規制力の強弱が問題とされているのであって、重令篇のいうところはそれを厳罰でささえるということであった。

法そのものについての説明、いわば法の定義というべきものも、またいろいろと多面的に説かれている。「経言」ではすでに見たように、尺寸や縄墨や規矩などを法とした七法篇の一条だけがそれに当たるかとも思えるが、他では権修篇末の一段を除くと法の定義めいたものはない。権修篇末では「法は朝廷を立てんとするもの」「民の力(あるいは能・死命)を用いんとするもの」というふうに法の目的が次々と述べられ、それがまた令の行なわれることに関係づけられているが、それは「外言」以下の法を説くことばと似ている。恐らくそれは、さきにも述べたように、もとは牧民解と関係のある文章で、牧民篇四順の章の「令不行」の解として作られたものであろう。「外言」以下の法の定義をあげてみよう。

「外言」　法法第十六　「法とは難きを先にして易きを後にす。久しくしてその福に勝《た》えず。故に恵とは民の仇讐なり、法とは民の父母なり。」——赦すことの多い「恵」は行ない易いが、それがかえって禍をまねき「民の仇讐」ともなるということを述べて、それに対して言われたことばであって、この法には刑罰としての意味が強い。

「短語」　心術上第三十六　「物の小大を簡《えら》び、殺僇(戮)禁誅す、これを法と謂う。[9]」——ここでもやはり厳しい罰則をともなうが、事物の鑑別の標準としての法の性格がいわれている。なおこの定義は道・徳・義・礼の定義と並べあげられたものであって、とくに法だけをとりあげたものではない。

同篇　「法とは同出して然らざるを得ざる所以の者なり。」——これは法の一元的な統一性とその必然的な規範性とをいうものと解される。

「短語」　正第四十三　「四時の貮《たが》わざるが如く、星辰の変わらざるが如く、宵の如く昼の如く、陰の如く陽の如く、日月の明の如きを、法と曰う。」

同篇　「故《こと》(事)に当たりて改めざるを、法と曰う。」——どちらも法の適用にあたっての一定不変性をいう。法の客観性が守られるために重要な要件である。ここでは道・徳・法・刑・政の五つと並べて定義されている。

「区言」　任法第四十五　「夫れ法とは、上の民を一にして下を使う所以なり。」——これは、「私とは、下の法を侵して主を乱る所以なり。」と対されて、為政者の政術としての性格を述べたものである。

同篇　「法とは天下の至道なり、聖君の宝用なり。」——これも前と同じ意味であるが、この文の上には「万物百事、法の中に在るに非ざる者は動く能わず、故に」とあるのからすると、法のきびしい絶対的性格の強調でもある。

「雑篇」　七臣七主第五十二　「夫れ法とは功を興こして暴を懼れしむる所以なり。」——この法も賞罰に関係した意味である。「律とは分を定めて争を止むる所以なり。令とは人をして事を知らしむる所以なり。」と対照されていることによって、その意味がはっきりしている。

「雑篇」　禁蔵第五十三　「法とは天下の儀なり。疑を決して是非を明らかにする所以なり。百姓の命を県(懸)くる所なり。」

「管子解」　明法解第六十七　「法とは天下の程式なり、万事の儀表なり、吏民の命を懸くる所なり。」[10]——この二条は同じ内容をさすものである。儀表とか程式とかいうのは公的な客観的標準としての性格をいう。主観的な私情では迷いが起こるものを、そこにはっきり是非をつける標準であって、だからそれによって百姓吏民の運命が決せられるとする。

同篇　「法度なる者は、主の天下を制して姦邪を禁ずる所以なり、海内を牧領して宗廟を奉ずる所以なり。」——これは「公正を害する」「私意」と対照して説かれているが、邪悪を予防する性格とともに、天下国家を制御して安定する機能が言われている。

以上は、「法とは」あるいは「……を法という」といった形式の、法そのものについての直接的な説明である。『管子』中の法の性格がこれで言い尽くされているものでないことはもちろんであるが、「外言」以下の諸篇で、法が考察の対象として熱心にまた多面的にとりあげられているありさまは、これによって十分に理解できるであろう。

さらに、これと並んで、法の根源・基礎、あるいは起源についての考察もみられる。「短語」の心術上篇で「法は権より出で、権は道より出づ。」というのは、それと並んだ「礼は義より出で、義は理より出づ。」と比べてはっきりするように、法のもとづくところを道として指摘したものである。類似したことばは「外言」の枢言第十二にもあって、「法は礼より出で、礼は治より出づ。治と礼は道なり。」とあるが、ここではその上文に「人故《もと》より相い憎む。人の心は悍(悪)なり。故にこれが法を為る。」ともあって、法の起こる原因を人心の邪悪にもとづけてもいる。これらのことについては、道法思想の問題として後にまた詳しく考察しなければならないが、ここでは法についての考察がかなり進んでいる事実をうかがうに止めておく。

「経言」と違った「外言」以下の特色はすでにほぼ理解されたと思うが、いま一つ、勢の思想について述べておきたい。君主の権勢あるいは勢威の重視は、『韓非子』にもみられる法家思想の重要な主張である。「外言」の法法篇では「凡そ人君の君たる所以の者は勢なり。」といい、「故に曰わく、勢は人に予うる所以に非ず。」と「威権」を立てることを主張し、「雑篇」の七臣七主篇では「法令は君臣の共に立つる所なり、権勢は人主の独り守る所なり。」といって、上下の分を明らかにすべきことをいう。さらに明法解になると、「明主、上位にありて、必治の勢あれば、則ち群臣敢えて非を為さず。是の故に群臣の敢えて主を欺かざる者は、主を愛するに非ず、主の威勢を畏るるを以てなり。」とあって、「必治の勢」ということが強調されている。ところが「経言」の方では、形勢篇がその篇名に勢という文字を持つだけで、そのほかでは僅かに七法篇で「用兵の勢」ということばがみえるだけである。そして、形勢篇の内容からそれが形勢と名づけられた理由を考えてみると、道とか天といった自然の秩序への順応を説くのがこの篇の主意のようであるから、形勢というのも恐らくそうした自然の形勢をさしたものかと思われる。[11] そして、もしそうだとすると、それも勢には違いないが、その勢は明法解などにみられたような人為的な権勢とか勢威とかにかかわる「必治の勢」とは違うことは、明白である。「経言」と「外言」以下とでは、勢の思想についてもくい違いを見せているのである。

(二)

以上をまとめると、「経言」諸篇では一般に法についての考察がまだ十分でなかったのに、「外言」以下の諸篇ではさまざまな法の定義づけがあった。そして、私情に対する法の客観的公的な性格を強調し、「経言」で重視された令についても法との関係で説かれるようになり、さらに韓非流の勢の思想もあらわれていて、法家的な資料に接近したありさまがみられるということである。

ただ、ここで注意しなければならないのは、「外言」以下を一括して考えたことが、果たしてそれだけでよいのかという問題である。『管子』全篇は現存七十六篇、「経言」九篇を除いた残余は「外言」から「軽重」まで七部にわたり、六十七篇にも及ぶ。そして各篇にはそれぞれの特色があって、それぞれの篇の主意に応じて法が説かれたり説かれなかったりしている。[12] してみると、上に述べたような法についてのことばは、ただ一括して掲げただけでは不十分であって、どういう文脈のなかでどのように説かれているか、そのあらわれ方をさらに仔細に検討する必要があるであろう。

「外言」以下で法や令を主として説く篇は、「外言」の法禁・重令・法法とつづく三篇と、「区言」の初めの任法・明法とつづく二篇と、そして「管子解」の版法解第六十六・明法解第六十七とつづく二篇が主なものである。まずそれらの内容を逐次に吟味することによって、考察の手がかりを得ることにしたい。

「外言」の法禁篇は、「法制」を定立して「刑殺」と「爵禄」とによって下民を統率するのが治国の要務だとし、それには「儀(法)を置くこと一」であってこそ百官もその「法」を守り下民もその「私」を立てることがないのだと述べて、以下に「聖王之禁」とするところをくりかえし箇条的にあげている。「法禁」という篇名はここに由来するのであるが、その「聖王之禁」の内容をみると、「法を枉《ま》げて民に求む。」とか「常に上の法制に反して、群(党)を国に成す。」とか言われるのと並んで、「親《しん》を以て本となさず。」とか「俗に詭《そむ》きて礼に異なる。」ということなども「聖王之禁」として挙げられており、最後の一段では「聖王の身《み》づから世を治むる時は、徳行必ず是《ぜ》とする所あり、道義必ず明らかにする所あり。」「聖王の民を教うるや、仁を以てこれを錯《お》き、恥を以てこれを使い、」などと言われている。聖王の道徳を折衷する意図があるといってよかろう。

次の重令篇では、「令重ければ君尊く、君尊ければ国安し。」「令を行なうは厳罰にあり。」として、下民に令の批判を許してはならぬとするが、次いで「朝の経(常)臣」「国の経俗」「民の経産」が説明されて、そこでも「令の必行」が言われる。ただ、ここにも「徳は遠国を懐《なつ》くる能わず、令は諸侯を一にする能わずして、天下に王たることを求むるも、得べからず。」とする徳との折衷があり、さらにやや篇目から外れる感があるが、「至れば反り、盛んなれば衰う。」という「天道の数」を説いて「人心の変」と対照させる一段もある。この天人の対説は、のちに述べる君臣下篇の「天の道」と「人の情」との対説と相い応じている。

次の法法篇では、令の根本に法を立てる主張が初めにあり、厳刑によってこそ「法が民の父母」となることを述べるが、くりかえして強調される中心の主張はやはり「令の行なわれる」ことであって、それにともなって「法の立つ」ことや威勢の「勢」の必要がいわれている。そして、ここでも注意されるのは、「政とは正なり」として「聖人、精徳立中にして正を生じ、明正にして国を治む。」と言い、不正によって法も侵されるとしたり、「主と大臣との徳行」を善しとする道義性との折衷的な考えがみられることである。さらにまたここでは、「憲律制度、必ず道に法る。」とあり、それを承けて「明王、上に在りて、道法、国に行なわる。」と言い、「有道の君、法を行ない制を脩むるに、民に先きんじて服(行)《おこ》なう。」ともあって、法の上に「道」を考えているらしいことをうかがわせる。

以上、「外言」の三篇を通観すると、法や厳刑、そして勢の主張などで法家的に傾いてはいるが、「経言」の主張を承けて、令や賞罰の重視を徹底させるとともに、道義的な立場や天道などとの折衷があるところにその特色が見られる。では、「区言」の方はどうであろうか。

まず任法篇では、「聖君は法に任じて智に任ぜず。」と言って、それを「大道に任じて小物に任ぜず。」と並べ、聖君は「道要を守りて佚楽《いつらく》に処り、……形軀に便にして寿命を養い、垂拱《すいきょう》して天下治まる。」といった道家的なことばがみられ、尭や黄帝の無為の政治も説かれているが、それは初めの一段だけに集中していて、そのあとでは「いわゆる仁義礼楽なる者も皆法より出づ、此れ先聖の民を一にする所以の者なり。(所謂仁義礼楽者、皆出於法、此先聖之所以一民者也)」とか、「(法は)聖君の天下の大儀と為す所以なり。」「万物百事、法の中に在るに非ざる者は、動くこと能わず(万物百事、非在法之中者、不能動也)、故に法は天下の至道なり、聖君の宝用なり。」などという法至上的なことばがつづいている。さらに、「夫れ法を生ずる者は君なり、法を守る者は臣なり、法に法る者は民なり。君臣上下貴賤みな法に従う、此れを大治たりと謂う。」、「法の平らかならず、令の全たからざるは、是れ亦た柄を奪われ位を失うの道なり。」と、君権中心の法を説いている。道法折衷的な色彩とともに、法至上的立場の強まりが見られるであろう。

次の明法篇は、『韓非子』有度篇の内容と重なるが、やはり君臣の分と君権を重視し、法の立たないことが亡国を招くとして、「法を以て国を治める」ことを強調する。「先王の国を治むるや、意を法の外に淫《みだ》さず、恵を法の内に為さず。動くとして法に非ざるなきは、過を禁じて私を外《はな》(放)つ所以なり。……法を以て国を治むれば、則ち挙錯のみ。」そして、ここでも「先王の国を治むるや、法をして人を択ばしめて自らは挙げず、法をして功を量《はか》らしめて自らは度らず。(使法択人、不自挙也、使法量功、不自度也)」と、道家的な無為の治に似たことばがある。「区言」のこの二篇をさきの「外言」の三篇と比べると、道法折衷のありさまは共通しているようにみえるが、こちらには道義性の強調はなく、それに応じて法治主義の強化がうかがわれる。

最後に「管子解」の二篇に移ろう。明法解は明法篇の解説としてもちろんその主旨を承けているが、すでに見たように、「法は天下の程式なり、万事の儀表なり。」といった法至上的なことばが強く見られるとともに、「必治の勢」ということばもある。それは君主の「威勢」を人為的に立てることであって、もとより法家的な専制主義と関係することである。また版法解の方も、「経言」の版法篇の主旨を解説して、「威の立ち令の行なわれること」を言い、「凡そ国に法なければ、衆は為す所を知らず。」とも言って、法の強調がある。しかしここで特色があるのは、版法篇末で「天に法りて徳を合わせ、地に象《かたど》りて親なく、」と言われていたのを発展させて、版法とは天地四時に法って天下を治めるものだと、自然法秩序の尊重が強く言われていることである。この点は同じ「管子解」のなかでは形勢解に近い。そして、さきの明法解ではまったく見られなかった立場である。

さて、以上で法の主張にかかわる「外言」以下の主要な篇の考察を終わったのであるが、その結果としてどのようなことがいえるであろうか。最も顕著なことは、それらの間で、折衷的立場の強弱あるいは有無の差が見られることであろう。たとえば、明法解はほとんど純粋な法中心の政治論であって、道義的な配慮や道法折衷的な色彩はそこにみられないが、重令や法法の篇ではそれらがいりまじっている。明法解に近いのはもちろん明法篇で、ここでも折衷性は弱く、任法篇の道家的なことばはまさに黄帝の名も出てきて黄老思想を思わせるものがあるが、それは部分的である。そして、この折衷性の弱まりに対応して、これらの篇では法の絶対的な至上の性格が強調されている。「外言」の三篇ももちろん法を説いていて、そこに「経言」とは違った特色がみられたのであるが、道徳への顧慮や道法折衷の強いことは、いきおい実定法的な客観法の性格を弱めており、法の主張としては「区言」よりは弱いものになっているといってよかろう。つまり、客観法を説くことばはありながらも、そこに道義的な正義の実現ということが含められており、それを貫ぬく自然法的立場が強いということである。

さらに考えてみると、この折衷性と自然法的立場は実は「経言」にもみられたものであった。そこではすでに見たように法よりは令が説かれ、令の必行には賞罰とともに道義も必要だとされていたが、また形勢篇では「天の道」に従う政治論があって、「上無事にして、民自《お》のずから試《はたら》(用)く」などともいわれている。すなわち、法思想とみるべきものが「外言」以下ではっきりとあらわれてくるが、それにまつわっている折衷的色彩は、実は「経言」の立場をそのままに受けたものだということになるであろう。「経言」の諸篇を相対的には古いものであろうとしたさきの概括的な考えがもし正しいとすれば、この折衷性が弱まって法の主張だけに重きをおく純粋性は、むしろ他派の影響による後起のものだとしなければならない。ただ、そのことを確かなものにするには、問題をひろげて思想史的な考察へと進む必要があるだろう。『管子』のなかで法思想にかかわることばがどのようにあらわれているか、その実情の概略は以上にとどめて、次にはそれを思想史の流れにのせて考察することとしたい。

(三)

これまでの論述では『管子』の外にはみ出すことをなるべく避けてきたのだが、ここでいよいよそれに論及することが必要となってきた。

まず第一にはっきりしたところでは、明法篇の内容が『韓非子』有度篇のと多く重なることである。この関係については、羅根沢氏は明法の方が有度篇から抜粋したものだと考え、郭沫若氏は同じ筆者の手に成ったもので秦王政二十六年以後の秦文だと断定している[13]。仔細に吟味すると、その先後についてはなお議すべき点も多いが[14]、いずれにしても両者はそれほど時代の隔たるものではないであろう。そして、ここで重要なことは、明法篇の方が法家言として純粋で、明法解になるとそれがさらに徹底しているという事実である。有度篇には「先王の法」を説く折衷性があって、それが韓非のものではなかろうとされた理由であるが[15]、明法篇はそれがないことによって、より韓非的な法至上の立場をきわだたせているのである。そして、明法解にみえる「必治の勢」という概念は、韓非との親近性を一層はっきりと物語っている。

『韓非子』のなかで韓非の自著だとみられている顕学篇や五蠹篇では、「勢」とか「威勢」とかの重要性がいわれている。そして、それに応じて、難勢篇では慎到の「勢」の思想を批判的に摂取したありさまがみられる。慎到はいうまでもなく斉の湣王のころの稷下学士であって、「法家の先駆者」とも言われているが、法家思想の大成者である韓非によると、「商鞅が法をいい、申不害が術をいった」のに対して、慎到の特色は「勢」にあったという。そして、慎到の「勢」は「飛竜は雲に乗じ騰蛇《とうだ》は霧に遊ぶも、雲罷《や》み霧霽《は》るれば、竜蛇も螾螘《みみず》と同じ。」と言われてその雲や霧にたとえられているように、「自然《おのずから》の勢」ともいえるものであった。韓非はそれでは他学派の批判もあるように欠点があるとし、それを「人の設くるを得る所」の人為的な「勢」に転じてこそ法治の体制をささえる効果があらわれると考えた。その人為の「勢」とは、晴れたり曇ったりするような不安定な「勢」ではなくて、統治者の賢愚にかかわりなく、どんな場合にも必ずうまく統治できるように人為的に作りあげた威勢である。それが、慎到から一歩を進めた韓非の新しい思想であった。[16] 明法解の「必治の勢」はこれを受けたものに違いない。

明法・明法解と並んで、任法篇にも法至上の思想が強いことはさきに述べた。それらは、ほぼ一括して韓非の法思想に近いものと考えてよかろうと思う。明法篇や任法篇には道家的無為の思想にかかわることばもみられたが、明法の場合はきわめて微かであり、任法の場合は部分的である。そして、そのあらわれ方はその法中心の立場を助長するものとしてである。たとえば、明法篇で「法をして人を択ばしめて自らは挙げず。」と無為を思わせることをいうのは、公的な法を立てて私情に迷わぬことをいったものであり、任法篇でも道家的なことばはあっても、要するに「法に任じて智に任ぜず。」ということを述べたもので、いずれも「天下の至道」としての客観法を強調する文脈のなかにある。道法折衷の色彩が加わっているのは確かであるが、それは法至上の立場を粉飾する折衷としてあらわれているのであって、本質的なものではないといってよかろう。

しかし、「外言」の法法篇ではそうでない。何よりも重要なことは、「憲律制度は必ず道に法る。」と述べて、客観法のもとづくところとして道を考えていることである。それにともなって「道法」ということばもあった。[17] 道にもとづいた法という意味である。そして、ここに注目すると、問題はいよいよ拡がりをみせるのである。そのいわゆる道とは何か、道法思想の実態はどのようなものか。

実は、「道法」という概念が近年の学界の注目を集めたのは、馬王堆から発見された『老子』乙本巻前の古佚書によってである。それは、序章でも言及した「経法」「十六経」「称」「道原」と名づけられる四篇であって、漢初に流行した黄老思想と関係するとされた道法折衷の資料である。その内容については、すでに内外の少なからぬ研究がある

が、筆者もまたかつてその検討を試みた。(18)

そこでの筆者の問題は、そのいわゆる道法折衷の性格をさらに吟味することと、四篇の著作年代を確かめることとであった。当時、著作の時期については、この四篇を『漢書』藝文志にいう「黄帝四経」に当て、戦国中期の初め(紀元前四世紀の初め)の著作とみる唐蘭氏の説が最も古く、「十六経」だけを検討してそれを漢初のものと考えた康立氏の説が新しい方の代表であった。(19)両者の間ではほとんど二百年のひらきがある。そこで古佚書の内容に照して両説を検討してみると、唐蘭氏よりは康立氏の方が妥当に近く、四篇のそれぞれの内容の違いからするとそれらが同時の作ではなくて、ほぼ戦国末から秦・漢の際に及ぶ数次の著作であることが考えられた。またその思想内容としては、当時、韓非流の法家思想との関係を強調する風が中国の学界で強かったのに反対して、実定法的な韓非の思想とは違った、むしろ天人相関的な思考にささえられた自然法的な色彩の強い、一種特別な道法折衷であると考えた。そして、そこから考えられたことは、この道法思想は韓非の中核的な法思想とはむしろ別系統のものではないかということであった。道法思想の歴史をそれとして探究する課題がここに生まれ、それは『管子』の内容との総合的な考察にまたねばならないということが、ここで明らかにされた。

さて、古佚書の「経法」では「道が法を生ずる。」とあり、それと類似したことばが『管子』の心術上篇にも見えることは、すでに広く知られている。さきにも挙げた「法は権より出で、権は道より出づ。」というのがそれであって、中間に「権」をはさんでいるのが違うだけである。「権」は唐蘭氏のいうように権衡のことであって、(20)「経法」の方では「称」というのがそれに相当する。「称うる《ととの》に権衡を以てす。」とか「応化の道は平衡して止まる、軽重の称わざるは、是れを失道と謂う。」などと言われている(「経法」道法篇)。あるいはまた「権」は権宜の権であって、『孟子』にいう嫂《あによめ》が溺れたときに手をとって助けるという個別条件に妥当する法則とも解される。(21)いずれにしても、法がそこから出てくるとされ、それがまた道にもとづいているとされる点で、結果的には「道が法を生ずる」のと同じことであった。そして、その道とは、すぐそれにつづけて「道なる者は、動いて其の形を見《あら》わさず、施して其の徳を見わさず。万物みな〔この道に〕以《よ》りて然るを得るも、其の極を知るなし。」と説明されるような、形而上的な性格を帯びるものである。それが「経法」の場合と同類の道家的な道であることはいうまでもない。

「外言」の枢言篇第十二でも、また「人の心は悍《あらあら》しいから法によって防ぐ必要がある。」という法の起源論をふまえたうえで、「法は礼より出で、礼は治より出づ。治と礼とは道なり。万物は治と礼とを待ちて、而る後に定まる。」と言う。法の必要性を十分に認識しながらも、より理想的なあり方は法よりも礼の世界であり、さらに礼でさえも用いることのない、さらにその上の平安な世界があるというのが、その意味であろう。そして、「治と礼とは道なり。」というのはややわかりにくいが、万物がそれによって初めて安定すると言われていることからすると、やはり礼や治がもとづく根本のおのずからなる秩序としての道が考えられているのであろう。それが、「謂わゆる仁義礼楽なる者、みな法より出づ。」とあった法至上的な任法篇の立場と違っていることは、明白である。

心術篇が属している「短語」のなかでは、また君臣上下篇に、さきの法法篇と同様に、「道法」ということばがある。そして、その上篇では「有道の君は善く明らかに法を設け、而して私を以て妨(原作防、今以意改)げざる者なり。」と言い、「交を別ち分を正すを理と謂い、理に順いて失《あやま》たざるを道と謂う。」とその道を定義づけているが、また「道とは人の性(生)を成すなり、人に在るに非ざるなり。……道とは万物の要なり。人君たる者、要を執りてこれを待てば、則ち下は姦偽の心ありと雖も、敢えて試(用)いず。……是を以て明君これを知り、道法を重んじてその国を軽んず。」ともいう。「道法」を重んじて国家を軽んずるというのは、もちろん韓非流の法家の主張とは違うであろう。そして、ここでの道は、「一国の君となるのも、天下の王となるのも、みな道がならせるのだ。(君一国者、其道君之、王天下者、其道王之。)」とも言われているように、現実の国とか天下とかを超えた普遍的な大きな働きで考えられている。そして、それはまた「天に常象あり、地に常刑(形)あり、人に常礼あり、……兼ねてこれを一にするは、人君の道なり。」(上篇)とか、「天の道・人の情」とも言われている(下篇)ような、自然にかかわる道でもある。それは、道家的な道であるとともに、また儒家的な道義性の基礎ともなるような、自然法的な道であった。[22]

この点は、版法解や形勢解のなかにおいて一層はっきりしている。版法解では、「版法とは、天地の位に法り、四時の行に象って、以て天下を治」めるものであるといい、「聖人はこれ(天地四時)に法って法令を行ない事理を治む。」とあり、また「聖人はこれ(天地の覆載)に法って万民を覆載す。」とか、「聖人はこれ(日月の明)に法って万民を燭《てら》す。」などとある。形勢解は法の主張としては必ずしも強くはないが、規矩や尺寸と並べて「法数」を説くところもあって、それとともに「明主は天地に配する者なり。」とか、「明主は天道に法象す。」ということが強調されている。

古佚書の「経法」等四篇のなかには、天地自然の秩序に模範をとることばが多い。[23]たとえば「経法」論約篇では、「天地の道」「天地の理」「天地の紀」などという自然界の秩序をあげて、それを法度の根本にすえている。それは版法解や形勢解の立場と一致するものである。そして、「経法」四度篇の「極まりて反り、盛んにして衰うるは、天地の道なり、人の李(理)なり。」ということばは、『管子』「外言」の重令篇でも「天道の数は、至れば反り、盛んなれば衰う。」と、類似したことばで見えている。『管子』のなかで古佚書と類似した語句をとくに多く持つのは、「短語」の勢篇であるが、そこでも古佚書の「称」に見えるのと同じことばで、「天極を亡《うしな》うことなき」自然と人との協調が言われている。道法折衷の文献として、古佚書と『管子』中の以上の諸篇とには密接な関係があり、しかもそこに自然の秩序に中心をおく一種の天人相関的な思想がつらぬいていることは、ほぼ断定してよいであろう。[24]

この思想は、「区言」の任法篇などについて考察した客観法の至上を説く韓非的な立場とは違っている。そして、『韓非子』のなかの解老・喩老や主道・揚権の四篇と合わせて、道法折衷の資料がこのように集まってみると、それらが韓非の思想とは別個の伝承を持つ一派を形成していたことが考えられてくるであろう。そして、解老・喩老などの篇は韓非以後の折衷思想だとみるのが通説であるが、それに従ったとしても、だからといって、『管子』の「外言」

を中心とする諸篇や古佚書「経法」などのすべてを韓非以後と定めるわけにはいかない。『管子』だけについても篇ごとに違った色彩があって、その成立事情の複雑な様相がうかがえるからである。古佚書のなかでは「経法」の成立が古く、それを戦国末期の成立であろうとしたさきの考察とあわせて考えると、『管子』中のこれらの資料も、ほぼ戦国中期の終わりか末期の初めごろから秦・漢の際に及ぶものとしてよいであろう。

さて、「外言」以下の法に関する資料が以上のように二分されるとすれば、これに牧民篇以下の「経言」諸篇を加えての法思想はほぼ三つに分けられることとなる。第一は、令の必行を中心とする実際の政治の運用に即した素朴な段階にあるもの(「経言」諸篇)、第二は道法折衷の立場で法に対する自覚的反省を加えたもの(「外言」法法篇ほか)、第三は韓非流の法至上的立場で客観法を強調するもの(「区言」明法篇ほか)である。そして、相対的に古いとみられた「経言」との関係でいえば、もちろんこの第二類の方がそれに近い。「経言」には第三類の純粋法家的な思想はないが、第二類の自然法尊重の立場と折衷性は同様に濃厚にみられるからである。形勢解も版法解も、「経言」の文をふまえてそれを発展させたものであるから、もちろんその思想傾向も「経言」類と関係が深い。

してみると、『管子』の本色としては、まず「経言」にみられるような実際的な政治思想があり、それが発展して一種の法思想を生むこととなったもので、それは元来の現実的折衷性をうけて特に道法折衷の一派として存在したが、やがて韓非の法思想の影響が入ってきたということになるのであろう。そして、この展開は、それが『管子』の書中にみられるという点からすると、ほぼ斉の稷下を中心として行なわれたとみるのが順当であろう。儒・道・法にわたるその折衷的色彩は、稷下の学のあり方としていかにもふさわしい。

稷下の全盛期は威王から宣王・湣王にわたる。威王の即位は前三五六年、宣王の死は前三〇一年で、湣王が燕に敗れたのは前二八四年である。自然法的な勢の思想を説いたとみられる慎到があらわれたのは宣王の末年から湣王の時代である。道法折衷というか、むしろ道家でも法家でもない一種の政治思想として、現実の法令や法制の施行を重視しながら伝統的な自然法的秩序を根本にすえる思想が起こったのは、恐らくこの慎到の出現と関係があるであろう。そして、「経言」諸篇はそれ以前となるから、恐らくは稷下前期の編成である。なかでも巻頭の牧民篇はとくに古く、戦国初期以来、各国で行なわれた富国強兵の変法運動の一環としての斉の情況を反映した趣きを読みとることができる。戦国の初め、魏の国では李悝の活動があり、それを承けた商鞅が秦で活躍して刑死したのは前三三八年、ちょうど稷下の前期にあたる。商鞅の法治の目ざましい成果は全国的な注目を集めたであろうから、法思想としての自覚的な反省はその後に活潑になったかと思えるが、斉の稷下ではなお伝統的な自然法的観念が強かったのである。この自然法的観念をふまえながらの法秩序の考察と商鞅の技術的法律観の追究とが、戦国後期を通じての法思想の自覚的な展開であった。前者は斉の地を、後者は三晋と秦の地を中心としている。客観法を主とする法至上的な韓非の思想は、その核心においてもちろん後者の発展としてあるものであった。

(1) たとえば木村英一『法家思想の研究』(一九四四年弘文堂)でも、『管子』は含まれていない。武内義雄『諸子概説』(一九三五年弘文堂、のち『全集』第七巻)では、『管子』は雑家とされている。もっとも、近年に至って馬王堆帛書『経法』などとの関係で『管子』の法思想に注目する論文が出てきた。裘錫圭「馬王堆《老子》甲乙本巻前后佚書与〝道法家〟」(一九八〇年『中国哲学』第二輯)ほか。
(2) 第三章「経言」諸篇の吟味、七法篇第六の項八一—八三ページを参照。
(3) この前後では、同様の表現で「法」のほかに「令」と「社稷」と「威」との重要性が言われている。そして、類似の文が「外言」の法法篇第十六にも見えている。
(4) 甲骨文では命令の「命」はすべて「令」と書かれている。そして、周の金文になると「命」の字が出てくるが、やはり「令」の字を使う例も少なくない。傅斯年『性命古訓弁証』(一九四〇年長沙商務印書館)参照。
(5) 本書第三章「経言」諸篇の吟味、権修篇第三の項(七五ページ)を参照。
(6) これについては、牧民篇で、君の好悪をはっきり顕わすことが民を導びき賢者の助けを得るために必要だ、としていることの関係が問題になる。一概に申不害に関係づけられない点が残るであろう。
(7) さきにあげた版法篇の資料で、喜怒の情によって賞罰をしてはならぬとあり、七法篇の資料で、民への愛情のために法を曲げないとある(一七七ページ)のなどは、関係のある思想ではあるが、もちろん法の公的性格を積極的に説いた資料ではない。
(8) 形勢解篇のこのことばは「経言」の形勢篇を解説したものであるが、形勢篇で「令」とか「政令」とあるものを、解篇ではこのように「法」と関係づけていることに注意する必要がある。
(9) 第一句の原文は「簡物小未一道」とあって意味がとりにくい。いまかりに『管子集校』の丁士函の説に従って「未」を「大」に改めたうえ、卑見によって「一道」の二字を衍字として除いた。なおこの文は、道・徳・義・礼・法の説明文の一部としてあるが、前後の押韻文の間にはさまっていて、後からの竄入かともみられる。
(10) 原文は「吏者民之……」となっているが、禁蔵篇の文との比較から考えて、「者」の字を衍字として除いた。
(11) 第三章「経言」諸篇の吟味、形勢篇第二の項(七一ページ)参照。
(12) 『管子』中で法令に関係したことばが出てくる篇は、おおよそ以下のようである。「外言」で五輔第十・枢言第十二・八観第十三・法禁第十四・重令第十五・法法第十六、「短語」で君臣上下第三十・三十一・心術上第三十六・白心第三十八・勢第四十二・正第四十三、「区言」で任法第四十五・明法第四十六・正世第四十七、「雑篇」で七臣七主第五十二・禁蔵第五十三、「管子解」で形勢解第六十四・版法解第六十六・明法解第六十七。
(13) 羅根沢「管子探原」(『諸子考索』)第五章。郭沫若『管子集校』下冊七六八ページ。有度篇には斉・燕・魏の滅亡をいう文があって、その成立の上限を示している。郭氏が秦王政二十六年以後というのはそれによる。ただし、明法篇にはこの文はない。
(14) 有度篇だけにあって明法篇にない文章のなかでは、「先王の法」の特別な強調があるから、有度篇の方があとからそれと明法との二種の資料を合成したとみることも可能である。
(15) 胡適『中国哲学史大綱』巻上(三六五ページ)以来、容肇祖『韓非子考証』第九など。
(16) 拙稿「慎到の思想について」(一九六二年『集刊東洋学』第七輯)第二節を参照。なお、『韓非子』難勢篇を資料とした慎子の「勢」の思想と『管子』の思想との関係については、終章第二節『管子』諸篇の思想史的展開(三)(三四四ページ以下)であらためて考察する。
(17) 「道法」という語は任法篇にもあるが、そこでは「法に道《よ》る」と読まれることばであって、法法篇とは違っている。

(18) 拙稿「古佚書『経法』等四篇について」(一九七九年『加賀博士退官記念中国文史哲学論集』所収)。
(19) 唐蘭「馬王堆出土『老子』乙本巻前古佚書的研究」(『考古学報』一九七五年第一期、のち『経法』一九七六年文物出版社に収載)。康立「『十大経』的思想和時代」(『歴史研究』一九七五年第三期、のち『経法』に収載)。
(20) 前註唐蘭氏論文。その『経法』付載一六〇ページ。
(21) 『孟子』離婁上篇「男女授受不親、礼也。嫂溺援之以手者、権也。」
(22) 「道法」ということばは『荀子』致士篇にも見えている。「道法なければ、則ち人至らず。君子なければ、則ち道挙がらず。……君子なる者は、道法の総要なり。」ここでは儒法折衷的な概念であるとしてよいが、荀子の思想の全体から考えて、道法思想の影響をうけたものと認めてよいであろう。
(23) 註18の拙稿一三五ページ以下を参照。
(24) 古佚書と『管子』とをつらぬく天人相関の思想については、第五章第二節哲学思想の(五)で詳述する。

第五節　強兵思想

『管子』の内容が、「富国強兵」という戦国的なスローガンをそのままに、経済と軍備によって天下国家の安泰をはかる政治思想に中心をおくものであることは、初めに述べたとおりである。(1)政治思想のわく組みを考え、経済思想の内容を吟味し、法思想の検討を終ったいま、次には、その現実的な立場を示すもう一つの分野である強兵思想の検討へと進むことにしたい。すでに「経言」諸篇の吟味において、その七法篇と幼官篇とのそれぞれの後半部分に兵家言とみられる資料があり、また権修篇の初めや立政篇の四固の章などにも軍事に関係することばが散見することを述べた。「外言」以下でも、もちろんその資料は少なくない。それらを合わせて、『管子』中の強兵思想とはどのようなものか、またどのようなあらわれ方をしているか、そしてそれが『管子』の全体や、あるいは兵家思想の流れのなかで、どのように位置づけられるか、といったことどもを明らかにしなければならない。

あたかも中国の学界では、さきに『孫臏兵法』などといっしょに出土した山東省臨沂県の竹簡兵書を整理して、そこに「王兵」と題する一篇を発見したと言い、それが『管子』中の兵を語る数篇の内容と密接に関係していることを報告している。(2)そして、その報告者は、「王兵」篇と『管子』の類似文との対照表を作ってその関係をくわしく検討した結果として、その「王兵」篇が、『管子』の成書過程を研究するうえでも重要な糸口を提供するであろう、と注意をうながしている。実のところ、「王兵」篇の編成は、ばらばらの竹簡を整理して、その文意に従って接合してまとめたものであるから、当然にもその内容に疑問の持たれるところもあるが、当面その研究業績を合わせて考えなければならないことは、もとよりいうまでもない。(3)「王兵」篇との重複のもようを吟味することから着手して、強兵思想の内容に迫ることとしたい。

『管子』のなかで、軍事に関係することばが出てくる篇はおよそ二十数篇にもわたっている。ただ、それを主要な内容とする篇は、「外言」の兵法第十七と「短語」の地図第二十七・参患第二十八・制分第二十九・九変第四十四、そして「経言」の七法第六の後半と、幼官第八の後半との七篇である。そして、斉の桓公と管仲との問答のなかで部分的に軍事を語るものも重要であるが、それには「内言」の中匡第十九・小匡第二十、「雑篇」の小問第五十一などがある。

㈠

さて、新出の「王兵」篇と一致するのは、前の七篇のうちの兵法・地図・参患・七法の四篇であって、なかでも地図篇と七法篇の選陣の章とはほとんどその全文が「王兵」の一部となっている。「王兵」の整理は、「竹簡の文意にもとづき、さらに『管子』各篇中の関係文章のつづきぐあいを参照して、一篇とした」と言われているが、してみると、兵法篇以下の四篇の軍事思想は内容的に一篇にまとめてもよいような密接な連関を本来持っている、ということになるのであろう。整理者はそのように考えて、一篇としての「王兵」のまとまりの良さを強調するとともに『管子』各篇の雑乱ぶりを指摘して、結局『管子』は「王兵」のような古兵書類を割裂し寄せ集めて編成されたものであろうとしている。これは、整理者が示唆するとおり、『管子』の成書過程の研究にとって重要な糸口を提供するものである。吟味はまずここから始めなければならない。

「王兵」篇の整理者によって作られた「王兵」と『管子』各篇との対照表に従って、「王兵」を中心とした両者の関係を図表にしてみると、次のようである。

これでみると、たとえば『管子』七法篇の選陣章は、その第五・六段(故有風雨之行→禁雕俗也」不遠道里→治民一衆矣)と第三・四段(故事無備→勇士勧之」故兵也者→兵主之事也)との順序がいれかわっている。「王兵」の順序が正しいと

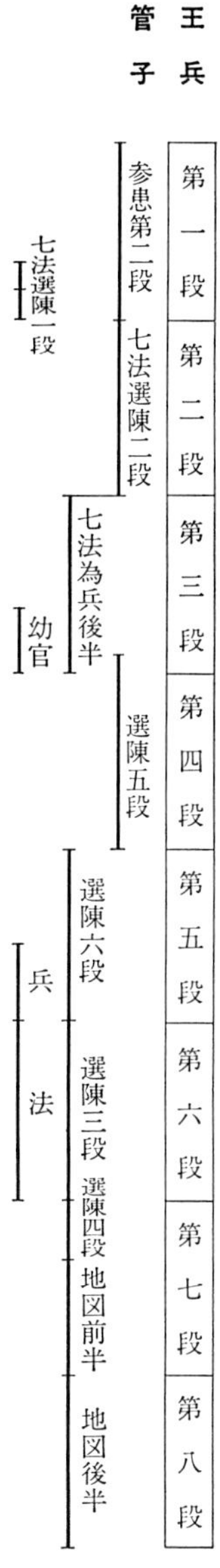

すると七法篇選陣の方は前後錯乱ということになるが、そう考えてよいのかどうか。「王兵」が竹簡の整理であって、帛書のような一連の文章でないだけに、問題は一層複雑であるが、ひとまず順を追ってそれぞれの内容を検討してみたい。

まず最初の『管子』参患篇は、その全体を三段に分けることができるが、「王兵」と一致するのはその第二段（君之所以卑尊→攻之自毀者也）である。初めの第一段は、「猛毅之君」と「儒弱之君」とをあげてそれらを否定する君主論であって、軍事には直接の関係がなく、下文との連続もよくない。しかも法法第十六の末段にはまたこれとよく似た文章がある。そこで、すでに猪飼敬所や張佩綸は、この第一段を参患篇にあるべきでない錯簡だとして除いた[(4)]。そうすると、第二段の初めは「君の卑尊なる所以、国の安危なる所以の者は、兵より要なるはなし。（君之所以卑尊、国之所以安危者、莫要於兵。）」という文章であって、いかにも軍事を説く参患篇の篇首としてふさわしく、「王兵」の整理者がまたこれを「王兵」の篇首として定めたのももっともだと思われる。この第二段は、そのあと、兵は「廃すべからざる」ものであるとし、それをゆるがせにする世俗の君主（世主）を責めたうえ、「計の必ず先ず定まりてより兵の竟（境）を出づる（計必先定、而兵出於竟）」ことが重要だと述べられる。この終わりの部分が七法篇選陣章の第一段とも類似していることは、さきの対照図表に示すとおりであるが、「計」ということばは直ぐに、『孫子』の計篇を連想させ、五事七計や戦前の「廟算」によって勝つことを重視する『孫子』の主張を思わせる[(5)]。

さて参患篇の第三段(得衆而不得其心↓篇末)は、衆についてはその心を得、兵甲についてはその完利堅密を得るなどといったことを述べ、次いで「兵に大論あり」として〔兵〕器と〔兵〕士と将と主との四者を論ずべきを言い、最後にとくに兵器の重要性を別論するという三節から成っている。この一段は「王兵」とは無関係であるが、そのうち「兵の大論」の一節については、『漢書』晁錯伝によると、漢初の晁錯がそのことばのなかで「兵法に曰わく」としてそれを引用し、「四者は兵の至要なり」といっている。この晁錯との関係については、晁錯が『管子』の文を引用したとみるのが自然であるが、ただそうだとすると、「管子曰わく」でなくて「兵法に曰わく」であることとか、文章がそれほどぴったりとは一致していないことなどが、疑問になる。(6)「王兵」の整理者は「王兵」が古くて『管子』は新しいと見ているから、このばあいにも、晁錯が引いた兵法は「王兵」と同類の古兵書であって、『管子』と晁錯との文章は同類の祖本から出た兄弟関係であろう、と考えている。

参患篇の内容は以上のとおりであるが、ここでもう一つの問題を加えておかなければならない。それは、さきにふれた法法篇の末段のもう一つ前の一段のことであるが、そこには前後の文から孤立した軍事関係のことばがある。すなわちその内容は、兵すなわち戦争には貧民・傷財・危国・憂主の四患が伴ないがちだけれども、古今を通じて戦争をやめることはできず、廃すべき時と廃すべからざる時とを熟慮すべきだという主旨であって、おのずから参患篇第二段の前半の主旨と関係している。張佩綸はそこに注目して、これこそ参患という篇題にも合致するとみて、法法篇から参患篇に移して読むべきだと主張した。郭沫若氏もそれに賛成している。確かに両者の内容には密接な関係があり、とりわけ注意されるのは、用兵は慎重であるべきだが廃することのできないものであるのに、今それを軽々しく廃しようとするのは誤っているという点で、まったく一致していることである。

参患篇(第二段)――兵なる者は、主を尊くし国を安んずるの経《みち》なり。廃すべからず。夫《か》の世主の若《ごと》きは、則ち然らず。外には兵を以《もち》いずして暴を誅せんと欲すれば、則ち地は必ず虧《か》け、内には刑を以いずして邪を禁ぜんと欲すれば、則ち国は必ず乱れん。(兵者、尊主安国之経也。不可廃也。若夫世主、則不然。外不以兵而欲誅暴、則地必虧矣、内不以刑而欲禁邪、則国必乱矣。)

法法篇――黄帝・唐・虞は帝の隆なり。……此の時に当たりて兵廃せず。今、徳は三帝に及ばずして天下順わざるに、而も兵を廃せんことを求む。亦た難からずや。(当此之時也、兵不廃。今、徳不及三帝、天下不順、而求廃兵、不亦難乎。)

そして、この主張は、また新出の『孫臏兵法』見威王篇の初めにもあって、そこでは法法篇との間でことばの類似さえもみられる。

『孫臏兵法』――戦い勝たば、則ち亡国を在らしめて絶世を継ぐ所以なるも、戦い勝たざれば、則ち地は削られて社稷を危うくする所以なり。是の故に兵なる者は察せざるべからざるなり。……昔者《むかし》、神戎(農)は斧遂に戦い、黄帝は蜀禄に戦い、尭は共工を伐ち、舜は……、周公これを浅《ほろぼ》(践)す。故に曰わく、徳は五帝に若《し》かず、能は三王に及ばず、知は周公に若かざるに、「我れ将に仁義を責(積)み……以て争奪を禁ぜんと欲す」と曰う。此れ尭・舜も欲せざるに非ざるも、得べからず、故に兵を挙げてこれを縄《ただ》せしなり。(……是故兵者不可不察也。……昔者、神戎戦斧遂、黄帝戦蜀禄、尭伐共工、舜……、故曰、徳不若五帝、而能不及三王〔愚按、而能古音近而通用。疑而字衍〕、知不若周公、曰我将欲責仁義……以禁争奪。此尭舜非弗欲也、不可得、故挙兵縄之。)

ここでも黄帝・尭・舜の用兵がいわれて、戦争を廃することはできないとし、やがて用兵の積極的な意義にまで説き及ぶことになるのである。『孫臏兵法』と『管子』との間にも密接な関係のありそうなことが推想できるであろう。

要するに、今の参患篇は全体が三段に分けられるが、その第一段は他篇の文の混入であるうえ、もとこの篇にあったとみられる文章が法法篇に入っているというわけで、いかにも種々の資料が入りくんだ雑駁な感がある。「王兵」篇の文章と比べると、なるほどその整理者が『管子』の編成を雑乱だと言ったのももっともに思える。ただ、参患篇のこうした乱れは、今の参患篇が古い形のままではないためにそうなのかも知れない、ということをも考えておかねばならない。

次に「経言」の七法篇は、㈠七法、㈡四傷、㈢為兵之数、㈣選陣の四章から成っている(捌趙用賢本)。篇の題目は第一章の名と同じであるが、それはたぶん便宜的なもので、全体をおおう名称ではない。全体の主旨としては、強兵のためにはまず治民が大切だとして、初めの二章で治民の方法を論じ、民を治めることができても、兵を強くして敵に勝つのでなければ、天下を正すことができないと言って、後の二章で軍事を述べたもので、一応の一貫した脈絡は認められる。(7) そして、「王兵」と類似文で重なるのは後の二章、すなわち第三章為兵之数の後半と第四章選陣の大部分であるが、その文章の順序が両者のあいだで入れかわっていることは前の図表で見たとおりである。

「王兵」の整理者の立場からすると、当然にも「王兵」が正しくて七法篇の順序が乱れているということになるのだが、両者を比べてみると、どちらにも一長一短があって、単純に七法篇の順序をでたらめだとして退けるわけにはいかない。確かに、第三章為兵之数には、中間に王道とか天子之礼とかいう不可解な文があったり、章末に他所からの竄入かと思われる一文があったりして、文章の乱れも考えられる。また、「王兵」に比べて文章がのびていて、それは第四章選陣その他にも当てはまるが、一般に「王兵」の方が簡古な趣きを呈している。「王兵」の文の方がより古いというのは確かであろう。ただ、『管子』の方にはまたそれなりのまとまりがあることを注意しなければならない。

いま為兵之数の一章をみると、その前半では聚財・論工・制器・選士・徧知・機数の六者が天下を正すのに重要だと述べ、後半はそれを受けて「是の故に器成り卒選ばるれば、士は勝を知り、天下を徧知し機数を審御すれば、独行して敵なし。」とつづいている。「王兵」第三段はこの後半の初めから重なることになるが、そこには「天下を徧知し」以下の句がない。そのことによって「王兵」は、ここと重なる幼官篇の一部(前掲図表参照)と同様に、「天下の精材（士卒）を取《えら》び、百工の利器を論ず」という点に主旨をしぼったことになっているのだが、為兵之数章の方では、だからといって「天下を偏知し」以下の句を除くわけにはいかない。「王兵」にはなかった前半との関係では、なくてはならないものであるし、それはまた、篇の初めで天下を正すために強兵が必要だとしていたのと、相い応じているからである。「王兵」とは違った『管子』の篇のまとまりのあることが、よく分かるであろう。同じようなことは次の選陣の章についても言える。

「王兵」では、選陣章の第三・四段に当たる文章が第五・六段に当たる文章と顛倒した順序になっているが、選陣章の方でそのつづきぐあいがとくに悪いという印象は必ずしもない。重要なことは、むしろ選陣章の第三段がそのまま今の『管子』のとおりに前にあってこそ、第五段の意味がよく分かるように思われるということである。いま選陣章の第五段に相当する文章を「王兵」の方について見ると、それはきわめて短くて、選陣章のごく一部分があるだけである。

「王兵」篇

風雨の疾あれば則ち遠道を難しとせず。飛鳥の起あれば、則ち山河を犯すを軽しとす。雷電の戦あれば、則ち能く独制して敵なし。

七法篇選陣章第五段

風雨の行あり（句首原有故字、従張文虎削去）、故に能く道里を遠しとせず。飛鳥の挙あり、故に能く山河を険とせず。雷電の戦あり、故に能く独行して敵なし。水旱の功あり、故に能く国を攻め邑を救う。金城の守あり、故に能く宗廟を定め男女を育す。一体の治あり、故に能く号令を出し憲法を明らかにす。

風雨の行とは速きなり。飛鳥の挙とは軽きなり。雷電の戦とは士の不斉なり。水旱の功とは野の収めず耕の穫《え》ざるなり。金城の守とは貨財を用い耳目を設くるなり。一体の治とは奇説を守り彫俗を禁ずるなり。

この比較について、「王兵」の整理者は、「王兵」と一致する風雨之行・飛鳥之挙・雷電之戦までは第三章の為兵の数と対応するが、以下の水旱之功・金城之守・一体之治の三者ではその句法も前の文とはやや違っていると説明して、それらを後人による増加だとしている。あるいはそうかも知れないが、しかしこの整理者は「王兵」に気をとられて選陣章の方の読み方を誤っている。この後の三者は決して余計な文ではない。「王兵」では後におかれている選陣章の第三段は、兵主(将軍)・野吏・官長・朝政の四者が大切だと述べたもので、同類の語は兵法篇にもあり、また「経言」の権修篇第三の初めでも四者を並べあげているが、それらを総合して考えると、選陣第五段の初めの三者(風雨・飛鳥・雷電)は兵主の事、水旱の功は野吏の事、金城の守は官長の事、一体の治は朝政の事であると知られる。つまり、これらの六者は第三段からの連続で相互に緊密に連繫しているのである。六者のうちの三者を除くこともできなければ、また段の順序をとりかえるわけにもゆかない。選陣章の文は今の順序でまとまっているようである。[8]

さて「王兵」の最後の二段は、『管子』「短語」の地図篇の文と同類である。地図とはいうまでもなく地形の図の意味で、そこで言われているような「轘《かん》(環)轅《えん》の険・濫《らん》(漸)車《しゃ》の水・名(大)山通谷・経川陵陸丘阜《きゅうふ》の在る所、苴草《しょそう》林木蒲葦の茂る所、道里の遠近、城郭の大小……」などが、安井息軒もいうように、もとは図表としてついていたものでもあろう。地形は政治的にも経済的にも重要なもので、『書経』の禹貢から『周礼』の地官や夏官などにも関係した記事があり、『管子』のなかでも度地篇第五十七とか地員篇第五十八というのがあるが、ここはもちろん軍事的なものである。「凡そ兵主は必ず先ず審らかに地図を知る。」という書き出しで始まって、種々の地形に習熟してはじめて「軍を行《や》り邑を襲うことができる。」として、「此れ地図の常なり。」と結ばれる。兵法に地形を重んずるのは周知のことで、『孫子』のなかにも地形篇があり、種々の地形を説明したうえで、これを知って戦えば必ず勝つが知らずして戦えば必ず敗れる、と言われているのは有名である。『孫子』と違うのは、『孫子』では地形に応じた戦い方が詳しく示されているのに、こちらでは客観的な地形の種々相が示されるだけだという点である。

ただ、この地形のまとまりは実はこの篇の前半だけで、このあとには三十字余の短文(人之衆寡→知能不如知意)と後半の「主(王?)兵の参具」を述べた文章とがあって、いずれも地図という篇題とはそぐわない独立した文章である。後半の一段は、「王兵」では「王兵の三具」として同類の文章としてあるが、その三具とは人主と相室と兵主(将軍)の三者のことで、それぞれの任務を説明するのがその内容である。「王兵」はそれを最後の一段としている。つまり地図篇は、それにつづく参患篇のばあいと同様に、ほぼ三つの短文を集めてできていて、篇名はその最初の一段によって名づけたというものである。安井息軒は、そのような体裁が「短語」といわれる部類に属する諸篇の本来の形であろう、と考えている。

ここで注意されるのは、地図篇前半のまとまりがよくて、新たに整理された「王兵」の一段の方がかえって意味の通りが悪いということである。その違いは、「王兵」の方には地図篇にみられる首尾のことばがないことから来ている。「凡そ兵主は必ず先ず審らかに地図を知る。」と最初に言い、「此れ地図の常なり。」と結ぶことばがあって、地図篇の方はそれでよくまとまっているのだが、「王兵」にはそれがなくて、初めに「是の故に将は地形を審らかにし、材官を選び、蓄積を量り、勇士を譔《えら》び、天下を察知し、機数を□御し」という二十数字がある。なるほど「地形を審らかにす。」ということばは最初にあるが、この文章は明らかに地形だけを特に強調したものではないから、その二十数字のあとに地形のことだけを述べた文がいきなり続くのは奇妙である。そして、この二十数字の文は七法篇選陳章の第四段や地図篇後半の末の「兵主之事」を述べる文とも似ているから、「王兵」がどうしてこのような文をここにはさんでいるのか、あるいはどうしてこのように整理されたのか、むしろ不可解の念が強い。つまり、「王兵」の整理者は「王兵」が整って『管子』の文が乱れていることを強調するが、整理のしかたにも問題があって、必ずしもそうとばかりも言えないということを、指摘しておかねばならない。

さて、「王兵」と一致する部分の比較は以上で終わるが、概括的に言って竹簡の文章がより古いということ、また『管子』の方が、「王兵」から直接とは限らないが、それに類した古兵書を利用して編成されたものらしいということは、「王兵」の整理者のいうとおりであろう。ただ、『管子』の編成にはそれなりの意図があったはずで、それを物語るように、『管子』の方にもそれぞれのまとまりがうかがわれた。それがいかにも乱雑で寄せ集めのようでもあるのは、今の『管子』の本文に錯乱があって旧形を失っていることにも、理由がありそうである。「王兵」の出現は、『管子』の成書過程について確かに新しい照明を与えている。『管子』中の軍事思想がどのようなもので、またどのようなあらわれ方をしているか、その一端は「王兵」との比較を通してすでに次第に明らかにされているが、さらに「王兵」との関係を離れてそれを検討していかねばならない。

（二）

地図篇と参患篇とにつづいて、「短語」の第三に位置するのが制分篇である。制分というのは「天下を制するための分(制天下有分)」のことで、この篇の末の一段(待治者所道富也以下)がそれを述べたものである。すなわち、治国の器、富国の事(業)、強国の数(術)、勝国の理が備わって、最後に天下を制する分が必要だと述べる文章であるが、張佩綸はこの一段だけが篇の題目に合う本文であって、それ以外は他篇の錯簡であろうといっている。(9) さきに見た地図篇や参患篇の例からしても、そうした寄せ集めである可能性は強いが、しかし前の部分も用兵を論じていて、まったく無関係というわけでは決してない。前の部分は、制分の前段階として強国の数・勝国の理を説いたものとみておいて、不都合はないであろう。その要旨は、戦前の準備がまず必要であるとして、爵禄金財をおしまずに人材を用い間諜を放って敵情を知ったうえで、敵の弱点に乗じて行動を起こすべきだというのである。爵禄百金をおしまずに間諜を用うべしと強調するのは『孫子』用間篇の主旨であって、そこには間諜の種類やその用い方までがこまかく述べられていた。また戦前の準備を強調して、敵情に応じた行動をとれというのも、さきの参患篇の第二段とも応ずることで、『孫子』や他の兵書にもみえる主張である。

次に九変篇は「短語」の最後に位置する二百字足らずの短文である。凡そ民衆がすすんで攻守のために命を投げ出して戦うのは、それだけの必然性があるからだとして、その九つの条件を掲げたものであって、そこに賞罰などのことも言われるが、「親戚墳墓」とか「田宅富厚」とかいう郷国の安定した平生の居住の状態が言われているのが特徴的である。そして、その末尾で、不信の人を恃み、不守の民を用い、不戦の卒を将《ひき》いるという「兵の三闇」を説くことばは、後に見る小問篇の一段と一致していて、独立した文章を利用して結びとしたもののようである。

次に幼官篇と兵法篇とは、七法篇の一部をもあわせて、内容に重なるところが少なくない。そこで、兵法篇は幼官と七法との「解」であろうと言った学者もあったが、郭沫若氏は、そこまで言えないとしても、これらの軍事記述が一家の言であることはまちがいがないと断じている(10)。もしそうだとすれば、地図篇や参患篇も、さきに見たとおり「王兵」において七法篇と関連しているから、やはりこれらと同類の兵家言とみなしてよいということになるであろう。

さて、幼官篇は時令や五行思想と関係してその内容構成も複雑であるが、すでに第三章でその内容を吟味したとおりであって、専らその軍事記述だけを取り出して検討することが許される(11)。それらの資料は、中央と四方とに分断されて本来の順序もはっきりはしないが、それなりのまとまりを持っていて他の文章とは区別されやすいからである。いま現在の順序どおりにその内容の概略を紹介すると、おおよそ次のようである。

「必ず得(徳)文威武」であるべきだと前提して、官習・因時・無方・行義・名実から計財・聞知・選士・制禄等々が重要だといい、視聴思発(動)を深微にし、器材号令を慎重にして専一を守れば無敵になるとして、器材の整備と人材の習練を力説して結ぶのが、中央の文である。はっきりはしないが、全体の総序という趣きもうかがわれる。次いで、器材の整備と人材の教習だけに頼らず、積極的に敵の不知に動き不意に発するようにすれば全勝無敵であるとし、詭禁(悪事の禁止)を修め死士を食《やしな》うなどの必要を強調する(東方)。また、情と将と政と士との四者(上文の四機か?)が備われば、治を以て乱を撃つ態勢が可能になるが、至善はむしろ戦わないことであって、非義のないのが大勝をもたらすことになるという(南方)。そして、無端に始まる道と無窮に卒《お》わる徳とを守れば、外からは量ることのできない状況が得られ、内には民が和合偕習するといい(西方)、最後に、察数・審器・明諜・通徳によって敵に勝ち天下を定め、地を求めるのではなくて義を立てるのが至善の兵であって、したがって兵は民の利を守って害を除くというようにあるべきだとする(北方)。

それぞれの方角になぜそれらのことばが配されているのか、その必然性は見いだしがたく、全体に甚だ雑然としていて脈絡をとらえにくいが、その内容の主旨は、さらに兵法篇と重ねることによってややはっきりする。つづいて兵法篇の内容をみることにしよう。

まず、兵法篇の初めで皇・帝・王・覇の別を説くのは幼官篇首と同じである。そして、幼官篇ではそれが兵家言であることは必ずしもはっきりしないのを、兵法篇では兵は帝王の道ではないが「王を輔けて覇を成す」ものだと言い、今代の用兵者は兵権を知らないと言って、兵法篇全体の序章としてとりこんでいる。そこで言われているのは、「兵は廃すべからず」の主旨と通ずるものである。そして、そのあと計数・法度・教備器利・因民の重要を述べて用兵の四禍を避けることをいい、兵主・野吏・官長・朝政の具わることをいうのは、そのままでは幼官篇に対応がないが、後者の兵主以下は七法篇や権修篇に一致した文章がある。それからあと、三官(鼓・金・旗)と五教(目・耳・足・手・心の教)と九章(日・月・竜・虎・鳥・蛇・鵲・狼・韓の徽章)を説明する一段、道と徳を説き、器の成り数の施すことをいい、至善は戦わずというのなどは、みな幼官篇と対応している。そして、無形無為の道によって、亡きがごとくにして存し、後るるがごとくにして先んずるのがよい、と結ばれる。

序章と末章とがついて兵法としての主旨がはっきりしており、中間の無端の道と無窮の徳を述べる一段も、「不知に経し、不意に発す」る文章と接続されていて、兵家言としての意味は明瞭である。全体がこのままでスムーズな脈絡を保っているとは必ずしもいえず、むしろ後からの本文の乱れもありそうではあるが、幼官篇に比べてまとまりのよいことは事実であろう。その要旨は、計数法度を重んじ教習器材を強調しながら、なおその基盤として無端無窮の道と徳を守って無形無為に立つべきことを述べたものである。

以上で、軍事を主要な内容とする七篇についての検討を終えたから、ここでそれを総括したうえで次の問題に進むこととしよう。まず上の考察でわかったこととしては、㈠七篇にはそれぞれ特色があるとしても、ほぼたがいに関連した同類の資料であるとみられること、㈡各篇の内容には錯乱が認められ、伝承のあいだの乱れもあろうが、それは、やはり「王兵」の整理者が示唆したように、おおむねは別のまとまった兵書から抜粋して集められたためであるらしいこと、㈢しかしその雑乱にもかかわらず、それぞれに一定の編成の意図を持ったらしいそれなりのまとまりが認められること、などがその外面的な形式にかかわる結論である。

では、その思想内容の特色はどこにあるであろうか。七篇がすでに同類であるとすれば、その内容を通観して総合することが許されるはずである。これまでに見てきたことをふまえて、その共通的な思想的特色を列挙してみると、おおよそ次のようになるであろう。

一、兵は廃すべからずとするが、また至善は戦わずとして道義的な立場を持つこと。

二、計必ず先ず定まるべしとして、戦前の諸準備を重視すること。

三、敵に勝ち天下を正す根本は治民にありとし、農業による富国を本とすること。

四、兵主(将)・野吏・官長・朝政、あるいは主・相・将、あるいは士・将・主などの役割分担とその協同を考えること。

五、士について選士と教習を重んずること。

六、器材の整備充実を特に強調し、それと関連して聚財・論工などを説くこと。

七、計数・法度を重んずること。

八、視聴を深微にせよとし、無形無設の道を重んずる道家的な立場を持つこと。

これらの特色は、すでにそのつどふれたように、個別的には『孫子』などの他の兵書と関係する点も少なくない。しかし、全体を見わたしてみると、実戦上のかけひきとか戦闘技術とかいうことよりも、強国として勝利をおさめ天下を制覇するという目的のために、戦争の事前の準備を十分にすること、いわば軍事の基礎としての軍政に重点のあることが知られる。列挙した項目はいずれもそうであるが、とりわけての特色となるのは三・四・五・六であろう。

『孫子』では「兵とは国の大事なり」として慎重な戦前の熟慮を述べ(計篇)、戦争開始にあたっての軍費や動員の計画をいい(作戦篇)、戦わずして勝つ謀慮をいう(謀攻篇)など、基本的に一・二と合致する思想であるが、戦争の背景としての経済論を生産にまで及ぼして説く三のようなことばはない。またそれと関連して、農業と関係するような野吏のあらわれることもない。軍中に吏のいることは『孫子』でも『呉子』でもはっきりしているが、「末産を禁じて野を辟《ひら》き」(権修篇)「蓄積」をつとめる(兵法篇)という『管子』の野吏の役割とは違いがあるようである。将軍の役割に重点をおき、士卒の教習を重んずるのは『呉子』の特色であり、選士のことは『孫臏兵法』に簒(選)卒として見えるのであるが、それを『管子』のように野吏や官長などの背景から説くことはない。そして官長の役割は上下を和して、「器械」を精巧にすることと関係している(七法篇)が、この器材の重視を士卒の教習と並べて力説するのも、ほとんど『管子』だけの特色だといってよい。

㈢

ここで、軍事を主内容とする七篇を離れて、それ以外の篇をも見る必要がある。いま取りあげなければならないのは、桓公と管仲との問答の形をとっていて、しかも一般的な政治的会話のなかで軍事に言及したというものであって、その体裁からしてさきの七篇とは違っている。両者の関係も問題になることであろう。

まず「内言」の大匡第十八では、たびたび話題が軍事に及ぶにかかわらず、管仲は内政がまず大事だと言ってそれをおしとどめる。たとえば、桓公が宋を伐とうとするのを不可として、「臣聞く、内政の修まらざるに、外に事を挙ぐれば済《な》らずと。」と答えている。もちろん、戦争を不必要としているのではない。覇者として諸侯を助け、また政教に従わない諸侯の誅罰が言われる。諸侯にその民衆のための食糧を集めさせ、軍事力の足りないものにはそれを助けるために軍を動かし、そうしてこそ政教を天下に及ぼすことができるようになるが、こうしてなお徳義のあらわれない国は罰すべきだという。軍を動かす基準は天子を中心とする道義的秩序の安定であって、その挙兵の前提として内政の重要性が考えられているのである。

さて、その内政の具体的なあり方が小匡篇に見えるいわゆる参国伍鄙の制である。「昔、聖王の其の民を治むるや、其の国を参にして其の鄙を伍にし、民の居を定めて民の事を成す。」国を三分し鄙を五分した行政区画を定め、士・農・工・商の四民の住居をそれぞれに区別して定めることによってその仕事に専念させ、やがて民心が安定すると、そこで、「内政を作《お》こして軍令を寓《よ》す」ということが言われる。

管仲対《こた》えて曰わく、「……君もし卒伍を正し甲兵を修めんと欲すれば、大国も亦た将に卒伍を正し甲兵を修めんとせん。君に征戦の事あらば、小国諸侯の臣に守圉《しゅぎょ》の備えあらん。然らば則ち速かに意を天下に得がたし、公速かに意を天下に得んと欲すれば、事に隠す所ありて、政に寓する所あるべし。」公曰わく、「これを為すこと奈何《いかん》」管子対えて曰わく、「内政を作こして、軍令を寓せん。」

内政に軍令を寓《よ》せるのは、これによれば、一面では軍備の充実を秘密にするためであり、他面では政治のあり方を複合的にしてその功果をあげるためである。斉の国を三分した高子の里・国子の里・公の里の三つが、そのまま三軍の編成となる。この常備軍としての一軍は農民の五郷から徴発される一万人であって五郷の師によって統率されるが、その一万人は、「五家を軌となし、五人を伍となして、軌の長これを率ゆ。」という五人組の単位を最低の基礎として、それを積みあげた里(十軌)・連(四里)・郷(十連)という四段階の行政単位をふまえて編成されている。平時の農民に対する行政組織がそのまま軍事組織と重なっていて、一朝有事の場合には直ちに訓練された精兵を動員できるような体制が、考えられているのである。そして、兵の教練は春と秋との田猟の機会がそれであった。こうして「百姓は軍事に通ず」るだけでなく、「卒伍の人は人と人と相い保つ」、平常の地縁的な親睦によって、「以て守れば則ち固く、以て戦えば則ち勝つ」という状態が得られるという。

小匡篇に見られる参国の内政組織に軍令を寓《よ》せた兵農一致の体制は、大匡篇でまず内政が重要だといって外征をおさえていた主旨と一致する。そして、それはまたさきに考察した七篇の内容が、軍事活動の基礎となる軍政に重点があったこととも一致している。とくに、軍事の基礎として治民を重視し農業による富国を根本としている三との関係、特色のある野吏のあり方なども、共通した立場にあることを思わせるであろう。小匡篇の参国伍鄙の記事は、序章でも述べたように、『国語』の斉語をうけたものであるから[12]、その内容は恐らくあるていどの古い伝承をふまえていると考えてよいであろう。『管子』の軍事思想の中心は、このあたりにあるに違いない。

次に中匡篇では、「甲兵、未だ足らず。」として、その充実のために、刑罰をゆるくして甲兵によって罪を贖《あがな》わせることが言われている。そして、同じことはまた小匡篇にも見えている。いま両者を比べてみると、中匡篇のことばの方が簡略で、小匡篇のことばをすっきりわかりやすく整理したらしいありさまがうかがえるが、いずれにしても同じ伝承資料から出たものであるに違いない。

次に小問篇に見える軍事のことばとしては、「天下の豪傑を選び、天下の精材を致し、天下の良工を来たせば、則ち戦勝の器あり。」ということが言われているが、これはまたさきの七篇のなかで、士を選ぶこと(五)、器材の整備充実と工人を論《えら》ぶこと(六)を述べていたのと一致している。また、「戦勝の器」につづいて「攻取の数」ということが挙げられ、「其(敵)の備えを毀《こぼ》ち、其の積を散じ、これが食を奪えば、則ち固城なし。」と言われているが、これも敵に対する戦闘的攻撃ではなくて、むしろ実戦に先立つ政治的な活動を主としている点で、やはり軍政を主とするこれまでの基調を破るものではない。「野戦の必勝」を問われて、「奇を以《もち》う」と答えているのが、わずかに実戦にかかわることばであろうか。「必死必信」の民を養って「兵の三闇(不死――不守と不戦を兼ねる――の民を恃み、不信の人を恃む)」を避けることをいうのも、すでに九変篇について述べたように、平時の内政と深くかかわることである。小問篇の成立時代は、全体として見れば、その後半には『晏氏春秋』を思わせるような桓公・管仲説話の集積めいたところもあって、新しい成立のように思われるが、さきの七篇との関係などからすると、やはりある程度の古い伝承をふまえて、それを対話の文章に作りあげたものであろうと考えられる。

要するに、『管子』の強兵思想が軍政上に重点をおいていることは、文体の相違をこえて一貫しているといってよい。実戦に直接かかわるような文章がまったくないというのではない。しかし、それらは断片的でそれを説くことに主意のある文章でないことははっきりしている。[13] 他方『孫子』や『呉子』では、なまなましい戦場の体験から出たかと思えるようなことばが多くふくまれている。たとえば、「客(敵)水を絶《わた》りて来たらば、これを水の内に迎うる勿《な》く、半ば済《わた》らしめて撃つは、利なり。」とか、「鳥の起《た》つ者は伏(兵)なり、塵高くして鋭き者は車の来たるなり。」などという(行軍篇)のを見れば、『孫子』の内容がいかに実戦に有益なこまかい配慮に満ちたものであるかがわかるであろう。

この点は新出の『孫臏兵法』でも同じである(たとえば八陣篇・地葆篇など)。そして『管子』では、一部で『孫子』などと合うところがあるにかかわらず、とくにそうした実戦にかかわることばに乏しいことは、おのずからその編成者の意図をはっきり示していると見てよいであろう。

『管子』の全体は政治と経済を中心としている。そして、富国強兵の思想がそのなかで流れている。したがってその強兵思想というものも、農業を重視する経済思想と法を中心として儒・道をまじえた政治思想との関連で説かれることになるのは自然である。上にみたような軍事思想の傾向がそれに適合しているのは、見やすいことであろう。とりわけ、軍事を政治の一環としてとりこんだとみられる点は、ことに重要である。すなわち、兵法篇の初めでは、「王を輔けて覇を成す」ためのものとして戦争を意義づけ、参患篇では「兵は尊主安国の経なり。」と言って「廃すべからず。」と強調していたが、七法篇ではさらにはっきりと、「天下を正す」という最終的な政治目標が戦勝を通じてこそ達成されると言われていた。しかもその出発点であり最重点でもあるところは国内の「民を治める」ことであった。同様のことは、制分篇の末段にも述べられていた。治国の器に始まって、富国・強国・勝国をはさんで「天下を制する」ことに終わるのが、それである。これが、小匡篇の「内政を作《お》こして軍令を寓す」という主張とも一致することは、いうまでもない。

要するに、『管子』中の軍事記述は、古い兵書などから抜粋され加筆されて編成されたものらしいが、それは決して無批判に寄せ集められたというものではなくて、むしろ『管子』の全体的な基調によく適合した形での「管子兵法」ともいうべきものが、そこに見られるということである。

(四)

『漢書』藝文志によると、その兵書の部は四種類に分けられ、(一)兵権謀、(二)兵形勢、(三)兵陰陽、(四)兵技巧とある。

そして、その説明によると、形勢は軽疾を以て敵を制する術、技巧は手足を訓練し器械を精巧にして攻守の勝を立てる技で、ともに戦闘技術にかかわるものであり、陰陽は鬼神を仮《か》りて助けとなすものである。これに対して、第一の権謀は奇正を用い先ず計りて後に戦うもので、他の三科をも兼ねるものだ、という。

『孫子』や『呉子』はもちろんこの権謀の部に入っている。それらの書の内容が権謀の説明とあうことはいうまでもない。そして、班固の自註によると、もと前漢末の任宏の目録ではここで「管子兵法」というのもあったのを、今は省略した、と書かれている。上に見た『管子』の軍事記事の内容をみると、形勢以下の分類に適合しないのは明白であるから、やはり権謀に入っていたというのはいかにもと思われる。ただし、形勢以下をも兼ねるという点は必ずしも適合しない。そして、それが今の目録から省かれたについてはそれなりの理由があったと思われるが、『管子』の方の内容と重なるとか、その兵法の内容が一層雑駁で他の兵書と重なるところが多かったとかいったことが、考えられるであろう。

漢の初め、兵法の書は張良と韓信らによって整理され、百八十二家もあったのを三十五家に定著したといわれる。その後何回かの整理があったが、任宏の整理で六十三家になり、やがて班固の整理で五十三家になった。班固が省いたのは、兵権謀のなかで「管子」の他に「伊尹・太公・孫卿子・鶡冠子《かつかんし》・蘇子・蒯通《かいとう》・陸賈《りくか》・淮南王二百五十九種」、兵技巧のなかで「墨子」一家である(『漢書』藝文志)。こうした状況から考えると、漢初の兵書百八十二家というのはかなり混乱したもので、また重複も多いものであったに違いない。「管子兵法」もそうしたなかにまじって伝えられたのである。そして、それが管子の名を冠して整理され伝承されたについては、もちろん管仲その人の事蹟の伝承と関係していると考えてよかろう。

『史記』の管晏列伝と斉太公世家との伝える管仲の事蹟は、周知のように、斉の内乱のなかから崛起《くっき》して桓公を覇者とならせた功業を中心とするが、その軍事的な功業では、華々しい戦闘の勝利ではなくて、権謀をめぐらし内政をつとめることによって富国強兵の実をあげたことが強調されている。とりわけ世家の記載は「軽重魚塩」の経済政策とともに「五家の兵を連ね」たことを特筆しているが、これこそ参国伍鄙の制のことで「内政を作こして軍令を寓せ」たものである。管仲は当然にも将軍ではなくて宰相であったから、彼に兵家言が結びつくとすればここに中心をおくのは自然であった。『論語』憲問篇にはいう、「桓公、諸侯を九合するに兵車を以てせざるは、管仲の力なり」と。『管子』中の強兵思想が内政と結合した軍政面に限られているのも理由のあることである。

最後に、これら軍事関係の資料の時代性について、いくらかの考察を加えることとしよう。まず「経言」の部類が概括的に言って古い資料だとすれば、七法と幼官の二篇が最も古い資料だということになるが、それが必ずしもそうみられないことは、「王兵」篇との関係の吟味によって明らかにされたとおりである。「王兵」の編成はもちろん絶対的なものではないが、そこに集められた「短語」の地図や参患の資料との間でとくに異和感のないことや、七法篇と「外言」の兵法篇との間でも類似文のあることなどを考えると、「王兵」の整理者がいうように、やはりもとは同類の資料から出ているとみるのが妥当である。すなわち、各篇の編成の時期には違いがあるとしても、軍事関係の原資料については、「経言」と「外言」以下とでそれほどの差異があるとは思えない。

前にもふれたように、「外言」の兵法篇を七法や幼官の「解」であろうと考えたのは何如璋であるが、両者の文章はもちろん経と解といった関係にはない。むしろ、それらを共に「一家の言」、あるいは「一人の作る所なるべし」とした郭沫若氏の説が、より事実に近いであろう。(14) そして、この三篇の関係は、「王兵」を媒介とすれば、さらに「短語」の諸篇にも及ぼすことができるはずであって、それらが一連の資料として、もともと戦国末期にはおおむね存在していたということは、認めてよいであろう。

羅根沢氏によると、幼官篇は兵陰陽家の作で、したがって秦・漢の間のものだというが、この篇の軍事関係の記述は陰陽五行ととくに密接な関係にあるわけではなく、それを兵陰陽家の資料とするのは当たらない。幼官篇を秦・漢期以後の成立にひき下げる根拠は薄弱であって、そのことについてはすでに述べた。[15]

羅氏はまた兵法篇についても秦・漢期の成立だとする。ただ、その理由は、幼官篇と共通することであるが、篇首にみえる皇・帝・王・覇の説明の一条だけである。羅氏によると、王・覇の別は戦国中葉に起こり、帝の加わるのは戦国末、さらに皇の加わるのは秦・漢だというが、[16]始皇帝の名号の起こる前に皇や帝を個別に説くことがすでにあったとみる方が妥当なのではなかろうか。いずれにしても、兵法の一部の内容が七法や幼官と重なり、「王兵」とも関係することからすると、篇首の名号だけで秦・漢期と定めるのは早計というべきである。この兵法篇首の一段の主意は、「王を輔けて覇を成す」ことのできる軍事の重要性を説くことにあり、今代の用兵者が兵権を知らないために用兵の害だけが目立っている現状を指摘しているが、それは参患篇や『孫臏兵法』に見られた「兵は廃すべからず」の主旨とも通ずるものがある。『孫臏兵法』などでは仁義の徳治主義に対抗するものとしてあるのが、こちらでは「今代の用兵者」に対するものとしてある点で違いがあるが、いずれも戦国の様相を伝えるものとしてよいであろう。

なお問題になるのは、参患篇の一部に、漢初の晁錯のことばと一致するものがあることである。羅氏はこれについても、参患の方がのびた文章でわかりやすいことや前後の文章の脈絡が乱れていることを理由として、参患篇は晁錯の文を踏襲したもので、したがって漢の文帝・景帝期以後の作だと断定した。しかし、文章は確かにのびてはいるが、晁錯の文を直接に取ったとするには内容のずれもあって根拠は薄弱である。「王兵」篇が出土した今では、その整理者の考えたように、参患も晁錯も同じ古兵書にもとづいた兄弟関係にあると見ておくのが穏当であろう。晁錯のことばでは、明らかに「兵法に曰わく」ともあって、もとづく所のあることが示されている。参患篇は法法篇と同類の文があったり七法篇との重複があったりして文の乱れもあることからすると、あるいは漢以後の混成かとも考えられなくはないが、そうした他篇との関係からしても、基本的に先秦の古兵書にもとづいたものであることは確かである。

さて、『管子』中に散在する軍事関係の資料が、このようにほぼ一連のものとして先秦時代にあったものとするなら、それはいつごろの成立とみるのがよいであろうか。すでに述べたとおり、その内容は「管子兵法」と名づけてもよいような特色のあるものであったが、また『孫子』や『孫臏兵法』と共通する所もあった。戦争の重要性を認識し、それにともなう大きな犠牲をわきまえて、それだけに戦前の慎重な熟慮と準備を要請するのがそれである。理想は戦闘をまじえずして勝つことであった。

戦争に対するこの基本的な認識は、もちろん、すでに多くの熾烈な戦争経験をへてこそ生まれるはずのものである。「孫子曰わく、兵とは国の大事なり、死生の地、存亡の道、察せざるべからざるなり。」に始まる『孫子』の内容は、そのことをよく物語っている。そして、「凡そ用兵の法は、馳《ち》車《しゃ》千駟、革車千乗、帯甲十万、千里にして糧を饋《おく》るときは、則ち……日に千金を費す」ことになるから、むしろ拙速で速くきりあげるのがよい(作戦篇)、あるいは、だから敵情をさぐる間諜の費用を惜しんではならぬ(用間篇)などという『孫子』のことばは、「一期の師にして十年の蓄積は殫《つ》き、一戦の費にして累代の功は尽き」るものだから、「計必ず先ず定まりてより兵の竟(境)を出る」ことが必要だという参患篇の思想と共通したものがある。そして、七法篇で「若し夫れ曲制時挙は、天時を失わず地利を壙《むな》しくせず、其の数の多少は、其の要必ず計より出づ。」とあるのも、『孫子』巻頭の五事の計で天と地を挙げるのと通ずるところがある。また『孫臏兵法』でも、天時・地利・人和の必要が言われているが(月戦篇)、強兵のための方法として種々のことを挙げながら「富国」こそが最も重要だとする篇があるのは(強兵篇)、『管子』の経済重視の立場と一致している。

基本的な立場でのこうした共通性とともに、また『管子』の特色とみられた器材の整備充実を強調することでも、『孫子』との連なりが見出せる。さきに挙げた「日に千金を費す」その費用のなかには「膠漆(武具)の材、車甲の奉」が含まれ、公家の費として「甲冑弓矢、戟楯矛櫓」などが含まれ(作戦篇)、さらに攻城のためには、「櫓《おおだて》・轒轀《せめぐるま》を修め、器械を具うること、三月にして後に成る。」とも言われている(謀攻篇)。違っているのは、この兵器の重視が『管子』では一層強まって、さらにその精巧が求められ、そのために材料を集め工作の善悪を論ずることが行なわれるまでになっていることである(七法・幼官・参患各篇)。この点では、『管子』の方は、『孫子』に連なりながら一歩を進めていると言えるであろう。

『孫子』の成立については、銀雀山の漢初の墓中から二つの『孫子』が出土した今では、ほぼ戦国の初期から中ごろにかけての成立であって、末期には及ばないとみるのが妥当であろう。そして『孫臏兵法』については、『孫子』と重なる中期のものを含みながら、書き継がれていったもので、とくにその下篇には戦国末期の資料が多いと思われる。[17]そこで、『管子』の内容は、それらとの比較の結果によれば、やはりおおむねは戦国中期から末期にかけての資料だとしてよいであろう。蓄財と器材の整備を重視し、選士とその教習を重んずるその特色は、中・末期の状況とよく合うようである。ただ、その全体が「管子兵法」といえるような軍政を主とする一定の統一性を具えていることからすると、その中心の核になる思想が全体の成立に先立ってまず存在したということも考えられる。その思想というのは、小匡篇において管仲の施策とされていた「内政を作こして軍令を寓す」ということである。小匡篇は比較的古い伝承を持つものとみられるから、軍事に関する『管子』の思想としてはこのあたりが古いもので、それは「参国伍鄙」との関係からしても戦国初期には確立していたものであろう。『管子』の強兵思想は、それを核として次第にふくれていったものと思われる。

（1）本書第三章「経言」諸篇の吟味。とくにその末尾(九一ページ)を参照。
（2）「臨沂銀雀山漢墓出土《王兵》篇釈文」銀雀山漢墓竹簡整理小組(「文物」一九七六年第十二期)。
（3）「王兵」の整理については、かなりの推想をまじえて行なわれたことを整理者自身が釈文の前言で詳しく報告している。ばらばらの竹簡をまとめて一篇の文として整理するのは困難な仕事であって、そこに推想をまじえるのはやむをえないことであるが、それだけに厳密に考えれば種々の疑問も生じてくるわけである。その一端は下文でも言及する。

(4) 『管子集校』上冊四五〇ページ所引。猪飼敬所『管子補正』参患篇、張佩綸『管子学』。

(5) 『孫子』計篇「これ(兵)を経るに五事を以てし、これを校《くら》ぶるに計を以てして、其の情を索《もと》む。」「夫れ未だ戦わずして廟算して勝つ者は、算を得ること多ければなり。」

(6) 『管子集校』上冊四五三ページ参照。尹桐陽や張佩綸は『管子』を本とするが、猪飼敬所は晁錯の時にはまだ『管子』に編入されていなかったと見ている。また羅根沢氏は『管子』の方が晁錯にもとづいたものと見る。

(7) ただし、七法章の初めには、篇の全体の序文にあたる文があって、そこでは「治民の器」「為兵の数」「勝敵国の理」「正天下の分」の四者を挙げているが、そのあと、七法章と四傷章で「治民の器」を述べ、次いで「為兵の数」を述べているだけで、ほかの対応ははっきりしていない。本書第三章「経言」諸篇の吟味の七法篇第六の項を参照(八一ページ以下)。

(8) 選陣章の第四段は、「兵主之事」を述べていてそれ自体での不都合はないが、第三段と第五段との連絡を阻隔している感がある。それと同類の文は地図篇の末にもあるから、選陣の方のこの一段はあるいはその錯簡であるとみられないこともない。かりにこれを除いて考えると、第三段と第五段との関係がよく理解できる。

(9) 張佩綸『管子学』(台湾商務印書館版)中冊一〇九六ページ。なお、この最後の一段にも「治国有器」の説明が脱落していることは、『管子集校』上冊四五九ページで郭沫若氏の指摘するとおりである。また、七法篇七法章で「為兵之数→勝敵国之理→正天下之分」を述べているのは、ここと関係するであろう。

(10) 『管子集校』上冊八二・一〇五・二五六ページ。

(11) 本書第三章「経言」諸篇の吟味。幼官篇第八の項(八五ページ)を参照。

(12) 本書序章『管子』と管仲(二)(一三ページ以下)参照。松木民雄「四民不雑処考」(一九七五・六年『集刊東洋学』第三十三・五輯)で、小匡篇が『斉語』にもとづきながら、春秋末あるいは戦国初めの状況にあわせてそれを改変したものであることを、詳細に論証している。

(13) たとえば「発すること風雨の如く、動くこと雷霆の如く、独出独入、これを能く禁止するなく、権与を待たず。」といった文が事語篇にあり、類似した精兵のありさまが兵法・七法両篇にも重見するが、それは、十分な用意を整えた軍は結果としてそうなるという説明に、用いられている。

(14) 註10を参照。

(15) 第三章「経言」諸篇の吟味八六ページ参照。

(16)　羅根沢「古代政治学中之皇帝王覇」(『諸子考索』所収)。

(17)　『孫臏兵法』(一九七五年二月、銀雀山漢墓竹簡整理小組編)陳忌問塁篇付録によると、「これを呉越に明らかにし、これを斉に言う」といって、呉孫子と斉孫子とをあわせて論じ、それを「孫氏之道」と称している断簡がある。これは、なるほど二つの孫子を認識したことばではあるが、またその二つが同類の一連のものとみなされていたことを示している。『孫子』十三篇と新出の『孫臏兵法』とは、そのように、どちらも「孫子曰わく」という形で書きつがれてきたものである。そして、『孫子』の内容が戦国初期から中期までの状況にほぼ該当することは、浅野裕一「十三篇『孫子』の成立事情」(一九七九年島根大学教育学部紀要第十三巻人文社会編)に詳細な考証がある。浅野氏の結論では戦国初期に限定するが、筆者は中期すなわち前四世紀中葉の孫臏時代をも含みうると考える。なお、『孫臏兵法』擒龐涓篇によれば、趙の邯鄲を攻める龐涓の魏軍は帯甲八万、それを襲撃した孫臏の斉軍も帯甲八万とあって、『孫子』にいう「十万の師」と合致するが、同じ『孫臏兵法』でも下篇の客主人分篇では「帯甲数十万」の情況が語られている。八陣篇の「万乗の国(主)」や「騎」の出現と同様に、戦国末期の状況を示しているとみられる。(拙稿「二つの『孫子』——『孫臏兵法』の翻訳にあたって——」一九七六年『孫臏兵法』東方書店所載を参照)。

第五章　『管子』の思想（下）

第一節　時令思想

㈠

時令とは時節ごとの政令という意味である。一年の四季の推移に応じて人として守るべき特殊な事業があると考え、それを政令として定めたものである。そして、その政令に従っていくと自然界も人間界も万事順調であるが、それに違背すると災禍が起こるというように観念されている。つまり、この思想では、自然界の動きと人間の行動との間には一種必然的な関係があって、統治者はそれを狂いのないように配慮し支配する必要がある、と考えられているのである。もともと自然の神的な力を畏れる古代的な信仰と関係したものであろうが、それが政治的な立場から整理されていったものと思われる。この時令の完備した形は『呂氏春秋』の十二紀にみられる。『礼記』月令篇はそれを承けたものだというのが通説である。そして、これらはいずれも五行思想と密接に結びついている。五行の配当が、たとえば五色・五味・五音などというように多種類にわたっていて、それが一年十二か月にそれぞれ割当てられているという精密さが、完備した形といわれる理由である。(1)

ただ、時令のそもそもの起原というものを溯って考えてみると、はっきりしないことではあるが、恐らくそこでは五行とは必ずしも結びついてはいなかったであろう。四季の推移と五行の運行との間には、数のうえで合致しにくい不整合があるからである。この点は四季を十二か月に変えてみても同じことで、十二か月は三か月ごとで四季に分けられるが、五には分けにくい。そこで、五行の配当を四季にふり分けるときには、どうしてもむりがあり、そのむりをどのように処理するかによって時令のあり方が変わってくる。十二紀や月令では、春夏秋冬の四季のうち季夏と孟秋との間に中央土を置いて五の数に合わせているが、もちろんそれが唯一の分け方ではない。

さらに、自然と人との結合関係ということも、十二紀や月令ではかなり形式化観念化が進んでいるが、時令の初めでは、もちろん濃厚な呪術思想のなかにあったではあろうが、それだけにもっと素朴な現実的関係として考えられていたであろうと思われる。現に、五行説の影響をうけていない時令的資料があって、それが、形式的に整備された十二紀などとは違って、現実的な農事暦としての素朴な様相を備えていると見られるからである。その資料というのは、他でもない、『詩経』豳風の七月の詩と『書経』尭典の一部に見えるものとである。どちらも有名なもので、これまでにもよく取りあげられているから、ここで詳しく紹介するまでもなかろうが(2)、行論に関係する範囲の概述だけはしておきたい。

七月の詩は、「七月には心星がかたむき(流火)、九月には衣を授け、十一月(一之日)には強風が吹き、十二月(二之日)には寒気が厳しい、……正月(三之日)には耜《すき》をととのえ、二月(四之日)には耕しに出かける」といった調子で、月ごとの記事が分かち書きにされており、その記事の内容はここに見るように、自然現象とそれにともなう人事であって、その人事はまた農民の生活と関係している。この詩が早くから注目されたのは、そうした古代社会のあり方を具体的にうかがわせる資料としてであった。この詩は、その内容も体裁も、他の詩篇と比べてやや特殊であって、それだけに成立の事情や時代についても異説が多いのであるが(3)、そこに古代の農民生活の実態を反映する様相があり、また為政者の側からする農事暦を思わせるような要素も含まれていることは、諸家の認めるところである。時令の先蹤としては、そこがたいせつである。

この七月の詩と関係深く思われる時令は『大戴礼』の夏小正の経文である。『国語』周語中篇にみえる「夏令」というのもあるが、類似の資料で断片的でもあるから、夏小正を見ることにしよう。ここでは正月から十二月までの月々の区分に応じて、主として「啓蟄」とか「雁が北に郷《むか》う」とか、あるいは天象のありかたといった季節のことばを書きつらね、その間に「農〔民〕は厥《そ》の耒《すき》を緯《おさ》む」とか「初めて公田に服《つと》む」とかいう人事をはさんだ体裁になっている。ここでもまだ五行思想に関係したことばはない。その季節のことばには、たとえば二月の「鳴く倉庚《そうこう》あり」や四月の「莠幽」や八月の「棗《なつめ》を剝《と》る」などのように七月の詩と同じことばもあって、全体としての印象にはよく似たものがある。ただ、七月の詩では農民の勤労生活だけが主になっていたのに、ここでは「万〔楽〕用《もっ》て学に入る」とか「王始めて裘《けごろも》あり」「王狩す」などというように、宮廷の生活に関係することばもあり、全体の形も整備されていて、やはりはっきり時令として作られた文章であることが知られる。季節と農民生活との関係を重視するのが七月の詩をささえている思想であったが、それが発展してはっきりした時令としてととのえられたのが、この夏小正であろう。時令の原初的な形を考えるうえでは、七月の詩を補うものとして利用できる資料である。

さて、尭典篇ではまた、尭が羲《ぎ》と和《か》とに命じて、天象を考えて民の時を授けたという書き出しに始まり、まず太陽の昇る東方の農事を治める（平秩東作）官を命ずる。昼と夜が同じ長さになって朱鳥の星があらわれると、それによって仲春を正し、民衆は家を離れて耕作に出かけ、鳥獣は子を生む。次に南方の仕事を治める官を命ずる。昼が最も永くなって火（心）の星があらわれると、それによって仲夏を正し、民衆はいよいよ仕事にはげみ、鳥獣の毛は薄くなる。次いで太陽の沈む西方の農事を治める（平秩西成）官を命ずる。夜の長さが昼と同じになって虚の星があらわれると、仲秋を正し、民衆は平安で、鳥獣の毛はまたのびてくる。次いで北方を監察する官を命ずる。昼が最も短くなって昴《ぼう》の星があらわれると、仲冬を正し、民衆は冬ごもりに入り、鳥獣の毛は厚くなる。三百六十六日、閏月を作り四季を正して一年を定め、百官を治めて万事がうまく運ぶようにする。これが時令的な一段の概略である。ここでは天文を観察して一年の暦を正し、それに合わせて恐らく農民と思われる民衆の生活を規定し、それを監督する官をおくのであるが、その官が季節ごとに東西南北の四方に配置されるというところに特色がある。

堯典篇のこの記載は、時令というよりは、暦を作ってそれに準拠して治績をあげることに眼目があり、帝王としての支配体制の強調が中心である。しかし、ここでも七月の詩についてうかがえたような素朴な農事暦のおもかげを読みとることは可能である。簡単なことばではあるが、四季の推移に応じた農民の生活らしいものがそこにあり、鳥獣の羽毛の変化は恐らく農民の生活に身近い自然の推移としてあげられた現実の姿であって、ちょうど七月の詩で斯螽《いなご》や蟋蟀《きりぎりす》があらわれ、夏小正で雁や倉庚が出ていたのと似たおもむきがある。『論語』の告朔《こくさく》の餼《き》羊《よう》の例でも知られるように[4]、西周のころには天子による暦の発布という事実もあったらしいから、この一段はそうした事実をもふまえているのであろう。堯典篇の全体の成立は恐らく『孟子』よりも後であろうと思うが[5]、この部分は七月の詩と同様の古い伝承をふまえているとしてよいであろう。

農業生産を中心とする社会では一年の豊凶が統治者の重大な関心事であって、そのことはすでに殷の甲骨文でもはっきりとあらわれている。したがって、豊凶に関係の深い自然現象が重視されるのもまた当然である。中国古代の天文学は、そうした目的に沿って暦を作るためのものとして発達した[6]。その暦が農事暦としての性質を帯びることになるのは、むしろ自然である。古代社会のあり方にふさわしいものとして、その農事暦は、恐らく天への強い信仰にささえられた呪術性を濃厚に備えていたには違いないが、それも彼らにとっての事実としてまず素朴な形で、主として実務的な関心のもとで、作られたことであろう。七月の詩や堯典篇の一段は、なにほどかそのおもかげを伝えている。これらを古い時令的な資料として認めることに、誤りはなかろう。五行思想の影響がまだそこにないことは、いうまでもない。

そこで問題は、以上の考察によって想定された原初的な時令と、『呂氏春秋』十二紀のような完備した時令とをつなぎあわせる歴史のなかで、『管子』中にあらわれる時令はどのように位置づけられるかということである。七月の詩も尭典の一段も、その成立年代をはっきりすることはできないが、十二紀の方は幸いに末尾の序意篇に「維《こ》れ秦の八年」という記載があり、それに従うと西紀前二三九年、始皇帝の統一より十八年前の成立である。この紀年を信じない立場もあれば、また後の改修を疑う説もあるが、今はおおよその時代の基準として、それに従うこととする。つまり、五行思想によって整備された時令は戦国の最末期には成立しており、それ以前に時令はある程度の長い歴史を持っていて、その原初的な形では五行との結びつきはなかったということである。では、『管子』中の時令とはどのようなものであろうか。

㈡

『管子』のなかで時令に関係するのは、次の諸篇である。「経言」の部の最後にある幼官第八、「短語」のなかの四時第四十と五行第四十一、「雑篇」のなかの七臣七主第五十二・禁蔵第五十三および度地第五十七のそれぞれの一部、そして「軽重」の己第八十五が、それである。このうち、時令ないしは五行思想の研究資料としてこれまでにもよく取りあげられてきたのは、幼官篇と四時・五行の両篇である。それらの先行の研究を参照しながら、さらに広い立場から、それらの時令としての性格とその相対的な先後関係とを追究することにしたい。

まず幼官篇は、文章の錯乱もあって読みにくいが、諸家の校語に従って整理を加えると、形式的にはほぼ十段に分けられる。もともと中央とそれから張り出した東西南北の四方との五方の方格のなかに分かち書きにされていたもので、つまり中央から始まる前半の五段が一巡したあと、また後半の五段がもう一度くりかえして書き加えられたのである。幼官篇につづく幼官図篇は、今は幼官篇と同文の重複になっているが、本来はそうした五方の形式を示す図表であった[7]。

さてその内容をみると、後半の五段は兵家言にかかわる一連の文章であって、五方に配当されているとはいえ時令的な要素は少なく、恐らくは前半の時令に合わせて分割付載された後起の別の文章である。[8] そこで、ひとまずそれを除いて前半の五段をみると、まず初めに中央の第一段があって、「五和の時節、君は黄色を服し、甘味を味わい、宮声を聴き、和気を治め、五数を用い、黄后の井に飲み、倮獣《らじゅう》の火を以て爨《かし》ぐ、……」と、五行思想にもとづくことばがある。それが中央土徳の観念にもとづいて書かれていることはいうまでもない。従って、これと連係する東方木徳以下の文章は、場所をへだててはいるけれども、それぞれに該当する方角において、第二段の東方では「八挙の時節、君は青色を服し、酸味を味わい、……」、第三段の南方では「七挙の時節、君は赤色を服し、苦味を味わい、……」などといった形で分載されている。木火土金水という五行のことばこそ見えないが、それが五行説をふまえたものであることは明白である。

ところが、第二段の東方以下では、第一段の中央には見えなかった四季のことがあらわれて、時令としての様相が一層はっきりしてくる。まず東方では「春に冬の政を行なえば粛《しぼ》む、秋の政を行なえば霜ふる。」などといった違令の災害を説くことばがあり、次いで「十二小卯、出でて耕す。十二天気下る、賜与す、……」などという十二日ごとの節気とそれにともなう政令の記事がある。そして、当然なことに、この違令と政令との記事は四季について同じ体裁で東南西北の順序で四方に分載されている。南が夏、西が秋、北が冬であることはいうまでもない。そして、ここで注意されることは、この違令と政令の記事にはとくに五行説との関係を思わせることばはなく、四季の推移を主としていて、その四つの区分にもとづく完結性があるということである。十二日ごとの節気は、春と秋に八つずつ夏と冬に七つずつで合計三十、つまり一年三百六十日の日数が備わることになる。すなわち、こちらの方は四季の区分で完結していて五行とは無関係だといえるが、さきの時節の記事では五行と密着していて、四季の区分とはむしろ無関係であった。

ここで、やはり時代のはっきりしない時令資料として、『逸周書』の時訓篇というのがあるのを見ることにしよう。そこでは、四季が二十四節気に分けられ、その一節気十五日がまた五日ごとに分けられるという細分によって季節に応じた自然の変化がしるされ、その変化が順調でない場合には人事の方でも異変が起こるとされている。「立春の日、東風、凍を解く。又五日、蟄虫始めて振《うご》く。又五日、魚、冰《こおり》に上る。風凍を解かざれば、号令行なわれず、蟄虫振《うご》かざれば、陰気陽を奸《おか》し、魚冰に上らざれば、甲冑私蔵さる。」というのが、立春の一節気十五日間のことで、これが「驚(啓)蟄の日」「雨水の日」と、順次に同じ体裁で二十四節気にわたり、一年三百六十日の暦が終わる。ここで自然の推移を示すことばには七月の詩と共通するものもあって素朴な伝承を思わせるが、人事の変異は国政に関することばが多く、しかもそれが自然の変異によってひき起こされるとしているのは、一般の時令に見える違令の場合とは逆の考え方である。思うに、これは、自然のありかたによって国事を占うというおもむきがあって、時令としてはやや変形である。

ただ、幼官篇と比べて注意されるのは、その素朴な二十四節気の自然暦とそこに五行思想の影響のないことである。幼官篇の前五段の内容が二つに大別してみられることは上に述べたとおりであるが、五行をまじえない四季の部分は、十二日ごとの三十節気ということもあって、時訓篇と一脈相承で、五行系とは別の独立した資料であったことが考えられる。そして、これを前の節で考えたような時令の歴史にひき当てて考えてみると、幼官篇は本来の時令資料と五行説資料との二つの資料を混合して作られた痕迹を、なお明瞭にとどめているものと理解される。つまり、時令と五行とが結合する初期の資料ではないかと考えられるのである。

幼官篇の時令がさきの尭典篇の一段よりも新しいことは、五行との関係を別にしても、尭典篇にはなかった違令の記事がそこにあることからだけでも明白である。しかし十二紀よりは古いということは、これまたほとんど定説である。その理由として言われていることは、十二紀の方が月ごとの整った形であるうえに、五行の配当も多種にわたっていて、時令の五行化が一層徹底しているということであった。狩野直喜氏は、五行の順序をとりあげて、十二紀では木火土金水という相生の順序であるのに、幼官では土が最初になっているのは相生説以前の資料である証拠だという。(9) しかし、これらの理由は必ずしも決定的なものではない。五行の配当の繁簡は作者によって撰択できようし、相生説の起源なども問題が多くて確定しがたい点があるからである。

ただ、ここにさらに確実に思える理由がある。それは小林信明氏の指摘することであるが、十二紀に見える十干の配当についてである。(10) 十二紀では春の三か月が甲乙、夏が丙丁、夏と秋との中間に戊己があって、秋が庚辛、冬が壬癸となっており、それはそのまま、『礼記』月令・『淮南子』天文・『春秋繁露』五行対など、後の資料に踏襲されている。ここで重要なことは、この配当順序と、土徳の位置が一年の中央に来るということとの間には、見られるとおり必然的な関係があるということである。土徳の位置が夏と秋との中間に定着してこそ、十干の配当順序もこのように定まるのである。してみると、幼官篇の方で、五行配当の種類に十干が含まれていないことと、土徳に相当する中央「五和の時節」の記事が夏と秋との中間におかれてはいないということとは、たがいに関連したむしろ当然のこととして理解できるのである。小林氏は幼官篇の時にはまだ十干の五行配当は定まっていなかったのであろうと考えた。いかにもその可能性は大きい。他の違った考え方もできないわけではなかろうが、十二紀でふえた五行配当の種類のなかにこうした重要な問題の含まれたものがあることは、やはり十二紀の方が幼官よりは新しいことを有力に物語っているると考えてよかろう。いずれにしても、幼官篇が尭典と十二紀との中間に位置するという通説は、そのまま承認されてよい。

そこで、幼官篇の時令の古さが次の問題である。それについては、時令と五行説とが結合する初期の資料ではないかという考えを、さきに述べておいた。二種の資料の結合の痕跡が、まだそこに濃厚に見られるからである。しばらく、その結合の問題を考えることにしよう。

そもそも、四季と五行とが結合されるについては、その内面的な理由としてそれなりの種々の複雑な事情があったに違いない。すぐに思い浮かぶのは、時令の持つ呪術性――それはとくに違令の記事によってうかがえるが――それと五行思想の神秘性との親縁関係とか、自然界の運行を陰陽五行によって理解する気の思想の媒介とかいった要因であろう。しかし、これを形式面から見るときは、初めにもふれたように、四と五という数のうえでの不整合が大きな問題となるはずである。この問題はどのようにして突破されたであろうか。

ここで想い起こされるのは、中央と四方とに分かち書きにされていた幼官篇の形式である。幼官篇の文は本来そうした形の図表に記入されていたのであろうという郭沫若氏の説は、恐らく正しいであろう。(11) そして、この図表の形に従うとすれば、周囲の東南西北に春夏秋冬が配されるとして、それに中央が加わって五つになるのは自然である。五行に結びつきやすい形がここにできたといえるであろう。五行のそれぞれの位置も、この形であれば少しも迷うことはない。中央の土徳はそのまま中央に位置する。これをひらいて横に連ねるとき、はじめて中央をどこに連ねるかという問題が起こる。今の幼官篇が中央を初めにおくのは、図表の形を横にひらいた初めの形として、むしろ自然である。やがて横に連なった形での中央となると、十二紀のような形で春夏の二季と秋冬の二季との中間に割りこむということになるのであろう。四季のめぐりに五行が結びついたのには、中央と四方という幼官図のような形が媒介になったのではなかろうか。幼官図の形が古い伝承を持つものであることがわかれば、その可能性は一層強まることになるはずである。

いったい、幼官という篇名については種々の解釈があったが、それを玄宮の誤りであろうとする何如璋の説は、今日考えうるかぎりでの最も妥当な解釈である。(12) その玄宮とは『呂氏春秋』仲冬紀で「天子は玄堂太廟に居る」といわれる玄堂のことであり、それはまた明堂ともよばれる。孟春紀の高誘の註によると、中央が方形で外が円形の建築で、その中央から四方に張り出した堂は、東方を青陽、南方を明堂、西方を総章、北方を玄堂と称したという。つまり明堂とか玄堂(宮)とかいうのは、一部の名称を代表させて全体の名称としたものである。十二紀によると、天子はこれらの四方の堂を、季節に応じて順次にめぐって居処としたという。そして、『淮南子』では、泰族篇で「昔、五帝三王の施政では、天地人に範をとり、明堂の朝を立てて明堂の令を行ない、以て陰陽の気を調え、四時の節を和した。」とあり、また時則篇で「明堂の制は、静には準(地)に法り、動には縄(天)に法り、春は規により、夏は矩により、秋は権により、冬は衡によって治めた、そこで寒暑雨露も適切であった。」という(大意をとる)。ここにいう「明堂の制」あるいは「明堂の令」が、いずれも多分に時令的な性格を備えていることは明白である。幼官が玄宮の誤りで、玄堂や明堂と通ずる聖堂の名称だとする何如璋の説は、すこぶる説得的だといわねばならない。

では、その玄堂や明堂の存在はいつごろまで溯れるのであろうか。明堂ということばが現在の文献で最初に見えるのは『孟子』である。それは斉の領内にずっと昔から存在したもので、今や毀たれようとしたのを孟子は王政の施行と深く関係するものとしてその存続を主張したのである(梁恵王下篇)。それが、元来、実際にどのような機能を持っていたのか、明という字には神聖の意味があるから、宗教的な意味を担っていたらしいことはその名称から想像できるとしても、はっきりしたことは不明である。『呂氏春秋』や『淮南子』の説明をそのまま溯らせることも、もちろんできにくいであろう。ただ、それらの説明には古い信仰の遺存とみられるものもあって、単純に新しい創作とはきめられないふしもある。それは、天子が季節ごとに居り場所を変えて特殊な政令を行なうという形は、尭典篇で春から冬への季節の推移につれて東から北へとそれぞれの方角を掌る官が命じられ派遣されていたのと、共通した骨子を備えているからである。

そもそも、季節と方角との特殊な結びつきは、かなり古い時代から自覚されていたらしい。それは風を媒介としてである。甲骨文に四方の風名があらわれて、それらが祀られていたことを初めて明らかにしたのは、胡厚宣氏であった。四方の風は季節の推移と関係があり、そのために年穀の実りが祈られたのであるが、胡厚宣氏はここに五方観念の成立をみ、やがて五行説へと発展していく契機のあることをも示唆した(13)。してみると、季節の推移に応じて天子が四方にそれぞれ居処を移すというのも、あるいは四方を掌る官をそれぞれ任命して派遣するというのも、具体的な形は違っていても、殷のころの巫術的な信仰と一脈の糸をひいていることが考えられよう。現に、甲骨文で東西の風名とされている析《せき》や彝《い》(夷)が、尭典で東西の民の行動を示すことばとして出ているというのも、両者のなにほどかの関係を物語っている。『孟子』に見える明堂についても、十二紀やその註に見えるそのままではないとしても、季節(方角)と人事との関係を重視する一種の呪術儀礼との関わりを、想定してよいのではなかろうか(14)。

さて、ここまで考えてくると、幼官あるいは玄宮の形が、古い伝統に連なるものであるらしいことが理解される。そして、この篇の内容がもともとそういう形のわく組によって書かれていたということを重視しなければならない。それは五行説と結びつきやすい形であった。そしてここで五行説の影響が見られることは、その内容が尭典の一段よりは新しいことを示している。しかし、その五行説はそれとしてのまとまりで書かれていて、まだ本来の時令の方まては浸透していない。図形をひらいて横に連ねたときに中央土徳の記事が最初におかれたのは、恐らくそのためであったに違いない。

幼官の図形、時令資料と五行説資料との関係、中央が最初にあるというその位置、それに五行の配当がまだ十二紀ほど多様ではないという事実など、これまで考えてきたことを総合すると、幼官篇は恐らく時令と五行説とが結びつく初期のものと定めてよいであろう。そして、その時期をかりに定めるとすれば、それは五行説を盛んに唱導した鄒衍よりは先だつ時代と考えるべきであろうから、おおよそ孟子の晩年ごろ、西紀前三〇〇年ごろに当てるのがほぼ妥当なところであろう。ただ、直接には時令と関係しない後半の兵家言や、巻頭中央の皇帝・王・覇の弁などは、その内容から見て、さらに降る付加文であろう。

㈢

幼官篇の次には、それと並んで有名な四時篇の検討に移る。

四時篇は初めに「管子曰わく」ということばがまずあって、序論に相当する第一段と、本文としての時令と、結びの第三段との三部に大別できる。第一段は、「令に時あり、」ということばに始まって、「唯だ聖人のみ四時を知る」とその重要性を述べ、終わりに「陰陽は天地の大理なり、四時は陰陽の大径なり、刑徳は四時の合なり、刑徳時に合えば則ち福を生じ、詭《そむ》けば則ち禍を生ず。」と言ったあと、「春夏秋冬に、将に何をか行なわん、」と結んで、本文の時令への導きとしている。次いで第二段の本文では、「東方を星と曰う、其の時を春と曰う、其の気を風と曰う……其の徳は喜嬴……」と言ったあと、春の「号令」として「神位を修除す」とか「隄防を治む」とかいった政令がのべられてそれを「星徳」とよび、次いで「春に冬の政を行なえば雕《しぼ》(凋)む、秋の政を行なえば霜ふる。」などと違令を述べたあと、「春三月甲乙の日、五政を発す。」として五箇条の政令があげられている。この東方―春の記事が終わると同じ形式で南方―夏・中央・西方―秋・北方―冬の記事が順次にのべられて、時令の本文が終わる。[15] そして、結びの第三段はまた第一段をうけた刑徳論になる。「刑徳、節を易え次を失すれば、賊気遬《すみや》かに至る。」とのべて、「陽は徳たり、陰は刑たり。」で、陰陽の消長にあわせて刑徳を用いることの必要性が強調される。「刑徳、失せざれば、四時一の如く、刑徳郷(方)に離《そむ》けば、時乃ち逆行す。」と言われる。

さて以上の概観をふりかえってみると、いかにも首尾が整った一文のようにも思えるが、実はそうではない。第一の前段と第三の後段とはよく対応しているが、中間の時令はその前後の序末の主旨によく適合しているとは言えない。序末で強調するところは刑徳論であって、「徳は春に始まりて夏に長じ、刑は秋に始まりて冬に流《し》(布)く」はずであるが、中間の時令ではとてもそこに主意があるとは思えない。かえって「孤独を論じ長老を恤《めぐ》む」とか「爵禄を賦《わか》ち備(服)位を授く」といった春夏の行事と思えるものが冬のなかにまじっていたりもする。つまり、この時令は刑徳論にもとづく特殊なものではなく、むしろ一般的な時令として、前後の序末の文章とは本来別に成立していたものではないか、と考えられるのである。

そして、この考えを確かなものとするのは、後段にある「日は陽を掌り、月は陰を掌り、星は和を掌る」ということばである。郭沫若氏は、時令の方の「中央を土と曰う」とある一段で、そこが歳徳であり、「歳は和を掌る」とあるのによって、ここの「星」の字は「歳」の誤りであろうと考えた。(「星」は、時令の方では、東方で「発を掌る」となって出ているから、「星」をそのままにして、「歳」のことだとみるわけにはいかないからである。) 日陽と月陰とは時令の方の南方と北方の文に合っているので、この星和の一句も郭氏に従って中段の文に合わせて歳和に改めたい誘惑はある。しかし、この郭氏の説は誤りである。後段の方の後文には、この三句を受けて、「日食」と「月食」と「彗星見わる」ということがあり、彗星は確かに和と関係しているからである。すなわち和を掌るのは時令の方では歳であり、後段の文では星であって違っている。すなわち、両者は本来別資料だと考えるべきであって、字を改めて整合を求めるのは誤りである。同じことは、また末尾に近い「月ごとに三政あり」ということばについても言える。これも何を三と数えたかはっきりしないために、郭嵩燾《かくすうとう》は「五政」の誤りであろうと考えた。時令の方の季節ごとの五政を受けたものとしたのである。しかし、「三」を「五」に改めてみても、こちらで月ごとという点はまだ問題を残している。これも強いて時令本文と結びつけた解釈をとる必要はなかろう。後段の初めの聖王の三事を当てる郭沫若氏の説が、むしろ当を得たものである。

そこで、四時篇の文章は、それを二分して考察するのが正しい。序章と末章との二段はよく対応しているから同じ資料として合わせることができるが、その内容は陰陽刑徳論であって、それに適合する時令としては禁蔵篇などの時令がある。四時篇の中間の時令はそれとは違っている。序末の刑徳論の方はしばらく後にまわして、まず四時篇本文に相当する時令を吟味することとしたい。

その内容は、さきにもふれたように、幼官篇の場合と同様の五行説と結合した一般的な時令である。東南中西北の五方、星日歳辰月の五徳、春夏秋冬の四季、風陽〔土〕陰寒の五気、木火土金水の五行、四季の号令と違令および十干・政令・吉祥などがあらわれて、五方の順に従って排列されており、違令の記事などは幼官篇のものとほとんどひとしい。そして、その五行配当の種類からすると、幼官篇の方で五数・五色・五味・五音から飲水・爨火《さんか》にまで及んでいるのに比べると、四時篇の方が素朴なものとも見える。しかし、それが必ずしもそうでないことは、次にのべることによって明白である。

一つの理由は十干の配当である。それが中央土の位置と関係して重要な意味を持つことは前に述べたとおりであるが、それが幼官篇にはなくて四時篇にはあるという事実である。(16) さらにもう一つの理由は、上のことと関係して、土の位置が確定すると共にその役割がはっきりしていることである。土の位置が、幼官篇のように前にある方が古くて中間にあるのが新しいということは、もちろん単純には言えない。しかし、幼官篇の場合には、明堂の図型の中央の記事が、それを文章として横にひろげた場合に最初におかれたという、ただそれだけの不安定な要素がある。少なくとも、そうも考えられるというだけの不確実さがある。ところが四時篇の中央土は、十干の記載によってはっきりするように、もはやそれ以外には動かしにくい位置として、夏と秋の間で定着されたものである。それが十二紀や月令と合うという点も考慮する必要があろう。しかも、四時篇ではまた「土徳、実に四時の出入を輔く」とあって、四時に対する中央土の役割が明確に述べられているが、幼官篇では中央と四時との関係ははっきり述べられてはいない。本来、四季で完結している時令を五行で説明づける場合には、はみ出した一つの意味づけがとくに問題になるはずであるが、幼官篇はまだその点の考察が十分ではないわけである。

幼官篇が時令と五行説との結びついた初期のものであろうということは、さきに考えたとおりである。今、四時篇との比較ではっきりしたように、四時に対する中央の意味づけが幼官篇にはまだないという事実は、その考えとよく合致することであろう。すなわち、幼官篇では、五行説の形ははっきりしていて、それに応じて中央土の相対的な対立性も強いが、それを時令として組み入れる点ではまだ未熟だと言える。それに対して、四時篇の方では、五行配当の種類こそ幼官篇ほどにはあらわれていないが、五行相生の順序が四季とそれを全面的に助ける中央土の働きとに配当されて、安定した時令を形成している。思うに、幼官篇は素朴な違令と十二日ごとの政令という基本形を古い明堂の制に従って図表化し、そこに五行説を結びつけたというもので、まだ時令と五行との結びつきが実質的に深く考えられていないものであるが、四時篇は四季の時令を中心としながら、五行説との接合の問題点をよく考え、土の役割を四季の働きを助ける中心的なものとして明確にしたものである。この点からすると、四時篇の時令は、幼官篇よりは一歩を進めたものであると考えてよかろう。

ただ、これを十二紀や月令と比べると、もちろん五行の配当や全体の整備のうえではるかに素朴な状況がある。そして、土の位置についても、『史記』の天官書や『淮南子』の時則篇にみられるような、季夏としてはっきり四季の中にとりこむ形にまでは至っていないことも、それが漢代にまで降るものでないことを証明している。恐らく、幼官篇からそれほど時を隔てない戦国末期の資料であろう。そして、この資料に序末の刑徳論が加わって今の四時篇ができたのは、さらに後のことであろう。次には、禁蔵篇の時令とあわせて、そのことを検討しなければならない。

㈣

禁蔵篇の全体は政治論であって、賞罰論が重きをなしている。従って、法についての言及などもあって明法解篇と類似した語句なども見出せるが、明法解などの厳しい法治とは違って、ここでは為政者が「先ず己れを慎しみ」「人の心を得る」といった温情主義との折衷が強い(17)。そこで、賞罰論もやや特殊なものになっていて、「賞誅を文武と為す」

といって賞と罰との両者の併用が重視され、「農事習えば、則ち功(攻)戦巧みなり。」という農戦の奨励と結合して、それが時令となっている。この折衷的な立場も、農戦の奨励も、『管子』の本色と一致するものであることはいうまでもない。

時令の内容は、「春の三か月に当たりては」という春の記事から始まる四季の区分の説明だけであって、春がやや詳しいが、他の三季は極めて簡単である。すなわち、春については、竈《かまど》を燃やし火を易《か》え水を易え、春祭を行ない、殺生や伐木をとめるなどという、農民生活に関係した政令とともに、「鰥寡《かんか》に賜い孤独を振《すく》い」「薄罪を赦し拘民を出す」などという政治行為がしるされているが、夏以下ではこの前段の政令が省略され、後段に対応することばとして、「夏は五徳を賞し爵禄を満たす。」「秋は五刑を行ない大罪を誅す。」「冬は五蔵を収め万物を最《あつ》む。」といわれているだけである。恐らく、もとの時令では夏以下も春と同様に前段に相当する記事があったのであろうが、ここでは冗長をさけて省略したものであろう。この時令では、また殺生をしたり卵をこわしたり木を伐ったりしないのは「百長を息《やしな》うためである。」とか、火を易えたり水を易えたりするのは「茲(滋)毒を去るためである。」とか、春祭をするのは「親戚を属《あつ》めるためである。」とかいった、説明づけのあることが特色である。これもまた時令としては後人の整理が加えられたことを示すものであろう。

さて、この時令には五行説の浸透がなく、むしろ原初的な時令としての農事色がそこにうかがえることは、農戦に関係して説き出されたのとよく対応しており、時令の終わったあとで「四時の事備わりて民功百倍なり。」と結ばれるのともよく適合している。しかし、この時令の一貫した主意は、春の生意から始まる陰陽の消長にあわせて恩賞と誅罰とを行なうということである。それは「賞誅を文武と為す。」と言い、「春は仁、夏は忠、秋は急、冬は閉。」とあるのとも、よく合っている。春の賜与・救済・赦免と夏の恩賞・禄位は賞(徳)であり文であり、秋の刑誅と冬の収蔵とは誅(刑)であり武であろう。[18] 版法解篇第六十六では次のように言う、「四時の行《めぐ》りには、寒あり暑あり。聖人これに法とる、故に文あり武あり。……生長の事は文なり、収蔵の事は武なり。是の故に文事は左に在り、武事は右に在り。聖人これに法とり、以て法令を行ない、以て事理を治む。」また「経言」の立政篇（首憲）のなかにも、「孟春の朝《はじめ》、君自ら朝を聴き、爵賞を論じて官を校《えら》ぶ。」「季冬の夕《すえ》、君自ら朝を聴き、罰罪を論じて刑殺す。」ということが見えている。文武ということばはなくとも、次の七臣七主篇の時令もまた似た立場にあるものである。

七臣七主篇は七種の君主のありさまを説いたあとで明主に及び、「明主には六つの務めと四つの禁がある。」と書き出すが、その「四つの禁」というのがすなわち四時の禁令とその違令の災害との記事である。「春には殺伐するなく、大陵を割《こぼ》〔つなく〕……大臣を誅し穀賦を収めることなかれ。夏には水を遏《とど》め〔るなく〕……鳥獣を射ることなかれ。秋には過ちを赦し罪を釈《ゆる》し刑を緩《ゆる》くすることなかれ。冬には爵を賦《あた》え禄を賞することなかれ。春政禁ぜざれば、百長生ぜず、夏政禁ぜざれば、五穀成らず、……四者倶に犯せば、陰陽和せず、風雨時ならず、……逆気下生す。」これも短いものではあるが、違令の記事がやや詳しく、やはり一年間の自然の生成と粛殺の気に合わせた政令、とくに賞罰論に重点のあることは、明白である。(19) われわれは、さきに見た四時篇の序末の刑徳論をここに重ねてみることができるであろう。刑徳と文武ということばは、それぞれに特殊な術語である。だから、それの使われ方とか、それが使われていない場合とかを、吟味する必要もあるだろう。しかし、いずれにしても、『管子』中のこれらの資料が、時令思想として近似の立場にあることはいうまでもない。

恩賞と刑罰とを文と武ということばであらわした例は、『商君書』の修権篇にも見える。しかしそこでは、時令との関係はなく陰陽との結びつきもない。同様に、それらを刑と徳ということばであらわした例は、『韓非子』の二柄篇にもある。しかしここでも、時令や陰陽との関係はない。時令と結びついた形でそれがはっきりあらわれるのは『春秋繁露』である。たとえばその王道通三篇では「陰は刑の気なり。陽は徳の気なり。陰は秋に始まり、陽は春に始まる。」などと見える。初めて陰陽五行思想を利用して儒家思想の再構成をはかったとされる董仲舒の思想として、それはいかにもふさわしい。ただ、それは決して董仲舒の独創ではなかった。馬王堆から発見された「老子乙本巻前古佚書」にもそれが見えているからである。その「経法」では「天の生に因りて以て生を養う、これを文と謂う。天の殺に因りて以て死を伐つ、これを武と謂う。文武並行すれば則ち天下従う。」(君正篇)などとあり、「十六経」では、「春夏には徳を為し、秋冬には刑を為す。」(観篇)とか「刑と徳と相養いて、逆順すなわち成る。刑は晦《くら》く徳は明るく、刑は陰にして徳は陽なり。」(姓争篇)などという。

馬王堆の古佚書は、その出土した墓の主からして漢の文帝十二年(前一六八)以前の書写であることはほぼ確実である。そして、それがいつごろまで溯れるかについては異説もあるが、さきに発表した卑見では戦国末よりは溯りえないと考えた[20]。陰陽思想と結合した刑徳概念のあらわれ方、黄帝像のあらわれ方などが、その理由であった。『管子』の禁蔵篇や四時篇にみられる文武刑徳論もそれらとの関係で考える必要がある。

いったい四季の自然について、その生成と凋落粛殺の変化を重視することは、時令思想としては素朴で自然でもあろうから、そこに政治思想を組み入れると春夏を穏やかに秋冬を厳しくとなるのはむりのない自然な考えである。前に見た幼官篇でも、春夏に「賜与」し「爵賞」し、冬に「尽刑」することが言われ、四時篇の主文でも、春に「解怨赦罪」、冬に「断刑致罰」が言われていた。ただ、そこでは種々の政令のなかの一部としてあって、とくにその点を取りたてたものではなかったが、陰陽説の影響が強くなると、それが発展して陰陽刑徳の主旨をはっきりと生かした時令になった。禁蔵篇などの時令がそれであろう。そうだとすると、禁蔵篇などの時令は四時篇との関係からして戦国末以後、とくに最末期から後のものということになるであろう。

ここで、さらにはっきりすることがある。それは刑罰の時を冬とするか秋とするかという問題である。幼官篇や四時篇の時令では、刑罰は冬である。幼官篇の冬の始寒の節気で「刑を尽くす」といわれるのがそれであって、秋の方では十二白露下るの節気で「収聚」とある[21]。四時篇もまた秋で「旅(衆農)を順《つつし》(慎)みて聚収す。」といい、冬の方で

「刑を断じて罰を致し、有罪を赦す無し。」とある。「経言」の立政篇にも、孟春の朝《はじめ》を爵賞の時とするのに対応して、季冬の夕《すえ》を罰罪を論じて刑殺する時としている。ところが、ここで問題とした禁蔵篇では、「秋、五刑を行ない、大罪を誅す。」「冬、五蔵を収め、万物を最《あつ》む。」とあって、秋と冬とがいれかわっている。また七臣七主篇の方も「秋には、過を赦し罪を釈《ゆる》し刑を緩《ゆる》くするなかれ。冬には、……五穀を傷伐するなかれ。」とあって、同じように秋が刑罰の時とされている。そして、『呂氏春秋』十二紀や『礼記』月令・『淮南子』時則篇などでも、秋が刑獄の時として説かれている。刑獄が冬にも入る例もあるが、それらの資料の時代を考えると、そのおよその傾向は知られるであろう。してみると、禁蔵篇が幼官や四時の時令よりも新しいことは、この点からも言えるのではなかろうか。

さらに七臣七主篇については、時令の考察を離れてなおその著作年代を考える手がかりがある。それは、馬王堆の「老子甲本巻后古佚書」の第二篇「伊尹九主」の存在によってである。この佚篇は、伊尹が湯の前で、「専授之君」以下の八主を批判したうえ「法君」を宣揚するという構成であって、七臣七主篇が申(信)主・恵主などの七主を述べたあとに明主を掲げるのと似ているうえに、どちらも法を尊重するという類似がある。そして、「伊尹九主」の著作年代を考察した凌襄氏は、九主の一つに名づけられた「専授」という特色のある難解なことばが、『管子』「区言」の明法篇にも出てきて、それがまた明法解篇で解釈されているという事実を指摘し、ひっきょうこれらの篇は、その著作年代と思想傾向において近似していると考えた[22]。この考えは、もちろん確定的とはいえないけれども、おおよその傾向としては承認できることであって、もしそうだとすれば、明法篇が『韓非子』有度篇と関係があって韓非的な法家言を持つという第四章での考察をここで考えあわせる必要がある[23]。いうまでもなく、これらの篇が、従ってまた七臣七主篇もまた戦国最末期より溯りえないことは、明白であろう。

㈤

　次に問題となるのは軽重已篇第八十五である。この篇ではまず季節の区分のしかたに大きな特色がある。すなわち冬至から四十六日で春の始まり、九十二日で春至(分)。春至から四十六日で夏の始まり、九十二日で夏至。夏至から四十六日で秋の始まり、九十二日で秋至(分)。秋至から四十六日で冬の始まり、九十二日で冬至という八節の区分である。一年の日数を計算すると三百六十八日となるようだが、数え方に重なりがあるかも知れない。この八節の区分というのは、『呂氏春秋』有始覧などに見える八風八方と関係することで、現に『淮南子』天文篇では八風と結びつけて四十五日ごとの区分を行なっている。八の数は四季の倍数であり二十四節気の基数とも考えられる数で、易の八卦とも考えあわせてそれなりの伝承があったと思われるが、それだけで軽重已篇の時代を考えるわけにはいかない。

　記事の内容には乱れがあって読みにくい所もあるが、全体の形を想像することは可能であって、もともと、方角・服色・祭号・祀号・犠牲のほか、五行思想にもとづく配当がかなり整備されていたことが考えられる。たとえば、夏の初めに「天子、黄を服して静処す。」とあるのは、「赤を服して赤を絻《べん》す。」とあるべきもので、ここに黄が入っているのは、もと中央土の記事として夏の末にあったものが雑乱して混入したものであろう。(24)もしそうでないとしても、青・白・黒という春・秋・冬の色が五行配当にもとづくものであることは疑いえないから、もともと整った五方色の観念が備わっていたことは確かである。

　さて、ここでの次の特色は、天子が八節のそれぞれに違った祭祀を行ない、季節の方角に従ってそれぞれの方向の郊外に出かけ、そこで壇を作って祭祀を行なうということである。この形は、さきの幼官篇で天子が季節の方角に従って居処を移したり、尭典篇で四方を治める官を命じたりしていたことを想い起こさせる。しかし、それよりももっと似ているのは、『呂氏春秋』十二紀での迎季の記載である。それは、たとえば「立春の日、天子親《みずか》ら三公九卿諸侯大夫を率《ひき》い、以て春を東郊に迎う。」というように書かれている。秦の博士伏生の作だとされる『洪範五行伝』にも、同様の記載がある。軽重己篇はこれらの迎季の記事とより強い親近性を持っているから、おのずからにその年代も暗示されているとしてよいであろう。

時令の内容としては、さきに五行説との関係について述べたことでも明らかなように、かなり整備された一般的な時令が背景にあることが考えられる。そして、秋に刑獄、冬に閉蔵という点ではさきの禁蔵篇以下の十二紀などとひとしく、また時令の一々についてそれが「民を寿ならしむる所以」であるとか、「孝敬を為さしむる所以」であるなどと説明づけることばが一部に見えるのも、禁蔵篇の特色と似たものがある。他面ではまた十二紀や時則篇に連なることも多いから、篇の乱れもあってはっきりしない点もあるが、その成立年代は秦・漢の際からむしろ漢初にくだる公算が強い。(25)

次に五行篇第四十一を見ることにするが、これもまたその季節の区分のしかたにおいて違った特色がある。それは、一年を七十二日ずつの五季に区分していることである。「甲子に睹《あ》(見)い木行御(治)す、」「丙子に睹い火行御す、」「戊子に睹い土行御す、」「庚子に睹い金行御す、」「壬子に睹い水行御す、」というのが、その五つの区分であって、篇の全体はそれが二廻りくりかえされていて、前半は時令、後半は違令であり、初めに序章めいた一段がついている。さて、五つの区分であるが、そこに四季の名称ははっきりとは示されていないとはいえ、おのずから春夏秋冬の四季の区分の中央に土行を入れたという形跡がうかがえる。四時篇ではっきり位置づけられた五行相生の順序に従って、それによって一年三百六十日を形式的に割りふったということなのであろう。ただ、中央の所にも「草木は養長し、五穀は蕃実秀大なり。」と季節にかかわることばが見えるのは、恐らく季夏の記事を流用したか、あるいは錯乱したものでもあろう。この中央は、考え方としては、尹知章の註にあるように、各季節から十八日ずつを差引いて集めたものと考えることもできる。[26] しかし、いずれにしても五行説を優先させた形式的な区分であることに変わりはない。四季の時令と五行説とが結合した初期の形であろうと考えた幼官篇からここに至って、ついに五行説は時令そのものを飲みこんでしまったと考えてよいであろう。

ここで、五行篇の初めの一段をふりかえってみよう。それは必ずしも時令の序章として整ったものではないが、陰陽五行と関係して一貫して強調されるのは、天人関係の調和である。すなわち、陽気に通じて天に事え、陰気に通じて地に事え、そして人情を得るという三才を兼ねる思想があり、黄帝はその点をわきまえて天地四方(季)を治める六相をおき、五声を調えたうえで、五行によって天の時を正し、五官によって人の位を正し、人と天と調って天地の美が生ずることになった、という。上述の時令はこれを受けて始まるのである。天人の調和を得させる媒介として五行があり、だからこそ、五行によって天の時を正したこの時令こそが万事の成功をもたらすものだ、と観念されている。もちろん、実践性の薄い観念的なものであった。

では、この時令の成立はいつごろのことであろうか。五行説が時令の骨組を変えてしまったという点では、それが幼官篇や四時篇よりも、さらには十二紀よりも新しいということが考えられる。現に、この時令の特色である冬至(日至)から始まる七十二日ずつの五区分という形式は、他では『春秋繁露』の治水五行篇に見え、『淮南子』天文篇にもやや違った形で見えている。これに上述のような天人調和論などを考えあわせると、五行篇の時令の成立は秦・漢期以後、漢初のころまでと考えて、ほぼ大過はないであろう。[27]

さて、最後に度地篇第五十七がある。禁蔵篇や七臣七主篇の時令が賞罰論として特色があったのに対して、この時令は治水の土木工事に関係するものとして特色がある。桓公と管仲との問答として「地形を度《はか》りて国を治める」ことが論じられるが、初めに五害の第一として水害をあげ、それを治めて天地の和調を得るために、四季に応じた土功のあり方が述べられることになる。従って、篇の全体からすると、時令を説くことが主意なのではないが、時令思想をふまえた編成であることは、明白である。

まず春三か月、農事の起こる前、山川の涸れている間で、春分以後の昼の長くなってくる時が、土功を起こす最適の時である。堤防を作り荊棘や柏楊を植えて決壊に備えるなどのことをする。次いで夏三か月は農事に多忙で土功には不利、秋三か月は多雨になり収穫の時で、やはり土功には不利である。しかし冬三か月では天地閉蔵で暑雨もやんで大寒が起こるから、空郤を塞ぎ辺城を繕うなどのことをする。ここで一年の事が終わるので賞罰を行なうが、昼が短くなることでは不利があるという。次いで「四害」という違令の災害が述べられる。「冬に土功を起こして地蔵を発《ひら》けば、夏に暴雨多く、秋霖やまず。」として、同様のことが春と夏についても言われている。秋がないのは恐らく脱文であろう。桓公のことばとして「凡そ一年の中、十二か月、土功を作《おこ》すに時あり、時なれば(本無時字、今以意補)則ち《すなわ》これを為し、其の時に非ざれば而ち敗る。」とまとめられているのが、この時令の主旨である。

さて、この時令はすこぶる実務的で、五行思想の影響や呪術的な色彩も少ない。春が治水に適切だというのは四時篇にも『呂氏春秋』にも見えていて、一般の時令と合うことである。また春に「天気下り、地気上り、万物交通、」とあり、夏に「天地の気は壮」と言い、冬に「天地閉蔵」と言うのなどは、いかにも陰陽家らしい語を用いたもので、違令の思想にもその影響がみられる。しかし、その他の自然の説明では、四季の現象のあるがままを具体的に述べたものが多く、それだけに現実的で合理的な色彩が強い。いったい「地形を度って国を治める」という出発点そのものは、「軽重漁塩の利を設けて、貧窮を贍《た》した」(『史記』斉太公世家)といわれる管仲の事業として必ずしもぴったり適合したものでもないが、経済的な施策で富国強兵の実をあげた事業の一環として、桓公と管仲の問答に託されるだけの理由はある。「昔者」ということばで始まることも、それが意図的な作為にもとづくことをよく示している。冬の季節に、君が音楽を奏して祭祀を行なったり、一年の功罪を考えて賞罰を行なったりするのは、一般の時令とは違った特殊な形であるが、土木事業の実際という点からみると、むしろよく適合している。恐らく土木事業についての現実的な関心が中心であって、それを時令の形に従って表現したものであろう。ただ、治水や土木の事業は、農事と関係し、また時に大きな自然の災害とも関係するだけに、施行の時節に慎重であるのは当然なことであって、時令のなかに組みこまれるのも自然なことに思われる。新出の雲夢秦簡の『日書』では、土工に良い日(土良日)と悪い日(土忌日)とが区別され、とくに「土功を興こすべきでない」時をきびしく指示して、それを犯すと「必ず死す」とも言われているが、また『呂氏春秋』音律篇や『淮南子』時則篇(仲冬之月、有司曰、土事無作、)などにも、断片的な記事が見えている。(28) この篇では、土木に集中した時令であるところに特色がある。その成立の年代は、時令としての面からは定めにくいが、その「覇王」とか「覇国」とかいった用語などからすると、戦国のものとしてもそれほど古いものとは思えない。(29)

㈥

以上、『管子』中の時令資料について、幼官篇以下の七種を中心に個別的な検討を進めてきたが、ここにとりまとめた考察を加えて結びをつけることとしたい。

まず第一には各篇の成立の先後関係についてであるが、さきの考察からするとおおよそ次のようになる。

一、幼官篇の時令が最も古く、戦国中期末のほぼ紀元前三百年ごろの成立であろう。四時篇の中心部がそれに次ぎ、戦国末期の初めごろの成立である。

二、禁蔵篇・七臣七主篇などの時令は戦国最末期から秦・漢の際にくだる頃の成立であろう。

三、軽重己篇と五行篇は新しく、秦・漢期以後、漢初になってからの成立であろう。

四、度地篇は特殊であって時代を定めがたいが、戦国末期ごろより溯ることはない。

次には、各篇のこうした時代的な隔りに応じて、そこに時令思想としての発展がみられた。すなわち、五行説とのかかわり方において、それが幼官篇にみられるような素朴な段階から五行篇のような五行思想によって時令が支配されてしまうまでの歴史である。五行説の中央土の処理をめぐってその歴史は展開しているが、それにともなって、古い伝統にもとづく農事暦としての様相が変化して、賞罰論や土功中心の特殊な時令も作られるようになり、天人調和の立場からの形式的観念的な時令も生まれるようになった。『呂氏春秋』十二紀や『礼記』の月令にみられるような正統的な時令としては、そこに集成されていく過渡的な形を示すものとして幼官篇と四時篇の本文とがあった。軽重己篇も今の形が乱れていてはっきりしないが、たぶん同じ系統で十二紀などの整備した時令をふまえてできたものであろう。そして、この正統的一般的な時令に対して、特殊な問題に応じて作られたと思われるのが、禁蔵篇と度地篇の時令である。前者と関係するのは、七臣七主篇や四時篇の序末の文であって、文武とか刑徳とかいう特定の術語を使って賞罰と季節との関係を重視している。度地篇の方は土木事業と季節との関係である。

さて、これらが作られたについては、それなりの現実的な意図があったと考えてよいであろう。禁蔵篇などの刑徳論には陰陽の気を媒介とする呪術性があるが、もちろん賞罰の施行という現実の政務と無関係であったはずがない。実際にそのとおりに行なわれたかどうかは別にしてものことである。そして、賞罰併用の重要性を強調するという現実的な立場がそこにあることも事実である。かつて楊寛氏は、雲夢秦簡の『秦律』の「田律」と『礼記』月令(『呂氏春秋』も同じ)とを比べてそこに類似した条文のあることを指摘し、月令の規定は当時の各国で実施されていた政策的措置を集めて作られたものだと述べた。[30] たとえば、「田律」の「春二月、敢えて材木山林を伐り、及び隄水を雍《ふさ》ぐ毋《な》かれ。」とあるのは、月令で「孟春の月――伐木を禁止し」、「仲春の月――川沢を竭《つ》くすなく、」「季春の月――隄防を修利し、溝瀆を導達し、」などとあるのと一致するという。そして、「田律」の春二月の条文がまた禁蔵篇の春三月の時令とも類似していることが、胡家聡氏によって指摘されている。[31]「秦律」が秦の統治下で実際に施行されていたものであることからすると、そうした実際の措置をとりこんだと見られる点で時令の現実的な意図は一層明白だといわなければならない。ただ、五行篇の場合は、天人の調和を求めるという観念が先行して生み出された時令であって、恐らく天人相関の盛んな漢代思想としてふさわしいものであろう。

　ところで、このように、何種類かにわたる時令資料が『管子』の書中に混在しているという事実も、注目しておく必要がある。幼官篇や四時篇のような雄篇があるうえに、短いものも合わせてとはいえ、七種というのは少ない数ではない。七篇の他にもなお断片的な関係資料が散見することは、たとえば立政篇の一文など、すでに言及したとおりである。時令資料がこれだけ集まっている文献としては、『淮南子』が天文・時則などの篇を中心に、『春秋繁露』が五行逆順・治水五行などの篇を主としてあるだけで、古い文献としては珍貴な現象である。時令の歴史について述べたように、時令というものが、天への強い信仰にもとづきながら、農業生産と関係して起こったものだとすると、『管子』の経済重視の立場と、その経済思想そのものが「軽重漁塩の利」を追求したと言われながらもやはり農本の立場にあるとみられることなどからして、そこにうなずけるものがあると考えられる。

　そもそも『管子』の中で最も古い資料とみられた牧民第一の巻頭のことばは、「凡そ地を有《たも》ち民を牧する者は、務めは四時に在り、守りは倉廩に在り。」ということであった。そこでいう四時が四季のめぐりのことであり、したがって農業生産と関係する時令がそれにかかわってくるのは自然である。やがて、それが農業以外の諸政策を包括し五行説とも関係した時令として、『管子』中に散見することになったということであろう。しかも、時令は基本的に天人相関の思想である。そして、すでに形勢第二について見たように、また次節でも問題にするように、『管子』の全体をささえる哲学は、まさしく一種の天人相関の哲学である。してみると、時令の存在は、『管子』の基本的な性格とも深くかかわっているといわなければならない。なお、全体としてこれらの時令の内容に神秘的な色彩の少ないことも重視すべきことであって、それはさらに天人関係の問題を考えるうえで参考になることである。

七篇の時令が、このように内容的に多様であって時間的にも長期にわたっているという事実もまた、『管子』の性格ないし成立の事情を考えるうえで重要である。また各篇の内容には、たとえば幼官篇や四時篇の場合のように、もともと別な資料を合成してできたとみられるものもあったが、それもまた『管子』の全篇の成立に関係する重要な事実である。そして、それが時令関係のものだけに限らないことは、さきの強兵思想の考察を参照するだけでも十分明らかになるはずである。時令思想の検討は以上で終わって、次の問題へと移ることにしたい。

(1) 時令の研究は五行思想との関連で行なわれるのがふつうである。ここでも狩野直喜「五行の排列と五帝徳に就いて」(一九三一年、『読書纂余』弘文堂所収)・小林信明『陰陽五行思想の研究』(一九五一年講談社)から多くの示教を得た。島邦男『五行思想と礼記月令の研究』(一九七一年汲古書院)では、『呂氏春秋』十二紀を『礼記』月令や『淮南子』時則によって漢代中期以後に整備してできたものと見ているが、その論証は必ずしも十分でない。なお『管子』の時令を研究したものとして、町田三郎「時令説について――管子幼官篇を中心にして――」(一九六二年、東北大学教養部文科紀要第九号)、「管子幼官考」(一九五九年、『集刊東洋学』第一輯)があり、幼官篇に関する特色のある見解が示されている。

(2) 町田三郎「時令説について」(前出)では、時令説の原初形態としてまずこの二篇をとりあげ、『呂氏春秋』十二紀との中間的形態として、幼官篇を位置づけている。その考えは正しい。

(3) 津田左右吉「豳風七月の詩について」(一九五〇年『儒教の研究第一』)・松本雅明『詩経諸篇成立に関する研究』(一九五八年)第六章年代推定の資料などでは、特殊な作為的な詩とみて時代も新しくひき下げて考えているが、中国ではおおむね西周時代の素朴な作と考え、范文瀾『中国通史簡篇』(一九五三年)・孫作雲『詩経与周代社会研究』の「読七月」(一九六六年)などは、西周初年の詩だと考えている。

(4) 『論語』八佾篇「子貢、告朔の餼羊を去らんと欲す云云」。『史記』暦書「(天下)無道なれば、正朔諸侯に行なわれず」。『漢書』五行志「周衰え天子朔を班《わか》たず」。劉宝楠『論語正義』巻四参照。

(5) 拙稿「尚書舜典篇の成立」(一九七二年『鈴木博士古稀記念東洋学論叢』明徳出版社)参照。

(6) 藪内清『中国の天文暦法』(一九六九年平凡社)一〇ページ。

(7) 本書第三章「経言」諸篇の吟味、幼官篇の項(八四ページ)を参照。

(8) 郭沫若氏はこれについて次のように言う。「幼官篇は呂氏春秋十二紀の雛型である。十二紀は十二月令を首文としてその後に毎紀四篇の文を付載し、この〔幼官〕篇の方は五行方位で時令をしるしたあと、一篇の政論の文章を割裂して重ねて五方に配列したのである。」(『管子集校』上冊一〇五ページ) この考えは正しいであろう。兵家言とみられるこの後半の文章が、兵法篇や七法篇と関係を持つことは、何如璋・郭沫若氏らも言うとおりであって、すでに、本書第四章第五節強兵思想でも、その軍事思想をきり離して考察した。

(9) 狩野直喜氏前掲論文(註1)八〇ページ。

(10) 小林信明氏前掲書(註1)一二二ページ。

(11) 『管子集校』上冊一〇五ページ。

(12) 『管子集校』上冊一〇四ページ。

(13) 胡厚宣「甲骨文四方風名考証」「論五方観念及中国称謂之起原」(一九三五年『甲骨学商史編』三六八—三八八ページ)。なお、この研究は、楊樹達・陳夢家氏らによってさらに進められ、近年では赤塚忠『中国古代の宗教と文化』(一九七七年角川書店)四一五ページ以下にも詳しい考証がある。

(14) 一九四二年に湖南長沙から出土した帛書で、四方を十二に分けて季節に配し、その十二か月の神像を描いたうえ、四季の変化に応じた月令的記載のあるものがあった。「楚帛書」とよばれ、戦国中期あるいはやや古いものかとも言われるが、四季を掌る神々とその寄りしろらしい四本の樹木が四方に配されているその構図は、幼官の場合と形式的によく似ている。樹木には青・赤・白・黒の色がついていて五行の方角とも一致しているかに見えるが、中央の黄の図はない。ただ、中央の文章には「青木・赤木・黄木・白木・墨(黒)木之精」ということばがあって、五行説の影響下にあることははっきりしている。異同の多い摹本によって長く研究されてきたが、近ごろ饒宗頤《じょうそうい》・曾憲通両氏が赤外線写真にもとづく確実な原資料を公刊したうえ、四十年にわたる研究史をまとめて紹介するとともに新しい見解を示された(一九八五年『楚帛書』中華書局香港分局)。諸説のなかには、すでに『管子』の玄宮(幼官)との関係を示唆するものもあるが、この資料の解釈にはなお多くの問題が残されている。その検討をふくめて、その時令資料としての性格の吟味については今後にゆだねることとしたい。

(15) 今本の「中央曰土」より「和為雨」に至る中央の記事は錯乱している。張文虎・許維遹の説(『管子集校』下冊七一〇ページ)に従って、この中央の記事は、夏の終りの「夏雨乃至」の後に移して読むべきものである。また、「是故冬三月、以壬癸之日発五政、」より「所悪必伏」までの文は、宋本では結びの一段のなかで「暴虐積則亡」の下におかれているが、それも錯乱であって、劉績・趙用賢本の修正のように本文時令の冬の終りにあるべきことは、他の季節の例によって明らかである。

(16) 四時篇では、十干は四季についてだけ言われていて、五つはそろっていない。しかし、「夏三月以丙丁之日発五政」のあとは、「秋三月以庚辛之日発五政」があって、「戊己」がとばされている。つまり、夏と秋との間に中央をはさむ十二紀の形と同じ五行配当がすでに定まっていて、それをふまえていることは明白である。

(17) 明法解などの法思想については、本書第四章第四節法思想一八四、一八五、一八八ページ参照。

(18) 馬王堆古佚書の「経法」には「二文一武」とか「三時成功、一時刑殺」などとあり、それに従うと武は秋だけという可能性もある(拙稿「古佚書『経法』等四篇について」一九七九年『加賀博士記念中国文史哲学論集』参照)。ただ、ここでは次にあげる版法解篇に従って解しておく。

(19) 七臣七主篇が禁蔵篇と関係が深いことは、その政治論としての内容だけでなく、「夫凡」という特異な発語詞や、「道」を従の意味で読むことなどが共通していることでも、知られる。張佩綸『管子学』は、七臣七主篇の首末を除く大部分を禁蔵篇の錯簡と定めている(『管子集校』八二八ページ所引)。

(20) 前出(註18)の拙稿を参照。「経法」等の成立年代については、唐蘭氏は戦国中期の初めと考えたが、拙稿ではそれを批判して戦国末期以後と定めた。内山俊彦「馬王堆帛書《経法》《十大経》《称》《道法》小考」(一九七八年『東方学』第五十六輯)も拙稿と同じ結論である。

(21) 「収聚」は、幼官篇では夏にも冬にも言われているが、秋がその中心であることは容易にわかる。

(22) 凌襄「試論馬王堆漢墓帛書《伊尹・九主》」(『文物』一九七四年第十一期)二四―二六ページ参照。「専授」の意味は明法解によると「専ら其の威勢(法制)を以て人に予う」ることで、『韓非子』二柄篇などで君主の戒しめとされることである。「専」は専断の意、ほしいまま勝手にということ。

(23) 本書第四章第四節法思想㈢一九〇ページを参照。凌襄氏は明法には解があるから「経言」の幼官や形勢と同じで古いとして、その成立を戦国中期に溯らせようとするが、考察は思想内容の検討にも及ばず、浅薄である。

(24) 『管子集校』下冊一三一四ページ参照。

(25) 軽重己篇は、いうまでもなく「軽重」諸篇の中の一篇であるが、他の諸篇がおおむね桓公と管仲との問答で経済関係の資料であるのとは、違っている。とくに「軽重」諸篇との関係の面からの考察は、必要ではなかろう。

(26) 四季のそれぞれの終わり十八日ずつを集めて中央土とすることを明言した時令は、『白虎通』五行篇・『漢書』律暦志に見える。『管子』中にはまだそれはない。

(27) 新城新蔵「干支五行説と顓頊暦(下)」(一九二二年『支那学』第二巻第七号)では、冬至から始まる点に注目して周正によった古い形ではないかと考え、神人の配当もふつうの五行配当と違っていることを、やはり古い理由としている。しかし神人の配当は五行篇では六相に応じた配当であってむしろ違うのが当然であるうえ、冬至のことも『淮南子』や『春秋繁露』と合うのであるから、かりに周正によっているとしても、それをこの篇の古い証拠にすることはできない。

(28) 饒宗頤『楚帛書』(前出註14)六八ページでは、帛書に見える「土事勿従凶」ということばに関連して、これらの関連資料を掲げ、「古えの日者、土事を重んずること此くの如し。」と述べている。ただし、『管子』についての言及はない。

(29) 佐藤武敏「管子に見える治水説」(一九六九年『中国古代史研究』第三)では、この篇の治水説を詳細に吟味し、支于「管子度地篇探微」(『農史研究集刊』第一冊)がその治水技術を漢の武帝のころとするのを批判して戦国時代の斉の地方のものと説いている。羅根沢『管子探原』では、この篇に「三老・里有司・伍長」などの官名があることに注目して、郷三老は漢の官名であるから、この篇は漢初の作であろうとしているが、佐藤氏はそれについても、『漢書』百官公卿表に郷三老が秦制であると見えることを挙げて、否定している。

(30) 楊寛『戦国史』第二版(一九八〇年上海人民出版社)第二章五農本理論的産生・管理農業政策的実施六二―六三ページ。

(31) 胡家聡「《管子》中的陰陽五行説新探」(一九八三年『中国哲学』第九輯四〇ページ)。

第二節　哲学思想

『管子』の全体は、おおむね政治・経済に関する現実的実際的な記述で満たされている。しかし、またその現実的な記述とならんで、あるいはその実際的な思索をささえるものとして、時に深い哲学的な立場をうかがわせるものもある。すでに前の節で見た道法思想や時令思想にもそれがあるが、第三章では、「経言」の中にも、形勢篇などのような政治哲学的な内容の篇があることを指摘しておいた。ここでは、そのような哲学的な基本的立場を示すとみられるものを取り出して、検討を加えることとしたい。

（一）

まず順序として、さきにも考察した形勢第二の内容をふりかえると、それは天地自然のありかたを模範にしようとする政治思想であった[1]。「天は其の常を変えず、地は其の則を易えず、春秋冬夏、其の節を更めず、古今一なり。」と言われ、また「風雨は郷《むか》う（偏向）なくして、怨怒及ばず。」と言われるように、自然界のはたらきの恒常的な秩序性、そして公平無私性がとくに注目されている。また「天の道を得れば、其の事は自然なるが若し。」と、その自然性が善しとされ、「其の道すでに得るも、其のこれを為すを知るなく、其の功すでに成るも、其のこれを釈《お》（底本作澤。今従諸本、舍也）くを知るなし。これを無形に蔵するは、天の道なり。」と、そのしわざの跡を残さない無形のはたらきが尊重される。こうして天に従う者は、やがて天下の王者ともなるのであるが、「天下に王たらんと欲して、天の道を失すれば、天下得て王とすべからず。」である。「其の功の天に順う者は天もこれを助け、其の功の天に逆らう者は天もこれに囲（違）う」のである。それは、天を模範とする一種の天人相関論といってよいであろう。

われわれは、これに似た自然の見方、そしてその自然のあり方に模範をとろうとする態度が、『老子』や『荘子』などのなかにもあることを知っている。世界の雑多な差別の姿をつらぬいて、そこに一つの不変の秩序があることを強調し、それへの絶対的な因循を説いたのは『荘子』の斉物論の主張であった。「天地は不仁」であり(五章)、「天道は親しみなく」(七十九章)、「天の道は有余を損《そん》じて不足を補う」(七十七章)という公平無私性、「功遂げて身の退くは、天の道なり。」(九章)、「功成り事遂げ、百姓は皆われは自然という。」(十七章)、そして「道の物たる、惟《こ》れ恍《こう》、惟れ惚、」(二十一章)、「道は無名に隠る。」(四十一章)という自然性と無形性、『老子』はそれによって無為自然の実践を強調したのである。形勢篇と道家思想との間に密接な関係のあることは、明白である。事実、すでに見たように、形勢篇にはなお「上、無事ならば、則ち民は自《お》のずから試《はたら》(用)く」などといった道家的な政術を説くことばもある。牧民篇を初めとして、「経言」諸篇のなかからそうした道家的なことばの断片をひろい集めることは容易である。しかし、また道家思想とは違った色彩のあることも、すでに述べておいた。それは「天に順《したが》う」ことを善しとしながらも、人を棄てることをしない現実的な立場にあるということであった。

荘子の思想では、荀子によって「天に蔽われて人を知らず。」と評されたように(『荀子』解蔽篇)、天へのひたすらな因循が説かれていた。しかし形勢篇では、「天と与《とも》にして」「天の度《のり》」に違わないようにするのと並んで、「人と与にして」「上下の和」を得ることが必要とされている。「人を知らない」ものでは、決してなかった。乗馬篇第五ではまた、「地は政の本なり。」として、地の均平和調につとめれば事が治まって貨も多くなり、「貨多く事治まれば、天に求むる所の者は寡なし。」とも言われている。人力ではどうしようもない陰陽の働きを前提としたことばではあるが、その陰陽の自然とは違った人の独自の働きを強調することばである。そして、これと関係して注意されるのは、神秘的な色彩がほとんどないことであろう。荘子の因循の思想は、自然の摂理との冥合を説くもので、そこに宗教的な神秘性がただよっていた。天人の学といえば、漢代のそれにも濃厚な神秘色があったことは、ひろく知られている。しかし、『管子』のばあい、いま「経言」について見るかぎり、神秘的迷信的な思想はまったくないといってよい。

形勢篇の初めに「山高くして崩れざれば、則ち祈羊至る。」などとあるのは、何かいかにも神秘めいてみえる。しかし、それは一般の俗信を比喩として利用したまでであって、そのことを説くのが主意ではない。天の道は無形だと言われているのも、牧民篇で有道者は患いに未形に備えることができると言われているのも、無形とか未形ということばに神秘的な意味のないことは、前後の文章を読めば明白である。前者は自然の働きがどうしてそうなったかというそのしわざの跡を残さないという意味であり、後者は実際の害が起こるまでの予防段階を指しているのである。牧民篇では「鬼神を明らかにし」「山川を祇《つつし》む」ということが言われているが、それらは「民を順《おし》(訓)うるの経《みち》」であって、陋民を信用させ威令をゆきわたらせるために必要なこととされている。宗教的な行事も政治的な覚めた心で利用されているのである。権修第三で「上、亀筮《きぜい》を恃《たの》み、好んで巫醫《ふい》を用うれば、則ち鬼神驟《にわ》かに祟《たた》る。」というのも、それと相い応じているであろう。天人関係の背景にある神秘的世界についての認識はありながらも、それを利用することはしても、そこに入りこまないという合理的な立場がある。

さて、形勢篇での「天の道に順う」自然随順の思想の性格がこのようにわかってくると、そもそもその「天の道」についても、もう一度考えなおす必要が起こってくる。「天」とか「天の道」といわれるものが、自然の秩序性・公平無私性あるいは自然無形性といったかたちでみられていることは、さきに述べたとおりであるが、形勢篇において、その哲学的な概念化は必ずしも十分であるとはいえない。『老子』の道の思想などは、万物を生み出す根原として抽象度の高いものであるが、それに比べると、こちらで中心となる天の理念化抽象化はなお未熟である。つまりこちらの天には、現実的な自然の色彩がなお濃厚に残っているのであって、現実的な人の立場が頭を持ちあげるのはそれと関係しているのであろう。すなわち、哲学としての成熟の度合はそれだけ浅いといわなければならない。しかし、またひるがえって考えると、ここに『管子』の哲学の特色があるともいえそうである。

「経言」諸篇のなかで形勢篇と似た内容を持つのは、版法第七であった。篇首の「天植」ということばを、かりに不明のままに残しておくとしても、それにつづくことばは、明白に、自然界の公平無私性を模範として賞罰を行なえというものである。そして終わりに近く、「天に法とりて徳を合わせ、地に象どりて親なく、日月に参し、四時に伍す。」と言うのは最もはっきりした自然随順のことばであるが、天・地・日月・四時というその言い方が物語るように、ここでも随順すべき自然の抽象度は少ない。そこで思い当たるのは、幼官第八の時令思想である。幼官は玄宮の誤字であって、明堂月令とひとしい玄宮時令がこの篇の原形だといわれている。それは、天子が四季の季節の推移に従って居り場所をあらため、そこでそれぞれに特殊な政令を行なうというもので、それに違背すると凶事が起こると観念されている。いうまでもなく、これまた一つの自然随順の思想である。そして、元来の時令思想としては、たとえば素朴な農事暦の場合に考えられるように、呪術信仰との結びつきはあるとしても、人間の生活と自然情況との合致を求める現実的合理的な関心が中心であった。幼官篇の時令は、それに比べるともちろん整備され形式化されてきているが、なお素樸さを失ってはいない。[2] ここで目標とされる自然は、現実の具体的な自然について、ある程度の呪術的な意味づけの行なわれた自然である。そして、ここまでくると、最初の牧民篇にもどらなければならない。

元来、牧民篇の最初のことばは「凡そ地を有《たも》ち民を牧《おさ》むる者は、務めは四時に在り、守りは倉廩に在り。」であった。四時とは四季の推移である。ここでは、農業生産に関係するかぎりでのことではあっても、四季の推移に従ってそれにともなう仕事を誤りなく行なうことを、君主の重大な任務としているのである。それはもちろん「天時を務めざれば、則ち財は生ぜず。地利を務めざれば、則ち倉廩は盈《み》たず。」だからである。そこで、「時を知る者は立てて以て長と為すべく」、「時に審らかにして用に察し、而して能く官を備うる者は、奉じて以て君と為すべし。」とされる。ここにいう「天時」あるいは「時」が、自然の四季の推移を指していることはいうまでもない。時令との関係がここから発生しているとみるのは、むりのない解釈であろう。そして、この牧民篇に「地の如く天の如くして、何をか私し何をか親しまん。」という自然の公平無私を説くことばまであるのを見ると、天地自然に模範をとる立場は、こうした現実的な側面からもうながされていると考えられるであろう。すなわち、形勢篇にみられる「天の道に順う」哲学は、直接的には道家との関係を思わせるものであるが、同時にまた、『管子』の本色ともいえる農業経済の重視とも連なっているであろうということである。

牧民篇の内容が、多くの留保つきではあっても、「経言」諸篇のなかで最も古い資料を多く含むであろうということは、前に述べた。それをここで思いあわせると、牧民篇にみられるような、農業生産の重視から要請された自然への順応が、一方で時令思想と結びついて展開し、他面でまた道家思想の助けを得て自然の摂理を尊重する哲学へと深化したということが考えられる。前者は幼官の時令であり、後者は形勢の「天の道」の哲学である。それらの篇は、それぞれに特色があって、恐らく作者も違えば、また作られた時も同じではなかろうと思われるが、それにもかかわらず、そこに共通した流れのあることが認められる。『管子』の哲学の特色は、ここから汲みとらなければならない。それは現実的な足場に立脚した一種特別な天人相関の哲学であった。

さて、以上は、ひとまず「経言」の内容にかぎって、その哲学的な立場を検討したのであるが、「外言」以下の諸篇ではたしてどのような様相が展開されるであろうか。「経言」のそれは、決して豊かに成熟したものとはいえないが、しかし基調となる立場はそこにはっきりと示されていた。「外言」以下においてそれがどうなるか。あるいは別に新しい展開がみられるか。次にはそれを問題としよう。

㈡

「天の道に順う。」(中匡篇)とか「天に象どり地に則とる。」(覇言篇)とかいったことばは、「外言」以下の諸篇でもあちこちに散見していて、それが『管子』の全体をおおう基調であるらしいことは、容易にうなづける。ただ、そうした断片的なことばではなくて、集中的な論述として最も哲学的とみられるのは、「外言」の宙合第十一と「短語」の心術上第三十六・下第三十七・白心第三十八、そして「区言」の内業第四十九などの篇である。そして、なおこの他に、「短語」の水地第三十九・勢第四十二、「雑篇」の九守第五十五などの篇も検討する必要がある。これらの篇には、まず道家的な道の思想があり、人の心についての内省的な思索があり、事物をつらぬく条理的なものへの注目があって、総じて現象をこえた原理的なものとのかかわりが考えられている。

そこで、とくに心術上篇以下の四篇については、古くからその哲学的な特色が注意されていた。宋の張嵲《ちょうげつ》が「心術・白心上下、内業の諸篇を読むに及びては、則ち未だ嘗て書を廃して歎ぜずんばあらず、益ゝ其の功業の本づく所を知る」というのが、それである。(3)「其の功業」というのは管仲の政治的な功績をさすのであるから、それを根底でささえる哲学としての意味がこれらの篇にあることに注目したものとみてよい。そして、現代では、この四篇を戦国時代の思想家宋銒・尹文の遺著だとする説が劉節・郭沫若両氏によって唱えられてから、四篇の内容の研究はとみに活溌になった。(4)大勢を概観すると、この両氏の新説は、日本の学界では冷静にうけとめられたが、中国ではひろく賛同され、「管子四篇」はほとんど無条件で宋尹学派の資料として扱われるまでになっている。もしそれが正しいなら、われわれの研究もその線にそってなされなければならない。ひとまず、その新説の検討をも含めて、この四篇の内容から見ていくこととしたい。

この新説は、結論をさきに言えば、実はかなり根拠の薄弱なものである。宋銒・尹文の学説は、今では『荘子』天下篇と『荀子』正論篇などに見える評語を主としてうかがうよりほかはないから、郭氏らのばあいも、また「管子四篇」をそれと比べて、その類似性によって宋尹学派の遺著とするわけであるが、そのいわゆる類似性には大いに問題がある。天下篇によると、宋銒・尹文の主張としては、「禁攻寝兵を以て外となし、情欲寡浅を以て内となす。」と言われ、「侮《あなど》るとも辱《じょく》ならず。(侮而不辱)」ということで人々の争いをとめようとしたとされるが、それはまた『荀子』

や『孟子』の記事によって確かめられる。(5) そして「情欲寡浅」とは、まさに『荀子』の紹介するように、「人の情欲は〔本来〕寡ない」ものだから「人々に情欲の寡ないことを知らせる」という特異な主張であって、「情欲を寡浅にせよ」という寡欲説ではない。しかし、劉氏も郭氏もこれを寡欲説として、「管子四篇」中の「其の欲を虚《むな》しくする」とか「欲を去る」とかいった思想にひき当て、劉節氏などは甚だしいことにさきに挙げた『荀子』のまとめ方を荀子の誤解によるものとして抹殺している。「侮らるとも辱ならず」も同様で、この「辱」は社会的な汚辱であって心理的な羞恥ではないのに、それを心の持ち方の問題として「好みに怵《さそ》われず、悪《にく》みに迫られず。」という心術篇のことばと立場をひとしくするものとしている。しかも「不辱」とすることで闘争をとめようとしたという「禁攻寝兵」にかかわる中心の主旨は、『荀子』でもはっきりそう言われているのに、「管子四篇」のなかでは片鱗もみえない。

要するに、『荘子』や『荀子』に批評される宋鈃・尹文の学説と「管子四篇」の記載とははっきり違っているのである。そして、『管子』の方では、とくに内業篇で気の思想と結びついた養生思想が強く主張されているが、『荘子』によると、宋尹学派に養生思想があったとは思えない。馮友蘭《ふうゆうらん》氏が、「管子四篇」では人の生命の来源とその性質を説明し、いかにして生命を延長するかという方法を討論するところが多いから、宋鈃・尹文の著作とすることは疑問だと言ったのは、このことである。(6) 逆にまた、『荘子』や『孟子』によると、宋鈃は「禁攻寝兵」という平和運動のために「天下を周行して、上に説き下に教え」「日夜休《いと》わず」というありさまで、「救世の士なるかな。」と讃嘆されるほどの烈しい実践性を備えていたのであるが、「管子四篇」の方ではまったくそれがない。両資料のあいだのくい違いは明らかである。日本の学界がこの新説に冷静であったのは、賢明というべきである。(7) そして、中国でも近年になってその批判者が出てきたが、たとえば裘錫圭《きゅうしけい》氏などは、また新しく心術上・白心などの篇を田駢・慎到一派の著作としている。(8) 実は、心術・内業などを慎到一派に結びつける考えは、わが武内義雄氏によって早くに指摘されていた。(9) 郭氏らの新説に比べると、前章の法思想の検討の末尾でも言及したように、こちらの方がはるかに理由があると思われるが、そのことはこのあと次第に明らかにされていくであろう。いずれにしても、郭氏の説は著名ではあっても従いがたい。

そこで、われわれはもはやいわゆる「管子四篇」のわくから解放されてよいわけであるが、すでに四篇についての研究も多いことであるから、まずその資料性の吟味を行なっておく必要があるだろう。いま平心四篇の内容を吟味してみると、篇ごとにそれぞれの特色があって、その成立にも先後のあることが考えられる。

まず心術上篇は、その初めが経文で後半はその解釈である。たとえば、経文と解文とを対照してあげてみると、

心、其の道に処《お》れば、九竅《こう》も理に循う。嗜欲《しよく》充盈すれば、目も色を見ず、耳も声を聞かず。上其の道を離るれば、下は其の事を失す。(道理韻、盈声韻)

心の体に在るは君の位なり。九竅の職あるは官の分なり。耳目は視聴の官なり。心にして視聴の事に与るなくんば、則ち官は其の分を守るを得ん。夫れ心に欲ある者は、物過ぐるも目は見えず、声至るも耳は聞こえず。故に曰わく、「上其の道を離るれば、下は其の事を失す」と。

馬に代わりて走る毋《な》かれ、其の力を尽くさしめよ。鳥に代わりて飛ぶ毋かれ、其の翼を獘《つか》れしめよ。物に先きんじて動く毋かれ、以て其の則を観よ云云(力翼則韻)

「馬に代わりて走る無かれ、鳥に代わりて飛ぶ無かれ」とは、此れ能を奪わずして下と代わらざるを言うなり。「物に先きんじて動く毋かれ」とは、揺《うご》く者は定まらず、趮《はし》る者は静かならず。動けば其の則を観るべからざるを言うなり云云。

この対照で明らかなように、経文はおおむね押韻の簡古な文体を主としているが、解の方は経文をほぼ忠実にふまえてその敷衍説明をくだしている。尹註はこれについて、同一人物がことさらに難解な文を作ってそれをまた解説するというのは考えにくいから、解の方は管仲のことばではなかろうと言い、またこれは『韓非子』解老篇の類だとも言

っている。のちに見る宙合篇などは、初めに謎めいたことばを掲げてそれを解説するという体裁をとっているが、こちらは謎語ではなくてそれとは違っているから、尹註のいうようにもとの作者を別人とするのが正しいであろう。そう考えると、経と解とで意味のずれのあることも、うなづけるわけである。意味のずれというのは、のちに述べるように、解になって政治思想としての色彩が入ってくることである。

次に心術下篇と内業篇とは、内容の重複が多い。ただ、その重複は「経言」の幼官と幼官図との関係のような全くの同文というのではなく、文章の異同や長短の差もある。さらには別に重複しない文章の量も多く、それは主として内業の篇首と末尾に集まっていて、全体として内業篇は心術下篇のほぼ二倍の長さがある。そこで、両篇の内容には当然にも共通した思想があるとともに、またそれぞれに違った特色がある。共通しているのは、心術上篇でははっきりしなかった気の思想が重視され、両篇の全体の主流となっていることである。しかし両篇が違っているのは、内業篇では道家的な道がしきりに説かれ、また養生思想をとくに強調すること、心術下篇では道はほとんどあらわれず、心術上のとくに解の部分と同様に政治思想があるが、それは内業では稀薄だということである。そして、両篇の重複文を比べてみても、どちらか一方が他方の文を取ったというはっきりした痕迹は認めがたい。郭沫若氏は、重複文についてその対照表を作ったうえで、類似するものが違った構文のなかにぴったり組みこまれていてそれぞれによく適合しているという例文を指摘し、両篇がもと一篇の古本から出ているからこうなったのだと述べている[10]。つまり両者は親子関係ではなくて、同一祖本にもとづく兄弟関係にあり、しかも伝を異にして違った展開をとげたために、それぞれの特色を持つことになったものと思われる。

ただ、問題はそれにとどまらない。内業篇と心術上篇との関係について興味深い事実がある。それは、この両者の類似文が内業篇の中で心術下篇と重複しない部分に集中して見出されることである[11]。

内業第一節——此の気や、止むるに力を以てすべからず、而して安んずるに徳を以てすべし。（力徳韻）

心術上・経――夫れ道は安んずべきも、説くべからず。

内業第一節――其の形を見ず、其の声を聞かず、而も其の成を序す、これを道と謂う。

心術上・解――道なる者は、動きて其の形を見《あらわ》さず、施して其の徳を見さず、万物皆以て然るを得るも、其の極を知るなし。

内業第二節――彼の道は遠からず、民得て以て産る。彼の道は離れず、民因りて以て和す。(遠産韻、離和韻)

心術上・経――道は遠からざるも極めがたきなり。人と並び処るも得がたきなり。(極得韻)

同第三節――道は天下に満ちて普ねく民の所に在るも、民は知ること能わず。

心術上・解――道の天地の間に在るや、其の大は外なく、其の小は内なし。

内業第四節末尾――霊気の心に在るや、一来一逝、其の細は内なく、其の大は外なし。

ここに挙げた四組だけでも、両者の関係のありさまはほぼ明らかである。そして、この他の数組をも含めて、すべての類似文が心術下篇と重複しない部分にのみ見出されるという事実は、いったい何を物語るものであろうか。それは、内業篇が一方では心術下篇と祖本をひとしくしながら、他方では心術上篇とも関係を持って成立したということであろう。そして、心術上篇と内業篇との先後関係としては、心術上篇がとくにその経の部分に古体をとどめていることから考えると、内業篇を後とするのが自然であろう。上の挙例の文もそれに背かないと思われるが、かりに逆だとすれば、心術上篇の方がなぜ内業の一部だけを踏襲したのか、その説明は困難である。

そこで、ひとまず上に述べたことにもとづいて三篇の関係を図示してみると、おおよそ次のようになるはずである。兄弟関係にある心術下篇と内業篇との先後問題などは、さらに思想内容の検討を進めるなかで考察を加えていくこととしたい。

では、白心篇はどのようであろうか。実は白心篇は、前の三篇の間の緊密な関係に比べると、その三篇との関係は

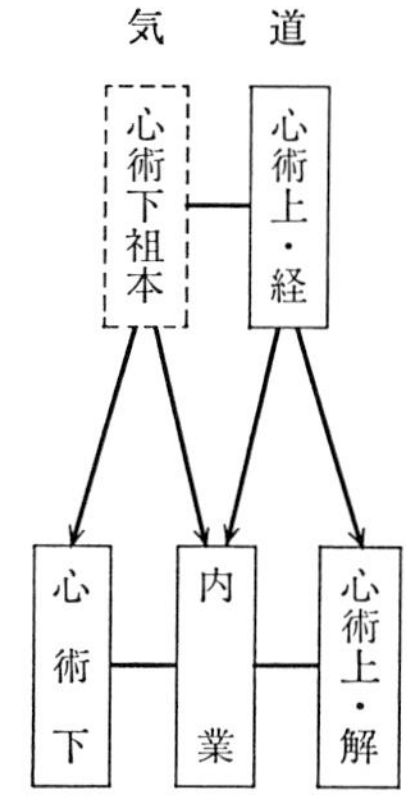

むしろ薄いと考えられる。その内容は文章の脈絡もとらえにくくて難解であるが、まずその白心という篇名にもかかわらず直接に心を説くことばがなくて、その点で前の三篇とははっきり違っている。白心と名づけられた理由を強いて考えてみると、「靖(静)を以て宗と為す」とか「無事」とかいわれているのと関係づけて、やはり虚静の心境を説くものと見られないこともないが、それには相当むりがあるうえに、ともかく心を直接に問題にするところはない。そして「中あり衷《ちゅう》あり。孰《た》れか能く夫《か》の中の衷を得ん。」とか「若《ある》いは左し若いは右して、中を正さんのみ。」などといって、盈満の禍を戒めることばと関連して中ほどを守るべきことが主張されているが、この「中」の思想もまた前の三篇にはなかったものである。内業や心術下篇には「心の中に又心あり。」とか「正心、中に在り。」ということばがあって、「中の衷」といえばむしろそれを連想するのであるが、その意味は異なるのである[12]。

もちろん、いわゆる「管子四篇」として中国の多くの研究者によってまとまった扱いをされてきたについては、それなりの理由がある。『荘子』天下篇の宋鈃・尹文の条に「白心」ということばがあるなどというのは、それほど重視すべきこととは思えないが、それを除いても、この篇では道家的な道を説くことばがあったり、養生説があったりして、部分的に心術や内業と資料上の関係があることは認められるからである。たとえば、

白心——故に曰わく、何ぞ道の近きに而もこれを能く服《おこ》なう莫きやと(諸本能字上有与字、今従古本削去)。近きを棄てて遠きに就く、何を以て力を費すや。

心術上・経——道は遠からざるも極めがたきなり。人と並び処るも得がたきなり。(極得韻)

白心——聖人の治は、身を静かにして以てこれを待ち、物至りてこれを名づけ……名正しく法備われば、則ち聖人無事なり。

心術上・経――紛乎として其れ乱るるが若きも、これを静かにすれば而《すなわ》ち自《お》のずから治まる。……物には固より形あり、形には固より名あり。名の当たる、これを聖人と謂う。故に必ず不言〔の意〕無為の事を知りて、然る後に道の紀を知る。

両者に主意のずれがあることははっきりしているが、少なくとも資料的に共通のものがあることは認めてよいであろう。

ただ、そうした部分的なものを取りあげていけば、白心のほかでも問題になる篇はある。たとえば、「外言」の枢言第十二である。その巻頭にある道と気についてのことばは内業篇との関係を思わせ、中間の法と礼と道を説くことばは主意は違っているけれども心術上篇の法と権と道を説くことばを思わせ、正名と奇名を説くことばは白心篇にも見え、さらに聖人の心として述べられる「豚々乎として其の門を得る莫し。」などとある文は、これも心のこととはされないが白心篇に見えている。「管子四篇」となんらかの関係があると言えば、言えそうである。しかし、枢言篇を加えてその輪をひろげていくよりは、むしろそれによって「管子四篇」というまとまりがそれほどはっきりしたものでもないことを確認するのが、たいせつである。なお白心篇には、さきの挙例にも見られるように、「故曰」とした引用語らしいものが多く、心術上篇の解の場合と同様に経としての祖本が別にあったとも見られるために、その点から心術篇などとの類似を強調することも郭沫若氏らによって言われている。しかし、これも、「経言」と「管子解」の場合にもその例があるように、かりにそうであったとしても四篇だけの特色とも言えないであろう。

以上で明らかになったことは、心術上下と内業の三篇には緊密な関連性があるが、白心篇はそれほどではなく、いずれにしてもこれらの四篇をとくに「管子四篇」という形で他学派の資料として他篇と切り離すだけの根拠は乏しいということである。そこで、主題の哲学思想の検討についても、さしあたり心術・内業などの篇を中心に考察するとしても、他篇との関係を考えながら問題のひろがりを絶えず留意していく必要があると考える。

㈢

かつて、馮友蘭氏は先秦における道の思想の検討を行ない、『管子』に見られるそれを一種特別なものと認めて、老子派・荘子派と並ぶ一派の道家学説として提示した。(13) 馮氏が拠った資料はいわゆる「管子四篇」であって、とくにその心術下篇と内業篇にみられる濃厚な気の思想を重視して、道を気と見ているところに一派の道家としての特色があると説いた。実は道のあらわれ方も四篇のなかでさまざまであって、道と精気との一致をはっきり説くのは内業篇だけである。しかし、それを拡大して他篇にも及ぼすことは、大綱として誤ってはいない。さらにそれを、「管子四篇」とか宋尹学派ということではなくて、『管子』の全体にまで及ぼして考えてみることも必要であろう。

『管子』の基本的な立場ないし原理的な法則性を追究するという本節の目的からすれば、まず道家的な道の概念に注目するのが当然である。道家的な道というのは、いうまでもなく一般的な方法・手段とか儒家のいう現実的な倫理的規範性とかの意味をこえて、天地万物の現象をつらぬきささえる根源としての道である。もちろん、それは『老子』や『荘子』のなかに見られるものを一応の典型とする。そして、そのような道を『管子』について求める場合、それが最も集中的に説かれているのが、ほかならぬ内業篇であった。

内業篇の道は、まず「口では言いあらわせず、目では見ることができず、耳では聞くことができず、それでいて人の生死や事の成敗もその得失によって決まる。」とされ(第二節)、「道は遠く離れたものでなく、民衆はそれに依存して生きており」(第二節)、「道は天下に満ち満ちて民衆とともにあるが、民衆にはそれがわからない。」(第三節)などと言われているが、それは感覚の対象となる現象世界の奥に人間世界を成り立たせている根源者のあることを認めたことばである。同様のことばが心術上篇などにもあることは前の挙例でも明らかであるが、元来こうした道の説明は『老子』や『荘子』のなかでもよく見られるものである。内業篇の道の特色は、それから一歩を進めたところにある。

夫れ道は形を充《み》たす所以なり。而して人は固むる能わず。其の往くや復《かえ》らず、其の来たるや舎《やど》らず。謀《ばい》(媒)乎《こ》として其の音を聞くなく、卒乎《そっこ》として乃ち心に在り。(第一節)

凡そ道は所なし、善心なれば安《すなわ》ち処る。心静かに気理まれば、道乃ち止まるべし。(所処韻、理止韻、第二節)

ここに見られる道は所定めず往来流動するものであって、それが人の心に入りこんで内在化することになるのである。しかも、その内在化はもちろん固定的なものではない、道は本質的に流動的なものなのである。そして、道がそのように流動的なのは、それが気的なものと考えられているためであった。さきの「道は形を充たす所以なり。」ということばは、心術下篇の「気は身の充なり。」というのと対応している。道と気とが通じあっていることが知られるであろう。内業篇はいう。

凡そ物の精は、化すれば則ち生となり、下は五穀を生じ上は列星となる。天地の間に流る、これを鬼神と謂う。胸中に蔵す、これを聖人と謂う。(第一節)

ここでいう「物之精」とは、「精なる者は気の精なる者なり。」とも言われているから、物を形づくる精気であることは明白である。そして、これとよく似ているのは枢言篇の初めのことばである。そこでは精気がまた道とされている。

道の天に在る者は日なり。其の人に在る者は心なり。故に曰わく、気あれば則ち生き、気なければ則ち死す。生きる者は其の気を以てなり。

内業篇はまたいう、

神ありて自のずから在り、一往一来するも、これを能く思うもの莫し。これを失えば必ず乱れ、これを得れば必ず治まる。敬《つつ》しんで其の舎を除《はら》はば、精将に自のずから来たらんとす。(第三節)

彼の道は自のずから来たる、藉《よ》りて与に謀るべし。静なれば則ちこれを得、躁なれば則ちこれを失す。霊気心に在れば、一来一逝、其の細は内なく其の大は外なし。……心能く静を執らば、道将に自のずから定まらんとす。

（第四節）

これらの文を読みあわせれば、精・神・霊気などとよばれる気的なものと道とが、同じように通じあって使われていることがわかる。それらは、馮友蘭氏もいうように、同じものをその性質の違った側面から言いあらわしたというものであろう。[14] それは、「下は五穀を生じ、上は列星となって」「天地の間をめぐり流れる」という宇宙的な規模で流動している客体的な存在であって、それが主体の側の、たとえば「心静かに気理まる」とか「敬しんで其の舎を除《はら》う」とかいう一定の条件によって、心中に入りこんで止まるというのである。そして、根源者の内在化であるからには、もちろんそこに聖人が生まれ、ふつうの人間をこえた特別な能力が得られることになるのである。

この内業篇での道のあり方は、心術上篇での神あるいは神明のあり方とよく似ている。心術上篇では、「心の体に在るは君の位なり。九竅《こう》(感官)の職あるは官の分なり。」と、感覚器官に対する心の優位性を説き、したがって「心其の道に処れば、九竅も理に循う。」で順当であるが、心に「嗜欲が充盈すれば、目も色を見ず、耳も声を聞かず。」でよくない。そこで無為無欲の虚静になると、神あるいは神明がやってきて心のなかにとどまり、特別な能力が発揮される理想状態が得られるという。この経の部分が「静因の道なり。」ということばで結ばれ、また下文に「心術とは無為にして竅を制する者なり。」とあるのによると、心術という篇名は、この神を宿すための心の工夫という意味であるらしい。

其の欲を虚しくすれば、神将に入りて舎《やど》らん。掃除の絜《きよ》(潔)からざれば、神は留まり処らず。(舎処韻)

其の宮を絜くし、其の門を開き、私を去りて言うこと毋くんば、神明若《ここ》に存せん。(門言存韻)

これを内業篇の「心静かに気理まれば、道乃ち止まるべし。」とか「心能く静を執らば、道将に自のずから定まらんとす。」「神ありて自のずから在り、一往一来、……敬しんで其の舎を除《はら》えば、精将に自のずから来たらんとす。」などとあるのに比べると、内業篇の道と心術上篇の神との類似は明白である。

心術上篇にも道の概念は出ている。そして前に見たように(二六四ページ)その文の多くが内業篇と重なっているのだが、道が流動して心中に宿るということは言われていない。[15] そうあるのは神である。道は神の間に点綴されて、関係づけられているが、心術上篇の神と道との関係は、その意味で内業篇の場合ほどにはぴったり一致していないとも見られる。恐らく、それは心術上篇に気の概念が出ていないことと関係している。心術上篇の経の文章が古めかしいという前述のことをここに考えあわせると、内業篇の流動する道の概念は、心術上篇の神の概念をふまえて、それを気の思想によって深化するところに生まれたものと考えてよかろう。そして、この神は、心術上篇で「智か智か、これを海外に投ぜん。」という智の追放との対照で言われていることではっきりするように、一般的な心智の働きを超えたものとしての神明である。したがって、それは、心術下篇で「形の正しからざる者は徳来たらず、中の精ならざる者は心治まらず。」と言われ(内業篇では「精」が「静」となっている)、「意を専らにし、心を一にする」ことによって獲得されるという「精気の極」とか「心の中に又心あり」と言われる心中の心にも通ずるものと考えてよかろう。[16]

天地の間を流れ動く精気としての道が人の心に入りこんで宿るという思想は、『老子』のなかでは見当たらない。『老子』の道としては、「大道、氾として其れ左右すべし。」(三十四章)とか「独立して改《かわ》らず、周行して殆《あや》うからず。」(二十五章)などとあるのが、わずかに道の流動をいうのかと疑える章であるが、それも単に道の広汎な働きを形容したものとしておいて通ずる。それが気的なものであるかどうかははっきりしないし、まして心中に入りこむという考えは見られない。ただ、『荘子』の方ではその一部に『管子』と類似したことばがあることは、馮友蘭氏のほか多くの研究者によってすでに指摘されている。

『荘子』人間世篇の第一章では、「心斎」とは何かという質問に対する仲尼の答えとして、「若《なんじ》、汝の志を一にせよ。これを聴くに耳を以てすることなく……これを聴くに気を以てせよ。……気なる者は虚にして物を待つ者なり。唯だ道は虚に集《とど》まる。虚とは心斎なり。」と言っている。心を統一して虚なる気の状態にするとそこに道がとどまるというのである。道はそのまま気ではないが、道もまた気的な流動するものとされているのであって、内業篇の道と似ている。また同じ問答のつづきに「彼の闋《けっ》(空虚＝心)を瞻《み》る者は、虚室に白を生じ、吉祥も止《ここ》に止まる。……鬼神も将に来たり舎《やど》らんとす。而るを況んや人をや」とあるのも、難解な句ではあるが、その鬼神の来舎をいうところには似たおもむきがある。同じようなことばは、なお知北游篇第三章でも齧缺《げっけっ》のことばとして「汝の知を摂《おさ》め汝の度《たく》(宅＝心)を一にすれば、神将に来たり舎らんとす。徳は将に汝の美とならんとし、道は将に汝の居とならんとす。」とある。これも神と道とは必ずしも同一というのではないけれども、心術上篇でのような両者の類縁があることは明白である。さらに庚桑楚篇第一章では、老子の説く「衛生之経」として「能く一を抱かんか、能く失うなからんか、能く卜筮なくして凶吉を知らんか、云云」ということばがあるが、それと類似した文が、違った構文の中に組みこまれてはいるが、内業と心術下篇とに重複して見えている。『管子』の気的な道の思想が、『荘子』の一部と関係を持っていることは明らかである。

ただ、この関係はさらに気の思想という広がりのなかで考えるべきもので、庚桑楚篇の例によっても明らかなように、両者は直接の関係にあるのではない。内業篇に説くような道の思想がはたして『荘子』と一致するとしてよいかどうか、むしろ『荘子』の主流から考えれば違っている。『荘子』の道は一般に、雑多な現象をつらぬく一者として(斉物論篇)、「在らざる所なき」遍満性で見られ(知北游篇)、その意味で時に気的なものとも見えるが、「道を知り」「道に安んじ」「道を得る」ことを問題にしても、その道の体得は「我れを喪《わす》る」ることによる道との冥合であって(斉物論篇)、道を心の中にもたらしてひきとめるといった説き方はない。同じ知北游篇でも、「形は本《もと》精より生じ」「精神は道より生ずる」ともあって、道は精神よりもさらに高次のものとされている。それは『管子』の説き方ではない。

以上、『老子』や『荘子』との比較を通じて、『管子』の心術・内業などに見られる気的な道の思想が特別な一派の特色を備えたものであるということを、ひとまずここに確認してよいであろう(17)。

ところで、この心を虚静にしたところに神が来たり舎るということについては、つとにその宗教的な性格が指摘されている。道の思想の性格にもかかわる問題で興味深い指摘であるから、ここに一言述べておくこととしよう。

まず馮友蘭氏は、『国語』楚語下の観射父のことばに、古代の「民神不雑」の状態のなかで「神明これに降る」特別な人を巫といい覡《げき》といったとあるのを挙げて、『管子』の神明はすでに精気ではあるが、古い神霊降下の宗教思想の残余がそこに認められると言っている(18)。そしてこれをさらに発展させたのが赤塚忠氏であって、心術上篇の経の一部に「原経」なるものを措定して、そこで言われる「神の留処」には『礼記』中で「神明に交わる」といわれる宗教的神秘的な信仰体験と通ずるものがあるとし、それこそが道家思想の発生の母胎となった原初のものだと考えている(19)。赤塚氏の説は資料の解釈と共に道家思想そのもののとらえ方ともかかわることで、そのままには従いがたいと思われるが、古代の信仰体験のひろがりを追跡してそこに思想の原点をさぐろうとした労作は、甚だ示唆に富んでいる。少なくとも、『荘子』の「坐忘」とか「喪我」といわれる自己を放ち棄てて絶対的なものに因循する立場には、神秘的な色彩が濃厚にうかがえる。ただ、『管子』の心術の場合、かりに馮氏のいうように宗教思想の残余があるとは言えたとしても、その神の入舎をそのまま神霊の降下とみるわけにいかないことは明白である。神秘的な色彩は経の部分にもほとんど認められない。むしろ、神を導入するために虚静が必要であり、虚静になるためには欲を去り智を棄て、私を去り言をなくして不言無為であれと説くのは、すでに知的に進んだ思想だとしなければならない。

さらに、内業篇では気の思想と結びついている。気もまたもともと神的な意味を帯びていたでもあろうが、元来は恐らくは人の呼吸の息から考えられたもので、宇宙に充満し流動して万物に生命を与えるものと考えられていた。『管子』枢言篇で「気あれば則ち生き、気なければ則ち死す。生きる者はその気を以てなり。」とあるのは、『荘子』の知北游篇で「人の生は気の聚まりなり。聚まれば生たり、散ずれば死たり。」とあるのと同じで、恐らく古くからの気についての基本的な見方であろう。呼吸と生命との関係は経験的に見やすい事実だからである。しかし、それが進んで「善気」と「悪気」とが区別され、「一気能く変ずるを精と曰う。」で、「気の精なる者」としての精とか霊気が考えられることになる。そして、それが神や道と結びついて合理的な解釈を与えているというのが、心術を受けた内業篇である。宇宙の精霊あるいは世界の根源者の内在化ということが、ここではっきりと合理的に筋道だてて説かれることになった。神秘的宗教的な色調はここには稀薄である。そして、それはまた『管子』全体の色調とも合うことであった。牧民篇は古い資料と認められるが、そこでも鬼神・山川・宗廟の祭祀といった宗教行事の必要性は言われながら、それは陋民を信頼させて威令を行なう「民を順《おし》(訓)うるの経《みち》」だとされていることはすでに述べた。いわゆる神道設教であって、それこそが『管子』の本領であった[20]が、心術・内業の道の性格もそれに背かない。

(四)

宗教的神秘的ではない、現実的な道の性格にともなうその実践論は、どのようなものであろうか。心術・内業について次にはそれを見ることにしよう。

まず内業篇では、その養生思想が注意される。「道なる者は……人の〔それを〕失いて以て死する所、〔それを〕得て以て生ずる所なり。」(第二節)、「万物以て生じ、万物以て成る、これを命《なづ》けて道と曰う。」(第三節)などと言って、生成の根源としての道を強調するとともに、具体的な養生法が積極的に述べられる。

思索は知を生じ、慢易は憂いを生じ、暴傲は怨みを生じ、憂鬱は疾を生じ、疾困《くるし》めば乃ち死す。これを思いて捨てざれば、内に困みて外に薄《せま》られ、蚤《つと》に図《てあて》を為さざれば、生将に舎《やど》を巽《ゆず》らんとす。食は飽くことなきに若《し》くは莫《な》く、思いは致《きわ》むる勿《な》きに若くは莫し。節適して斉《とと》のえば、彼(生)将に自ら至らんとす。(第四節)

凡そ食の道は、大いに充《み》たせば気は傷《そこな》われて形は臧《よ》からず、大いに摂《ちぢ》(収)めれば骨は枯れて血は沍《こお》る。充と摂との間、此れを和成と謂う。精の舎《やど》る所にして、知の生ずる所なり。(同上)

凡そ人の生は必ず平正を以てし、これを失う所以は、必ず喜怒憂患を以てす。(同上)

心術下篇にも養生のことばはある。現にこの最後のことばは、ほぼそのまま心術下篇にも重出している。しかし重出している文章でも、たとえば心術下篇で「人能く正静なれば、筋肕《やわら》(柔)かくして骨強し」とあるのが、内業篇では「人能く正静なれば、皮膚は裕寛にして耳目は聡明、筋は信《の》(伸)びて骨は強し」(第三節)となって文章が延びており、またその他でも心術下篇にないことばが多く見られることで明らかなように、内業篇の主たる強調が養生にあることははっきりしているが、心術下篇の方ではとくに養生の主張として説かれたものではない。白心篇にも「知の六合の内に周《あまね》き者は、吾れ生の阻あるを知る。」と生命の害を説くことばがあるが、これはすぐ「持してこれを満たすは乃ち其れ殆《あやう》し。」とつづくように、盈満の禍を戒めるところに主意がある。心術下篇で「過知は生を失《そこな》う。」とあるのも、その上に「凡そ心の形は」とあるように、一般的な心の問題として説かれているのである。内業篇の特色は、まず道を精気としてとらえるところにあった。そして恐らくはその気の生命力に導びかれた結果であろうか、心の持ち方の問題からとくに養生への関心を強く述べることになった。この点からすると、心術下篇の方が恐らく祖本により近く、内業篇の方が時代はやや降るのではなかろうか。

事のついでに内業篇の養生説を吟味すると、それは『荘子』の一部に見えるものと最も近い。たとえば、『荘子』在宥篇(第四章)の広成子のことばで「女《なんじ》の形を労することなく、女の精を揺《うご》かすことなくんば、乃ち以て長生すべし。目は見る所なく、耳は聞く所なく、心は知る所なくんば、女の神は将に形を守らんとし、形は乃ち長生せん。」とあるのは、刻意篇で単なる肉体の修練に励む人を「道引の士、養形の人」として否定する立場と呼応するものであって、神や精が生命の本と考えられている。それは内業の立場と一致する。ただ、死生を斉一視してその問題を超克しようとする荘子本来の思想からすれば、ふつうの意味での養生がまともに取りあげられるはずもない。養生が「養神」とも言われて形よりも精神の修練に重点が移っているのはそのことと関係しているが、やがて単なる生命ではない「養性」へと発展していく契機がここにある。[21] 内業篇ではしかし「食の道」といった現実的な養生法も説かれていて、そこが『荘子』とは違っている。『老子』のなかにも養生的な言辞はある。人が死地にはまりこむのは「生生の厚き」ためであって、「善く生を摂《おさ》める者」は猛獣や兵戦の害にもあうことがないと言ったり（第五十章）、「長生久視の道」といったものを説いたり（第五十九章）しているが、それらは無為の思想の宣伝としてあるのであって、養生思想としての積極的な発言ではない。しかし、内業の方はむしろ『老子』や『荘子』の背後にあったとみられる養生家そのもののことばにより近い。そして、『呂氏春秋』に見えるほどの多様な複雑さはない。

『呂氏春秋』の初めに種々の養生家言が見えることは周知のとおりであって、そこには内業のと似たものもある。たとえば、季春紀盡数篇で精気の集散と流欝とによって健康と疾病とを説明し、「凡そ食之道は飢なく飽なく」と説くことや、孟春紀重己篇で「適欲」による長生を説くことなどは、内業篇で「節適して斉《ととの》える」とともに、「食の道」に「充と摂との間」を求め、精を舎《やど》し気を四末（肢）に通ずることを言うのと同旨である。けれども、『呂氏春秋』の方では別にもっと積極的で多様な養生説が見られる。その仲春紀貴生篇などでは、「生に害あれば止まり、……生に利あるものは為す。」として、「天下は重物なるも、以《た》めに其の生を害せず。」と天下や国よりも貴い生命を強調する『荘子』譲王篇と重なるいくつかの説話をあげる。譲王篇が『荘子』の中でも最も新しい資料であって、『呂氏春秋』を採ったとも見られることは、すでに先人の指摘がある。[22] 外物のために生命を損することの愚かさを訴えることばは、両者ともにさまざまな形で見えている。さらに、『呂氏春秋』では子華子の全生説などを引いて、同じ長生でも欲望の満足をともなう長生こそが目ざすべきことだ、と言う。『呂氏春秋』の編成時期を中心として多様で活潑であった養生説の状況が、想見できるであろう。そして、内業篇での状況がそこまでには至らず、しかも同類の養生思想もそこに摂収されているとすると、内業篇の時代はほぼ『老子』から『呂氏春秋』までの間、戦国最末に近いころと考えてよいのであろう。

さて、道に関係する実践論として、さらに重要なのはその政治思想である。心術上篇の経の部分では、すでに見たように神を宿すための心の工夫が説かれていて、個人の平安な処世を主としているようにも思えるが、解の部分に入ると、政治思想としての色彩が加わって、他篇との関係のひろがりも大きくなってくる。たとえば、経の方で「動けば則ち位を失す」とあるのを解して、「人主は陰に立つ、陰とは静なり。故に曰わく、動けば則ち位を失すと。」と言って、とくに人主のこととしているのがそれである。また、礼や法についてのやや詳しい説明が見えるのもそうである。

　礼とは、人の情に因り義の理に縁りて、これが節文を為す者なり。故に礼なる者は理あるを謂うなり。理なる者は分〔界〕を明らかにして以て義を諭すの意なり。故に礼は義より出で、義は理より出で、理は宜?(道)に因る者なり。(23)

この礼の説明は経の方で「登降揖譲《ゆうじょう》、貴賤に等あり、親疎に体あり、これを礼と謂う。」とあるのと比べて、より原理的な説明であるが、『荀子』の礼論で「文理情用」とか「節文」をいい、また「分」の機能を強調することとの関係も考えられて、やはり政治的な性格であることに変わりはない。そして、最後の一句が疑問であるが、もし郭沫若氏に従って「宜」の字を「道」の字の誤りとするなら、次の法の説明と合わせて道に重点を置く論旨が一貫することになる。

　法とは同出して然らざるを得ざる所以の者なり。故に殺僇《さつりく》禁誅以てこれを一にするなり。故に事は法に督《ただ》(察)され、法は権より出で、権は道より出づ。

法の定義として、法の根拠を根源的な道においたところに特色がある。そして、これが馬王堆の古佚書「経法」で「道が法を生んだ」とあるのと同旨であることは、すでに前の章でも述べたように、広く知られている。

さらに、ここにはまた一種の名実論があり、それと関係する因循思想がある。

　物には固より形あり、形には固より名あり。名の当たる、これを聖人と謂う。(経)

此れ名は実を過ぐるを得ず、実は名を延ばすを得ざることを言う。形を姑《よ》(詁)むに形を以てし、形を以て名を務め、実を督《ただ》(察)して名を正す。故に聖人と曰う。(解)

其の形を以て因りてこれが名を為す、此れ因の術なり。(解)

道を説く『老子』では、名は否定すべきものである。「有名」の現実世界への関心は強いにかかわらず、尊重され模範とされるのは「天地之始」である「無名」の世界であった。しかし、心術上篇では「名は聖人の万物を紀《しる》す所以なり。」であって、必要不可欠のものである。そして、「道はその形が見えず……説くことができない。」と言われるように、名は形があってこそのものであるからには、それは形に因り従った名でなければならない。そこで「已れを舎《す》てて物を以て法と為す。」という因循の道と合致することになる。因循は荘子の重要な思想であるが、それは形名を超えたところにある。名や法は荘子においても軽視され、ましてや因との関係で説かれることはない。刑名審合の名実督責は臣下の操従術として申不害から始まって法家の主張となったが、心術上篇の名実論はそれと似ながらまた違った色彩を持っている。そして、心術上篇によく一致するのは、この点でも「経法」などの古佚書である。古佚書の「経法」では、「刑(形)名すでに立ち、声号すでに建てば、迹を逃れて正を匿《かく》す所なし。」と言って形名の重要性を述べるとともに、その形名を根源的な道との関係から説いて、道から有形の万物が生まれるとそこに名はおのずからにできるものとされている。[24] 古佚書「経法」等四篇が、道法折衷の資料であるということは、諸家の一致した見解であって確かなことであるから、それとの関係で言えば、心術上篇もまた道法家と関係のある資料であろう。ただ、「経法」などが法に重きをおくのに対して、心術篇ではむしろ道の方に重点があるということであろう。

心術下篇に進むと、聖人は天地のごとく公正だとして「〔偏〕私は天下を乱る者なり。」と言い、また、「心安らかなれば是《ここ》に国安らかに、心治まれば是に国治まる。」として、心術と政治との関わりを述べ、「民人操《みさお》あり、百姓治まるは、道こそ其の本至なり。」と、道を政治の根本にすえている。そして、法のことは見えないが、名実の重視とみられるものがあって、それは上篇の主張とよく似ている。

凡そ物は名を載せて来たる、聖人は因りてこれを財(裁)し、而して天下治まる。名実傷《そこな》われず、天下を乱さずして、而して天下治まる。

同様の名実論は白心篇にも見える。

聖人の治は、身を静かにしてこれを待つ、物至りてこれに名づく。正名なれば自のずから治まり、奇名なれば自のずから廃す。名の正しく法の備われば、則ち聖人は無事なり。

道家的な実践態度と名法の重視とが結合していることばであって、やはり広い意味で道法家的な立場にあるといってよい。類似した名実論が、ここに見える「奇名」「正名」ということばをも含めて、古佚書「経法」に見られるということも、それを証明するであろう。

さて、心術篇などを資料として哲学思想を究明する論述は、それと関連する実践論に言及していささか深入りしすぎたかの感がある。しかし、心術篇などの神や道を中心とする哲学が、養生思想とか道法の政治思想とかの実践論と結びついて説かれているということを確認しておくのは、重要なことである。そのことは、その哲学思想そのものの性格とも関係するはずだからである。そして、道法の政治思想との関係はことに重要である。すなわち、さきに『管子』全篇の法思想について考察した結果では、たとえば「外言」の法法篇で「憲律制度、必ず道に法とる。」とか「明王、上に在りて、道法、国に行なわる。」などといわれる道法思想こそが『管子』の主流であると考えたが、してみると、心術や白心は非『管子』的な異派のものとして切り離したりするべきものでないことは、今やいよいよ明白である。心術はもちろん法を説くことを主としたものではない。また、心や神や道といった哲学的な問題を中心として説く点で異色がある。しかし、その実践面に注目すると、『管子』中の他篇との関係がひろがって、これらの篇は、むしろ『管子』の主流、とりわけてその政治思想をささえる哲学的な立場を述べているとみられるのである。

ここで、この第二節の初めにおいて概括した「経言」諸篇の哲学を想い起こす必要がある。それは、哲学とよぶにはなお未熟であるとはいえ、道家的な自然の摂理を尊ぶ哲学として、元来、現実的な農業生産の重視にともなう自然順応の思想から深化したものであった。そして、それは「天の道に順う」とともにまた人の立場をも棄てないという、現実的な、一種の天人相関の哲学としてあった。心術や内業では、原理的な道についての考察はさらに進んでいる。とりわけて、宇宙的な規模で流動する気的な道の思想に特色がある。しかし、それもまた自然の秩序としての「天の道」への随順と違ったものではないはずである。

　天の道は虚、地の道は静、虚ならば則ち屈《っ》(尽)きず、静ならば則ち変わらず。(心術上解)

　聖人は天の若く然り、私覆なきなり。地の若く然り、私載なきなり。私は天下を乱る者なり。(心術下)

　天は正を主とし、地は平を主とし、人は静を主とす。春秋冬夏は天の時なり、山陵川谷は地の材なり。喜怒取予は人の謀なり。是の故に聖人……能く正、能く静にして、然る後に能く定まる。(内業)

自然の摂理を尊重する思想は、ここでも生きている。法が道から出てくるという道法のその道とは、元来自然法的な秩序原理を示すものであった。また全般に道家思想の影響が強いという点でも、「経言」中の哲学思想と一致する。そして、その人を棄てない立場は、名法や養生の実践が合わせて説かれていることによって明白である。心術篇などに見られる哲学思想が、「経言」中のそれの発展としてその延長上にあるということを、断定してよいであろう。

(五)

心術上篇の道法思想が注目されることになったのは、馬王堆の古佚書「経法」等四篇が発見されてからである。[25] 心術上篇は、「経法」等の四篇を媒介とすることによって、『管子』中の諸篇との関連性をはっきりとあらわすようになった。その道と法との結合を示す諸篇については、すでに法思想の検討の際に詳述したが、問題はそれにとどまらない。いま、唐蘭氏の作成した「対照表」[26]によって、古佚書四篇に含まれる『管子』の類似語句をみると、心術篇で四条、内業・白心・九守の各篇で二条(うち九守篇の一条は表23で漏れている)のほか、幼官(兵法)・枢言・重令・君臣下・四時・五行・正の各篇にも及んでいるが、とくに「短語」の勢第四十二では九条もの類似句があって、内容的にもとりわけて密接な関係にあることが知られる。

勢篇の全体は、まず戦闘に際して「水を懼れ」「険を懼れ」ることの不可を言ったあと、静作(動静)信詘(屈伸)の行動を適切にすることをすすめて「無為」を説き、天地に従い人に従って安静柔弱に対処することを善しとするが、末尾になって周(行動や意図を秘密にすること)と明(万事を見ぬくこと)とを対照的に説いてその重要性を強調している。この文章は、初めの戦闘の一段を重くみれば全体が兵家言としてまとまっており、最後に諸侯を会合して徳義を明らかにし武力を止めるということで落ちつくが、その素材からすると、少なくとも三つの部分に分けることができる。初めの戦いの一段と、「静作信詘」以下の主文と、末尾の周と明とを説く一段との三つであって、それらは文体も違っているし、それぞれに独立させても通用することのできる内容である。そして、この中間の主文が、語句のうえでも思想の内容でも古佚書とほぼ一致し、また『国語』の越語下篇とも類似するものである。とりわけ「逆節萌生」「安徐正静、柔節先定」「先徳後刑」「天極」などという特殊な思想的概念や「静作」という特殊な表現[27]が、古佚書のなかでもとくに「十六経」と共通しているのは、注目すべきことである。両者が同じ一連の資料であることは明白であって、その点からすると、これは兵家言と限定するよりも一般的な政術論とみるべきものである。

ここには、刑名も道法も出てこない。しかし一般に道家的な色彩が強いうえに、「天地これを刑《あら》(形)わして聖人これを成す。」といわれ、「天の時を犯さず、」「已《すで》に天極を得れば、則ちその力を致す、」とされるように、天地自然の摂理に従う政術思想であることはまちがいない。篇名の「勢」というのもその摂理と関係することばであろう。このことばは篇の中には見えないから、内容によってその意味を推測するだけであるが、形勢篇第二について考えたとおり、やはり自然の勢を意味するとしてよい。[28] 自然の摂理とみるべきものがおのずからに形をとってあらわれ、その形にともなって起こる一種必然的な趨勢である。自然法的な秩序原理をさしているとしてよいであろう。

さて、この勢篇と関係の深いのが、「雑篇」の九守第五十五である。この篇は主位・主明・主聴・主賞・主問・主因主周・主参・主名という九つの章に分かれていて、それぞれに人主の守るべきことが説かれているが、それが『鬼谷子』符言篇とほぼ一致し、また『六韜』とも重複するところの多いことはすでに古くから指摘されている。いまこの篇と勢篇との関係をみると、古佚書「十六経」とも重なる「安徐正静、柔節先定、」という特色のあることばがここにもあって人主のあり方として最初に掲げられているが、また勢篇の末尾で説かれていた周と明とが、ここでは主明と主周という題目をたてて解説されている。明とは天下の耳目によって見聞し天下の心によって慮ることであり、人主が周密であれば群臣の乗ずるすきがないと言われる。さらに、主問の章で、「一には曰《すなわ》ちこれを天にし、二には曰ちこれを地にし、三には曰ちこれを人にして、四方上下、左右前後にす。」と言うのは、天地人など広い範囲にわたる問いかけを意味しているらしいが、ここに天地への質問が含まれているのは、自然の秩序を尊重する勢篇の立場との一致を示すものであろう。

勢篇と九守篇との関連が明らかになったとして、次には、九守篇がまたさらに心術篇などとも関連することを述べなければならない。まず、九守篇の主因の章である。

心は九竅を為めずして九竅治まり、君は五官を為めずして五官治まる。善を為す者には君これに賞を予え、非を為す者には君これに罰を予う。君は其の来たる所以に因り、因りてこれを予うれば、則ち労せず。……これに因りて理に循う、故に能く長久なり。

心術上篇の初めに「心の体に在るは君の位なり、九竅の職あるは官の分なり。心、其の道に処れば、九竅、理に循う。」とあったのと、この最初のことばは確かに関係がある。そして、それにつづく因の術は、これも前に挙げたとおりであるが、やはり心術上篇で「無為の道は因なり。」として、「因なる者は、己れを舎《す》てて物を以て法と為す者なり。……理に縁りて動きて、取る所に非ず。」とあったのと同旨である。次に、古佚書とも勢篇とも共通する主位章の「安徐正静」ということばに注目すると、心術下篇では「人能く正静なれば、筋肕《やわら》かくして骨強く……」と言い、「正静失わず、日々に其の徳を新たにす」るのを善しとしており、内業篇では「天は正を主とし、地は平を主とし、人は静(原文作安静)を主とす、」と言ったあと、「能く正、能く静にして、然る後に能く定まる。」と言い、また「形正しからざれば徳来たらず、中静ならざれば心治まらず。」などとも述べている。

さらに、九守篇の最後の主名の章にみえる名実論も、また注意すべきものである。

名を脩めて実を督《ただ》(察)し、実を按じて名を定む。……名実当たれば則ち治まり、当たらざれば則ち乱る。

この後半のことばは、古佚書「経法」論篇の「名実相応ずれば則ち定まり、名実相応ぜざれば則ち静《あらそ》(争)う。」(一九七六年文物出版社刊『経法』の註に従って読む)というのと似ているが、また前の句は、心術上篇で「名は実を過ぐるを得ず、実は名を延ばすを得ず、……形を以て名を務め、実を督《ただ》して名を正す。」とあるのとひとしい。同様の名実論が心術下篇や白心篇にもあることは、前に述べたとおりであるが、さらに名と因とを結びつけて説くという心術などの特徴が九守篇にも認められる。

無為の道は因なり。因なるものは益すことなく損ずることなきなり。其の形を以て因りてこれが名を為す。此れ因の術なり。(心術上)

凡そ物は名を載せて来たる、聖人因りてこれを財(裁)して天下治まる。(心術下)

形があればそこに名が生まれる、それをそのまま無益無損で、つまりは実に一致した名として、作為を加えずにあらわすのが因であるという。荘子の因は形名を超えたところにあると、前に言った。絶対的な自然の摂理にひたすら身をまかせる荘子の因と違って、その根源から出てくる形と名とを問題にするのは、天に従いながら人を棄てない立場である。道に従う法を尊重する立場である。名実一致の正名を因として説くのは、まさに道法思想の特徴であろう。そして、九守篇での因の説明は、善には賞を悪には罰をという賞罰論をうけて、「君は其の来たる所以に因り、因りてこれに予うれば、則ち労せず」とあった。善とか悪という実の形がやってくる、それをそのままに賞罰としてあらわす、という因である。賞罰を名とおきかえてもよいであろう。賞罰論としてあるところに法家的な形名論としての色彩が加わっているといえようが、心術篇の名実論と共通の立場にあることは明らかである。

今や、九守篇と勢篇、そして心術や内業などの篇との密接な関係が明らかにされたが、その関係は「経法」などの古佚書を媒介とすることによって道法思想としてのひろがりを見せ、さらに法を説く諸篇との関連にまで発展することになる。かつて、『鬼谷子』との関係において九守篇を検討した武内義雄博士は、九守篇と心術・内業・勢などとの間に密接な関係が想像できるとし、九守篇を道家と刑名法家との融合した学説であると考えた(29)。博士のすぐれた洞察は、新しく発見された古佚書の出現によって、今や十分に証明されることとなった。

もちろん、この関係は必ずしも同時代的なものとは限らない。すでに心術上下篇と内業篇との間にも先後の関係が考えられたように、九守篇と勢篇もまた同時のものではない。武内博士によると、九守篇はもと『鬼谷子』符言篇であって、それは合縦を説いた蘇秦が読んだという「太公陰符之謀」の要約ではないかという。「太公陰符之謀」は斉の太公に仮託した後世の書であろうが、それを要約したのは、『鬼谷子』原本が蘇秦の書であるとすれば、蘇秦の手によったと考えてよいから、符言篇のまとめられたのはほぼ紀元前三世紀の初めごろ、祖本の方はもう少し溯るということになるであろう(30)。武内博士の説を一つの仮説にすぎないとして否定することもできるであろうが、もしそうだとしても、心術上篇との関係などから考えてもこの年代はほぼ妥当なものに思われる。しかし勢篇の方は、まず古佚書の「十六経」と一致することばの多いことから考えても、紀元前三世紀の後半、戦国最末期より溯ることはないであろう。さきに行なった古佚書の吟味では、『老子』と並べて書かれている四篇の書物にもそれぞれに特色があって、

「経法」が古く「十六経」が新しいと考えたが、「刑徳」という特殊な用語の検討などを通じて「十六経」を戦国最末から秦・漢の際の成立であろうと判断した。(31)「刑徳」ということばは勢篇にも見える。そして、勢篇の全体があたかも兵権謀家(『漢書』藝文志)の言を思わせるような形で九守篇をも利用して編成されていることや、「故に「無為なる者は帝たり」と曰うは、其れ此の謂いなり。」と、「経言」の乗馬篇にも見えたことばの引用があることなどからしても、その成立は新しいとしなければならない。

ただ、ここに流れている思想、とりわけてその哲学的な立場には、共通したものがある。九守篇も勢篇も、とくに哲学的な道を説いたというものではなく、むしろ「太公陰符之謀」との関係が考えられるような政治的あるいは軍事的術策を説くところに主意があるとしてよいが、すでに見たように、その根底には自然の摂理に従う道家的な立場があって、『管子』中の他篇とも関係する、広い意味での道法思想と見るべきものである。そこで、この道法思想のひろがりを見ると、九守篇や勢篇と別に、心術・内業などの篇では最も基本的な哲学的な面に重点がおかれており、「外言」の法法や重令などの篇では法のあり方という政治的な面に重点がおかれていて、強調される主意はそれぞれに違ってはいるが、それらをつらぬく基盤は一致していることが知られる。そして、その道法思想としての哲学思想が、「経言」の形勢篇などにおいてすでにその萌芽を見せており、さらに溯って自然に対する順応という牧民篇の思想にも連なるというのは、ことに重要である。すなわち、この道法思想こそ、『管子』の中心的な哲学思想であると認めてよいのではなかろうか。

思うに、心術や内業などの篇は、心を説き道を説き精気を説く点で、『管子』中でも最も哲学的な篇である。馮友蘭氏がいわゆる「管子四篇」の気的な道の思想に注目して、それを老子派・荘子派と並ぶ一派の道家学説として提示したことは前にも述べたことであるが、今やその一派の道家というのを、道法家として『管子』の全体にひろげて考察するのが正しいことになった。道法家の道とは、現実的な刑名法家の政術をささえる道家的な自然法の秩序原理である。従って、それは必ずしも精気として宇宙に充満し流動するものであることを要しない。内業篇がとくにそうした道を強調するのは、その養生思想との関係もあるであろう。しかしまた、その宇宙的な規模における合理的な説明づけは、道法の道の説明の深化として、もちろん連続的にうけとめることができる。それは決して形而上学的な説明を目ざしたものではなく、養生や政術と結びついた形での実践的な説明であった。『管子』の哲学的立場は、この意味において、道法思想としての現実的実践的なものであったといえよう。

㈥

最後に、道法思想とは違った形でみられる哲学思想として、とくに二つの篇に注目する必要がある。一つは「短語」の中で白心篇と四時篇とにはさまれる水地第三十九であり、いま一つは「外言」の宙合第十一である。まず、水地篇をとりあげることにしよう。

さきに見た道法の意味は、最も端的にいえば道家的な天の道と法家的な政術との結合したものであったが、その天の道は、自然の摂理として現実の自然界のあり方から抽出されながら、またその現実のあり方と離れない形において説かれつづけていた。精気としての道は確かに哲学的な思索による産物であるが、それが人の心中に取りこまれることによって特別な能力が獲得できると説くとき、それは現実的な自然界のはたらきがモデルともなっている。それは哲学としての貧困であるともいえるであろう。そして、さきにはその天の道の現実性と農業生産にともなう自然重視の思想との脈絡を考えたのであったが、それと軌を一にして、水という自然物を尊重しながら、その性質を「万物の本原」という哲学的な意味にまで高めようとしたのが、水地篇であった。

水地篇は、とくに水をたたえる一篇の文章として、『管子』のなかだけでなく、広く中国の古典一般のなかでも著しい特色を備えていると認められる篇である。なるほど、水の徳をたたえることばは、『老子』などの道家の文献にもあれば、また儒家の文献にもある。しかし、それらはおおむね断片的であるうえに、また水の性質のとらえ方もこの篇とは違ったものである。たとえば、『老子』では、「天下には水より柔弱なるは莫し。而も堅強を攻むるには、これに能く先きんずる莫し。」(七十八章)とか、「上善は水の若し。水は善く万物を利するも争わず、衆人の悪む所に処る。」(八章)などと言って、それを人の理想的なあり方とするが、それは水の柔弱不争といった性質にその重点を置くものである。また『孟子』が「民は水火にあらざれば生活せず。」といったのは(尽心上篇)、人の生活上の必需品として見たものであるし、孔子の川上の歎をうけて「原泉混混、昼夜を舎《お》かず。」と述べたのは(離婁下篇)、やがて『荀子』宥坐篇で水の徳を説く孔子のことばへと連なるものであろうが、いずれも水の外形的な性質をとりあげたものである。しかし、水地篇での水は、主としてそれが大地に浸透して万物を生育するという、その生成力においてとらえられているのである。(32)

地とは万物の本原、諸生の根菀(蘊)なり。美悪・賢不肖・愚俊の生ずる所なり。水とは地の血気、筋脈の通流するが如き者なり。故に曰わく、水は具材なりと。

これが水地篇の初めである。言われるとおり、大地が万物を生み出すというのは見やすいことである。そして、天をあわせて天地を生成の根原とすることも通説である。しかし、ここでは水が、大地の血気として、その生命力をささえるものとして提示される。やがて、水こそが「万物の本原であり、諸生の宗室であり、美悪・賢不肖・愚俊の産する所である。」と言いかえられることになるのである。

「水は具材なり。」とは万物にとっての材質を完全に備えていることをいう。そのことがどうして分かるのかという設問に答えて、ここではまず水の一般的な性質があげられる。柔軟で清らかであるとか黒く見えて実は白いとかいうことで、仁・精・正・義・卑などの徳があるとされ、とりわけ下に流れる卑を「道の室・王者の器」として重視するのは、『老子』と似ている。また水の〔平〕準と素〔白〕と淡〔白〕という性質によってそれらが五量と五色と五味の中心であるとし、そのことから水が万物諸生と是非得失にとっての標準であると述べ、水は天地万物のすべてに内在して生命と光輝とを与えるが、玉の九徳もまた水の内在によって生まれると言って、ついに「水は神なり。」とも言われることになる。次いで、人も水であって「男女の精が合して水が形を流《と》る。」と言い、三月にして五味が五臓となり、五内九竅を備え、十か月で生まれて「微眇をも察する」ような心を含んだ五慮が備わるとし、卜占によって未来を予知できる神亀も変幻自在の神竜も、また蟡や慶忌といった妖怪も、すべて水から生まれると言う。こうして、「水とは万物の本原なり、諸生の宗室なり、」とされるが、最後には斉・楚・越・秦・晋・燕・宋の七国について、それぞれの水の性質がその国民性と密接な関係を持つことを説いて、聖人の教化と政治は、だから水を中心とするのだと結ばれている。

この篇が、他の篇にも多くの例をみるように、種々の素材を集めて編成されたものであることは、以上の概括からも明白であろうと思う。『老子』などとも通ずる一般的な水の外形的性質とか、五行説の一環とみられる五味と五臓の配当とか、儒家の文献(『礼記』聘義篇・『荀子』法行篇)にも見える玉の徳とか、古い沢から出てくる妖怪や深い淵に住む亀や竜といった神物など、恐らく広く伝承されていた話題を集めて編成されたものである。しかし、元来は水とは関係がなかったと思われるような素材をも含みながら、全体としてみれば水の生成力に重点をおいた特色のある篇としてまとまっている。水を大地の血気とし、それ故に万物の本原・諸生の宗室として万物諸生に内在するものと説き、人も水であると言って、人の性情も水質の差によって違いができるとするのなどは、とくに注目すべき主張である。かつて、『中国科学技術史』を書いたジョゼフ・ニーダム氏は、この一篇のほとんど全文を翻訳して掲げたうえ、それを道家的な道の観念と共通する地盤にあるものとして位置づけ、古代ギリシャにおけるミレトス学派のタレスの思想にも似ていると指摘した[33]。われわれがここで強調したいことも、まさに水の哲学と名づけてもよいようなその哲学思想としての性格である。

ここでの水は、確かに具体的な自然物としての性質であらわされているが、その性質についての分析があり、総合があり、そして抽象がある。たとえば、「水は淖弱《やわらか》にして清く、好《よ》く人の悪《よごれ》を灑《そそ》ぐ。」とか「これを視れば黒きも、而も白し。」とか「唯だ流れざるなく、至平にして止まる。」などというのは、その外形的な様態を分析して説いたものであるが、それらを総合して、「水は具材である」が故に、「満たざるなく、居らざるなき」もので、「天地に集まり、△万物に蔵し、金石に産《うま》れ、諸生に集まる、故に曰わく、水は神なりと。」と言われるまでになると、水の性質やはたらきはもはや現実をこえた高みにまで引きあげられている。草木に集まれば根も華も実もそれぞれの法度にかない、鳥獣がそれを得たなら体は肥え太って羽毛は豊かになり文飾も十分になるというのは、どちらもただ水によって養われるというだけのことではない。生命を与える以上のはたらきがそこに思われているのである。

だからこそ、玉の九徳や神物としての亀や竜のほか妖怪までが水から生まれたものとされるのである。こうして、水が「万物の本原で諸生の宗室だ」とされるとき、それは初めに水を大地の血気であるとした指摘からすでにはっきりしているように、水が大地の生命力を奪い取って万物の王座についたことを意味している。

万物はこうして、水の内在を得ることによってこそ、それぞれの個性的なその本質を発揮できるのである。

万物、其の幾《き》を尽くし其の常に反《かえ》らざる者なきは、水の内度の適なればなり。——万物がすべてそれぞれの十分な発芽をとげ、それぞれの本質を逸脱せずにおれるのは、水の浸潤の度合が適切だからである[34]——。

水についての以上の説明を、『淮南子』の初めに見える道の説明と比べてみよう。

夫れ道は天を覆《おお》いて地を載せ、……天地をも包裹《つつ》み無形のものにも稟授《あたえさず》く。原《みなもと》の流れ泉の浡《わ》くがごとく、沖《むな》しけれども徐《おもむ》ろに盈《み》ち、混混汩汩《こんこんこつこつ》とあふれて、濁れども徐ろに清む。……これを舒《の》(伸)ぶれば六合に幎《おお》い、これを巻けば一握にも盈たず。……甚だ淖《とう》にして滒《か》(湿潤)、甚だ纖にして微なり。山はこれに以《よ》りて高く、淵はこれに以りて深く、獣はこれに以りて走り、鳥はこれに以りて飛び……鳳はこれに以りて翔《あまが》けるなり。(原道篇)

われわれは両者の相似に驚かされる。水と道とが同じだとは必ずしも言わない。またその相似のゆえに水地篇を道家の資料だとするつもりもない。しかし、そこに共通したイメージの流れていることは否定すべくもないであろう。

水地篇の作者にとって、水は、あたかも道家における道のような、万物の根源としての哲学的な意味で考えられていたことは、確かである。水地篇にはまた「故に人は皆これ(水)を服するも管子はこれに則とる。人は皆これを有《たも》つも管子はこれを以《もち》う。」ということばがある。『新書』君道篇では「書に曰わく、大道亶亶《たんたん》、其の身を去ること遠からず。人皆これを有つも舜は独りこれを以《もち》う。」と言って、同じ言い方を大道のことに当てている。これもまた水と道との意味上の親近性を示すものであろう。そして「聖人の世を治むるや、人ごとに告げず、戸ごとに説かず。其の枢は水に在り。」という結びのことばは、また『老子』の「戸より出でずして、以て天下を知り、牖《まど》より窺《うかが》わずして、以て天道を知る」(四十七章)を連想させる。政治の中心に水をおくことは、あたかも道家の道の尊重にも似たものがあったとしてよい。水地篇が特色のある水の哲学を構成していることは、以上でほぼ明らかにされたであろう。

では、この特異な一篇は、『管子』の全篇のなかでどのように位置づけられるであろうか。むしろ、特異な他派の思想として析出すべきものであろうか。それについて注意されるのは、この篇が水の生成力を大地との関係で説いていたことである。元来、水と火とを並べるのは、さきに挙げた『孟子』の例でも知られるように、生活にとっての必要性からであろうが、水と土地とを並べるのはその生成作用に注目したものである。『荘子』至楽篇に万物の発生の状をのべて、「水土の際を得る」ことをいうのもそれであるが、もちろん植物の生長から考えられたことであって、したがって農産物の生成ともかかわることはいうまでもない。「雑篇」の禁蔵第五十三で、「夫れ民の生くる所は衣と食なり。食の生ずる所は水と土なり。」とあるのが、よくそれを示している。そして、その点が明らかになってみると、牧民篇の初めで「務めは四時に在り、守りは倉廩に在り。」と言って、農業生産を第一に重視していたことが想い起こされる。牧民篇のこの重農思想はほとんど『管子』の全篇をつらぬく主要な思想であった。してみると、水地篇が水の生成力を強調するのは、本来そうした『管子』らしい発想に導びかれていると考えることができる。それは、時令思想へと結びついた別の流れと対をなしているともみられるであろう。

さらに、水地篇が『管子』の主流と異質でないことは、その哲学思想の性質からも明らかである。水地篇の水の概念は、観念的に高められた道に近い性格を持つと同時に、また現実的な自然物としての具体的な性格をも棄てていない。それは、心術篇や内業篇の道が理念的な抽象性においてあらわれると同時に「天の道」などという具体的な形でも多く見えていたのと同じである。しょせん、哲学としての概念化は十分ではない。そして、それらをつらぬく基本的な立場は、「経言」の形勢篇などですでにうかがわれた自然の摂理を尊重しながら人のはたらきをも棄てることのない立場であった。水をたたえる水地篇では、もちろん水は模範として法とられるものであるが、また同時に多面的に利用され、政治のうえで役立てられていくべきものである。さきにあげた「管子はそれに則とり、」「管子はそれを以《もち》いる。」ということば、そして聖人の政治について「其の枢は水に在り。」という結びのことばは、それを示すものであろう。

とは言え、この特色のある一篇の作者を心術などの作者と同じだと考えるわけには、もちろんいかないだろう。ここには、心も神も道も気も、そして法も見えない。ここに見える水の讃歌もまた特異なものである。管仲学派といってもよいような伝承集団のなかで編成されたものではあっても、これはやはり特色のある一篇である。では、その成立はいつごろのことであろうか。

それについて、最もはっきりした年代を考えているのは郭沫若氏である。郭氏の説では、斉・楚以下各地の水質と国民性との関係を説いた末段で、とくに楚と宋について好意的に書かれているから、西楚の覇王といわれた項羽が都を彭城(もとの宋の地)に定めたときのものであって、五徳終始説にもとづく水徳の讃美であるという。(35) 理由があるようにも思えるが、項羽のもとでとくにこの一篇が作られるだけの必然性は乏しいのではなかろうか。そのために、五徳終始説との関係も考えられているのだが、この篇では、水の生成力を重視していて火との関係での相勝を説くのではないから、終始説との関係は否定すべきであろう。羅根沢氏が漢初の医家の説だと考えたのは、五味と五臓との関係を説くところに注目したことで、それだけで全体を医家の作とみるのは当たらない。ただ、五臓を五行に配当するといった形は『呂氏春秋』十二紀以下の時令説や『黄帝内経』などの医書に見えるのが古いものであるから、水地篇のもそれほど古いものではなかろう。[36] この篇の全体は、前に述べたように、種々の伝承を素材として編成されたとみられるが、そのつなぎのことば、あるいはまとめのことばとして、「人は皆これ（水）を服するも、管子はこれに則とる、人は皆これを有《たも》つも、管子はこれを以《もち》う。」といったことばがあることも、いかにもあとから管子に関係づけた趣きがあってわざとらしい。そして、その語が賈誼の『新書』では「書に曰わく」という引用で舜のこととしてあるのをみると、やはり漢初の編成とみておくのが妥当であろう。

　さて、最後に「外言」の宙合第十一を見ることにする。この篇の体裁はやや特殊であって、初めに十三の謎めいた短いことばを項目的に掲げたうえ、それについて順次に解説を加えていくという形をとっているが、内容はおおむね政治思想である。そして、その政治説では「君は令を出だして佚（逸）」「臣は力に任じて労」という法家的な「君臣の分」があったり（第一節）、桀《けつ》・紂《ちゅう》の乱に対して「湯・武の功」や微子の「大賢の徳」を称したり（第二・三節）、「盛にして落ちざる者は未だこれ有らず」と盈満を避ける道家的なことばがあったり（第四節）して、それらはあたかも脈絡のない雑然とした寄せ集めの資料かとも見える。しかし、実はこの篇の主張の中心は、そうした雑多なものを包摂する包合の哲学を説くところにあった。そして、その哲学をささえる概念が宙合という特殊な思想であり、道家的な道の思想であった。

　「天は時を一にせず、地は利を一にせず、人は事を一にせず。」　是を以て人の緒業は多〔端〕ならざるを得ず、名位は殊方ならざるを得ず。明者は事を察す、故に物に宥《△とらわ》れずして旁《ひろ》く道に通ず。道なる者は、無上に通じ、無窮に詳《かけ》(翔)り、諸生に運《めぐ》る。
是の故に一言を弁じ、一治を察し、一事を攻《おさ》むる者は、曲説すべきも広挙すべからず。聖人は此れに由りて、言の兼ぬべからざるを知る、故に博くこれが治を為して、其の意を計る。事の兼ぬべからざるを知る、故に多△くこれが説を為して、其の功に況《たと》う。(第十一節)

ここには、万物の多様さ、天地の広さに応じて、そのすべてを包摂する立場が思われている。「浅くすべく深くすべく、沈むべく浮くべく、曲ぐべく直くすべく、言うべく黙すべし。」であって、どちらか一方を善しと定めて固執すべきではない。それが天地のあり方でもあるが、道こそはその天地をつらぬいてかけめぐりすべての生命に活力を与えるものとして、この包摂の論理をささえるものである。われわれはこれに似た思想を『荘子』天下篇に見出すことができる。

天下は多く一察(際)を得て以て自ら好しとす。譬えば耳目鼻口の皆明らかにする所あるも、相い通ずる能わざるが如し。猶お百官△(諸本作百家、今従高山寺本)の衆技のごときなり。……該《か》ねず徧《あま》ねからず、一曲(局)の士なり。……天地の美を判《わか》ち、万物の理を析《さ》き、古人の全を察《わか》ち、能く天地の美を備えて神明の容に称《かな》うこと寡なし。……道術将に天下に裂かれんとす。

天下篇の作者は、当代の学術がみな局部的な成果に甘んじ、真実の道の全体がその細分化のためにずたずたにひき裂かれようとしている現状を嘆く。そして、その古人の道の回復のために諸学説を批判し、老聃・荘周の道の立場を強調するのである。同様の立場は『淮南子』のものでもあった。

百家の異説には各〻出だす所あり。かの墨〔翟〕・楊〔朱〕・申〔不害〕・商〔鞅〕の治道に於けるがごときは、猶お蓋《やね》の一つの撩《たるき△》、輪《くるま》の一つの輻《や△》のごときなり。……是れ皆一曲に諭《さと》るも万方の際《きわみ》には通ぜざるなり。(俶真篇)

劉氏の書〔淮南子〕のごときは、……一迹の路に循い一隅の指《むね》を守り、物に拘繫牽連《とらわれひかれ》て、世と与《とも》に推移せざるものには、あらざるなり。(要略篇)

道の論は至深なるが故に、多くこれが辞を為してその情を抒《の》べ、万物は至衆なるが故に、博くこれが説を為して其の意を通ず。(要略篇)

『淮南子』こそは百家の異説も兼ね収め小大深浅のすべてを網羅した書物だと、その総論である要略篇は誇称する。そして、その理論的な根拠は、やはり道家的な道の普遍性であった。

天下篇では、道の全体性をまるごと総体的に把握することが目ざされて、分析的な説明は拒否される。しかし、要略篇では微妙な道そのものの説明とともに、その表われとしての個別的な事(現象)の説明も必要であるとされていて、そこに両者の違いがある。『荘子』の方が道への肉迫においてより端的だと言えるであろう。けれども、道の普遍性・全体性の立場から異派の諸学説を批判し包摂しようとする点は、両者に共通している[37]。そして、宙合篇のさきのことばもそれに一致することは今や明白であろうが、宙合篇ではさらに「宙合」という特殊な概念が持ち出されている。

「天地は万物の橐《ふくろ》なるも、宙合は有《ま》た天地を橐《つつ》む。」天地は万物を苴《つつ》む、故に「万物の橐なり。」と曰う。「宙合」の意は、上は天の上に通じ、下は地の下に潜《しず》み、外は四海の外に出で、天地を合絡して以て一裹《ひとつつみ》と為し、これを散じては無間に至り、名づくべからずして止む。是れ、これを大にしては外なく、これを小にしては内なし、故に「有た天地を橐む。」と曰う。(第十三節)

天地が万物を包むということは、一般にひろく言われているが、ここではさらにその天地をも包みこむものが提示されているのである。それは、四方上下のひろがりにおいてはどこまでも延びひろがって「外なき」状態にあり、内部の万物との関係においては微小なすみずみにまで少しの隙間もなく充実していて「内なき」状態にある。最大のひろがりと名づけようもない微小の極点という無限定なあり方のそれを、かりにそのひろがりの面で名づけたのが「宙合」だということであろうが、そのあり方は道のあり方とよく似ている。さきに見た心術上篇では「道の天地の間に在るや、其の大は外なく其の小は内なし。故に曰わく、「道は遠からざるも、極めがたし」と。」とあった。もちろん、その道は気的なものとして天地の間に充満し往来するものであったが、また天地万物に生命を与えるものとしてそれらの上位概念でもあった。宙合の概念は、そうした道の性格をふまえながら、天地をも包みこむその包合の大きさを強調するところに、その特色があった。

「宙合」という篇目に対する尹註は、「古往今来を宙と曰う。陳《の》ぶる所の道は、既に往古に通じ又来今を合わせて、苞羅せざるなければなり」と言っている。宙の意味を「古往今来」と解したのは、『淮南子』斉俗篇で「四方上下」の宇と対照的に説かれているのを取ったものであろうが、尹註の意図としてもそれを時間的なひろがりだけに限定するのではなかろう。すべてを包摂する宇宙の無限定のひろがりを考えて、それを道のはたらきと並べたその註は、ほぼ当を得たものだといえる。この篇の末尾はやや難解であるが、「聖人の道は、富みて以て当たるを貴ぶ。」と述べ、内実を豊かにしたうえで(富)、無限の変化に適切に対応していくべきで(当)あって、だから宙合と名づけるのだと結んでいる。この篇の作者は、「君臣之分」に始まる種々の政治説を並べあげたあと、この世界のひろがりとそれをつらぬく道のはたらきを強調して、一局にとらわれない広い立場からの適切な政治的対応を訴えたのである。

宙合篇の性格がこのようだとすれば、羅根沢氏がこの篇を戦国末陰陽家の作としたことは、必ずしもそのままでは当たらないであろう。『塩鉄論』論鄒篇に鄒衍《すうえん》を論じて、「一曲を将《も》って九折を道《い》わんと欲し、一隅を守りて万方を知らんと欲する」儒墨に反対したとあるのを、宙合篇の「博くこれが治を為し」「多くこれが説を為す」というのと合うとして、これを陰陽家の鄒子の学だと指摘するのは、理由のないことではない。宙合という概念も、あるいは鄒衍の考えた大地理や五徳終始の時空のひろがりと無関係ではないかも知れない。その意味で陰陽家の影響があるとは言えるのであろうが、ここではすでに指摘したように道家思想との密接な関係もある。そして、「聖人は天地に参す。」

「必ず時に因る。」「天地の道を尽くす。」などといって、天地自然に模範をとる思想が強く流れていることは、『管子』らしい特色としてこれまで見てきた諸篇の哲学思想と共通している。してみると、この篇もまた管仲学派ともいうべき同じ一派の作と考えてよいであろう。[38] そして、その時期はといえば、宙合という特殊な概念について考えると、それと関係の深い宇宙ということばが『荘子』の知北游や庚桑楚などの篇に見えており、宙合の方は道と類似した性格を加えられている点でさらに一歩を進めているから、戦国最末期を溯るものではないであろう。君臣篇に見えた「君臣異道」のことばがあることや、『荘子』天下篇や『淮南子』の立場との類縁を考慮するなら、あるいは秦・漢の際に降るものかも知れない。

以上、『管子』の哲学思想として、哲学的な基本的立場を説くとみられる諸篇の検討を終えたのであるが、それらはいずれも哲学的ではあっても、また現実的な実践問題と深く関わっていた。道家的な道の思想がその中心にあったが、それは自然法的な秩序原理としての性格とともに天地自然の道としての現実的なはたらきを持つものでもあった。全体として『老子』や『荘子』に比べては道そのものに対する哲学的な思索は弱いと言ってよかろう。そして、その道の現実的な性格に対応して、人の積極的な役割を強調するところに、道家とは違った色彩がある。それは一種の天人相関の哲学であったが、しかし観念的であるよりは、より現実的であった。

心術上下・内業・勢・九守などの諸篇は相互に密接な関係を持ちながら道法思想の基礎を明らかにしており、水地篇の水の哲学と宙合篇の総合包摂の哲学とはやや特殊であるが、それらのすべてが「経言」に始まる『管子』の基調に合致しているというのは、重要なことである。元来、『管子』の書は現実的な政治や経済の記事が多く、基礎的な問題を述べて形而上的な思索に及ぶのは、全体としてむしろ特殊である。しかし、そうだからといって、それらの篇を異質のものとみるのが誤りであることは、今や明らかにされた。その哲学思想は、その現実的な性格を通じて、『管子』の主要な政治的主張と密接に結合している。とりわけ、心術等の諸篇が道法思想を述べるものとして全体の基礎をなしているとみられるのは、意味深いことである。その思想史的な位置づけについては、章をあらためて検討することとしたい。

(1) 第三章「経言」諸篇の吟味、形勢第二の項(七一—七四ページ)を参照。

(2) 第三章「経言」諸篇の吟味、幼官第八の項(八四—八六ページ)および本章第一節時令思想(二)(二二九ページ以下)を参照。

(3) 宋楊忱本『管子』(四部叢刊本)末尾に付載された「読管子」の文。もと張嵲の『紫微集』にあり、趙用賢本『管子』巻頭の「管子文評」にも節略して引用されている。「心術・白心上下」とあるのは、「心術上下・白心」の誤りかと思うが、疑問。

(4) 劉節「管子中所見之宋鈃一派学説」(一九四三年『説文月刊』、一九五八年『古史考存』人民出版社所収)。郭沫若「宋鈃・尹文遺著考」(一九五四年『青銅時代』人民出版社)。

(5) 拙稿「宋鈃の思想について」(一九六六年『中国古典研究』第十四号)を参照。以下に述べる宋鈃の思想の解釈もそこで詳しく論証した。ちなみにこの論稿は、劉・郭両氏の新説の根拠を破ることを意図したものであった。

(6) 馮友蘭「先秦道家所謂道底物質性」(一九五八年『中国哲学史論文集』上海人民出版社)。なお、羅根沢『管子探原』もまた、夙に劉節氏の説を掲げてそれに反対している。

(7) 町田三郎「管子四篇について」(一九六一年『文化』第二十五巻第一号)が新説をとりあげて批判した後、日本では、「管子四篇」という呼称は用いられても、それを宋・尹の遺著とした学術論文はほとんどない。なお、原宗子「『管子』研究の現状と課題」(一九八四年『流通経済大学論集』第十九巻第一号)の中では、「管子四篇の研究状況」として詳細な報告と問題点の指摘がある。

(8) 裘錫圭「馬王堆老子甲乙本巻前后佚書与〝道法家〟」(一九八〇年『中国哲学』第二輯、三聯書店)。

(9) 武内義雄『老子と荘子』(一九三〇年岩波書店。『武内義雄全集』第六巻七四—七五ページ)。

(10) 郭沫若氏前掲書(註4)二五五ページ。

(11) 柴田清継「『管子』の「心術」上下および「内業」の三篇について」(一九八二年『高松工業高専研究紀要』第十八号)は、この点を指摘して八組の類似文をあげている。以下の挙例はほぼそれに従った。

(12) 郭沫若氏も四篇のうち心術・内業を宋鈃、白心を尹文として区別し、それを踏襲した侯外廬ら『中国思想通史』第十章第五節では、宋鈃・尹文をとりあげながら白心篇の引用がまったくない(第一冊三五四―三五九ページ)。四篇のまとまりを強調する人々も、白心篇が三篇とは異なることに気づいていたのである。
(13) 馮友蘭「先秦道家三派的自然観的異同」(一九六二年『中国哲学史論文二集』上海人民出版社)。また、註6の論文。
(14) 馮友蘭「先秦道家所謂道底物質性」(註6)一三五ページ。「管子四篇中の道・精・霊気・神・明は、実質上は一つのものであって、その性質の違った側面について違った名称をつけただけである。その規律性の面から道といい、その変化不測の面から神といい、霊といい、その想像中の光輝燦爛とした面から明という。」明を加えるのは白心篇に拠っているが、明を道と同じに見ることは賛成できない。
(15) 心術上篇の解の方で「道の天地の間に在るや、其の大なること外なく、其の小なること内なし。」とあるのが、道の流動性をなにほどか思わせるだけである。
(16) 心術下篇と内業篇では「心之中又有心」「心以蔵心」「彼心之心」といった表現で心中の心が強調されているが、古代の心理説として注目すべきことである。心を重視したのは孟子であるが、孟子ではまだそうしたことばはない。むしろ、道家において心の働きを否定して、心の上に神を考えるようになったその考えをうけたものであろう。筆者は、一九八四年に台湾清華大学で開かれた「中国思想史国際研討会《シンポジアム》」で、「心中之心」と題して報告を行なった。(華文近刊予定)
(17) この結論は、さきに述べた馮友蘭氏の「管子四篇」に対する見解に近い。なお、柴田清継「『管子』四篇における神と道」(一九八四年『日本中国学会報』第三十六集)は、四篇中における道の用例を詳しく吟味したうえで、やはり気的な道を特色とする考えを示している。この論文ではまた後述する宗教的性格についても、『国語』『左伝』の記事を検討して詳しい吟味を加えている。
(18) 馮友蘭「先秦道家所謂道底物質性」(前出)一三〇ページ。
(19) 赤塚忠「古代の信仰体験と道家の思弁法」(一九六三年『斯文』第三十五号)、また「道家思想の原初の形態」(一九六七年『東京大学文学部研究報告』第三、哲学論文集)。前者を批判したものに町田三郎「再び管子四篇について」(一九六六年『東北大学教養部紀要』第四号人文科学篇)がある。
(20) 本節の初め二五六―二五七ページ、第四章第一節政治思想九七ページ参照。
(21) 『荘子』中の養生的な言辞については、かつて「『荘子』における死生観」として考察したことがある(一九六四年『内野博士還暦記念東洋学論集』)。なお、養生から養性への転換については、拙著『秦漢思想史研究』第五章『淮南子』の研究第六節の(二)(五三六ページ以下)で述べた。

(22) 武内義雄『老子と荘子』(一九三〇年岩波書店)第十章一荘子外雑篇の類別(『全集』第六巻一二〇—一二一ページ。) 津田左右吉『道家の思想とその展開』(一九三九年岩波書店)第一篇第二章「荘子」(『全集』第十三巻四七ページ)。

(23) この文の「故礼出乎義」より以下について、とくに最後の「理因乎宜者也」の意味が通りにくいところから、王引之は「義」と「理」との両字を入れかえて、末句を「義は宜に因る者なり」と読んだ。しかし、郭沫若氏はそれに従わず、「宜」の字を「道」の誤りだと考えた。字形が似ているのと、後文の法の説明と同例になるというのが、その根拠である(『管子集校』下冊六四四ページ)。礼→義→理→道と次第により深い根拠を示していることになる。

なお、この文を含む前後の解文で、「徳者《トハ》」「義者」「礼者」「法者」としてそれぞれの説明を行なっている文は、経の部分の「虚無無形、謂之道、化育万物、謂之徳、……謂之法」の解説としてあると見られるから、経の部分にも簡単ではあっても礼や法についての記事があったことになる。ただし、経のこの文は、前後の押韻文にはさまれた無韻文であるうえ、意味の連続も悪くて特別な挿入文という印象が強い。恐らく、上文の「虚無」ということばに引かれて後から加えられた古い註文の混入であろう。あるいは、その一般的な定義的内容から考えると、むしろ解の文に応じて後から挿入されたものとも見られる。

(24) 拙稿「古佚書『経法』等四篇について」(一九七九年『加賀博士退官記念中国文史哲学論集』)一三四ページ等を参照。

(25) 古佚書「経法」の第一篇が「道法」という名称であって、それは篇中の「道、法を生ず」にもとづいている。そして、そのことばが『管子』心術上篇に「法は権より出で、権は道より出づ」とあるのと同旨だということが指摘され、両者の密接な関係が注目されるようになった。郭沫若氏らの「管子四篇」の強調でも、当然のことながらまだこの道法思想については全く注意されていない。

(26) 唐蘭「《老子》乙本巻前古佚書与其他古籍引文対照表」(『考古学報』一九七五年第一期。のち『経法——馬王堆漢墓帛書——』(一九七六年文物出版社)に収載)。

(27) 「静作」は動静に当たることばであって、古佚書四篇の中では「十六経」だけに見える特殊な用語である。なお、ここに掲げた数語については『国語』越語中の范蠡の言にも見え、思想傾向にも類似したものがあって、影響関係のあることが思われる。ただ越語の資料性には問題が多いので、ここでは取りあげないでおく。

(28) 第三章「経言」諸篇の吟味、形勢第二の項(七四ページ)を参照。

(29)　武内義雄「鬼谷子を読む」(一九二九年『支那学』五巻四号。のち『全集』第六巻に収む)。
(30)　蘇秦の時代は、『史記』の記述によると張儀と同時で孟子よりも古く考えられていたが、近ごろ唐蘭氏・楊寛氏らの研究によって『史記』の記載に誤りのあることが証明され、張儀の後輩で前三世紀の初めごろに活躍したとされている。馬王堆漢墓帛書整理小組編『戦国縦横家書』(一九七六年文物出版社)付録論文および楊寛『戦国史』第二版(一九八〇年上海人民出版社)三四二ページ註を参照。
(31)　拙稿「古佚書『経法』等四篇について」(前出、註24)
(32)　万物の生成について考えた『老子』が、水と生命との関係に気づいていたことは十分想像できるが、第八章の「善く万物を利す。」がわずかにそれを思わせるだけで、それははっきりしない。第六章の「谷神不死」の谷神を水神として水の生命力とみる説(アーサー・ウエレイ)もあるが、他章の用例とは合わず、谷を穀の仮借とする説(愈樾)や中虚の意とみる説(朱謙之)などのほか、異説が多い。
(33)　Joseph Needham & Wang Ling, The Taochia (Taoist) and Taoism: Science and Civilization in China, Vol. 2 History of Scientific Thought, Chap. 10. 1956, Cambrigde University Press.
なお、町田三郎「管子水地篇について」(一九七六年『集刊東洋学』三十五号)は、この篇がとくに水の生成力に重点をおくことに注目して、それが単に道家思想と関係するというだけにとどまらない特異な自然観としてあることを指摘している。
(34)　「水之内度適也」は難解である。字の誤りも考えられるが、今は、「内度とは潜潤の度を謂う」とある尹註によった安井息軒『管子纂詁』に従っておく。
(35)　『管子集校』下冊六七九ページ。水地篇題目についての註。
(36)　水地篇では五行説がはっきり出ているわけではないが、関係があることは確かである。なお、五臓の五行への配当としては、漢代に今文説派と古文説派の二派の配当のしかたがあったが、水地篇のはそのどちらにも合わないといわれる(林克「五臓の五行配当について」(一九八三年『中国思想史研究』第六号、京都大学)。
(37)　拙稿「『荘子』天下篇の意味――体系的な哲学的著述として――」(一九五二年「文化」十六巻六号)・拙著『秦漢思想史研究』(前出)第五章『淮南子』の研究、第三節多様と統一、第七節老荘的統一などを参照。
(38)　猪飼敬所『管子補正』宙合篇では、この篇が初めに経を立てて托古の形を取っているのに管仲のことに言及するところがないのは、「本《もと》自のずから一書」であった証拠だとし、『管子』の全体と無関係のもののように見ている。羅根沢氏もそれを引用して賛成し、陰陽家のものと見るわけであるが、誤りであろう。
なお、管仲学派については、次章第一節(三〇一ページ以下)でくわしく考察する。

終章　思想史上における『管子』の地位

第一節　稷下の学と『管子』

先秦の戦国時代、華やかな百家争鳴の思想界を語るとき、人は稷下《しょくか》の名を忘れるわけにはいかない。斉の国都、臨《りん》淄《し》の稷門のほとりは、それこそ戦国の多くの諸子が集まって自由な弁論を戦わせた学術・思想の中心地であった。そして、『管子』の書名が斉の管仲の名をとっていることからして斉の著作だと考えられ、斉の著作だとすれば、当然にも稷下と深く関わっているはずだというのが、すでにほぼ定説化した一般的な見解である。筆者もまたそれを正しいと思う。したがって、『管子』の思想史的な意味を追究するとなれば、まずこの歴史的に有名な稷下の学と『管子』との関係からその検討を始めるのが順当であろう。

ただ、いわゆる稷下の学については、多くの研究者の努力にもかかわらず、資料の乏しいこともあって不明なことが多い。まして『管子』との関係となると、研究はまだ緒についたばかりである。その関係をどのように考えるのがよいか。それはもちろん『管子』の内容の解釈とも関わってくる。

たとえば、郭沫若氏らが『管子』中の心術上下・白心・内業などの篇を宋鈃・尹文の遺著だと考えたことを例にとってみよう。宋鈃・尹文が稷下の学士として斉に滞在したことは、事実として認めてよい。そこで、この学説が認められるとすれば、『管子』のなかには、そのように各地から稷下に集まった多くの学派の著作が雑集されているという見通しが得られるであろう。事実、郭氏はそのように考えている。彼はいう、「稷下先生としての宋鈃・尹文の著作が斉国の史館に保存され、それがやがて『管子』のなかに雑纂されるのは、少しも不思議なことではない。たぶん宋鈃・尹文だけのことではなくて、その他の稷下先生たちのばあいもきっと同じ運命にあっているだろう。これこそ〔『管子』について〕細心の発掘作業を進めねばならないことである。[1]」(大意をとる)

郭氏の説に反対した近人裘錫圭氏は、また心術上篇と白心篇を慎到・田駢学派の著作だとする新説を提示している。[2]慎到・田駢もまた稷下の学士であった。したがって、この新説もまた、『管子』のなかに稷下先生の遺著をさぐるという郭氏の立場と、基本的には同じ立場だといえる。『管子』の内容は、すでに見たように、確かにさまざまな学派の思想が混在しているから、それを分析して、このように個別的な稷下学士の思想と結びつけて理解することは、一面で可能である。『管子』中の道家の思想は稷下に来た道家のだれかの著作、儒家の思想はやはり稷下と関係を持つ儒家のだれかの著作、というようにである。

しかし、『管子』の内容がいかにも雑駁にみえながら、実は折衷的に混融していて、全体としてほぼ統一のとれた形を呈しているということは、すでに前に見たとおりである。してみると、その統一的な色調がどこから出てくるか、さまざまに時代を異にして成立したとみられる作品群が、とくに大きな逸脱をみせることなしにまとまった形を見せているのはなぜか、ということが別に追究されねばならない。そして、それこそは、稷下にやって来た一人一人の思想家の派別の問題ではなくて、稷下の学の全体的な性格の問題となるであろう。

稷下と『管子』との関係は、このように『管子』の内容の把握のしかたとも関連して複雑な問題となる。稷下以外に斉の私的な集団の存在を考えて、『管子』の成立をそこに求めるということも可能かも知れないが、そうした大集団が同時代に稷下と並んで民間に存在したと考えるのには、ややむりがある。ここでは、まず稷下の実態をできるだけ明らかにしたうえで、さきに考察した『管子』の内容を考え合わせて、その関係をさぐることとしたい。

㈠

稷下についての古い記事は、まず『史記』のものである。その田敬仲完世家では次のように言われている。

宣王、文学游説の士を喜び、騶《すう》(鄒)衍《えん》・淳于髡《じゅんうこん》・田駢・慎到・環淵の徒の如きより七十六人、みな列第を賜いて上大夫と為し、治めずして議論せしむ。是を以て斉の稷下学士、復た盛んにして、且《ほと》んど数百千人なり。

宣王は紀元前三一九年から三〇一年まで在位した斉王で[3]、その「文学游説の士を喜ぶ。」と言われるありさまは、『孟子』のなかの問答によっても生き生きと伝えられている。そして、有名人をふくむ七十六人が「列第」すなわち建ちならんだ邸宅を与えられて上大夫の待遇をうけ、実際の政治にはあずからないで議論だけをしていたという。もちろん、大規模な「文学游説の士」の優遇である。いきおい、斉の稷下に集まる学士の数もふえて、ほとんど千人にも達することになった。

『史記集解』に引かれる劉向『別録』には「斉に稷門あり、城門なり。談説の士、稷下に期会す。」とあって、稷下とは稷門のほとりの意味であることがわかる[4]。『史記索隠』に引く「斉地記」によると、「斉城の西門、系水に側《そ》(沿)いて左右に講室の趾あり往々存す。」とあるから、稷門は国都臨淄の西門であって、住宅の他に講堂なども設けられていたのであろう。『史記』の孟子荀卿列伝の方ではまた、

騶衍と斉の稷下先生、淳于髡・慎到・環淵・接子・田駢・騶奭《すうせき》の徒の如きと、各〻書を著わして治乱の事を言い、以て世主に干《もと》む。豈に道《い》うに勝《た》うべけんや。

と稷下先生の活動を概括し、また、

斉王これ(騶奭)を嘉《よみ》し、淳于髡の如きより以下、みな命じて列大夫と曰い、為めに第《やしき》を康荘の衢《とおり》に開き、高門大屋にしてこれを尊寵し、天下諸侯の賓客を覧て、斉は能く天下の賢士を致せりと言う。

と述べている。その盛んなありさまが想像できるであろう。

斉の国都臨淄は、当時の中国において、恐らく最大規模の繁栄を誇っていた。『戦国策』（斉策一）に見える蘇秦のことばは、それを物語るものとしてよく引用される。「臨淄城は戸数七万、町は富み栄え、民はみな音曲を奏で、闘鶏・走狗・六博・蹋《しゅう》（蹴）鞠《きく》の遊戯にふけり、大通りは車輪の轂《しん》がうちあい人の肩がすりあい、衣服がひるがえる雑踏で、人々の汗は雨のようだ。[5]」

ここには縦横家らしい誇張もあるであろうが、当の斉王に向かって言われたことばであるからには、現実との隔りはそれほど大きくはないはずである。宣王を中にはさんで、斉の威王から湣王末年に至る時代は、斉の国力の最も充実したときであった。稷下の繁栄はもちろんそうした国力によってささえられたものであった。

ところで、さきの田敬仲完世家の記事では、宣王の時代のことを述べながら、「是を以て斉の稷下学士、復た盛ん」とあった。「復た盛ん」というのは、宣王の時代より前にも盛んな時があったということである。当然それは威王の時代と考えられる。威王は紀元前三五六年から三二〇年まで、『史記』によれば三十六年の在位であるが（銭穆氏は三十八年在位とし、その即位を前三五七年と考証する）、斉の国力を充実発展させた英明の君主として描かれている。諸侯は斉をはばかって「敢えて兵を致すなきこと二十年」、やがて魏を桂陵に破って「斉、諸侯に最強たり、自ら称して王となり、以て天下に令す。」とまで言われている。また賢人の挙用については、「鼓琴を以て見《まみ》えた」騶忌を宰相としたことがみえるが、その騶忌と淳于髡との問答もしるされている。淳于髡が当時すでに稷下先生であったかどうかははっきりしないが、その可能性はじゅうぶんにあるといってよかろう。[6]威王の長い治世の間に稷下の勃興期があったと考えるのは、むりなことではない。

やや新しい資料ではあるが、徐幹の『中論』亡国篇にはまた溯った説がある。

斉の桓公、稷下の宮を立て、大夫の号を設け、賢人を招致してこれを尊寵す。孟軻の徒、みな斉に遊ぶ。

ここでは、稷下の宮を始めたのは桓公だという。この桓公は管仲の時の桓公ではなくて、威王の父の桓公田午である。『竹書紀年』によればその在位は十八年であるから、紀元前三七四年から三五七年までとなる。桓公と稷下とを結びつけるのはこの資料だけで、しかも孟子が斉に行ったのは宣王の時だということもあって、この資料は疑問として保留にすることもできる。ただ、これを否定して抹殺するにもまたそれだけの根拠はない。銭穆氏は、田氏が斉を奪ってからまだ日が浅く、桓公はまた自らその君を弑《しい》した簒奪者でもあったから、名声を得て自分の立場を守るためのことであったろうかとしている[7]。あるいはそうでもあろう。要するに、稷下の学宮は桓公あるいは威王の時に起こって盛況をみせたが、その後、宣王の時になってまた一層繁栄したということである。

では、稷下の学宮はまたいつまでつづいたのであろうか。それについては、まず『塩鉄論』論儒篇の記事がある。威王と宣王との二代の発展をうけた湣王が外征につとめて功を誇ったため、「百姓は堪えず、諸儒は分散し、慎到・捷子は亡《に》げ去り、田駢は薛《せつ》に如《ゆ》き、而して孫卿(荀子)は楚に適《ゆ》く。」と言われている。ここには稷下の名称はないけれども、湣王末年の歴史情況と考えあわせて、それが稷下の分散を意味するものであることは、確実である。湣王は、宣王のあと紀元前三〇〇年から二八四年まで在位し、その間、当時の最強国としての斉の国威を宣揚したが、紀元前二八八年に秦の西帝に対して東帝と号したのを頂点として東方諸国の不信をかい、ついに燕の楽毅によって都の臨淄に侵入され、国外に逃亡したうえ楚の軍将に殺されるという結末に終わった。ほとんど亡国の情況であって、斉はこれ以後東方の重鎮としての地位を失い、戦国時代はいよいよ末期の様相を呈することになる。稷下の学宮もその影響をうけたとするのは自然である。

ただ、ここで孫卿すなわち荀子のことを述べているのは、さらにもう少し後の時代のことである。『史記』孟子荀卿列伝では、荀子の伝記を述べて「年五十にして始めて来たって斉に遊学す。」と言ったあと、

　田駢の属みなすでに死し、斉の襄王の時にして、荀卿最も老師たり。斉なお列大夫の欠を修め、而して荀卿三た

び祭酒たり。

と述べている。荀子が斉に来て、また斉を去って楚に向かったのは、襄王の時である。(8) そして、ここに「列大夫の欠を修めた」というのは稷下の制の復旧とみてよかろうから、稷下の学は湣王のあと襄王の時にもなおつづいていたことがわかる。襄王の治世は十九年、次の王建の時代が四十四年で西紀前二二一年の秦の統一となるが、王建時代の稷下のもようを伝える資料はまったくない。銭穆氏は鄒衍・鄒奭を王建時代の人物として考証したうえで、彼らも稷下先生であるからには王建の時にもその制度がまだあったのだという。(9) 鄒衍らの時代をひき下げることにはなお疑問があるが、それにしても、王建の時にも稷下が残存したという可能性はもちろん抹消することはできない。

そこで、稷下の学は桓公から王建まで六代にわたって百年以上の歳月がつづいたことになるが、そこには当然にも浮沈盛衰があった。元来、稷下の学が国家の制度として興こされたことを想えば、それが国力の消長にともなって浮沈をくりかえすのは自然だといえよう。稷下の学の性質を考えるばあい、まずこの官学としての性格は重要である。いったい戦国の初めに賢士を優遇したことで有名なのは、まず魏の文侯である。次いで魯の穆公《ぼくこう》である。穆公のばあい、『孟子』(万章下篇)によれば、孔子の孫の子思に対して君主でなく友としての礼をとろうとしたという。時代の進むにつれてそうした礼遇は篤くなり、また広汎になった。各国ともに有能な賢士を求めて、それによって新しい時代に対応した国力の充実をはかることとなった。それが諸子百家の活動の背景である。稷下の学もまたそうした気運のなかで生まれたものである。しかし、稷下の独自の特徴はそれが制度的に定着されたという点にあるだろう。一定の土地を与えての街づくり、邸宅と学舎の建設、それはあの士・農・工・商四民の不雑処を考えた思想と共通したものを感じさせる。そして、上大夫あるいは列大夫という称号と、恐らくそれにともなう俸禄が与えられ、学士といい先生といい弟子という呼称が、恐らく組織的に定められていたと思われる。その学舎における弟子の生活こそが、後述するように、『管子』の弟子職篇にしるされるものであろう。しかも、「稷下先生は喜《この》んで政事を議し、」(『新序』雑事二)、「治乱の事を言いて、世主に干《もと》めた。」(『史記』孟荀列伝)と言われるにもかかわらず、実際に政事にあずかることは止められていた。「治めずして議論す。」というのはそのことである。したがって、彼らが実際に政治に参与したいと思えば、他国の遊説に出かけるか、そうでなくとも学士の身分からは離れねばならなかった。

稷下がとくに有名になったのは、このように制度的な保障があったからである。その組織のあり方は、大なり小なり、他国のばあいでもまた私門の養客においても次第に伝播して模倣されたとみられるが、[10] もちろん稷下こそはそのさきがけで、また最も大規模なものとして画期的な意味を持った。千人に及ぶ学士が集まったというのも、まさにそのためであろう。そして、国家的な制度としてあっただけに、その盛衰は国力によって大きく左右されるとともに、反面ではまた、衰微しながらも一定の持続性を持ちえたということであろう。

さて、この観点から稷下の百余年にわたる歴史を大観すると、やはり中心の頂点は「学士復た盛んにしてほとんど数百千人」と言われた宣王時代である。稷下と関係する王として宣王の名が最も頻繁に見えることと、それは一致する。そして、その大勢は斉の国力から考えてほぼ湣王の時代にもうけつがれたとしてよいが、恐らくその晩年には蔭《かげ》りを見せて臨淄の落城とともにほとんど衰滅の状態となったことであろう。そこで、稷下の歴史は、この宣王・湣王期の中心時期とそれをはさむ前後の時期との三期に分けることができそうである。[11]

まず、宣王・湣王期が中心であることは、著名な稷下学士として挙げられる人々がほとんどこの期に属することによっても明らかである。さきに挙げた『史記』の人物でも、鄒衍・鄒奭と荀子が襄王以後とみられるほかはみな宣王の全盛期の稷下先生であって、しかも威王の時からつづくと見られるのは淳于髠だけである。それに対して、宣王から湣王へとつづく学士は慎到・接子・田駢などがあり、彼らが湣王の末年に至って分散したことは上述のとおりである。銭穆氏は稷下に遊んだ著名人として十七人の名を挙げ、それぞれの時代について考証を加えているが、それに従うとしても事情はほとんど変わらない。[12] 襄王以後とされるのは田巴と魯仲連の二人を加えるだけである。してみると、稷下の歴史は長いとしても、その華やかな活潑な動きは宣・湣期に限られていて、この中心期とその前後とのあり方には何か質的な違いがあるようにも考えられるのである。

『史記』孟子荀卿列伝では、斉王が淳于髡以下を列大夫として尊寵したとしるしたあと、「(斉王)天下諸侯の賓客を覧て、斉は能く天下の賢士を致せりと言う。(覧天下諸侯賓客、言斉能致天下賢士。)」とあった。斉の国力が充実して、天下の中心ともなる自負がなければ言えないことである。この「覧」の字を示の意味に読む説があって、それによれば「……賓客に覧《しめ》し、……賢士を致せりと言わしむ」となるが、そうだとすれば、なおさら斉の国力を天下に誇示したということになるであろう。宣王が「文学游説の士を喜んだ」というのは、個人的な好みももちろんあったであろうが、むしろ政治的な対外宣伝こそがその主意であったと考えられる。そう考えることは、東方六国の中心となって、やがて天下に覇を唱える地歩を確立しようとしていた宣王・湣王期の斉国の志向として、よりふさわしいであろう。

いったい、稷下の学士として知られた人物の行動をみると、慎到・接子・田駢のように稷下にほとんど定住したとみられる人もある反面、いわゆる遊説の士として一時的な滞在に終わった人物がむしろ多い。儒家の孟子が稷下に入ったかどうかは問題もあるが、その斉の滞在は約七年間であって、そのほか他国をめぐり歩いたことは周知のとおりである。荀子もまた趙から斉に来て恐らく数年を過ごしたあと、むしろ楚の国で長かった。宋鈃は『荘子』天下篇で尹文とまとめられているが、その特異な平和論(「情欲は寡浅」と「侮らるは辱ならず」を根拠に、「禁攻寝兵」を説く)によって諸国を遊説したことは有名である。(13) 陰陽五行家の鄒衍もまた燕や楚に行って手厚い歓迎をうけたことが言われている。どうやら、稷下の学士といわれている人には、遊説の士と土着の士との二種類があるらしい。土着のなかには趙からやって来て定着した慎到のような人も加えてよいが、その主流はもちろん斉で生まれて稷下に定住した人々である。淳于髡や接子・田駢がそれであった。そして、稷下において遊説の士の華やかな往来が活潑になったのは、上に見たような稷下学士の顔ぶれや斉の政治情勢から考えて、宣王期からのことであったと思われる。

確かに、斉の国威を発揚するには「天下諸侯の賓客」をあいてとする必要があった。われわれもまた、稷下の学といえばまずそうした諸子時代を代表する遊説の徒の往来を思い浮かべるのが、常識である。事実、千人も集まったという学士の多くは、そうした流れ者の遊説家たちとその徒弟をも含むであろう。しかし、稷下の学として重要なのはむしろ土着の士であり、またその思想であったのではなかろうか。彼らは頻繁に往来する遊説家たちの主張から強い刺戟を受け、またさまざまな影響を受けながら、斉の風土に根ざした本来の思想を維持し成熟させていったものと思われる。それは、個別的にはっきりした主張を持って宣伝につとめる遊説家の華やかさとは違って、むしろ地味な持続的な活動であった。そして、稷下のわくをこえて、土着の民間の思想との交流をとげるものでもあった。

もちろん、この土着の士の立場は単一であるとは限らない。学派的な種々の傾向を含みながら、全体としての立場でもいくつかに分かれていたと思えるが、その中の一派として、しかし恐らくは大同団結の最も有力な一派として、そこに管仲を慕う学派が存在したことは確かである。そして、これこそが『管子』の成立にかかわってくる重要な存在である。

稷下の学が初めて設けられたとき、それを桓公の時代として、銭穆氏の考えたような簒奪者としての事情があったとすれば、それは、いきなり天下の遊説の士を集めるというよりは、むしろまず国内の学者を集めて懐柔することが先決であったのではなかろうか。威王の時にもまだひろく天下の士の集まった形跡はない。それが盛んになるのは、さきに見たように宣王からであった。威王の時の著名な学士としては淳于髡がいるが、彼は斉の人である。『史記』滑稽列伝によると、「滑稽多弁で数々《しばしば》諸侯に使した。」とあり、隠語によって威王を諫めたり外交の成績をあげたりしているが、贅壻《ぜいしょ》の身分から稷下先生に抜擢された後のその功績は著しい。そして、ここに注目されるのは、孟子荀卿列伝の方で、「博聞強記、学に主とする所なし。」と言われる彼が、その諫説にあたっては「晏嬰の人となりを慕っていた」と言われていることである。

晏嬰は、いうまでもなく、春秋末期の斉で霊公・荘公・景公の三代に仕えた名宰相である。しかも、鄭の子産などと並んで、当時の尖端をいく進歩的知識人として国際的にも有名であった。斉の国の人々にとっては、春秋初期の桓公を助けて覇業をなしとげた管仲とともに、最も敬愛された人物である。淳于髠がそれを慕ったというのは、もちろん彼自身が斉人であることと深く関係していた。

『孟子』公孫丑上篇では、斉人の公孫丑が孟子に向かって、「夫子《せんせい》がもし斉の国で政治の要職につかれたなら、あの管仲や晏子ほどの功績がまた期待できましょうか（管仲・晏子之功、可復許乎。）」と質問している。孟子はただちに答える――「子は誠に斉人なり、管仲・晏子を知れるのみ（知管仲・晏子而已矣。）」と。いかにも斉の人だ、すぐに管仲・晏子を持ち出すわい、という語気である。王道の聖賢と比べて管仲などはつまらないと孟子がいうと、公孫丑はまだあきらめない。「管仲は主君を覇者にしました。晏子は主君の名誉をあげました。管仲と晏子ほどの方でも、まだ語るに足りないのでしょうか。」と詰問する。これは確かに斉人らしいこだわりなのであろう。淳于髠が「晏子の人となりを慕った」ということ、そしてその孟子荀卿列伝で、淳于髠を梁の恵王に紹介した客が淳于先生は管・晏にも勝ると言っていることなどを考えあわせると、斉における管仲・晏子の特別な評価がいかに根強く広汎なものであったかを理解することができる。斉のそうした文化的風土については、すでに序章でも考察したところであった。そして、それが稷下の学の土着的な思想と密接に結合していることはいうまでもない。管仲を慕う学派が存在したはずだというのはそのためである。

桓公あるいは威王の時に始まった稷下の学は、淳于先生の例でも明らかなように、初め恐らくは斉の国内の学者を主としたものであった。「治めずして議論す。」というのは意味深いことばである。それは学徒の優遇には違いないが、それを稷下の制度として考えたばあいには、さきにもふれたように政治への直接の参与を止める意味があった。議論ができるのはそれだけ自由であるが、議論だけで終わるのが当時の学徒の本意でなかったことは、もちろんいうまでもない。桓公が即位したのは呂斉が絶えてからまだわずかに五年めのことで、しかも彼自身が主君の侯淵《こうえん》を弑した簒奪者であった。その翌年からたちまち各国の攻撃を受けつづけたことが示すように、その治世は平安ではなかったであろう。それを挽回したのが威王である。桓公にしても威王にしても、稷下の設置が国内学者の対策を主とするものだとみることは、その政治情勢とも合致しているといえるであろう。

こうして、稷下に入った斉の学士たちは、その大部分が無名に終わったとはいえ、稷下の中心を形成して斉学の伝統を維持し、また発展させていったのである。彼らは、宣王の時代のような対外的な拡張期には、遊説の士と比べて相対的にむしろ不遇であったかも知れない。しかし、湣王末年の政治的崩壊にもかかわらず、襄王時代にもひきつづいて稷下の維持をみたのは、まさに彼らの底力であった。『管子』の書が伝承され、また書きつがれていったのは、そうした管仲を慕う土着の士によるものであったとして、よいであろう。

(二)

『管子』「雑篇」のなかに弟子職第五十九がある。それが『管子』全篇のなかで体裁・内容の両面から特異の様相を持つということは、前に言及した。この篇についての詳しい検討にはまだ及ばなかったのであるが、ここでいよいよそれをとりあげる段階になった。それは、この篇を稷下の学宮の学則であろうと考えるからである。

まず、この篇が内容的に特異だというのは、『管子』の諸篇ではいずれもおおむね政治や経済に関係しているのに、ここでは先生と弟子との起居に関するこまかい規則めいたことが書かれていて、しかもそれだけに終始して他事にはまったく及んでいないということである。さきに見たように、心術篇や内業篇では心神や気のことが説かれていてやはり特異の様相を呈しているが、しかしその個人の内面にかかわることが実は天下の政治にも関係してくる面が大局的に考えられていた。しかし、この篇ではそれがない。またこの篇の内容はよくまとまっていて、首尾も整っているが、それもいくつかの資料を雑集したかに見える篇の多いなかで、やはり珍らしいことである。また、この篇の体裁からいうと、おおむね四字句の文章で二句ずつの対偶に整えられ、二句めの句末で韻をふむ隔句韻となっている。時に五字句があり、また毎句韻のばあいもあるが、もちろん全体の調和を破るものではない。このように整った形式で全体が統一されているというのも、この篇の形式上の特色である。それは、すでに言われているように、恐らく学団に集まった学生たちの暗誦に便利なように配慮されたものであろう。

さて、周知のように、この篇は古くから『管子』のなかでもとくに有名である。それは、ここに述べたようなまとまりのよさと共に、その内容がまた師に対する弟子の礼として儒教との関係が深く、そのことが儒教理念を中心とする漢代以後の思想界によく適合したからであった。『漢書』藝文志で、六藝の孝経類に「弟子職一篇」が著録され、その応劭の註に「管仲の作る所、『管子』の書に在り。」としるされているのによると、すでに漢代において八十六篇の『管子』とは別に重視されて別行していたことが知られる。さらに、朱子の『儀礼経伝通解』は『儀礼』を中心としてそれに『礼記』などの礼文献を配して礼学の体系化を果たそうとしたものであるが、そこでも、とくに弟子職篇を採用して註解を加えている。この篇を『礼記』の曲礼と同類とみたためである(『朱子語類』巻百三十七)。その後の註解の類も少なくはないが、おおむねはそうした儒教資料として見るのが一般であった。荘述祖の『弟子職集解』も「亦た『礼記』曲礼・少儀の支流余裔なり。」と言っている。

事実、その内容はそれにそむかない。すでに多くの註解がその儒教資料との関係を明らかにし、また宇都宮清吉教授の論文が雅馴な日本語の訳文をつけて校定の全文を掲げてもいるが、(14)行論の便宜上、その内容の概略だけを紹介することにしよう。

全体はほぼ八段に分けられる。

第一段は、「先生は教えを施し、弟子は是れ則とる、」に始まって、弟子の職《つとめ》としての全般的なことが述べられ、「是れを学則と謂う。」ということばで結ばれる。以下の細説に対して総論的な意味がある。「温柔孝悌」「行は必ず正直」と言われるほか、『論語』のことばをふまえ（游居有常、必就有徳、）『詩経』の句を引いて（夙興夜寐）、「此れを〔専〕一にして解《おこた》（懈）らざれ。」とも言われる。第二段は、「少者の事」という句で始まるように、弟子のなかの若ものの仕事であって、とくに起床時の先生を助ける朝のつとめが言われている。ここでも『詩経』の一句が使われるが（執事有恪）、「袖をまくって洗面の水をすすめる（摂衣共盥）」「掃除をしてお席をととのえる（汎△拚正席）」などというようなこまかい動作が入ってくる。

第三段は「受業の紀《みち》、必ず長（先輩）より始まる。」からで、「始めて誦するときは必ず作《た》つ。」というように講席での受業のしかたを主としており、第四段は食事どきの作法でまず先生についての給仕のしかた、第五段は「先生に命《ゆるし》あり、弟子乃ち食す。」からで、弟子自身の食事のとりかたである。作法はまた、先生に対しては「膳の並べ方をまちがえるな。」「羹《あつもの》と胾《きりみ》とは離して置く。」などとこまかく、飯と汁との「貳《もりかえ》の紀《みち》」、食後のかたづけなどが述べられるが、弟子自身のこととしても、「着坐は年の順」とか、「膝に手をつくのはよいが、肘をついてもたれるのはよくない。」といったこまかい作法がしるされ、曲礼篇との類似句もみられる（坐必尽席など）。第六段は「凡そ拚《ふん》の道」で、つまり掃除の作法である。帚《ほうき》や箕《ちりとり》の扱い方、掃除の進め方、先生への対し方。第七段は日が暮れてからの灯火の守り方、とくに灯心の扱い方。そして最後の第八段は、先生の就寝にあたっての奉仕、そして先生が眠ってからも弟子たちは学友とたがいに切磋せよと述べて、「是れを弟子の紀と謂う。」と結ぶ。ここでも、『礼記』の曲礼・少儀・内則などの篇の記事と合うものがみられる（実帚于箕。問疋△何止△）。

さて、初めの一段は、弟子たるものの基本的な心構えとして最も重要な「学則」であるが、そのあと第二段以下は、起居を共にする師弟の集団での朝から夜までの一日じゅうの行事に合わせた弟子の行動の細則である。孝悌を説いて長老への従順を強調する儒家の教義の骨子がここに生かされている。儒教資料との類似句が少なくないこととともあいまって、この篇が儒家の徒の手に成ったことはほぼ確かであろう。そして、戦国時代を通じて学団としてのはっきりした組織を持って伝承されたのは儒家と墨家とであるから、[15]これをその儒家の学団あるいはそれに関係する学塾の規定とみるのは、いかにも自然なことである。古くこの篇に註釈をつけた洪亮吉(箋釈)や荘述祖(集解)が、いずれも昔の家塾で弟子を教えた方法を述べたものだとみているのも、もちろん儒家の学団とのかかわりで考えているのである。

ただ、この篇が儒者の手に成ったとしても、そして実際に儒家の学団を念頭においたものであったとしても、それが稷下の学団にも適用されることは十分ありうべきことである。この篇が特異な内容と形式とを備えて『管子』のなかに編入されているということの意味を考えれば、そこに稷下との関係が思い浮かぶであろう。実は、弟子職篇を稷下の学宮で行なわれた学則だと考えたのは、郭沫若氏の着想であった。

郭氏はいう、[16]「弟子職篇は稷下の学宮で行なわれた学則である。だから『管子』の書中に収められたのだ」と。そして、郭氏は積極的にそれを証明しようとする。それが稷下の学則とみられた理由は、この篇のなかでうかがわれる学団の規模が相当に大きいということである。まず、「ここでは弟子の数はかなり多く、先生もまた一人だけではない。」その証拠には、先生の食事に侍って飯と汁のお代わりをすすめるのに、「同時になくなったときには年上の先生を先きにする(同嗛以歯)」といわれ、また弟子たちの食事も「年の順に従って席につく(以歯相要)」といわれている。さらにまた「この学宮のなかでは堂《ひろま》があり室《へや》があり寝《ねま》があり庖《くりや》があって、その中で先生と弟子とがみな寝食を共にしている」ということがわかる。これもまた規模の宏大を示すものである。これほどの規模では、とてもそれをふつうの私塾などにひき当てることはできない。昔の家塾とか私塾の学則とみる説はみなまちがっている、というわけである。

弟子職篇の学団の規模から考えて、それを稷下の学宮に結びつけた郭氏の着想はすばらしいと思う。弟子の数の多いことは、さらに「教えを受けるには年長者から始める。」とあり、その弟子のなかの「長」に対して「少者」群がいるということでもわかる。ただ、宇都宮教授もいうように、これだけではもちろん確証とはいえないわけであるから、やはり儒家の大規模な学団というだけでとめておくべきかも知れない。しかし、郭氏の着想もなかなか棄てがたい。それはこの学団がふつうの儒家の学団とはやや違った様相を備えていると思われるからである。

弟子職篇と並んでよく引用されるものに、『呂氏春秋』孟夏紀の尊師篇がある。この方は、一般的に師について学ぶことの重要性を説くなかで、その就学上の基本的な心がまえと共に師を尊しとして奉仕する作法を述べたもので、部分的に弟子職篇とも共通するところがある。たとえば、「凡そ学は必ず進業に務む。」で始まる全般的な心構えは、弟子職篇で「学則」とされた第一段とほぼ同じ主旨である。こちらで、「〔師の〕驩愉《たのしむ》のときを観て、書の意を問い、〔師の〕耳目に順いて、志に逆らわず。」「これを得るとも矜《ほこ》ることなく、これを失うとも慙《は》ずることなかれ。」などというのは、弟子職篇で「温恭にして自ら虚《むな》しくし、受くる所を是れ極め、善を見てはこれに従い、義を聞きては則ち服し、温柔孝悌、驕りて力を恃むことなかれ。」と説くのと、よく似ている。

さて、尊師篇はその後に「師を尊くする所以」として、弟子の務めの細則をかかげている。師に対しては生時の奉養と死後の敬祭が大切だと言うのはもちろん「孝悌」の義であるが、そのあとまず挙げられるのは「唐《は》(場)《た》圃《け》を治め、灌寝《みずかけ》を疾《つと》め」、「種樹」「耕耘」して「五穀を事《つと》め」ること、あるいは「葩屨《あさぐつ》を織り、罝網《とりあみ》を結び」、山林川沢で「魚鼈を取り、鳥獣を求め」ることである。いうまでもなく、師のための、ひいては学団のための食料の確保である。次いで「輿馬」「衣服」をととのえ、「飲食」「調和(料理)」を善くすることに及び、さらに師の面前での言行のあり方が説かれる。弟子職篇のばあいとその説き方は違っているが、こちらでも押韻こそないもののほぼ三字句の整った形をとり、内容的にも食事の奉仕や師に対する言行など、共通した場を考えることができる。ただ、たいへん違っているのは、尊師篇にみえる耕作などの労働が弟子職篇の方ではその片鱗もうかがえない、ということである。

一般に、儒家の学団が維持されていくについて、師の奉養のために学生が農耕などの労働に従事するということは、自然である。遊説家として諸国を旅するものや官についたものは別として、一定の土地に住んで私的に学団を営むばあいに、弟子たちがその私有地を耕して奉養するというのは、恐らくふつうの形であったであろう。尊師篇には儒墨併称のところもあって、それが儒家の作であることは弟子職篇のばあいほどははっきりしないが、宇都宮教授も述べたように、弟子の師に対する奉養が子の親に対する奉養に擬して言われているようなのは、やはり儒家のものであることの明証であろう。『礼記』や『荀子』との類似の句が見えることもそれを物語っている。(17) 孔子が農業のことを問われてそれを小人のこととしてとりあげなかったり、孟子が農家の許行の説に傾倒した陳相と語りあって皆農の説を非難したりしているのは、(18) もちろん儒家としての本領のあるところを示しているのであって、学団での耕作とは別のことである。してみると、それが弟子職篇の方でまったく言われていないことに特別な意味を認めることが許されてよいであろう。

弟子職篇の学則は大規模な学団のものであったが、そこでは弟子の務めとして耕作などのことはなかったということではなかろうか。なぜか。それは、この大規模な学団にとって確実で強力なパトロンがいたからであろう。つまり、この学団は単なる私塾ではなくて、官学としての性格を備えていたということである。それこそ稷下の学宮に近い性格だといってよかろう。郭沫若氏の着想を棄てがたいといったのはこのためである。あるいは、耕作の記事がないのはたまたま書かなかっただけだと言われるかも知れない。しかし、それに対しては、さきにも述べたように、弟子職篇が朝から夜までの重要な務めを順を追ってしるしていて、首尾の整った完結性を備えているということを挙げておきたい。

弟子職篇と稷下との関係については、もう一つのことが注意される。それは「先生」と「弟子」という呼称についてである。弟子職篇では、その最初に「先生教えを施し、弟子これ則とる」とあるように、教授者としての「先生」と受業者としての「弟子」という呼称がはっきりと確定している。弟子について「少者」といい、先生について「師」

という言い方も見えるけれども、それは少なくて、先生と弟子の名称はたびたびあらわれ、その対称も少なくない。「先生将に食せんとして、弟子は饌饋《せんき》す。」「先生食を已《おわ》り、弟子乃ち徹《てつ》す。」「先生に命《ゆるし》あり、弟子乃ち食す。」「先生将に息《いこ》わんとして、弟子は皆起《た》つ。」などとあるのをみると、この学団では、師を「先生」とよび学生を「弟子」とよぶことが組織的な制度として確立していたのではないか、ということが考えられる。

いったい、「先生」とか「弟子」ということばは、いうまでもなく、先きに生まれたもの、あるいは弟たり子たる者として、もともと家族的な長幼の序とか孝悌倫理と関係した語である。したがって、それが儒家の学団での呼称として使われるようになるのは、まずもって自然であった。宇都宮教授の調査によると、『墨子』の書中では墨家の学団の成員をよぶのに「先生」とか「弟子」ということばは使っていない。「先生」というばあいは非墨者の発言に限るし、「弟子」というばあいは儒学の学徒をさして意識的に軽侮をこめて使っている、という。(19) 弟子職篇が儒家の手に成ったとすれば、そこに「先生」と「弟子」の語が多いのは、むしろ当然だともいえるであろう。しかし、儒家の学団の実態はどうか。試みに孔子と孟子の学団のようすを調べてみよう。

まず『論語』によると、「先生」ということばは二度出てくるが、どちらのばあいも先きに生まれたものということばの本来の意味に近くて、教授者として限定された意味はない。為政篇で「事あれば弟子その労に服し、酒食あれば先生に饌す。」とあるのなどは、弟子職篇のばあいとまるでそっくりに思えるが、それがそうでないことは、孝の問題としてそれが語られていることによって極めてはっきりしている。したがって、このばあいの「弟子」もまた若もの一般をさすものであることはいうまでもない。学而篇の「弟子、入りては則ち孝、出でては則ち弟。」というのも同じ使い方である。「弟子」を学生の意味で使ったかに見えるのは、述而篇で門人の公西華が自分たちのことを「弟子」と称んでいるのと、雍也と先進の両篇で哀公または季康子が孔子の門人をさして「弟子」と言っているのとであるが、これらも若ものの意味でのやや限定した使い方だとして通用する。家族制的な呼称が学団の呼称として転用されることになるその過程の情況を示しているのが、孔子の学団でのありさまであろう。

『孟子』になると、学団での呼称としてやや広く使われているように見えるが、しかしまだはっきりとは定着していない。「弟子」の方は四見して、門人の公孫丑の自称や(公孫丑上篇)、宣王が孟子の門人をさした他称(公孫丑下篇)などは、『論語』のばあいと同じようにも見えるが、孟子自身のことばで「弟子でありながら先師から教えを受けることを恥じる」のをあってはならぬこととしているのは(離婁上篇)、学徒としての意味でかなり限定されていることがわかる。ただ、あとの一例では、孟子の受業生でもないものが孟子に対して「弟子」と自称しているので(公孫丑下篇)それは一般的な若ものの意であろうから、それからすると孟子の学団の呼称としてもまだ定着していなかったことが明白である。

「先生」の方も同じような情況にある。門人の楽正子が孟子に向かって「先生」とよびかけ(離婁上篇)、曾子の側近が曾子をさして「先生」とよんでいるのなどは、孔子の時よりは進んで、はっきり教授者の呼称となっている例である。それにはまた、孟子自身が他学派の首領である宋牼《そうこう》(鈃)を「先生」とよぶ例もあるが(告子下篇)、それは、宋牼が孟子の先輩であったことを示すとともに、また学団の教授者を「先生」とよぶことが儒家だけのことではなかったということをも思わせる。しかも、『孟子』のなかには、孟子に向かって孟子をよぶのに「夫子」という語を使う例が多い。それは、宣王(梁恵王上篇)とか淳于髡(告子下篇)とかの外部の人々だけではなくて、公孫丑(公孫丑上篇)・公都子(滕文公下篇)・屋廬子(告子下篇)、そして無名の門人(尽心下篇)などの例があって、むしろこの方が学団内部でも一般的なよび方であったとも考えられる。『論語』のばあいには、孔子をさす三人称として「夫子」を使うことが多く、直接の対称としては「子」とよぶ(公冶長篇子路の語)のが古い形であった。[20] 三人称であったものが孟子のころには対称の語になったということである。そして、「先生」という呼称も使われるようになってはいたが、それは「夫子」と併用されていて、まだ学団での固定した名称とはなっていなかったということでもある。

では、弟子職篇でのあの学団の組織的な制度ともみられるような「先生」と「弟子」というはっきりした呼称は、その対応をどこに求めたらよいであろうか。それを、孟子からさらに時代の下った儒家の学団のなかに求めることも、あるいは可能ではある。しかし、ここで想い出されるのは、孟子が宋牼(銒)を先生と呼んでいたことである。孟子が後輩だからそう呼んだという解釈でそれは一応正しいであろうが、短い会話のなかで五回も先生とよびかけているのをみると、[21]それが宋牼のよび方として定着していたということも考えられる。そして、その考えを妥当なものに思わせるのは、『荘子』天下篇での宋銒・尹文学派に対する評語である。そこでは、「五升の飯で十分だ」とする宋銒の情欲寡浅説を批判して、「先生すら恐らく飽くを得ざらん。弟子は飢うと雖も天下を忘れず。」と述べている。学団内部の呼称である。しかも、宋銒は稷下の学士であった。

稷下の学士を、その学派のいかんにかかわらず、先生と呼んでいる例は他にもある。まず淳于髠である。『史記』によると、「学に主とする所なき」彼が、斉の威王からも(滑稽列伝)、梁の恵王とその客からも(孟子荀卿列伝)、淳于先生とか先生とよばれているが、『新序』雑事二でも「稷下先生淳于髠ら」と言われている。淳于髠と同じ斉人の田駢については、『戦国策』斉策四のなかで、「斉人、田駢に見えて曰わく、先生の高議を聞くに云云」とあり、また宋銒と並ぶ尹文については、『列子』周穆王篇の老成子との問答で、「尹文先生」と言われているのが見える。「斉の稷下先生は喜《この》んで政事を議す。」というのも、さきに挙げたように、『新序』のことばであった。稷下の学士と「先生」という呼称との結びつきは決して偶然ではないと考えてよかろう。[22]そして、もちろんはっきりとは断定できないけれども、稷下の学団が組織的に先生と弟子との階層に分けられていたと見ることも、十分に可能である。してみると、弟子職篇の内容はまた一層稷下の情況に接近したと言えるであろう。

さて、以上の考察を総合して、弟子職篇を稷下の学宮の学則とみることは、ほぼ承認されてよかろうと思う。そして、それをさきに追究した稷下の学のあり方に照合すると、この学則はもちろん学士のなかでも土着の士を中心とする定住グループを主たる対象としたものである。したがって、稷下の学宮が設置されたその初期から、学宮の日常を律するものとして伝承されたとしてよい。そして、当時すなわち紀元前四世紀中葉の威王のころにも、淳于髡の例に見るように種々の思想家がいたのに、とくに儒家の手によってそれが作成されたのは、学則というその性質から考えてむしろ当然なことであったと思われる。

(三)

『管子』弟子職篇が斉の稷下の学宮の学則であったとして、ここに稷下と『管子』との関係は具体的に密接の度を加えたものといえる。斉の偉人としての管仲を敬いながら稷下の学宮で起居を共にしていた『管子』の作者たちの生活を、それによって想見できるのは欣快である。『管子』の書の統一性がどこから生まれてくるか、その成立の土壌を求めるわれわれにとって、それは一つの解答を提供するはずである。『管子』の書が雑多な様相を持ちながら、またとくに「経言」の思想を中心とする統一的なまとまりを備えているということは、第三章以下の本論でつぶさに指摘した。ここで重要なことは、そうした『管子』の全体を生み出した土壌の発見であり、またその意味の追究である。雑多な思想を包容しながら全体としての統一を破らない『管子』のあり方は、一面稷下の学の多様さを受けるとともに、また弟子職篇にみられるような学団の統一的な団結によってささえられたと考えてよいであろう。

『管子』の書のまとまりを考えて、それを斉の「管仲学派」の著作であろうとしたのは、張岱年教授である。ただ、張氏は馮友蘭《ふうゆうらん》氏と同様に「斉の法家」の著作だとも言っている。[23]「管仲学派」という名称をもっとはっきりと使用したのは余《よ》敦康《とんこう》氏である。[24]ただ、余氏の論述には後述するように参考すべき興味深い見解もあるが、『管子』中に「管仲学派」以外の稷下学士の著作も混入していると見ている点は、賛成できない。いずれにしても、「斉法家」とか「管仲学派」とか言われても、たぶんに便宜的な呼称であって、その実態、とくに『管子』を生み出した土壌としての実態は、まったく説明されていない。もちろん資料の制約によるものではある。しかし、稷下の学の全体を検討するとともに、また学宮の学則を発見したわれわれのさきの考察からするなら、「管仲学派」という名称は、今や稷下の学宮に定住した土着の学士の一派に重ねて理解することが、可能になったとしてよいであろう。

そこで次の問題は、『管子』の内容の全体を、いわゆる「管仲学派」を含む稷下学団の展開に対応させるとどうなるか、ということである。これまでの考察にもとづきながら、そのことの概略を以下に考えてみることとしたい。

まず、稷下学団の展開といっても、それほどはっきりするわけではない。ただ、さきの考察によれば、それは、宣王・湣王期を中にはさむ三期に分けられた。そして、初期の桓公あるいは威王初年からの三、四十年間は戦国時代の中期の初めに当たるが、稷下の新設はまず国内学者の優遇を第一としてその懐柔の意味もあったことが考えられた。したがって、初期の稷下は新しく学宮に入った土着の学士を主体として、比較的地味な学宮の基礎づくりに力を注いだと見られるが、そうしたなかで学宮の大勢が斉の古い伝承の整理へと向かい、また伝統の新しい復興を目ざすものとなるのは、自然の勢いであった。淳于髡が晏嬰を慕ったように、管仲を理想とする一派の思想家も必ずいたと思われるが、『管子』の書はその人々の手によってまず形をとり始めたのであろう。

今の『管子』のなかでは、「経言」諸篇に古い成立とみられるものが多く、なかでもとくに牧民篇、次いで形勢篇・権修篇などが古く思えるということは、さきに述べた。[25]牧民篇などは、その文体や内容の素朴さから考えて、一部では稷下の学宮ができる前の戦国初期あるいは春秋末にも溯る様相を伝えてもいるとみられるが、それは恐らく管仲の思想として伝承され改修されてきたものをふまえているからであろう。同じことは「内言」の管仲説話についても言える。その小匡篇などは『国語』との関係などからすると本来は古い伝えを持つものと思われるが、やはり初期の稷下においてまとめられたとしてよいであろう。一般に、伝承は初め散発的断片的で多様であって、多くのばあい口頭で始まるが、やがて定着の時をむかえる。しかし、定着はまたそれにつづく伝承によってくずれ、第二第三の定着をくりかえすことになる。『管子』のばあい、その第一次の定着の場として初期の稷下を考えるのは最も妥当なことであろう。

この時期、稷下の学士となった土着の人々は、儒学をはじめとする種々の思想の洗礼をうけていたではあろうが、なお素朴であった。影響の最も強いのは儒学であって、弟子職篇のような学則が作られたのも初期のころであろう。牧民篇のなかに「孝悌」が言われ、また問題はあるけれども「礼義廉恥」の「四維」が言われていることなどは、それを証明している。ただ、彼らのおおむねの志向は、土着の人々であるだけに、やはり斉の風土に根ざした一派の特色を具えたものであったと思われる。原『管子』を定着した人々のばあいも、儒学その他の影響によってさまざまな思想傾向の差異を見せながら、斉の偉人としての管仲の思想を中心とするという一点で一致していたのである。管仲学派という呼称がふさわしいのはもちろんそのためである。そして、その後継者たちによって『管子』の書は伝承され、また続成されていったのである。

稷下の中期は宣王の初めから湣王の末年まで、戦国中期の後半に当たる三十数年である。この時期では、宣王の積極的な政策によって諸国の遊説の士をひろく集めたところに特色があり、確かに稷下学宮の最盛時であった。原『管子』と直接にかかわる者はやはり土着の学士たちであって、遊説の士のなかにはいなかったと思われるが、しかし遊説家たちの活潑な新思想は、いわゆる管仲の思想を守る人々にも大きな刺戟を与えたに違いない。とりわけ、趙の国からやって来た慎到は稷下に入ると定住して遊説をやめ、一種特別な道法思想を唱えることによって管仲学派の人々にも大きな影響を与えた。今の『管子』について言えば、「経言」を離れて「外言」に進むと法のことがしきりに問題にされるようになるが、それは恐らく慎到一派の影響によるものであろう。そして、これと共に、慎到が逆に影響を受けたとみられる土着の士の田駢の思想などは、その道家的な思想傾向によって、管仲学派の哲学的な基礎づけを与えるものとして生かされ発展されたであろう。原『管子』の内容は複雑になり、他学派との対抗上からも素朴な古い形をぬけ出してその特色をあらわそうとすることになった。幼官篇や心術・九守などの篇は、そのようにしてこの時期に加わったものであろう。

稷下の末期は襄王からで、斉の滅亡する王建の末年までつづいたとして約六十年である。戦国中期と末期との境界は湣王の敗残(前二八四年)で分けるのがよいと思われるから、それはちょうど戦国末期と重なることになる。東方の大国として西方の秦と対抗していた斉の国力は完全に崩壊して、その後しばらくは趙の勢いが斉に代わるとはいえ、秦の統一への気運は日を追って決定的なものになっていく時代である。思想家たちの関心は、いかにして天下を制覇するかという問題から、制覇された天下をいかにして治めるかという問題へと移った。斉の稷下はもちろん昔日の勢いはないとしても、組織としての存続があったからにはそれだけの活動があったに相違なく、とりわけて管仲学派はむしろ活潑であったかと思う。それは、原『管子』の書が漸く国外にもひろまって富国の書として一部の人気をかちとり、その現実的な政治思想の有効性が今や天下的規模において試されようとする気運にあったからである。『韓非子』五蠹篇の「商・管の法を蔵する者は家ごとにこれ有るも、而も国は愈〻貧なり。」という批判のことばは、それを物語っている。活潑な活動というのは、原『管子』をさらに増補していくことであった。任法篇や明法篇にみられるように韓非流の法思想をも抱合し、君臣篇や治国篇のような新しい政治思想を盛りこみ、宙合篇のような特色のある哲学思想をすりこませたのは、みなこの時期も最末に近いころのことであろう。

こうして、『管子』の書は稷下の歴史と共に成長してきたとみられるのであるが、その成長はもちろん稷下と共に終わったのではない。『管子』の内容についての考察は、そこに秦・漢期以後の成立とみられる文章のあることをすでに明らかにしている。「軽重」諸篇はそれを代表するものであった。そうした続成を可能にした社会的地盤はどこにあったであろうか。

それについて重要なことは、思想家たちの戦国的な華々しい戦いはまだ漢の武帝の時までつづけられたということである。それは秦の始皇帝の統制で一時的な衰退をみたのであるが、衰退は僅かな間のことであった。すぐに復活した戦国的な様相、そして漢の統一後の黄老思想の流行は、戦国以来の諸子の自由な活動を許す土壌となった。郡国制の採用もまた、戦国諸侯さながらに食客を擁して中央に対立する勢力を育くんだわけであって、景帝の時の呉楚七国の乱の決着を見るまで、あるいは武帝の時の淮南王の平定まで、それは思想家たちのよき温床であった。諸子時代は武帝の初年までつづくのである。(26) 稷下の制度は崩壊したけれども、管仲学派を含む斉の土着の思想家たちは土着の強さによって生きつづけたのである。そうでなければ、漢の初めに斉の相国となった曹参が、「長老諸生」を招いて「百姓を安集する所以」をたずね、百人にも及ぶ諸生の種々の意見に迷わされたあげくに「黄老の言」に感服するという事態は、ついに起こりようがなかったであろう。『管子』の続成はなおそこで行なわれた。しかし、この段階になると、もはやそれは斉人だけの仕事ではなかったかも知れない。「軽重」諸篇の作者について、そこに「軽重家」とよばれる漢初の経済コンサルタントもまじっていたであろうというのがさきの考察であるが、それまでも稷下の伝統をひく土着の思想家だと考える必要はない。管仲が政治家として理財に長じ、『管子』が富国の書だということがひろまっている情況のなかでは、だれにせよ、その経済思想をそこに仮託することが有利であったに違いないからである。

『管子』の成立を、稷下の学の歴史に乗せて考察したその概観は、以上のとおりである。本章で問題とした稷下と『管子』との関係については、全体としてそれを十分に証明するだけの確実な資料のないのは残念であるが、以上の考察はかなりの高い確率をもった蓋然性において承認されるであろう。『管子』が作られた社会的な背景はほぼ明らかになったから、次には章をあらためて『管子』の内容と一般の思想界との関係を追究することとしたい。

（1）　郭沫若「宋鈃尹文遺著考」（一九五四年『青銅時代』二五〇ページ）。
（2）　裘錫圭「馬王堆《老子》甲乙本巻前后佚書与〝道法家〟——兼論《心術上》《白心》為慎到田駢学派作品——」（『中国哲学』第二輯、一九八〇年）。なおこの説は、すでに蒙文通氏によっても唱えられていたという（一九八三年『中国哲学』第九輯）。

(3)『史記』の六国年表には誤りがあり、それを訂正することは、武内義雄「『史記』六国年表訂誤」や銭穆『先秦諸子繫年攷弁』によって積極的に行なわれ、陳夢家『六国紀年』などによって逐次訂正されてきた。なお一、二年のずれがあって定まらないところもあるが、本書では楊寛『戦国史』(一九八〇年上海人民出版社)付録「戦国大事年表」によることとする。

(4)「稷下」の意味については、稷山のふもと(虞喜説)とか、城西の系水に側《そ》うところから側と音の近い稷を当てたとする説(『斉地記』。ともに『史記索隠』所引)もあったが、銭穆氏は魯城にも稷門のあることからやはり門の名と定め、それは社稷の祠との関係でつけられた名であろうと考えた(『先秦諸子繫年攷弁』巻三、稷下通攷)。ただし、臨淄の故城の発掘が進んでいるが、稷門の位置はまだ確認されていない(『文物』一九七二年第五期、群力「臨淄斉国故城勘探紀要」)。

(5)蘇秦のことばは、『戦国策』でも『史記』蘇秦伝でも、斉の宣王に対して言われたものとなっている。しかし、近年出土の馬王堆帛書『戦国縦横家書』によれば蘇秦の活躍期は湣王時代であって、『史記』や『戦国策』の記事の時代錯誤が明らかにされた(唐蘭「司馬遷所没有見過的珍貴史料」、楊寛「馬王堆帛書《戦国縦横家書》的史料価値」、ともに一九七六年『戦国縦横家書』文物出版社に付載)。湣王時代の記事を否定した銭穆氏の研究に比べると、蘇秦の時代はほぼ二十年以上ひき下げられたことになる。蘇秦の語を史料として用いるばあいに注意する必要がある。

(6)『新序』雑事第二篇には、淳于髠らの稷下先生七十二人はみな宰相の騶忌をあなどり、出かけていって議論をふっかけたという話があるが、それは宣王の時の話とされていて、威王の時に稷下がひらかれていた証明には必ずしもならない。

(7)銭穆氏前掲書(註4)。

(8)もっとも、『史記』のこの文(田駢之属皆已死、斉襄王時、而荀卿最為老師。)を「田駢の属、皆已に斉の襄王の時に死し」、と読む説があり、それによれば荀子が訪ねたときは王建の時代であった可能性も出てくる。その読み方はむりだと思うが、かりにそう読んだとしても、荀子の時代が溯ることにはならない。

(9)銭穆氏前掲書(註4)巻三稷下通攷および巻四鄒衍攷。鄒衍は、『史記』では梁の恵王・斉の宣王・燕の昭王とともに、趙の平原君とも同時とされていて、その時代が合わない。銭穆氏は後者の平原君の時代に合わせて斉の王建・燕の王喜と同時とした。なお、本論で以上に挙げた資料はすべて銭穆氏の用いたもので、その恩恵をうけたことをしるしておく。

(10)『史記』孟嘗君列伝にみえる食客馮驩の故事は、客舎に伝舎・幸舎・代舎の等級の差があり、それに応じた待遇の違いも定められていたことを、物語っている。

(11)稷下の学の時代的な区分としては、一、二の試論があるが、十分なものではない。蔡徳貴「稷下自然観之進展」(『文史哲』

一九八四年第一期)では孟子以前と以後とに分け、前期を争弁時期として淳于髡・彭蒙・児説・宋鈃・孟軻・田駢・慎到・尹文・環淵・告子、後期を融合時期として接子・季真・王斗・鄒衍・鄒奭・田巴・魯仲連・荀卿の活躍期とするが、格別の論証はない。金徳建氏にも孟子前後で二分する考えがあった。

(12) 銭穆氏の「稷下学士名表」(註4「稷下通攷」の付表)では、淳于髡・孟軻(?)・彭蒙・宋鈃・尹文・慎到・接子・季真(?)・田駢・環淵・王斗・児説(?)・荀況・鄒衍・鄒奭・田巴・魯仲連の十七人をあげている。

(13) 拙稿「宋鈃の思想について」(一九六六年『中国古典研究』第十四号、早稲田大学)を参照。なお、本書第五章第二節哲学思想(二)(二六〇ページ)でも言及した。

(14) 宇都宮清吉「管子弟子職篇によせて」(一九六二年『名古屋大学文学部研究論集』第二十九冊。のち訂正のうえ『中国古代中世史研究』第五章)。この論文は、弟子職篇を戦国時代の儒家学団の学則としたうえ、そこでの師弟関係が子弟の長老に対する心情的な尊敬にささえられる面が強いとして、それを一般的な家族制的秩序の表現ととらえ、いわゆる家父長制理論の批判に応用したものである。主題は別であるが、もとより弟子職篇そのものに対する理解も深く、多くの教示を得た。なお、弟子職篇の註解としては、荘述祖『弟子職集解』が詳しく、そのほか洪亮吉の『箋釈』、孫同元の『註』などがある。

(15) 『韓非子』顕学篇に「世の顕学は儒・墨なり。」とあるほか、二家の学団の存続を証することばは多い。前註宇都宮氏論文(著書一八九ページ)でもそのことを述べている。

(16) 『管子集校』下冊、弟子職第五十九篇題下。

(17) 陳奇猷『呂氏春秋校釈』(一九八四年学林出版社)巻四勧学篇の註(第一冊一九七ページ)を参照。勧学・尊師両篇をともに儒家者流の作る所だと定めている。

(18) 『論語』子路篇「樊遅請学稼。子曰、吾不如老農。請学為圃。曰、吾不如老圃。樊遅出。子曰、小人哉樊須也云云。」『孟子』滕文公上篇、有為神農之言者許行章。「然則治天下、独可耕且為与。有大人之事、有小人之事。且一人之身、而百工之所為備、如必自為而後用之、是率天下而路也。」

(19) 宇都宮清吉氏前掲(註14)論文(著書一九六―一九八ページ)。

(20) 武内義雄『論語の研究』(一九三九年岩波書店)第五章、六「夫子」という語(『武内義雄全集』第一巻一六七―一七〇ページ)参照。

(21) ちなみに、『孟子』の中で「先生」という語は八回見えているだけだが、そのうちの五回がこの章で宋牼をさすものである。

(22) 銭穆「稷下通攷」(前出)は、稷下では先輩のことを先生と呼んだとして、淳于髡・田駢・宋牼の例をあげるとともに、「斉策」の「先生王斗」、『隋書』経籍志の「魯連は斉人、仕えず、称して先生と為す。」とあるのなども、みな稷下先生であったのでないかと考えている。

(23) 張岱年『中国哲学史史料学』(一九八二年三聯書店)第一章(五)《管子》。馮友蘭『中国哲学史新編』(一九六二年人民出版社)第一冊第七章および第十章、『管子』の大部分を斉の法家の作だとしている。

(24) 余敦康「論管仲学派」(一九八〇年『中国哲学第二輯』三聯書店)。

(25) 第三章「経言」諸篇の吟味、その牧民篇・形勢篇・権修篇の項。また第四章第一節政治思想、第二節経済思想、第四節法思想などで、牧民篇の内容の素朴なことをくりかえし述べた。

(26) 拙著『秦漢思想史研究』(一九六〇年日本学術振興会。一九八一年補訂版平楽寺書店)序章第二節秦から漢初への時代を参照。

第二節　『管子』諸篇の思想史的展開

(一)

『管子』の内容が、稷下の学と深い関係を持ちながら、長い時間にわたって著作され編成されてきたこと、さらにはまたその時期が戦国諸子の最も活潑に動いたときと重なることを考えると、『管子』の全体と一般の思想史の流れとの関係がとくに重要な問題であることは明白である。『管子』の思想内容を時代を追って一般の思想史の流れのうえに乗せてその対比をこころみることは、すでに経済思想や法思想などについて個別的に行なったことであるが、それらを総合して『管子』の全体を含めた一般思想史というものを考えてみることにしたい。それによって、従来の戦国思想史でよくわからなかったことが新しく解明されることになるのではないかというのが、まず最も大きな期待である。そして、その問題の解明とともに、『管子』自体の思想的特質と思想史上の位置づけとが一層はっきりしてくるはずである。『管子』研究の最終的な目標がそこに達成されることになるであろう。

そこで、まずそのための準備として、これまでに考えてきたことどもをふまえて、各篇ごとの成立年代を主なものについて概括的に提示しておくことにする。ただ、この年代は、さきに羅根沢氏の『管子探原』についての問題として指摘したように(1)、いわゆる成立ということをどの段階でおさえるか、あるいは篇ごとのまとまりとして考えるだけでよいのか、といった問題を当然にふくむわけであるから、むしろひとまずの便宜的な概括として理解されねばならない。

すでに、同じ一つの篇でも、時代を異にした何種かの資料がまじっていると考えた篇もあった。たとえば時令資料の四時篇などは、中心の時令部分と前後の序末の文章とでは疎隔があって、恐らく成立の年代も違うものであろうと考えた。そうした例はほかにも少なくない。また、もともとの成立は恐らく古いとみられるのに、その原資料をもとにしながら加筆を重ねて新しい装いで一篇となったものもある。「軽重」諸篇にそれが多いことを述べて、それを重層的成立とも名づけたが、もちろん「軽重」だけには限らない複雑な成立事情である。そうした篇については、ひとまずその篇の主要な資料について年代を定めたうえで、その問題性を付記することとする。

なお、戦国期の時代区分については、研究者によって多少の相違のあることであるから、その点もここではっきりしておく必要がある。筆者はこの時代の初めを紀元前四五三年におき、中期を紀元前三六一年からと定め、末期を紀元前二八四年から紀元前二二一年の始皇帝の統一前までとする。開始の四五三年は、晋の家老であった趙・魏・韓の三家がそれまで最強であった知氏を滅ぼし、やがて晋国を分割して諸侯となる大勢が決した年、三六一年は魏の恵王が都を大梁に遷した年で（「魏世家」集解所引「竹書紀年」による）、戦国の七大国対立の形勢がここから固まってくる。そして、二八四年は斉の湣王が五国の連合軍に攻撃され、都を逃げ出して敗死した年で、東方の勢力がこれによって衰え、秦の一方的な制覇で統一が進められていく時代に入ることとなる。思想史の問題として詳論すべきことであるが、ここではこの政治史的な区分が思想界にも大きく影響していると考えて、それに従っておきたい(2)。

まず第三章で考えた「経言」諸篇について。

牧民第一――戦国中期の初め。とくに最初の国頌章などは戦国初期あるいはそれ以前にも溯る古い時代からの伝承を持つ資料と見られる。一部には新しい加筆があると思われるが、全篇中で最も古く、政治思想として全篇の中心思想が見られる。なお、この篇の成立がとくに古いとみられることは第四章以下でもたびたび言及した。

形勢第二――牧民篇と相い補う古い資料で主として政治哲学を述べる。牧民よりはやや後れ、中期の末に及ぶ資料も入っている。

権修第三——戦国中期の政治思想。ただし後半には牧民解に似た別資料の混入があり、この方は戦国末以後にくだる。

立政第四——戦国末期の政治思想とする羅根沢氏の説は正しい。制度を主とするところに特色がある。

乗馬第五——戦国中・末期の経済思想、数種の資料を寄せ集めた編成であって、全体としては羅氏の考えたとおり末期でよいが、中心部分は中期と考えられる。第四章第二節経済思想の(二)(三)(一二七・一三二ページ)のそれぞれの初めをも参照。

七法第六——戦国末期。法に関する資料と軍事に関する資料とを合わせて編成したものである。銀雀山漢墓竹簡の「王兵」との対照はその編成の跡を明らかにした。第四章第四節法思想(一)(一七七ページ)、第五節強兵思想(一)(二〇〇ページ)をも参照。

版法第七——戦国末期の初め。政治思想。

幼官第八(幼官図第九)——戦国中・末期。中心の時令の構図は古いが、それに政治論と軍事記述を分属させて編成したのは戦国末期である。羅氏が秦・漢間兵陰陽家の作としたのは当たらない。時令の形式としては古朴であって戦国中期の末ごろまで溯ると思えることは、第五章第一節時令思想の(二)(二二九ページ)で述べた。

なお「経言」の中でも戦国末期の成立とみられる資料は少なくないが、『韓非子』『呂氏春秋』と重なるような最末期に下るものはないようであって、全体として「経言」に古い資料があるということは認められる。そのことについては、第四章以下でもおりにふれて「外言」以下との対比という形で明らかにした。

次に序章で考察した管仲の伝記資料として、

「内言」小匡第二十——戦国中期。後次の筆が入っているとしても、『国語』との関係からその本づくところの古いことが知られる。『国語』の文よりも新しいことは羅氏も弁じたが、また序章の(二)(一三ページ)と第四章の第二節経済思想の(二)(一二八ページ)でも言及したとおりである。ただ、羅氏が漢初の人の作とするのは、『国語』の「恒」字が「常」の字に変わっているのを文帝の諱をさけたためと見たためであるが、大勢を卜する理由とはならないであろう。牧民篇と相い応ずる春秋末ないし戦国初期の情況を伝える資料を少なくとも部分的に含むことは確かである。

大匡第十八・中匡第十九――戦国中・末期。大匡篇が『左伝』の文にもとづいて修飾を加えた文章を含むことは羅氏も述べ、序章の(二)でも明らかにしたとおりである。

「雑篇」小問第五十一――秦・漢の際ないし漢初の雑集。『呂氏春秋』『説苑』『列女伝』などと重なる説話もあって、管仲が主役でないものもある。戦国以来の伝承にもとづくものも含むであろう。第四章第五節強兵思想の(三)(二一五ページ)をも参照。

次に第四章以下で考えた諸篇について、その問題ごとに、主要なそして比較的はっきりしたものを、順次に挙げていくこととする。まず第一節政治思想では、

「内言」問第二十四――戦国中期。その内容には牧民篇と同様に戦国初期あるいはそれ以前の情況を伝えるものがあると見られる。

「区言」治国第四十八――戦国最末期あるいは秦・漢の際の政治経済思想。第四章第二節経済思想(一)(一二六ページ)をも参照。羅氏は正世第四十七と合わせて漢の文・景以後と定める。晁錯の貴粟論(『漢書』食貨志)との類似からのことであるが、必ず晁錯の後と定める根拠はない。

「短語」君臣上下第三十、三十一――戦国最末期ないし秦・漢の際の政治思想。

法思想・経済思想に関する諸篇にも言及したが、それらについては後述する。なお君臣篇に関連して墨家思想と関係する篇目をその第四章第一節の註13(一一八ページ)に挙げたが、そこに治国・正世の両篇を含み、また形勢解・明法解・禁蔵など、ほぼ同時代の成立とみられる諸篇の名もともに見いだされるのは、偶然とは思えない。

第二節第三節の経済資料に進むと、

「外言」五輔第十――戦国末期の政治思想。羅氏は、王と覇となることを目ざし、富国強兵を望み、『左伝』の文を承けたものがあるということによって、戦国政治思想家の作としている。牧民篇の主旨に背かず、経済思想としてもそれに近いが、中心部では徳・義・礼・法・権の五者を後者が前者を補うものとして順次に説いていて、おのずから戦国末期の様相をあらわしている。(3)

八観第十三――戦国末期の政治思想。国情を観察して論評するという形は、秦の応侯に答えた荀子のことば(『荀子』強国篇)を想い起こさせる。(4)

「短語」侈靡第三十五――戦国最末期の政治経済思想。奢侈をすすめる特殊なその経済思想によってその背景の時代を考えるとすれば、戦国最末ごろと漢の文・景期とのいずれかが考えられる。晁錯の対策で「積貯倍息」の富商が「其の富厚に因りて王侯に交通し……利を以て相い傾く。」とその弊害を述べているのも(『漢書』食貨志)似た情況に思われるが、胡家聡氏に従って斉の王建の時代とすることで不都合はない。(5) 羅根沢氏も戦国末としている。

「軽重」国蓄第七十三――漢の武帝期の経済原論。桑弘羊らの一派との関係も考えられる。

匡乗馬第六十八～国准第七十九(国蓄・揆度両篇を除く)――漢の文・景期から武帝期の経済思想。

揆度第七十八、軽重甲第八十～軽重戊第八十四――漢の武・昭期の経済思想。

第四節法思想の資料では、「経言」諸篇と「外言」以下の諸篇とを対照させて、「経言」の相対的な古さを明らかにしたが、「外言」以下の資料はその思想傾向から二種に分かれることを述べた。

「外言」法禁第十四・重令第十五・法法第十六――戦国中・末期、道法思想。馬王堆古佚書「経法」とも近く、心術篇とも関係する。

「管子解」形勢解第六十四・版法解第六十六――戦国最末あるいは秦・漢の際の道法思想。

「区言」任法第四十五・明法第四十六――戦国最末期、韓非の影響による法思想。一部に道法思想の混入もある。

「管子解」明法解第六十七――秦・漢の際、韓非の影響による法思想。

第五節強兵思想では、その主要な資料についてすでにその末尾でとりまとめたが、古佚書「王兵」篇を媒介にすることなどによって、各篇とも相互に関連する兄弟関係にあることが知られた。編纂の時期に多少のずれのあることは考えられるが、もとづくところはほぼ一致して『孫子』や『孫臏兵法』とも関係する戦国中期にあり、さらに溯った「内政を作《お》こして軍令を寓す」る思想から発展してきた漢初の「管子兵法」に属するものである。

「外言」兵法第十七――戦国末期。「経言」の七法・幼官両篇の軍事記事とよく合い、首尾の整ったまとまりがある。

「短語」地図第二十七・参患第二十八・制分第二十九・九変第四十四――戦国末期ないし秦・漢の際。ただし、いずれも短篇断章の編集であって、参患篇には錯簡もまじっている。

第五章第一節の時令資料では、主としてそれらの形式の違いを問題にして、それを一般の五行思想の発展と関係づけて時代の先後を考えた。その結果、「経言」の幼官篇の形式が最も古いことが明らかになった。

「短語」四時第四十――戦国末期、陰陽五行思想。中心部分の時令の形式は、幼官篇よりは、やや後れるがなお素朴であって、末期の初めあるいは中期の末の成立とみられるが、前後の序末の部分は七臣七主篇などと関係する内容であるから、全体としての形は戦国最末期の編成であろう。

「雑篇」七臣七主第五十二・禁蔵第五十三――ともに戦国最末期の政治思想。あるいは秦・漢期にも入るか。時令の面からの考察とともに、法思想としても進んだものがあることは、第四章第四節でも述べた。

「短語」五行第四十一・「軽重」軽重己第八十五――秦・漢期あるいは漢初の五行思想。

第二節哲学思想では、「経言」の形勢篇に基調となる思想があり、それが「外言」以下で展開されたとしてそれらの篇の先後を考えながら思想の脈絡を明らかにした。

「短語」心術上第三十六――戦国中期ないし末期の初め。前半「経」の部分は古く、恐らく孟子のころより以前に成立、後半の「解」は、それを解説しながら政治哲学としての道法思想を述べたもので、孟子以後の戦国後期の成立。心術下第三十七――戦国末期の道家的な政治思想。

「区言」内業第四十九――戦国末期の道家精気派の思想。その養生思想からすると『呂氏春秋』の成立前夜、紀元前二五〇年ごろの成立で、心術下篇よりもやや後れる。

「短語」白心第三十八――戦国末期の道家的な思想。

「外言」枢言第十二――戦国末期か。儒・道・法をまじえた政治思想。末尾に吾れは事を畏れ言を畏れるがゆえに「行年六十にして老吃す」という特異なことばがある。明の朱長春はそれによって「宿隠道術の士」の作だと考えた。心術篇などとの関係の密接なことが郭沫若氏によって指摘されている(6)。

「短語」勢第四十二――戦国末期後半、道法家の政術論。あるいは兵家言とも見られる。内容的に心術篇などと関係深く、馬王堆古佚書「十六経」とも合うところが多い。

「雑篇」九守第五十五――戦国中期の末あるいは末期の初め、道法家の思想。心術篇・勢篇と内容的に連なる。『鬼谷子』符言篇との関係で考えると、原本は中期に溯るとも考えられる。

「短語」水地第三十九――秦・漢の際あるいは漢初の自然哲学思想。

「外言」宙合第十一――戦国最末期あるいは秦・漢の際の道家的包合思想。

なお本章第一節で考察したものとして、

「雑篇」弟子職第五十九――戦国中期、稷下学宮の学則。

以上をおおよその時代順に従って整理すると、次のようである。ただし両期にわたるものは前の方につけた。また――は時代の一段降ることを示す。

戦国時代中期（稷下初期、中期）

『孫子』『孫臏兵法』『孟子』『商君書』

牧民第一　小匡第二十　――形勢第二　権修第三　問第二十四　弟子職第五十九　――心術上第三十六　乗馬第五　幼官第八　九守第五十五　法禁第十四　重令第十五　法法第十六

戦国時代末期（稷下末期）

『荀子』『韓非子』『呂氏春秋』「経法」等四篇

版法第七　立政第四　七法第六　大匡第十八　中匡第十九　五輔第十　四時第四十　心術下第三十七　内業第三十八　白心第三十八　枢言第十二　――八観第十三　勢第四十二　兵法第十七　任法第四十五　明法第四十六　――治国第四十八　君臣上下第三十、三十一　形勢解第六十四　版法解第六十六　地図第二十七　参患第二十八　制分第二十九　九変第四十四　七臣七主第五十二　禁蔵第五十三　宙合第十一　侈靡第三十五

秦・漢の際

小問第五十一　明法解第六十七　五行第四十一　軽重己第八十五　水地第三十九

漢　代

賈誼・晁錯　――匡乗馬第六十八～国准第七十九　国蓄第七十五　――揆度第七十八　――軽重甲第八十～軽重戊第八十四

『淮南子』『塩鉄論』

(二)

春秋末期から起こった社会の変化に対応して、戦国期に入ると各国ともに次第に新しい政治改革を行なうことになった。周知のように、田氏が主家を抑えて斉の実権を握り、三晋が主家を奪って晋を三分する形勢を作ったが、それ自体が、すでに旧秩序を破る改革のあらわれだといえる。やがて賢人を抜擢して自覚的な改革を進めることが各国において次々と行なわれるようになった。

まず第一は魏の文侯（紀元前四四五―三九六在位）である。文侯が孔子の門人の子夏や段干木などの賢人を礼遇したというのは（『史記』魏世家・『呂氏春秋』下賢篇・『淮南子』修務篇など）有名であるが、それは魯の穆公が孔子の孫の子思を優遇したという（『孟子』万章下篇）のと同様に、たぶんに戦国中期以後の遊士による潤飾があるであろう。しかし、文侯が李悝《りかい》の「尽地力之教」と「法経」とを用いて改革を進め、それによって大きな成果を収めたというのは確かである。戦国の初期を通じて魏の勢力が最も強かったのはそれによる。同じように魏に仕えて戦功を挙げた呉起は、そののち楚に移って悼王《とうおう》の信任を得、「大臣・封君」の旧勢力を削弱して王権を中心とする合理的な政治体制を樹てようとした。紀元前三八一年、悼王の死によってそれは挫折する。次いで有名な商鞅の変法である。秦の孝公に信任された商鞅は紀元前三五九年と三五〇年の二度の大改革を行ない、二十数年にわたってそれを実行した。その主要な内容は、土地を農民に解放して重農の経済策をすすめ、「世卿世禄」を廃して軍功による爵制を定め、富国強兵の実を挙げてさらに中央集権の体制を固めることであったが、それを厳しい法の権威によって遂行したところに思想史的な特別の意味があった。そして、商鞅自身は車裂の刑という不幸な最後をとげたが、その後の秦の国力の発展は商鞅の名声を国際的にも高めたに違いない。その著書とされるものが戦国最末ごろにはすでに広く読まれていたということが、それを物語っている(7)。同じころ、韓ではまた、申不害を宰相としてその「術」の思想を用いた昭侯の改革があった。では、斉の国の情況はどうであったか(8)。

春秋末、斉の簡公に反逆してその実権を手中に収めた田常は、その父田乞の故知にならって大斗《おおます》で貸し出して小斗《こます》で収めるなどという方法によって民心をなつけたが（『史記』田敬仲完世家）、それは新しい時代の動きに対応して民衆の支持を獲得するための配慮であった。しかしこれは、民衆の向背を顧慮する田氏の新しい立場を示すものではあっても、一国の政治改革とまでは言えないことである。田常が田氏の勢力を樹てるために対抗する旧貴族を倒していったことも、どこまでが国家の新しい政治目標に向かってなされたことか、疑問である。やがて田和に至って田斉となるが（紀元前三八六年）、その後で注目されるのは田和の孫の威王の治世である。

『史記』によると、彼はその即位の九年めに評判の善い阿の大夫を罰して評判の悪い即墨の大夫を賞揚したが、それは世評に惑わされずに実際の治績を調査した結果のことであって、阿の大夫から贈与を受けていた人々も共に厳罰を受けた。そして、それによって臣下たちは「敢えて其の非を飾らず、務めて其の誠を尽くす」ようになり、「斉国大いに治まる」ことになったという。ここには、従来の因習をすてて実力主義を樹てる新しい政治の動きを認めることができる。威王はまた人材の抜擢にも熱心で、「鼓琴を以て見え」てからついに宰相となった騶忌《すうき》はその代表である。そして、のちに騶忌と対立する将軍田忌を通じて孫臏《そんぴん》を挙用し、大きな戦果を収めることともなった。威王が魏の恵王と徐州に会して互いの王号を認めあい、二十年もの間にわたって諸国の侵攻を受けなかったと言われるのは、そうした人材の力によるものであろう。

こうして、威王の時代に田斉の国力は画期的な充実をみたもののようであるが、ただ、それを政治改革とか新法運動といった面からみると、それは必ずしもはっきりしない。同時代の秦の商鞅のばあいのような目覚ましさがないのはもとより、「刑名審合」にも及ばない。「刑名審合」は、単に評判と実績を比べて非を飾らない実直を求めるというだけのものではなくて、臣下を新しい時代の官僚体制の中に組みこむ意味を持つものであった。だからこそ政治改革としての有効性を持ったのである。威王のばあいでもその初年の旧習を清算する革新的な意味を持つことは事実であるが、それは決して魏や秦や韓やあるいは楚にみられたような急進的な動きではなかった。新しい時代に対応する各国の動きの中で、斉のばあいは、恐らく春秋末の田常のころからその勢力を扶植する歩みにつれて、逐次漸進的にその革新を進めてきたものであろう。いきおい、それは威王の時までの長い時間を必要とし、しかもまだ古い社会の伝統を多く遺存するものとしてあったに違いない。そして、それこそが土着の思想の性格とも深く関係するものとして、『管子』の内容にも反映されているとみられるであろう。

さきには、原『管子』の第一次の編成が稷下の初期に行なわれたであろうと推定した。田斉の桓公と威王の時代である。牧民篇や小匡篇の内容からすると、伝承としてはさらに古く溯るようであるから、それらが稷下の設置よりも前にすでに記録としてあるていどのまとまった形を持っていた可能性は、もちろん否定しえない。その他の篇の原資料についても同様である。しかし、それらのおおむね断片的な資料をとりまとめて、その後の発展の中核を作りあげた場として初期の稷下を考えるのは、今本の形から考えてもやはり最も適切である。

当時、政治改革の先端を切って大きな成果をあげていたのは、いうまでもなく魏の李悝(克)から秦の商鞅へと受けつがれた法治思想であった。李悝にしても呉起にしても、初めは儒学の洗礼をうけたとされる。戦国初期において儒学は最も大きな勢力を持っていたのであるが、それは急進的な改革を求める時代のなかではむしろ色あせて見えたのであろう。孟子のころには「楊朱・墨翟《ぼくてき》の言、天下に盈つ」という情況であって、孟子は儒学の再興のために悲壮な決意を持ってあらわれたのである。[9] 儒学の中心はもちろん魯である。そこでは孔子の子孫を中心とする学団が恐らく最も保守的な態度で伝統の維持につとめていた。しかし、孔子の門人たちによって全国にひろめられた儒学は、それぞれに多少の変形を強いられ、あるいは他派に利用されて吸収された。戦国末、韓非によって「儒は分かれて八と為る。」と言われているのは(『韓非子』顕学篇)、その一端を示している。斉の国は魯の隣国として儒学の影響を多くうけていたが、それは魯のばあいのようには純粋でなかった。「斉、一変せば魯に至らん。魯、一変せば道に至らん。」(『論語』雍也篇)と言った孔子のことばは、時代の違いはあってもそれを証明するものであろう。斉の人々は儒学の洗礼をうけながら、それを適当に取捨したのである。しかし新興の法治思想に対しては、彼らの反応は決して敏感ではなかった。

『管子』の原初的な中核に当たるとみられる牧民篇の思想は、雑然とした様相を持ちながらそれ自体としての一派の特色を備えていた。儒家とか墨家とかの、当時までの既成の一派の文献でないことは確かであるが、また単なる雑家的な寄せ集めでもなかった。してみると、そのことこそ、斉の風土に根ざした管仲学派ともいえるような一派の思想集団が存在して、一種独特の政治思想を伝承していたことの明証ではなかろうか。外来の思想はこちらの中心思想に照して適宜に取捨され、いわゆる管子の思想を豊かなものにすることに役立てられたのである。では、初期の管仲学派の中心思想とはどのようなものであったか、それを考えてみなければならない。牧民篇を中心とする原『管子』ともいうべき資料がそれを物語るであろう。

原『管子』の特色としては、農業生産を増進してその蓄積を豊かにし、それによって民を富ませ安定させるという、経済優位の政治思想がまず挙げられる。重農の経済思想はそれ自体としては当時においてむしろ国際的に一般的であるが、農民の生活への配慮を持ち、民を富ませることを第一にし、奢侈を誘う「末作文巧」を禁じながら抑商には至らないという点に、その特色がある。商鞅では重農とともに抑商があり、何よりも法制による厳しい統制があった。

農家学派の立場は皆農を説く極端さがあり、儒家の孟子の立場は最も近いが道義を第一とする点で区別があった。儒家的な道義を重んずるのは『管子』の立場でもそうであるが、それは家族的日常的な孝悌倫理にとどまって、仁義の理想を高く掲げるような孟子の立場はそこにはない。道義性の尊重も農業生産の重視も、ともに現実的で実際的な生活の場から離れるものでなく、それだけ思想としては素朴だと言えるであろう。ただ、重農に関係する実際の制度的な面ではかなり綿密な配慮が加えられていたようで、小匡篇に「地を相して其の征を衰す」とあるいわゆる管仲の事業は、乗馬篇の「地均」や税賦の制として伝えられている。具体的な経済策として、そこにも一つの特色が見いだせるであろう。

経済優位と並ぶ特色は強兵思想である。参国伍鄙の制は春秋末か戦国初めの実際の情況を伝えるものであろうとされているが、それと関係する「内政を作《お》こして軍令を寓す」というのが強兵についての基本である。国内の行政組織を整備して、それが戦時の非常体制にもそのまま転用できるように配慮するのである。平時の体制と戦時の体制を一体的なものにして、それによって戦力の増強をはかるというのがその主旨であった。戦国時代に入って戦闘の主力を農民に頼ることになったその情勢に対応した施策である。商鞅もまた農戦を一体的にとらえて、農民の勤労と同時に戦力を高めようとしたが、それは軍功によって農民にも爵賞を与えるという形であって、『管子』とは違っている。商鞅では古い身分制のわくをつき崩していく革新的な意味がこめられているが、『管子』では統率の観点はあっても社会変革に連なるものは乏しい。商鞅と比べて、急進を避ける穏健な現実主義がそこに読みとれる。そして、この点は、一種の自然法思想が強く全体を蔽っていることと、恐らく無関係ではなかろう。

ここで自然法思想というのは、天地自然のおのずからな秩序と法則性を信頼し尊重する立場をさしている。儒家のばあいにも、その道義の根元を天におくことによってその自然法的な秩序への信頼を示している。また道家のばあいはなおさら、天への随順を説き道との合一を強調することによってそれを訴えている。しかし、原『管子』のばあいには、それはまず農業生産に関係することとして一つの特色を備えていた。農業はもちろん農民の勤労によることではあるが、「務むべきことは四時にあり」、「天の時」「地の利」を誤ってはならないとして、自然のあり方に従うことを第一とする。そして、そのことによって、農業以外の万事についても自然のあり方を模範とする思想へと繋がっていく。具体的にはまず時令である。四季の推移にともなう農事の営みを拡張して、あるいはその対応に呪術的な意味を認めて、政治的な行事を四季に配当するのである。それは五行思想とも結合してその呪術性を強めもしたが、それはまたそれなりに一種合理的な自然哲学の一環でもあった。

自然界の動きのなかに恒常的な秩序性を認め、また公平無私の自然性を認めることは、すでに初期の管仲学派の思想であった。彼らはそれをその政治哲学の基本にすえたのである。「天地に参し」「天地の配」になることが理想であって、「天に順う者に其の功あり。」と考えられた。そこには道家思想との類似もあるが、その時代から考えると必ずしも道家学派の影響として限定するわけにはいかない。むしろ初期の道家と共通する土壌かと見られるふしもある。それは「勢」の思想のひろがりによってである。

形勢篇の「勢」はのちに勢篇の「勢」ともなるが、それは人の働きを越えた「天の道」として一種必然的な趨勢であり、言わば自然法的な秩序原理というべきものであった。そして、斉の孫臏は「勢」を貴んだと言われていて(『呂氏春秋』不二篇)、今の『孫子』に勢篇があり、「善く戦う者は、勢に求めて人に責《もと》めず。」とある。また稷下学士の慎到が「勢」の思想を説いたことは後述するように『韓非子』に見えている。さらに『孟子』公孫丑上篇では「斉人に言あり、曰わく、智恵ありと雖も、勢に乗ずるに如かず、鎡基《すき》(鋤)ありと雖も、時を待つに如かずと。」とあって、人力にまさる自然の趨勢を述べてそれを斉の諺だとしている。自然法的な秩序原理を尊ぶ思想が斉の地方に根強くひろがっていて、それが原『管子』にも反映しているとしてよいのではなかろうか。そして、それが人為的急進的な改革を好まない斉の体質を作っていたのではなかろうか。

実際、李悝や商鞅が強調した法は、人為的な法として「勢」の思想とは対立する。商鞅において自然法を尊重するような思想は片鱗もない。そして、商鞅自身が自らの法にふれて刑死したという事実は、すでにその法が客観法としてはっきり定立されていたことを証明している。しかし、この時期、初期の管仲学派ではまだ法に対する関心は乏しい。そこで重視されたものは個別具体的な令の必行である。そして、そのための賞罰の厳正がいわれるけれども、そうした強制とは別に、令が民心に従うこと、あるいは上下の和諧が、より基礎的なこととして必要とされているのは、やはり令の根拠として自然法的な秩序を考えていた証拠である。

さて、以上によって、原『管子』の中心的な思想はほぼ明らかにされたはずである。それは斉の風土に根ざした現実的で実際的な政治思想であった。儒家とか道家とかあるいは法家とかいった従来の諸子の派別で規定することができないのは、いうまでもない。そうした学派の思想から発展したというものではなくて――たとえば孟子の思想はそうであったが――、それとは逆に、現実に即した素朴な思想をそうした諸学派の思想によって修飾していったというのが、『管子』の全体的な生成の歴史であろう。戦国中期の初め、稷下の学宮の設立によって地位の安定を得た斉の土着の管仲学派の人々は、それまでの伝承をふまえ、また当時の流行思想をもとりいれながら、伝統の復興をねがって原『管子』の編集を行なったのであろう。そして、それは年を追って膨張していくこととなった。

㈢

戦国中期も後半に入ると、それは孟子の時代である。諸派の思想家の活動は活潑になり、遊説の士の往来もはげしくなった。その盛んなありさまは『孟子』の書中にもまざまざと表わされている。「後車数十乗、従者数百人、」という孟子自身の豪勢な一行から、「耒耜《すき》を肩に」かついで流れあるく陳相兄弟の二人づれまで（滕文公上篇）、それぞれの主張を持った活潑な動きがあった。孟子が出あって討論をした思想家だけでも、すでにその名を挙げた稷下学士の宋牼(鈃)や淳于髠のほか、神農の言を奉ずる許行の信奉者の陳相兄弟、墨者の夷之、そして特別な心性論を唱える告子などがいるが、また孟子が批判を加えた学派として楊朱派・墨翟派・縦横家、そして富国強兵を目ざす現実派などがあり、さらに陳仲子のような隠遁者もいた。時代はまさに戦国諸子の全盛期に入ったのである。そして、そうした情勢のなかで、斉の宣王は諸国の遊説の士を集めて稷下の学宮を充実したのである。管仲学派の人々もそれによって大きな刺戟と影響を受けることになったが、そのあらわれとして最も著しいものが一種特別な法思想の出現であった。

すでに述べたように、『管子』の「外言」以下の諸篇では法の強調がしばしば見られ、それが道法折衷的な法と韓非流の実定法的な法との二つに分かれた。ここで重要なのはもちろんその前者であって、『管子』の中心的な法思想ももちろんこちらにある。それは『管子』本来の自然法的な秩序原理としての道を中心に立てながら、それにもとづく法の実施を強調するものであった。したがって、その法は儒家的な道義や道家的な自然因循とも協調しうるものであった。稷下において、そうした法思想がどのようにして起こったか、それは一つの問題である。

もともと成文法の公布を初めて行なったのは春秋末期の鄭の子産であった。そして、それはほどなく晋の国でも行なわれた。子産が刑書を鋳たとき、それに反対したのは晋の叔向であったが、その晋でも鉄の刑鼎が作られることになると、今度はそれに反対したのは魯の孔子であったとされる[10]。戦国に入って魏の李悝の「法経」があらわれたのはこの晋の伝統の発展であったとみられるが、また秦で活躍した商鞅は李悝を承け継いで秦の法を定め、それがやがて漢の法にまでひきつがれたと、『晋書』刑法志は伝えている。事実、新出資料である雲夢秦簡の主要部分「秦律十八種」「法律答問」「封診式」などは、戦国末期の秦において実施されたと思われる個別的な法律条文であるが、その竹簡の整理者は「法律答問」の刑法が李悝から商鞅へと発展してきた内容と基本的に一致すると説明している[11]。そして、李悝の「地力を尽くす教」についても、それが耕地整理にもとづく農政である点に注目すると、商鞅の阡陌制という耕地整理やそれにもとづく耕戦体制との一脈の伝承関係も思われるわけである。近年、古賀登氏は雲夢秦簡の詳細な検討を行なって、そこで述べられている農政と耕戦に関する法律条文が、『商君書』境内篇などの内容と一致するところがあり、また『漢書』食貨志で李悝のこととして書かれていることにも合致するところがあることを指摘した。[12]高敏氏もまた雲夢秦律が商鞅をうけて作られたものであることを論じている。[13]そして、ここに韓非が韓の諸公子として出現することを考えあわせると、客観法の思想はほぼ三晋以西の地においてたがいの関連を持ちながら展開したと考えてよいであろう。

東方の諸国が法に対して全く無関心であったとするのは、もちろん当たらない。秦の国力が国際的に伸張していくにつれて、商鞅の法が高い評価をうけるようになったのは当然のことであって、東方諸国にもその影響は及んだことであろう。ただ、その受け容れ方は決してそのままのまっ直ぐなものではなかった。斉のばあい、その管仲学派の道法思想が生まれたのは、この新来の法が土着の伝統である自然法的な「天の道」を否定するのでなく、むしろそれに依存しながらそれと融合する形で受け容れられたからであった。そして、その橋渡しをした思想家として、三晋の一国である趙から斉に遊説し、稷下学士として定住することになった慎到のことが、思い浮かぶのである。

慎到の思想は、実は資料の散佚によってその詳細をとらえることは困難である。ただ、『荘子』天下篇で田駢とあわせて批判される道家的な風貌と、『荀子』非十二子篇や『韓非子』難勢篇にみられる法家的な風貌との両面があって、それを合わせて理解すると、まさに道法折衷の思想家としての姿が浮き上ってくる。[14]この場合、道家とか法家とかのはっきりした学派の思想があって、慎到がそれを承けて折衷したというように考える必要は必ずしもない。上にみたような当代の情況からするなら、慎到が西方の法概念についての知識とともに斉の風土的な思想をうけて、そこで新しい一派の思想を生み出したと考えた方がより事実に近いであろう。

慎到の思想として確実なものは、韓非によって注目された「勢」の思想である。『韓非子』難勢篇は、「慎子曰わく」にはじまる慎到の貴勢説とそれを反駁する客の言と、そしてその客を非難して慎到を弁護しながら自分の主張を述べるたぶん韓非自身の言葉との三段に分かれるが、慎子のいう「勢」とはまず君主の権勢・勢位を意味している。「〔聖人の〕尭も匹夫であれば三人でさえ治められず、〔愚者の〕桀も天子であれば天下を乱すことができる。これによって、勢位こそが恃《たの》むに足りて、賢知は慕うに足りないことがわかる。（吾以此知勢位之足恃、而賢智之不足慕也。）」というのがそれである。そして、ここに個人的な「賢知」の能力をこえた「勢」の強大な政治力が指摘されているのであるが、それにもかかわらず、桀であれば乱れると言われるのはその「勢」が「必ず治まる勢」ではないからである。客の反駁はそこをついて、やはり治乱は「勢」よりも人によるのだと追求する。しかし、第三の論者は、そうした「勢」は「自然の勢」であって自分の主張する「人為の勢（人所得設）」ではないと言い、自分の主張はふつうの人物ならだれでも治まるようにと配慮した「中人のための勢」だと述べる。第三の論者の立場は、慎到らの論議があるがままの権勢として自然の段階にとどまっているのを人為的なものへと転じたのであって、実定法を強調した韓非の立場としていかにもふさわしいものがある。ここでいう「人の設くるを得る所の勢」が、そのまま『管子』明法解にみられた「必治の勢」に当たるものであることは、容易に諒解されるであろう。

さて、慎到の「勢」が勢位・権勢の意味だとして、それが「勢」ということばで表現され、また韓非によって「自然の勢」だとされるのは、どういうことであろうか。その回答は慎子自身の譬喩によって明らかである。「飛竜は雲に乗じ騰蛇《とうだ》は霧に遊ぶも、雲罷《や》み霧霽《は》るれば、竜蛇も螾螘《みみず》と同じ、則ち其の乗ずる所を失えばなり。」すなわち、勢位は「乗ずる所」として雲や霧にたとえられているのである。君主の地位にともなうおのずからな政治的影響力を、天界に流動する雲霧にたとえて「乗ずべき」一つの勢いとしてとらえているのである。そして、ここにこそ、さきに述べた斉の流行思想としての「勢」と通じあうものが読みとれるであろう。斉の地方では、人間の能力をこえた一種の自然法的な大きな力として「勢」を重視する思想があり、慎到はそれを法の基礎にすえて政治思想に応用したのだと考えられる。

『荘子』天下篇では、慎到を評して「知を棄て己れを去りて、已《や》むを得ざるに縁《よ》る。」と言っている。道家的な因循を思わせることばであるが、その「已むを得ざるもの」という自然必然的な力は、さきの賢知をこえた「勢」の思想に通ずると共に、また根源的な理法性を備えていることが認められる。「動静は理を離れず。」とも言って理ということばが使われていることによっても、それは明らかである。そして、これを『荀子』非十二子篇で「法を尚《たっと》びながら法なし。」と批評され、また解蔽篇で「慎子は法に蔽われて賢を知らず。」と批評されているのと対照すると、そこで言われている慎到の法とは「已むを得ざるの理」としての一種の自然法であることがわかる。そして、「法なし」と言われているのは、荀子の考えた商鞅・韓非流の実定法的な法の概念が慎子にはないということを意味しているのであろう。

さて、慎到の思想がこのように考えられるとすれば、それが道法思想の生まれる土壌と連なっているのは見やすいことである。『管子』「外言」の法法・法禁・重令などの篇や新出の古佚書「経法」などの篇によって知られる道法思想では、法の概念がかなりはっきりしているうえに、道義性の折衷にともなって賢知の否定も厳しくはないということが、慎到の立場とは違っているが、天地自然の「道」を「法」の中心に立てる政治思想としては共通なものがある。いわゆる道法思想は慎到のあとを受けて斉の稷下に発祥したと考えてよいのではなかろうか。それがやがて漢初に盛んになった黄老思想にも連なるのであるが、その黄老の政治思想が戦国最末期の斉の国で起こったということは、筆者がすでに古く考察したことである。道法の起源についての今の考察はそれとも一致することである。[15]

古佚書「経法」等四篇が発見されて道法折衷の思想が注目されることになったが、それは初め韓非の法に結びつけて解釈されていた。しかし、それが実態にそぐわないことは筆者も早く指摘したが、中国でも韓非ときり離して道法思想の独自の意味と歴史を考えようとする気運になった。[16] いま、道法思想の起源を紀元前三世紀初めの稷下の管仲学派によるものと定め、慎到の思想との関連を明らかにしたのは、その問題に対する解答でもある。さきに見たように、中原の三晋から西方の秦に入って定着した李悝から商鞅、そして雲夢秦簡の流れでは、「法」の基礎に「道」を考えるような思索はみられず、客観的技術的な法律観が主流になっている。そこでの眼目は、富国強兵の実効をあげるための具体的な施策として法律万能の立場を確立することであった。そして、韓非はそれを受けたのである。ここで法律そのものの性格についての思索が深められ、法至上的な立場でその実定法的性格が強調されることになった。秦の始皇帝が五蠹篇と孤憤篇とを読んで感服したというのは(『史記』老荘申韓列伝)、韓非の思想の特色がそこによくあらわれていたということであろうが、五蠹篇などの思想は道法思想からは出てこない思想だといってよかろう。

三晋から秦に流れた西方の思想と、その影響もあったであろうがより深く斉の土着に根ざした東方の思想と、その二つの法思想の流れがあったのである。韓非は、商鞅の「法」とともに申不害の「術」をとりいれ(『韓非子』定法篇)、さらに慎到の「勢」の思想からも学んだのであるが、「勢」についてはそれを人為的な勢位思想に転換して、本来の自然法的性格を排除した。東方の道法思想を積極的に活用する配慮は、韓非において乏しかったのである。君主中心の中央集権的体制の理論がここに混乱のない形でできあがり、それは秦帝国の統治に役立てられたのであるが、秦の崩壊のあと当然にも韓非の法についての反省が起こった[17]。そして、そのとき道法思想はまたあらためて見なおされることになる。黄老思想としての復興がそれであった。黄老は確かに漢帝国の統治理論にはなれなかったし、やがては儒教によって克服されてしまう。ただ、その自然法的性格は儒教のなかに吸収されて生きつづけ、それを媒介として儒教道徳の裏で法律が活用されることになった。道法思想の折衷的性格がここでも生かされるが、それは三晋の法とは違った斉の伝統に負うものであった。管仲学派の道法思想はそれとしての一派を形成して伝承されていったのである。その思想史的な意味は大きいといわなければならない。

(四)

稷下の中期、宣王・湣王の時代以後の管仲学派の充実と展開はまだまだ多方面に及んでいる。道法思想とも関係が深く、『管子』の基本をその初めからささえる自然尊重の思想は、恐らくこの時期から哲学的な整備を進めたのであろう。それは、慎到にも影響を及ぼしたであろうと考えられる斉の土着の田駢らの存在があるからである。

田駢の思想は、『荘子』でも『荀子』でも慎到と合わせて論評されていて、それを区別しにくい面もある。ただ、『呂氏春秋』不二篇では、「陳(田)駢は斉を貴んだ」とあって、高誘の註に「斉」とは「生死を斉《ひと》しくし古今を等しくす」ることだと言われている。そこで、それによると、『荘子』天下篇で、彭蒙・田駢・慎到の三人に共通することとして、「万物を無差別に斉一に見なすことを基本としている(斉万物以為首)」と言われているその中心の主唱者が、田駢であったということがわかる。では、その「万物を斉しくする」とはどういうことか。天下篇は、たぶん田駢のことばとみられるものを掲げてそれを説明する。「天は能くこれを覆《おお》うもこれを載すること能わず、地は能くこれを載するもこれを覆うこと能わず。……万物には皆な可なる所もあり、不可なる所もあることを知る。故に曰わく、選べば則ち徧《あま》ねからず、教うれば則ち至らず、道は則ち遺《のこ》すなき者なりと。」この説明は現象界の万物を斉一視するその根拠を述べると共に、人間的なさかしらの知恵によって何物にせよ選択したり人に教えたりすることはその物の完全さをそこなうことだとして真実の道への目を開かせようとするものである。

田駢は彭蒙に学んで、人に教えたりしてはならないと諭されたという。また彭蒙の師のことばというものも伝えられていて、「古えの道人は、ひたすら是もなく非もない境地に到達しようとした。」と言われている。それによると、斉人の田駢は代々の土着の思想を受けているとしてよいであろう。そして斉の土着の思想といえば、さきに挙げた「勢」の思想のことが想い起こされるが、そういえば、この天下篇でいうところも自然因循の思想としてそれと一脈通ずることが考えられる。『呂氏春秋』執一篇には、斉王に対して「道術」を説いた田駢のことばが伝えられているが、そこでも「無政」の政を説いて「性に因り物に任じて、宜当ならざる莫し。」と述べられている。その思想は一般に道家思想と近く、とくに『荘子』の斉物論思想と類似している。郭沫若氏や馮友蘭氏が初期道家の一派としてそれを位置づけたのも理由のあることで、(18)荘周との影響関係も問題になることである。そして、田駢が稷下の学士であったことを思えば、同じ稷下の管仲学派との交流もまた当然のこととしなければならない。

『管子』の哲学思想として、まずその形勢篇に、伝統的な古い形で自然法を主とした天人相関の思想が見られることは、さきに述べた。心術篇以下の思想はその発展である。心術上篇の経文では根源的な道を見ぬいて体認するために神明を心に宿す工夫(心術)として「静因之道」が説かれ、解の文では法の基礎として根源的な道をすえるとともに「因之術」を説いて、道の政治的効用が述べられている。その「恬愉《てんゆ》無為にして智と故《こ》とを去り、」「己れを舎《す》てて物を以て法と為し、」「理に縁りて動く」因の術は、道家的であると共に、また田駢の思想とも共通するものが認められるであろう。そして、その道家的な道は「虚にして無形、」とか「道の天地の間に在るや、其の大は外なく其の小は内なし。」などと言われて見えているが、やがて時代をへて「宙合」の概念に達する。「天地を合絡して以て一裹《ひとつつみ》と為し、これを散じては無間に至る。(合絡天地以為一裹、散之至于無閒。)」という「宙合」の概念は、雑多な事物をすべて包合することによって、一曲にとらわれないで「博くこれが治を為す」ことのできる政治的な主張とも結びついている。さきにはこの「宙合」の思想と『荘子』天下篇や『淮南子』要略篇の思想との類似を指摘したのであるが、それはまた田駢の「選べば則ち徧ねからず」という斉物思想とも通ずることが知られる。宙合篇の作られた恐らく戦国最末以後の時代から考えれば、それを直線的に田駢の影響というのは躊躇されるが、少なくとも、管仲学派の道家思想の特色の一端が田駢の思想とも関係していることは、肯定できるであろう。

『管子』中の道の思想としては、内業篇での精気と重なった道の思想に著しい特色があった。それは、宇宙に遍満して流動する道が人の心の中に宿ることによって、そこに特別な能力が賦与されるとするものである。この流動する道とそれを獲得するための虚静の術とは、『荘子』の一部に同じ資料がみえるだけで、それも全体との整合性では『管子』の方がより緊密である。そこで、馮友蘭氏も『老子』『荘子』とは違った一派の思想としてその特色を強調したのであるが、これにはもちろん気の思想の流行が大きく影響している。

いったい、気の思想の起源を歴史的にはっきり解明することはまだできていない。(19)『春秋左氏伝』の昭公元年の条に、自然界の六気(陰・陽・風・雨・晦・明)の不調が身体の病気をひき起こすということが、秦の医和のことばとして述べられていて、それが事実とすれば最も古い例であるが、『左氏伝』の資料としての性質上、必ずしも確実なものとはいえない。「陰陽」ということばは『詩経』のなかにもみえるが、まだ具体的な自然の情況をさしていて、気と関係づけられてはいない。『論語』には「血気」とか「食気」とかいうことばが見えるが、これもまだ哲学的な抽象的原理的な意味を帯びるものではない。ただ、『論語』の用例でわかることは、すでに人体の生理的作用ないしは生命のエネルギーといえるような自然の基礎概念が「気」とよばれているということで、これを医和のことばや後の医書の類に用例の多いことなどとあわせて考えると、あるいは春秋末ごろにはまず生理的な医術用語として使われていたのではないかと思われる。しかし、いずれにしても、自然と人間とを通じて、そのどちらにも具わる肉体的心理的な、あるいは自然的な作用を起こす力、ないしはそれを抽象した原理的な意味を帯びて用いられるようになるのは、戦国中期以後の資料においてである。それは『孟子』と『荀子』であり、『老子』と『荘子』であり、また『呂氏春秋』であるが、『管子』もまた主要な資料の一つであった。そして、『管子』では「善気」とか「悪気」とかいうものを掲げ、それに対してまた「気の精なる者」としての「精」とか「霊気」とかを考えているように、気の思想としてすでに進んだ考えが認められる。

ところで、稷下学士の鄒衍《すうえん》は、陰陽家とされ(『漢書』藝文志)、「陰陽主運を以て諸侯に顕われた。」と言われている(『史記』封禅書)。その陰陽思想の具体的なあり方は資料不足のためにはっきりしないのであるが、鄒衍の五徳終始説の遺文とされる『呂氏春秋』応同篇によると、黄帝の土気、禹の木気、湯の金気、文王の火気、そして来たるべき水気というように、五徳の五行も気として考えられていたらしいことがわかる。そして、「陰陽主運」についての『史記集解』の如淳の註では、「今その書に主運あり。五行相い次し転じて事を用い、方面に随いて服を為す(五行相次、転用事、随方面為服)。」とあって、季節のめぐりに応じて東西南北と中央との五方(五行)をめぐる時令思想があったことを伝えている。(20)それが「陰陽主運」と言われるのは、もちろん春夏秋冬の推移を陰陽の気の運行と見ているからであるが、それと重なるものとして、五行はここでもやはり気の流れと見られていたことが明らかである。そこで、その詳細は不明ではあるが、鄒衍の思想には気の思想が重要な位置を占めていたとみられるわけであって、彼が稷下先生であったことからすると、それは『管子』中の気の思想ともあるいは関係を持つものであったということが考えられる。

ここで注意すべきことは、その時令思想そのものの関係である。『管子』中に時令資料が多いことはすでに詳しく見たとおりであって、その形式の種類も多く、また歴史的な発展のあともあるていど明らかにされたのであるが、その時令思想が鄒衍の主張にも含まれていたらしいというのは、興味深いことである。鄒衍は斉の人々によって「談天の衍」ともよばれていたとされ、『史記集解』に引く『別録』では、それは五徳終始と天地の広大を言ったのがみな天の事だからだと説明されているが、もし「陰陽主運」が時令説だとするなら、その方が天の事としてよりふさわしいものとなるであろう。

時令の歴史は恐らく素朴な農事暦から始まったと思われるが、それが政治的に利用されて陰陽五行説によって整備されていったものである。豳風七月の詩でうかがえる農事暦や『論語』に見える「燧《すい》を鑽《き》って火を改め」る習俗などを考えても、時令思想は一般の生活と密着した形でかなり早い時期からあったに違いないが、鄒衍も『管子』もすでに五行と結びついた形になっている。ただ、『管子』の方では、その幼官篇に見えるものなどは五行と結合した初期の形を示しており、また『管子』の全体との関係からしても、その時令は牧民篇冒頭の「務めは四時に在り、守りは倉廩に在り。」という農業生産にかかわる素朴な時令の精神を受けているから、おおよそ鄒衍よりは古いものを含んでいるとしなければならない。そして、そのことからすると、鄒衍の時令思想は管仲学派の影響をうけて生まれた可能性が大きいが、そうでなくとも稷下の学宮が時令思想の発展のうえで大きな役割を果したことは、鄒衍を加えることによって一層はっきりするであろう。幼官篇や四時篇の時令が、『呂氏春秋』十二紀のような完整体へと集成されていくその過渡的な形を示すものであることは、さきに述べたとおりである。

さて、気の思想と時令思想とについて、そこに鄒衍の存在を重ねて考えてくると、それらがやはり斉の風土にかなった思想としてのひろがりを持ち、また思想史的にも大きな意味を持つことが知られる。それはまた田駢との交渉を持つ道家的な思考とも連続して一層のひろがりと厚みを増すであろう。その全体をつらぬくものは、いうまでもなく天人相関の思想であった。気の思想はもちろん一種の自然解釈である。同時にそれを人生の規準として役立てようとする配慮がある。時令も同じであるが、その自然と人生との関連はさらに現実的で生ま生ましい。そして、それが農業について自然条件を重視することから出発して「天の道」という自然法的な根源的秩序の観念に到達したところに生まれているという、一連の脈絡として『管子』中に総体的にあらわされている。しかもまた、その自然法的な秩序原理は、現実の法秩序を根底でささえるものとして、いわゆる道法思想を生み出すことにもなっている。斉学の特色、とりわけて管仲学派の哲学的な特色がこの自然法を主とする天人相関の思想にあることは、今や断定してよいであろう。

ただ、さらに一歩を進めて注意しなければならないのは、その自然法の考察が『老子』や『荘子』に比べて抽象度が少なく、それだけ現実の自然の情況を離れないものとしてあるということである。『老子』や『荘子』に見られない時令資料が多いことは、それと関係することであろう。そして、現実の具体的な自然を離れないという現実主義的な思考は、それだけ逆に、自然と協調し自然を利用する現実の人間的な働きをも重視することとなっている。自然にまつわる神秘的迷信的な信仰のなかに人が埋没しても、それも当然とも思われるのに、すでにたびたび述べたように、

『管子』の全体にわたってそうした神秘的色彩は稀薄である。「荘子は天に蔽われて人を知らず。」と評されたように（『荀子』解蔽篇）、『荘子』の坐忘因循には絶対者への帰依という形で宗教的な神秘性がただよっている。しかし、『管子』では同じように「己れを舎《す》てて物を以て法と為す」因が説かれていても（心術上篇）、「君は其の来たる所以に因り、……これに因りて理に循う。」（九守篇）と言われて、君主の政術となっている。『管子』の内容が、総体的に見て要するに政治に重点があることと、それは相い応じている。自然法を主とするその天人相関の立場は『管子』の全体をつらぬく特色ではあるが、それは哲学としては弱く、宗教性に乏しくて、それだけに現実的な人の立場の強さが表立っていて、そこにこの天人相関思想の特殊な形が認められるといってよかろう。

いったい、天人相関の思想が秦・漢の際に儒生によって華々しくとりあげられたことは、かつて詳しく論じたことがある。[21]『易』の繋辞伝と『中庸』新本がその代表的な資料であって、それは主としては孟子的な天の思想の伝統をうけながら、道家思想をもとり入れて、新しい帝国の政治理念として役立てようとするものであった。やがて、それが董仲舒の哲学へとひきつがれ、漢一代の特色のある天人相関思想となったのである。その主宰者的な、そして神秘的な色彩をともなった天の位置づけ、また人間存在とのその内面的な強力な結びつけ、それにともなう儒家的道義性の強化、それは『管子』に見られるものとはうって変わった鋭い強力なものであった。中央集権的な一元的支配を求める政治舞台において、その勝敗は明白であった。ただ、『管子』の自然法思想は、決して無意味に消え去ったのではなかろう。それは恐らく儒家の天人相関思想に対して少なからぬ影響を与えたのではないかと思われる。

いうまでもなく、漢の天人相関の学を樹立した董仲舒の思想は、斉学としての公羊春秋学によったものである。そこには「天人相与の際を観るに甚だ畏るべきなり」（『漢書』巻五六本伝の対策）といわれるような災異や祥瑞にともなう神秘的な色彩があるが（『漢書』巻二七五行志上、本伝）、それはまた同時に、当時にあっては天人関係についての合理的な解釈でもあった。『漢書』の作者によって、董仲舒が「初めて陰陽を推して儒者の宗となった。」と言われているのは（五行志上）意味の深いことであって、儒者として初めて、陰陽の気による自然解釈を導入してその天人関係を説明したことをいうのである。漢初の儒生にとって天は抽象的な理法性を主として考えられるだけであったのが、董仲舒においては具体的な自然現象を抱きこんだ形で理論的な組み立てが行なわれた。(22) それがいわゆる陰陽家の影響を受けた結果であることはいうまでもないが、そこに管仲学派の自然法の存在を考慮にいれる必要もあるであろう。管仲学派の自然法は、根源的な秩序原理としての性格で考えられると共に、また現実の具体的自然を離れないものとして、むしろその具体的自然に密着した形で考えられていたからである。そこには董仲舒の思想との類似がある。

さらにまた、問題は董仲舒の災異説である。それは、天子として天命に随順した政治を行なうべきものが、それに違背した失政を行なうと、当然にも天はそれを警告し、やがて異変を起こしてそれを罰するというものである。董仲舒がそれを主唱した意図は、もちろん儒教的な道徳政治の貫徹を目ざしたものであった。しかし今、その意図は別にして、その災異説の構造そのものは、違令によって天災をうけるというあの時令説の構造とよく似ていると言ってよいのではなかろうか。斉学を学んだ董仲舒が管仲学派の自然法思想の影響を受けた可能性は、十分にあるとしてよい。してみると、管仲学派の存在意義はまた大きく評価できるであろう。

ところで、「商・管の法を蔵する者は家ごとにこれ有るも、国は愈〻貧し。」という『韓非子』五蠹篇のことばによれば、戦国末の『管子』は富国の書とみられていたことがわかる。そして、『韓非子』がそれにつづけて「耕を言う者衆《おお》きも、耒を執る者寡なければなり。」ということからわかるように、それはもちろん農業生産の振興にかかわっていた。重農を中心とする経済重視の立場は原『管子』の本来の立場であったが、韓非の理解はそれと一致している。ただ、韓非も言うように、商鞅や管仲の重農策がいかに有名であったとしても、それが戦国末期の当時にどれほどの実効を持ちえたかは、もちろん疑問である。当時もまた農業中心の経済であることに変わりはないとしても、新しい時代の技術の改良にともなう農書は次々と出ていた。『孟子』に見えた神農家の伝統もあったであろうが、また后稷をかつぐ一派もあった。『呂氏春秋』の上農・任地などの篇はその盛んな様相を伝えている。管仲学派は主として政策面を考えていたから、もちろん技術をまじえた農家の人々と対抗する意図はなかったであろうが、それにしても今や全体の経済情況も変わりつつあった。すなわち増産され蓄積されたものの流通の問題が重要になっていたのである。そして、『管子』は本来、商鞅の場合のようには商業の抑圧を考えなかったから、時代の進展につれて、むしろそれを積極的にとりこんでその経済思想を豊かなものにしていった。『管子』の新しい特色がそれによってまた生み出されることとなった。

管仲学派の目は商業にむけられ、大商人の出現にともなう国家経済の混乱が重視される。初めは、一般の思想家たちと同様に、農業保護の観点から大商人を抑える主張もみられたが、やがて積極的にその流通の機構を観察し、その組織原理を考えて、それを政策として活用することを考えるようになった。農民生活に対する顧慮は原『管子』においても強かったが、それが今や「大賈蓄家によって豪奪され」ている現状を前にして、管仲学派の人々はその救済のために特異な思想を展開するに至った。たとえば、上流の奢侈を勧めて「有実(粟米)を賤しんで無用(珠玉)を敬す」る風潮を造成し、それによって経済の活性をはかり貧富の懸隔をやわらげることを目ざす侈靡篇の主張などが、それである。そして、漢初の経済情勢の推移にともなって塩鉄の専売が考えられ、貨幣と穀物の操作によって国家経済を管理する軽重家の活動が盛んになり、やがて国家の利益を第一に考えることにもなった。

「軽重」諸篇についてのさきの考察は、司馬遷が見たと思われる軽重篇の原本はすでに失われたとして、今本の十九篇は漢の文・景期から武帝期にかけてそれを敷衍した軽重家の作であろうことを明らかにした。そこでは、貨幣と穀物とを中心とする流通経済の原則が考えられ、価格操作によって国家の収益をあげるという強い商業主義が見られる。そして、それが牧民篇や乗馬篇の時代からははるかに隔たった時代のこととして、文・景期から武帝期の経済情況に合致することを述べた。(23)してみると、それは稷下の学宮も解体してから久しいことで、しかもそれが軽重家という特殊な経済コンサルタントの手を経ていることからしても、一見もはや原『管子』とは関係のない別派の資料として区別するのがよさそうにも思える。しかし、それはそうではない。

まず、それらの資料がおおむね管仲の言として伝えられていることは、やはりそれらが管仲学派と関係のあることを形式的な面から証明しているといえる。そして内容的にも、この商業中心の諸篇を通じて、原『管子』にみられた重農主義の立場が失われてはいないことや牧民篇などの影響を示すことばが含まれていることなどによって、そこにほぼ一系の脈絡のあることが認められる。富国を目ざす現実的な経済重視の立場が一貫していて、それが時代に応じて流通経済への強い注目をうながしたということであろう。斉の滅んだあとも臨淄の町ではなお管仲学派が健在していたとみるべきか、またその一部が軽重家となって戦国の諸子さながらに漢初の郡国を遊説してへめぐっていたということか、この段階ではもはやそれを斉人と限ることもできないかも知れないが、そこから「軽重」諸篇は生まれたものである。

「軽重」諸篇では、たとえば「貨幣価値が高くなると物資の価値は下り、貨幣価値が低くなると物資の価値は上る。(幣重而万物軽、幣軽而万物重)」(山至数篇)というような経済的な諸原則が散在しているが、それらは恐らく実際の経済現象の客観的な観察によって得られたものであろう。そうだとすると、それは『管子』本来の現実的な立場と合致する。同時にまたそれは、一面で「已れを舎《す》てて物を以て法と為す。」という『管子』の因の術の実践であったともみられる。そして、これらの原則を適用して現実の経済事象を分析することは、当時の経済政策にとって大きな利益をもたらしたことであろう。武帝期の後半に抜擢された桑弘羊が、『管子』を学んでその経済策を実施したといわれているのは(『塩鉄論』軽重篇)、その明証である。ただ、この原則を利用して、国の収益をあげるためにことさら人為的な操作を加えるという国蓄篇の主張には、あたかも「自然の勢」を人為の「必治の勢」に変えるような転換が認められる。それは武帝期の後半で逼迫してくる経済情勢に対応した変化であって、桑弘羊らの一派がそれを編纂した可能性が強いということをさきに述べた。国蓄篇を含む「軽重」諸篇の思想史的意味はことに大きいというべきであろう。

（1） 本書第三章「経言」諸篇の吟味(八八ページ)参照。なお、以下に挙げる各篇の成立年代に関する羅氏の説は、すべて『管子探原』に拠るものである。

（2） 戦国時代について、中期とか末期とかいうことばがよく使われるが、一般に漠然としていてはっきりした定論はない。時代区分は要するに便宜的なものだとして、そこまで厳密に細分する必要もないという立場もありうるが、諸篇の成立年代を考えるのに、一応の年代だとしてもそれを確定しておかないと、議論の混乱をまねくことになるだろう。戦国の初めには古くから三説あり、紀元前四八一年に田常が斉の簡公を弑殺したときとする(楊寛『戦国史』)のが古く、紀元前四〇三年に趙・魏・韓の三晋が諸侯として周王に認められたときとする(『資治通鑑』の初め、范文瀾『中国通史』)のが新しい。岡崎文夫『支那史概説上』(一九三九年弘文堂)は後説をとり、かつ魏の恵王の大梁への遷都によって前期と後期とを分けている。大梁遷都以後の国際情勢の変化については、楊寛『戦国史』(新版)二七六―二七七ページにも記述がある。いま岡崎氏の後期をさらに二分した形で三期の区分を考えた。思想史的には商鞅から孟子・荘子までの活動期が中期に当たる。

（3） 五輔篇にいう「徳有六興、義有七体、礼有八経、法有五務、権有三度。……曰、民知徳矣、而未知義。然後明行以導之義。……曰、民知義矣、而未知礼。然後飾八経以導之礼。(以下同形、権に至る)」なお、心術上篇の経の部分にも「虚而無形、謂之道。化育万物、謂之徳。……」として道・徳・義・礼・法を並列的に定義づけた文がみられるが、それは前後の関連が悪く、「経」の中にまぎれこんだ後の註文と見られる。また五輔篇の文とは主意が違っている。

（4） 八観篇「行其田野、視其耕芸、計其農事、而飢飽之国可以知也。……行其山沢、観其桑麻、計其六畜之産、而貧富之国可知也。……入国邑、視宮室、観車馬衣服、而侈倹之国可知也。……(下略)」『荀子』強国篇「応侯問孫卿子曰、入秦何見。孫卿子曰、……入境観其風俗、其百姓樸、其声楽不流汙、其服不挑、甚畏有司而順、古之民也。及都邑官府、其百吏粛然……。入其国、観其士大夫、出於其門、入於公門……(下略)」

（5） 胡家聡「《侈靡篇》断代質疑」(『中華文史論叢』一九八〇年第四輯)。

（6） 朱長春『管子権』。また朱養和本『管子』(花斎本)に引く。郭沫若氏の説は『管子集校』上冊二〇〇ページ「細審此篇主旨、為初期道家者言。以戒満戒闘寡欲正名為指帰、而不非毀礼法与仁義聖智。与心術・内業・白心諸篇立論相近。作者自言「行年六十而老吃」、則頗以長者自居。宋牼在斉稷下学宮為先輩、……疑此篇即是宋牼所作。」宋牼(銒)の作とすることには賛成できないが、内容の性質については正しい。
(7)『韓非子』五蠹篇「蔵商・管之法者家有之、而国愈貧。言耕者衆、執耒者寡也。」
(8)戦国時代、商鞅を中心とする各国の変法運動のひろがりについては、楊寛『戦国史』(一九八〇年上海人民出版社)第五章戦国前期各諸侯国的変法運動一七〇―一九五ページ、劉沢華・楊志玖ら編著『中国古代史』(一九七九年人民文学出版社)第三章第一節地主階級奪取政権的闘争和変法運動(上冊一三二―一五〇ページ)などを参照。
(9)『孟子』滕文公下篇、公都子曰章。戦国弁士としての孟子の誇張した言い方があるのはもちろんであるが、また実際の情況をふまえたものであることも明白である。
(10)『春秋左氏伝』昭公六年「三月、鄭人鋳刑書。叔向使詒子産書曰、……民知争端矣、将棄礼而徴於書、錐刀之末、将尽争之。……鄭其敗乎。……復書曰、若吾子之言、……吾以救世也……。」同書昭公二十九年「冬、……遂賦晋国一鼓鉄、以鋳刑鼎、著范宣子所為刑書焉。仲尼曰、晋其亡乎、失其度矣。……」。
(11)『睡虎地秦墓竹簡』同整理小組編(一九七八年文物出版社)一四九ページ「法律答問」の説明で、その内容の範囲が、『晋書』刑法志と『唐律疏議』でいわれる李悝から商鞅に伝わった六篇(盗・賊・囚・捕・雑・具)と大体一致していると述べて、その伝承を強調している。
(12)古賀登『漢長安城と阡陌県郷亭里制度』(一九八〇年雄山閣)三四九ページ第四章第二節『商君書』境内篇の史料的価値について以下、四二五ページ第七章第五節『漢書』食貨志の記事の信憑性について。たとえば、『漢書』食貨志でいう一人一か月の食糧が一石半で、一石が三十銭に当たるということが、新出の秦簡によって初めてそれに対応した条文を発見できたという。食貨志でいうことがそのまま李悝のものか、『商君書』の内容がそのまま商鞅のものかといったところに問題はあるが、雲夢秦簡が李悝・商鞅の法律思想の流れのうえにあることは、認めてよいであろう。
(13)高敏『雲夢秦簡初探』(一九七九年河南人民出版社)四三ページ。商鞅《秦律》与雲夢出土《秦律》的区別和聯系。
(14)拙稿「慎到の思想について」(一九六二年『集刊東洋学』第七号)で、その思想が「勢」を中心とする道法家的なものであることを明らかにした。旧稿のことで、道法家という概念にはまだ考え及ばなかったために部分的な修正を必要とし、とくにそこで述べた『管子』の法思想については本論文に従って一部を改めなければならないが、慎到の思想の基本的な性格としては今日の研究情況の中でその正しさが証明されつつあると考える。
(15)拙著『秦漢思想史研究』(前出)第二章第三節黄老の術について。『史記』孟子荀卿列伝で慎到・田駢・接子・環淵などの稷下学士がみな黄老を学んだといい、老荘申韓列伝では申不害と韓非が黄老に本づくとされているが、それは後起の黄老思想を溯らせて仮託したものであろうと述べた。その考察は今も正しいと考えている。古佚書「経法」等の発見以来、そこに見える道法折衷の思想が新たに注目され、それをそのまま黄老派の思想と認めるのが一般であって、さらに「経法」等の四篇を『黄帝四経』に当てる考え(唐蘭氏説)も示されているが、それについての批判はすでに行なった(拙稿「古佚書「経法」等四篇について」一九七九年『加賀博士退官記念中国文史哲学論集』)。道法と黄老とはもちろん密接な関係があるが、黄帝と老子とを結びつけた「黄老」という名称の起源や、『史記』に見える「黄老の術」のあり方が法家的であるよりは道家への傾斜が強く、むしろ法術を軽視する風のあることなどを勘案すると、黄老は道法思想をうけて変形して生まれたと考えるのが正しいと思う。(ちなみに、中国の裘錫圭氏もこの区別を考えて、黄老派とは別に道法家という名称の一派を立てている「馬王堆《老子》甲乙本巻前后佚書与〝道法家〟——兼論〝心術上〟〝白心〟為慎到田駢学派作品——」一九八〇年『中国哲学第二輯』三聯書店)。『管子』中では、任法篇が韓非流の法を説くのを主としながらその前に黄帝言を挙げているのが、恐らく黄老派による粉飾であろう。漢初の黄老派の実態を見れば、それと道法家との間に区別のあることは明らかである。

(16) 拙稿「古佚書「経法」等四篇について」(前註)参照。古佚書が発見された当時の中国では、いわゆる儒法闘争史観が盛んであった。そのためであろう、この新出資料も進歩的な韓非の法思想と結びつけて解釈するのが主流であった。拙稿はそれを批判して、四篇の内容が韓非流の法思想とはまったく違っていることを明らかにしたのである。近年の中国では、たとえば裘錫圭氏などがそれを切り離して考える立場で、古佚書の道法思想の起源を『管子』の心術・白心篇に求め、それを田駢・慎到一派の手になった可能性もあるとしている(前註引用論文)。筆者の考えに最も近いが、筆者の場合は心術などの篇を他篇と分けて特別視することはせず、また慎到派の思想そのものであるとは考えない。心術篇などを慎到派のものとすることについては、張岱年教授がすでに棄知説の有無の違いを指摘して反論している(一九八二年『中国哲学史史料学』三聯書店、五〇ページ)。

(17) 拙著『秦漢思想史研究』(前出)第一章第二節漢初における法術思想の展開と推移を参照。

(18) 郭沫若「稷下黄老学派的批判」(一九五一年新版『十批判書』新文藝出版)、馮友蘭「論先秦早期道家哲学思想」(一九六二年『中国哲学史論文二集』上海人民出版)。

(19) 気の思想の研究は、中国における唯物論思想の解明にともなって近年とくに盛んになり、従来看過されていた点も明らかになってきた。小野沢精一・福永光司・山井湧編『気の思想』(一九七八年東大出版会)の第一部は「原初的生命観と気の概念の成立」としてその起源の問題をとりあげる。とくに小野沢精一「斉魯の学における気の概念——『孟子』と『管子』——」は、本論にとって参考になるところが多い。なお、栗田直躬「上代シナの典籍に見えたる「気」の観念」(一九四九年『中国上代思想の研究』岩波書店)は、多くの用例をあげたうえ、その意味を考察して分類整理を加えており、貴重な研究である。

(20) 銭穆『先秦諸子繫年』(一九五六年増訂、香港大学出版)巻四、一四四鄒衍攷、附鄒衍著書攷を参照。なお鄒衍については、拙稿「鄒衍の思想」(一九七二年『東方学会創立二十五周年記念東方学論集』)がある。

(21) 拙著『秦漢思想史研究』(前出)第四章秦漢儒生の活動(下)第一節礼学の推移と『中庸新本』、第二節『易伝』の思想。

(22) たとえば『春秋繁露』同類相同篇では「天に陰陽あり、人亦た陰陽あり。天地の陰気起これば人の陰気これに応じて起こる。人の陰気起これば天地の陰気亦た宜しくこれに応じて起こるべし。其の道一なり。」として、雨を求めるのに陰気を動かし、雨を止めるのに陽気を動かすべしとし、そうした自然界の構造によってその災異思想を説明づけている。

(23) 本書第四章第三節「軽重」諸篇の成立㈢一六五ページ以下。

結　語

『管子』全篇の内容をくわしく吟味して各篇の性質と成立の時代性とを考察し、それを思想史の流れのうえに載せてその特質を顕彰するという作業は、以上で終わる。『管子』の全体は、おおよそ戦国中期の初めから漢の武帝・昭帝期のころまで、ほとんど三百年にわたって書き継がれてきたものである。それは管仲その人のこととして伝承されてきたものを核として最初に成立し(原『管子』)、その後、異聞を加え、時代に応じた補修を施し、また新旧の資料を寄せ集めた新篇を増補してできあがったものである。古い資料に上塗りをして装いを新たにする重層的な成立の篇も少なからず見いだされる。「経言」「外言」「内言」などの八類の区別はひとまず劉向の時の編定としてよいが、こうした成立の経過からすると、すでにその過程においてある程度のグループのまとまりがあったということも考えられるであろう。全体としての内容も形式も、雑然としたものに見えるのはむしろ当然としなければならない。

ただ、その雑駁な寄せ集め的な様相は、もちろんある程度そのとおりの事実ではあるが、『管子』の全体はその雑駁な様相にもかかわらず、一貫した思想性を持っている。それは、現実主義的な政治と経済の書であり、自然法的秩序を尊重する道法思想を基底に持つということである。『管子』の全体は確かに雑然として見えるけれども、実はこの色調から甚だしく逸脱することはない。そして、三百年にわたる雑然としたその様相をつらぬいてこの中心の基調が守られてきたについては、それにふさわしい編成の母胎がなくてはならない。『管子』が斉学であり、また稷下の学と関係する著作であろうということは、すでに考えられていたが、編成の状況がこのようにわかってみると、それは遊説の士として稷下に集まった学士たちの著作を雑集したというようなものではなくて、管仲を慕ってその事業を尊敬し、あるいはそれを利用しようとする斉の土着の思想家たちこそがそれにふさわしいと考えられる。その人々の思想傾向が儒家的であったり道家的であったりでさまざまに入り混っていたことは、編成された『管子』の書の様相がそれを明示している。ただ、彼らは斉の偉人である管仲を慕い、あるいはそれをかついで仮託するという点で一致した。そして、世代を受けついで、いわゆる管仲の事業の復興を目ざして文筆をふるったのである。それを管仲学派とよんでよいであろう。

『管子』はこうして、儒家とか道家とかあるいは法家とかいったはっきりした分類の学派には帰属しにくい性質で、しかしそれとしての独自のまとまった性質を備えた書物となった。そして、その基本的な性格から言えば、西方の秦のきびしい法術主義と対立し、また魯に起こった儒教道徳の理想主義と訣別し、老・荘の無為にも染まってはいない。それは、斉の風土に根ざした独特の政治思想である。ただ、斉の風土といえば、たとえば八神の信仰や燕・斉海上の方士の活動(『史記』封禅書)にうかがえるような宗教的神秘的な一面も重要であろうが、『管子』のなかにはその片鱗もない。それはこの管仲学派が伝統的に合理的な現実主義につらぬかれていたためであって、それはそれとして斉学の重要な一面であるに違いない。

『管子』の研究はこれまで総合的に研究されることは少なかった。その科学的な研究は、いずれかと言えばこの書物を戦国・秦・漢期の諸種の資料の雑湊とみなし、それを分析し類別してそれぞれの本来の学派に帰属させてその意味を探ろうとするものであった。羅根沢氏も郭沫若氏も、『管子』の全体を扱いながらその基本的な立場はみなそうである。『管子』の編成には確かに異種の資料をつなぎあわせたり新古の資料を重層させたりしたところがあって、そうした分析的な研究が必要なことは、もちろん否定すべくもない。筆者もまたそこに意を用いたつもりである。しかし、ただそれだけでは『管子』という書物はついに解体されるだけで、そのまとまりの意味は消えてしまうであろう。実際のところ、『管子』のまとまりはそんなに弱いはかないものではない。それが雑多な様相を持ちながら、またとくに「経言」の思想を中心とする一貫した統一性を備えているということは、第三章以下の本論でつぶさに指摘したとおりで、すでに十分の証明を得たはずである。近年に至って、その総体的な性格を追究する論稿が出はじめたのは、まことにわが意を得たものである。

たとえば、馮契《ふうけい》氏は『管子』の書を黄老学派と法家との結合によって生まれたものと考え、老子の学説を改造して法家のために哲学的な基礎を提供したと、その思想史的役割を論断している。[1] 馮氏のいう黄老学派とは道家思想の変形した一派のことであるから、それと法家との結合というのは、いわゆる道法折衷の立場を言いあらわしたものである。『管子』の基本的な哲学的立場を明らかにしたものとしては、誤ってはいない。さらに明快なのは、余敦康氏の論文である。[2] 余氏は『管子』の一部に宋鈃・尹文などの稷下先生の遺文が混入していることを認めながらも、その大部分は「管仲学派」の思想資料であるとして、その社会政治思想や哲学思想などを考察し、それを三晋の法家思想と魯の儒家思想に対する斉学の一派として位置づけている。

余氏によると、この三者の区別は古い宗法制に対する態度の違いから出ている。伝統的な周の礼治の秩序と封建的な宗法制度とを保持しようとする儒家と、それを否定して絶対専制の王権を確立するために法律を立てようとする法家とに対して、斉の管仲学派はその中間にあって宗法制を半ば保守し半ば否定した、というのである。そして、その結果として、『管子』では宗法制と中央集権制、礼治と法治とを有機的に結合し、法律によって王権を強化するとともに、宗法道徳によって封建統治を固める主張になった、という。余氏のこの結論はきわめて概括的な推断であるが、『管子』の思想の特徴を明快に提示したものとしてほぼ誤ってはいない。経済を重視する現実的な立場などを勘案すると、宗法制に対する態度という観点だけで割切れるとは思えないが、『管子』の思想内容の統一性を認め、その政治姿勢の特徴をとくに革新的でもなければ保守的でもない中間的な立場にあるとしたのは、ほぼ確かなことであろう。それがまた、自然法的秩序を尊重しながら法制を立てる道法思想の立場と関係していることは、いうまでもない。

『管子』は雑駁な様相を呈しているけれども、確かに独立した一派の思想を備えたものである。それは現実的実際的な政治経済の書であるとともに、その基底に自然法的秩序を中心とする道法思想を持つことによって、戦国諸子の思想のなかでも一種特別な性質をあらわしている。しかも、その天人相関思想とかかわる道法思想は、西方の秦の政治思想とはきびしく対立し、やがてその商業主義的な経済思想とともに、秦が滅びたあとの漢初の思想界で一定の役割を果したとみられる。戦国・秦・漢期を通しての思想史的事実として、これまであまり注目されることのなかった管仲学派の存在とその思想史的役割の重要性が、新たに認識されなければならない。

（1）　馮契「《管子》和黄老之学」（一九八四年『中国哲学』第十一輯、三聯書店）。かつて馮友蘭『中国哲学史新編』第一冊（一九六二年）は白心等の篇を稷下黄老派の文献とし、その他の大部分を斉法家の著作としたが、馮契氏はそれを承けて修正を加えたものである。

（2）　余敦康「論管仲学派」（一九八〇年『中国哲学』第二輯、三聯書店）。

あとがき

『管子』とのそもそもの出あいは、私が東北大学に入って二年めに、恩師の武内義雄教授のその演習に参加したのが最初であった。武内先生は、ちょうど「管子の心術と内業」という論文（『武内義雄全集』第六巻所収）を雑誌『支那学』第十巻特別号に発表されたあとのことで、この読みにくい難解な古典を、お得意の訓詁学と文献批判の方法によって読み解こうとされたのである。当時は、『管子集校』はもちろんまだ出ていなかった。演習の参考書として珍重したのは、出版されてまのない張佩綸の手筆を影印した『管子学』であったが、しかし実際に恩恵に浴したのは、やはり王念孫の『管子雑志』であった。一年の間に進んだのは、初めの牧民・形勢と、それからとんで心術上篇との三篇にすぎなかったが、「包丁解牛」にも似た武内先生の鋭利な手さばきに、いつもわくわくするような興奮を覚えたものである。まことに、私の在学中での最も楽しい時間であった。

その後、はるかな年代を隔てて『武内義雄全集』（一九七八年、角川書店）の編集に当たったとき、先生の遺稿を整理しているうちに、先生にも『管子』の研究を一冊にまとめて公刊しようとする御意思のあったことが判明した。残念なことに、そのノートは『管子』のテクストや研究書の解題が大部分であって、その構想の全体をうかがうことができず、全集にも収めることはできなかったが、私のこの研究は、はからずも先生の遺志を受けつぐものとなった。

私自身の動機は、もちろんそれとは別である。まず、郭沫若氏らの『管子集校』の出版（一九五六年、中華書局）が第一であった。学生時代の演習をも想い出して、この難解な古典をしっかりと通読したいという願いが、まず猛然と湧き起こった。次いでの刺戟は、これまた郭沫若氏らのいわゆる「管子四篇」の研究である。それを宋鈃《そうけい》・尹文《いんぶん》の遺著として切り離す学説が中国でひろく受け容れられていく情況を前にして、その根拠の薄弱なことと、『管子』全篇の正しいとらえ方とを、明らかにしたいと望むようになった。そして、最も決定的な動機づけとなったのは、一九七三年に長沙の馬王堆《まおうたい》で発見された帛書「経法」等の古佚書の出現である。それが、『管子』の内容と密接な関係にあることが明らかにされ、しかも従来あまり注意されなかった道法折衷の思想が、にわかに大きく浮きあがって来たからであった。

そこで、昭和五十一(一九七六)年度から五十三年度までの三年にわたって、東北大学の特殊講義として「管子の研究」を講ずることにした。一方で『管子集校』を座右にすえて本文を読み進めながら、全篇の内容をつぶさに吟味して、諸子の思想との比較対照を行なうといった講義内容であった。本書の研究の基礎は、ここで固められたと言ってよい。やがて、それを整理しながら個別的な論文を逐次に発表することになったが、それらは、おおはばな補修のうえで本書のなかに摂取されている。その主なものを対照して掲げると、次のようである。

『管子』中の強兵思想 『森三樹三郎博士頌寿記念東洋学論集』(昭和五十四年十二月)――本書第四章第五節

『管子』中の法思想 『荒木見悟先生退休記念中国哲学史研究論集』(昭和五十六年十二月)――本書第四章第四節

『管子』中の時令思想 『集刊東洋学』第五十号(昭和五十八年十月)――本書第五章第一節

『管子』軽重篇の成立 『東洋史研究』第四十三巻第一号(昭和五十九年六月)――本書第四章第三節

思えば、講義を始めたときから全体の定稿までに、十年もの歳月を費したわけである。この研究の主眼はすでに序章で述べたから、ここであらためてくりかえすことをしないが、講義の開始は文学部長の激職にあったときのことで、それにもかかわらず、東北大学の定年までのさきを見越して、いま始めなければという一つの決意があったことを覚えている。それまで私がつづけてきた中心テーマは「自然観の変遷の歴史」であったが、それを一時中絶して、あえて『管子』の研究に入ったのである。十年もの歳月をかけたのはひとえに私の非力のせいではあるが、途中に東北大学を退職して追手門学院大学に移るという大事もあったことからすると、やむをえないとも言えるであろう。

ただ、この十年の間に、中国の学界のありさまもかなり変わってきた。いわゆる「管子四篇」の学説に対する批判もあらわれて、『管子』の研究は年とともに活潑になってきたようである。いわゆる「管仲学派」の存在、「道法思想」の思想史的位置づけなど、問題は具体的に深められている。『管子』を総体的に把握して、中国古代思想史におけるその重要性を強調した私のこの研究が、そうしたなかにあって、内外の研究者のあいだに新しい一石を投ずるものとなるであろうことは、断言してよいであろう。

もちろん、私の研究がこれで十全だというつもりはない。自分でも気がかりなのは、同じ斉学である公羊春秋学との関係の問題である。両者の間では、まず被治者としての民衆への配慮といった点で共通したものがあると思うが、そのくわしい検討は後日にゆずらねばならない。清朝考証学の開祖である顧炎武《こえんぶ》は、「著書の難き」ことを掲げて妄りに書を著わす者を戒しめている。その厳しさを思えば、この私の研究もまた未熟の誹りを免れまいが、幸いに真率な多くの批判と教言とを仰ぐことができればと願っている。そして、中国古代思想史学の進展のためにこの研究が一つの礎石となれば、これに勝る喜びはない。

終わりに、英文要旨の作成に援助を頂いた東北大学助手石田秀實君、索引の作成を助けて頂いた東北大学院生の山田史生・高野淳一・堀豊の三君とその他の諸君、また出版について種々直接のお世話になった岩波書店の高本邦彦氏に、あわせて篤く感謝申しあげる。

昭和六十二年一月十日

金谷　治

■岩波オンデマンドブックス■

管子の研究——中国古代思想史の一面

1987年7月10日 第1刷発行
1999年9月22日 第2刷発行
2015年5月12日 オンデマンド版発行

著 者 金谷《かなや》 治《おさむ》

発行者 岡本 厚

発行所 株式会社 岩波書店
〒101-8002 東京都千代田区一ツ橋2-5-5
電話案内 03-5210-4000
http://www.iwanami.co.jp/

印刷／製本・法令印刷

ISBN 978-4-00-730187-2 Printed in Japan

『管子』篇名・類名索引

（ゴシック数字はそこでその記事が重いことを示す.）

『管子』篇名・類名索引

人名・書名索引

（人名，書名およびそれに準ずることばの索引である．ただし，註の文は含まず，『管子』は別表による．排列は冒頭の漢字の五十音順．同じ発音の字は画数順．）

さ 行

た 行

な 行

は 行

わ 行

事 項 索 引

(主要な事項についての主要なページをあげた索引である．排列の順序は人名・書名索引と同じ．)

さ 行

た 行

な 行

は 行

ま 行

や 行

ら 行

A Study of *Guan-zi*（管子）

——An Aspect of the History of Thought in Ancient China——

by Osamu Kanaya

〔Summary〕

In this study, an attempt is made to make a textual criticism of the content of *Guan-zi* which consists of eighty six chapters, and at the same time, to clarify a hidden aspect of the history of thought in ancient China, by grasping correctly and historically the content of *Guan-zi*.

Introduction: *Guan-zi* and Guan Zhong(管仲)

It should be noted firstly that comprehensive and consistent study of *Guan-zi* has been made too little. It might be natural that more emphasis tends to be put on analytical and partial study of it, because it is complicated and it looks like a jumble of various kinds of treatises. It is, however, inadequate to analyse *Guan-zi* without paying attention to the whole figure of it. Each chapter should be discussed in relation to the whole work. And the whole contents of this work should be reexamined with the help of the recently excavated materials. This work cannot be pastiche of ununited materials, but it has unity. Then, there should be recognized a new significance of this work in the history of thought.

Secondly, the biography and legends of Guan Zhong who lived in Qi(斉)of Spring and Autumn period is taken into account, because it can be said with safety that they were formed gradually in the same situation peculiar to Qi where Guan Zhong was highly admired as the one in which *Guan-zi* was compiled.

Chapter 1: The Book of *Guan-zi*

The transformation process of *Guan-zi* is seen in this chapter. To see to what age the present form of this book, containing eighty six chapters, ten of which are now missing, can be traced back, the history should be divided into two parts according to whether it has printed form or manuscript one. The relationship between the present form and former one must be considered as a fundamental study before the further study of the contents of it which begins from the next chapter.

In the first half of this chapter is made a table of transformation process of all printed versions of *Guan-zi* since Song(宋)dynasty, and a complementary explanation on the main printed versions according to "Explanation on printed version of *Guan-zi* in Song-Ming dynasty" in *Guan-zi ji xiao*(管子集校).

In the latter half of this chapter, an investigation is made on the circumstances in the dynasty before Tang(唐)under which *Guan-zi* was alive in manuscript forms, with

special references to many old bibliographies. It becomes clear that what is called commentaries by Fang Xuan-ling(房玄齡)are based on the fragmentary commentaries written by Yin Zhi-zhang(尹知章).

The present form of *Guan-zi* can be traced back to the text compiled by Liu Xiang (劉向)who lived in the end of pre Han dynasty, even though there occurred some changes, for example, the loss of ten chapters of it.

During the period from the late Warring States era to the days of Liu Xiang with Sima Qian(司馬遷)in it, large changes seems to have fallen on this book.

Chapter 2: An Examination of the Classification of Eight Groups in *Guan-zi*

Guan-zi is classified into eight groups, namely *Jing yan*(経言), *Wai yan*(外言), *Nei yan*(内言), *Duan yan*(短言), *Qu yan*(区言), *Za bian*(雑篇), *Guan-zi Jie*(管子解), *Qing zhong*(軽重). To call into question the intention of this classification and the unification in each group which will give not a few clue to a study of the contents of *Guan-zi*, clarifies firstly that each group does not have tangible unity except *Guan-zi Jie* and *Qing zhong*, and, secondly, that *Guan-zi Jie* and *Qing zhong* are both comparatively new in their styles and contents, and thirdly, that *Jing yan* was written comparatively earlier than *Guan-zi Jie* and *Qing zhong*.

The essential part of *Guan-zi* is made of the first three groups, that is, *Jing yan*, *Wai yan*, and *Nei yan*, which, however, do not have apparent unities, for *Jing yan* and *Wai yan* are most important of all and *Nei yan* is a biographical part of Guan Zhong. As for the *Jing yan* there are various evidences that prove it was written earlier than any other groups.

It should not be failed to note that other three groups, *Duan yan*, *Qu yan*, and *Za bian* which are heterogeneous ones, also have many important chapters and many affinities with *Jing yan*.

Chapter 3: A Scrutiny into Chapters of *Jing yan*

In this chapter, a scrutiny is made into the contents of nine, in fact, eight chapters of the *Jing yan*, which is considered to be the oldest part in the preceding chapter. An investigation of the characteristics and unification of each chapter reveals that politics of national prosperity and defense seen in Warring States era is realized into a practical politics. Its characteristics lie into in its special emphasis on economy and on military expansion with morality and legal regulations at the same time valued, and in its ground on the Taoistic thought which relies on naturalistic models.

As a whole, the *Jing yan* group can be regarded to be formed in the first half of the third century B. C. in the late Warring States era, though some of it can be traced back to the beginning of the middle of the era. The oldest of the eight chapters is the first chapter called *Mu min*(牧民).

Chapter 4 & 5

These two chapters are the main part of this treatise, in which philosophical contents of *Guan-zi* are examined in some sections according to the themes.

A comparison made between the contents of *Jing yan* group and those of the other groups indicates differences and similarities between them, and a comprehensive study is pursued by the analysis and synthesis of the contents.

Chapter 4, Section 1: The Politics

Close reading of the chapters of the *Jing yan* reveals that the political thoughts included in them, which will be developed in the groups beginning with *Wai yan*, remain unsophisticated: a naive and eclectic political thought which places physiocratic emphasis on moral, obedience to the order of nature, and order rather than on law, is seen especially in *Mu min* in *Jing yan*, while, in the succeeding groups, importance of law and economical policy and the distinction between duties of rulers and those of subjects are emphasized and a consideration is made concerning the origin of a state. This difference indicates the exsistence of temporal transition in the groups in *Guan-zi*, but the basic ideas recognized in the *Jing yan* are seen throughout the book as a main current.

Section 2: The Economics

A difference is scrutinized in between the *Jing yan* which has a physiocratic base on agricultural production and accumulation of wealth, and the *Qing zhong* which holds a commercialist staple in distribution. If the difference is ascribed to that of economical circumstances of theirs, it gives a clue to an attempt to pin down the age when these two groups are compiled.

It is characteristic that in the *Jing yan*, a solicitude is shown for conditions of the peasants' life and nature because they are the elements producing wealth, while commercial excess and luxuary, which are regarded to be impediments to the agricultural production and the accumulation of wealth, are to be rid of.

There appears, however, a great difference in *Qing zhong*. Commercial activity on the large scale is suggested in the precautionary description of great merchant which are a menace not only to peasants' life but to the state. The monetary arguments seen in *Qing zhong*, such as the one concerning the quantity of current money, give this group a feature of distributive economics. An attempt is made to retain stability in price and to make some fiscal gain by manipulating the circulation of money and cereals, by manipulating the price, or by monopolizing salt and iron.

It can be said that in spite of the great difference between the *Jing yan* and the *Qing zhong*, this difference is ascribed to the change of time, and that there is latently consistent thread between them.

Jing yan is inferred to be written earlier than the book of *Mencius*, that is to say,

between the beginning and the middle of Warring States era, by comparing the economics seen in *Jing yan* with the one in the books of *Mencius*.

As for Qing zhong, I don't assume it to have been written in the same ages as(*in the ages of the economics of Li Kui*(李悝)*and Fan Li*(范蠡))in the *Huo zhi zhuan*(貨殖伝—biography of the great merchants)of the *Shi ji*(史記—the Records of the Historian) and the *Shi huo zhi*(食貨志—record of economics)of the *Han shu*(漢書). It was written later than the late Warring States era, as the comparison with the *Jing yan* shows.

Section 3: The Making of Chapters in *Qing zhong*

In this section an investigation is made on the contents, the date and situation concerning the making of nineteen economic chapters of *Qing zhong*, three of which are now missing, with an examination of various theories presented until today.

These chapters are considered firstly to be compiled and increased in number gradually during the period between the ages of the Emperor Wen(文)and Jing(景)and the later ages of the Emperor Wu(武)of Han dynasty, and secondly to be compiled by the economic consultants called Qing zhong jia(軽重家)very active in that time. The *Qing zhong* which Si-ma Qian said to have read is the original version of it, but now missing.

Section 4: Legal Thoughts

In this section legal materials are discerned in *Guan-zi* to be classified into three, and an attention is paid to the development in them.

The first part includes the *Jing yan*, in which full consciousness of the idea of law is not seen: actualization of the order is the central concern and highly respected is the natural law appropriate to actual politics. The second part contains *Fa jin*(法禁)chapter, *Zhong ling*(重令)chapter, and *Fa fa*(法法)chapter of the *Wai yan*, in which stress is placed on the importance of law, which is, however, the one based on natural law and the one made eclectically by the compromise between Taoistic way and Confucianistic moral.

Put it in another way, it is synonymous with the thought of Dao fa(道法). It is presumed by an analysis of the manuscript called "*Jing fa*(経法)" excavated at Ma Wang dui(馬王堆), to be formed in the academy of Ji xia(稷下)in Qi(斉)from the end of middle Warring States era.

The last part is composed mainly of *Ren fa*(任法)chapter and *Ming fa*(明法)chapter of *Qu yan*. It is afforded more purity and less eclectical element in the idea of law than the first and the second parts by the authoritarianism of Han-Fei Zi(韓非子)school which attaches importance to the positive law as the objective one.

The main current of the legal thought in *Guan-zi* lies in the development from the first to the second part, but not in the development towards the third part, which is made after the appearance of the school of Han-Fei Zi. The main current is, in other

words, in the development of the thought of Dao fa(道法)started in the academy of Ji xia(稷下)in Qi(斎), which is distinguished from the legalistic development from Shang Yang(商鞅)to Han-Fei Zi.

Section 5: Military Thought

An analysis of materials on military affairs indicates that *Guan-zi* characteristically put emphasis on military government rather than on tactics. The military thought is considered to be made and compiled gradually in Warring States era when compared with tactical works such as *Sun-zi*(孫子)and *Wu-zi*(呉子). A comparison with *Wang bing*(王兵)chapter of the manuscript inscribed on the bamboo slips excavated from the Han tomb at Yin-que shan(銀雀山)clarifies that military thought in *Guan-zi* is made up from various preceeding thoughts, and that there is, however, consistency in them, which is the thought of getting military strength by improving domestic administration.

Chapter 5, Section 1 : Thought of Seasonal Order

It is noteworthy that there are many examples of seasonal order in *Guan-zi*. They are examined individually and in relation to the history of the development of the thought of seasonal order, and to the whole of the thoughts in *Guan-zi*.

Seasonal order, government ordinance according to the change of seasons, is based on the thought of correspondence between man and nature derived from simple agricultural almanac. It is on good terms with the whole of *Guan-zi*, becasue this work is based on the political philosophy of physiocratically obeying the law of nature. It developed according to the association with the doctrine of the Five phases or Wu xing (五行)into the compilation of *Lü-shi chun-qiu*(呂氏春秋)and *Yue ling*(月令)chapter of *Li ji*(礼記).

The seasonal orders in *You guan*(幼官)chapter in *Guan-zi* are presumed to be the oldest examples, probably formed around 300 B. C., partly because four seasons are related with Five phases in them and partly because they retain the lost system of "Ming tang(明堂)". After these come the seasonal order seen in *Si shi*(四時)chapter. And as for *Wu xing*(五行)chapter, the ideal harmony between man and nature is discussed in terms of formalistic five seasonal orders. It can be inferred from the fact that seasonal orders in this chapter were assimilated into the doctrine of Five phases that they are not written as early as in Qin(秦)and Han dynasties.

There are seasonal orders peculiar to themselves in other chapters. The seasonal orders in *Guan-zi* seem to be important examples to show the development of the thought of seasonal orders.

Section 2: Philosophical Thought

In this section, various chapters are analyzed to discern philosophical basis of *Guan-zi*. In *Xing shi*(形勢)chapter of the *Jing yan* is the most staple idea throughout *Guan-zi*: thought of mutual influence between man and nature, with practical respect for the law of nature, and at the same time with respect for efforts of man.

In what is called "four typical chapters in *Guan-zi*", *Xin-shu*(心術)chapter and *Nei ye* (内業)chapter are to be noted, because they include the thought of the Way(道)and at once Shen(神)as Qi(気). The practical philosophy based on this Way or Shen is the thought of Dao fa(道法)which makes legal use of the way as the order shown by the natural law. The thought underlies not only *Xing shu* chapter and *Nei ye* chapter, but also *Shi*(勢)chapter and *Jiu shou*(九守)chapter as is clarified by an analysis of the lost manuscripts excavated at Ma Wang dui.

Shui di(水地)chapter and *Zhou he*(宙合)chapter are also taken up for discussion on their unique thoughts. Philosophy on water is seen in the *Shui di* which pays attention to the productivity of water and regards as the origin of universe.

The idea of Zhou he(宙合) is the thing which envelops the universe and at the same time abounds full well in the universe, and politics based on it is presented in *Zhou he* chapter.

That there is some similarity between the thought of water and *Zhou he* and that of the way as Qi(気)discussed in *Nei ye* chapter, and that the discussion of the productivity of water with soil is relevant to the physiocratic interest in *Mu min* chapter, indicate that these two chapters do not disturb the unification in *Guan-zi*.

Chapter 6: Position of *Guan-zi* in the History of Thought

Unity of the whole contents and extensiveness of the ages of the compilation have been seen in *Guan-zi*. What is left to do is to see the grounds of the compilation and development of thought with the compilation in the general history of Chinese thought. This investigation will clarify further characteristics of the thoughts in *Guan-zi*.

Section 1: *Guan-zi* and the School of Ji xia in Qi

The compilation of *Guan-zi* is grounded on the school of Ji xia, the history of which, one hundred fifty years long, from the time of Duke Huan(桓)to that of King Jian(建), is divided into three stages.

The prototype of *Guan-zi* is conceived to be made, in the first stage, by the natives of Qi who enter the academy and admire Guan Zhong.

An analysis of *Di zi zhi*(弟子職)chapter shows, firstly that the content is regulation of the academy; secondly that the school depicted in this chapter is bigger than a private school and has a financial stability; and lastly that the way of addressing is established in "Xian sheng(先生)"and "Di zi(弟子)". These are the enough evidences of

dependence of the content of this chapter on the academic situation of the school of Ji xia, which includes an existence named "Guan Zhong school". Then the back grounds of the formation of the chapters in *Guan-zi* are easily imagined to be the vicissitude of the school through three stages.

Section 2: Development of the Thoughts of the Chapters in *Guan-zi*

The history of Chinese thought from Warring States era to early Han dynasty is viewed with focus still on *Guan-zi* in such a way as observing the development of the thoughts of "Guan Zhong school" by putting the ages of formation of each chapter of *Guan-zi* in order and by comparing the thought in each chapter with contemporary thoughts of other schools.

Ur-*Guan-zi* made in the early and middle Warring States era, the staple of which is *Mu min* chapter, must be said to be naive, with its characteristic practical politics of national prosperity and defense.

It is after the age of King Xuan(宣), the end of middle Warring States era, that many changes appear by the entering of the thoughts climatically peculiar to Qi : the thought of Dao fa generated in the relationship with the thought of Shen dao(慎到) ; the thought of natural law intensified by the influence of Tian pian(田駢) ; the Yinyang doctrine with the Five phases relevant to Zou Yan(鄒衍), and so on.

The theory of correspondence between man and nature, which underlies *Guan-zi*, is imagined to influence Dung Zhong-shu's(董仲舒)thought. As for economics in *Guan-zi*, it developed from the late Warring States era and made great progress in economic circumstances in Han dynasty until it invented new economic theory concerning stabilization of price and government enterprises.

Therefore it can be said that the process of the compilation of *Guan-zi* itself is an important branch of the history of thought from Warring States era to Han dynasty.

Conclusion

Though *Guan-zi* has a patchy appearance, it certainly shows its characteristic thought of "Guan Zhong school". It is a book of practical politics and economics, however very peculiar in its emphasis on economy and in its being underlain by the thought of Dao fa with the law of nature as the central theme.

More attention should be paid to the importance of the existence of "Guan Zhong school" and of the role of this book in the history of Chinese thought, since the thought of *Guan-zi* is firmed over the long period from early Warring States era to Han dynasty.